조선의 문화공간

조선시대 문인의 땅과 삶에 대한 문화사

조선의 문화공간

조선시대 문인의 땅과 삶에 대한 문화사

이종묵 지음

조선시대 문인의
땅과 삶에 대한 문화사

1

　조선 후기의 위항시인 장혼(張混)은 「옥계아집첩의 서문(玉溪雅集帖序)」에서 "아름다움은 절로 아름다운 것이 아니라 사람으로 인하여 드러난다(美不自美 因人而彰)"라 하였다. 아무리 아름다운 산과 물도 그 자체로는 의미가 없다. 뛰어난 인물을 만나고 또 그들이 남긴 글이 있어야 세상에 이름을 알릴 수 있다. 조선 중기의 문인 소세양(蘇世讓)은 송순(宋純)의 아름다운 정자 면앙정(俛仰亭)의 현판에서 이렇게 반문하였다. "산과 물은 천지간의 무정한 물건이므로 반드시 사람을 만나 드러나게 된다. 산음(山陰)의 난정(蘭亭)이나 황주(黃州)의 적벽(赤壁)도 왕희지(王羲之)와 소동파(蘇東坡)의 붓이 없었더라면 한산하고 적막한 물가에 지나지 않았을 것이니, 어찌 후세에 이름을 드리울 수 있었겠는가?" 과연 그러하다. 왕희지의 「난정서(蘭亭序)」나 소동파의 「적벽부(赤壁賦)」가 있기에 사람들은 중국을 여행할 때 소흥(紹興)에 가서 난정을 찾고 호북(胡北)의 양자강 강안에서 적벽을 물어본다. 그렇지만 그곳에 가본들 무엇이 있겠는가? 난정이 있던 곳이나 양자강의 적벽은 현대식 공원으로 존재할 뿐이다. 이러한 사실을 모르는 것은 아니지만 역사의 유적지를 찾지 않을 수 없으니, 이것이 바로 글의 힘이다.

땅은 아름다운 사람의 아름다운 글이 있어야 그 아름다움을 떨친다. 옛사람들은 아름다운 글로 아름다운 땅의 주인이 되었다. 누가 무어라 해도 난정과 적벽의 주인은 왕희지와 소동파다. 소동파가 「적벽부」에서 만물은 주인이 있지만 맑은 바람과 밝은 달은 주인이 없어 취하는 자가 주인이라 하였거니와, 옛사람들은 풍월주인(風月主人)이 되고자 하였다. 옛사람들은 풍월의 주인이 되기 위하여 이름 없는 산과 물에 이름을 붙이고 그 산과 물에 대한 아름다운 글을 지었다. 아름다운 글이 있어 땅은 아름다운 이름을 후세에 전하게 된다.

2

글은 사람을, 그리고 과거를 기억하게 한다. 근대라는 괴물의 힘에 밀려 아름다운 우리의 산하가 많이 손상을 입기는 하였지만, 그러한 땅에도 아름다운 옛사람의 자취가 서려 있다. 장혼이 아름다움은 사람으로 인하여 드러난다고 선언한 곳은 인왕산의 옥류동(玉流洞)이다. 지금 옥류동은 주택가로 변해 그곳에 옥 같은 맑은 물이 흐르던 개울이 있었다는 사실조차 알 수 없지만, 옥류동은 아름다운 장혼의 글로 인하여 길이 사람들의 기억에서 사라지지 않을 수 있다. 기억에서 사라지지 않으면 언젠가 그 기억을 복원할 수 있다. 아름다운 청계천에 대한 기억이 있었기 때문에 청계천이 되살아날 수 있었던 것과 같다.

글은 기억의 끈을 놓지 않게 하는 중요한 수단이다. 옛사람들은 와유(臥遊)라는 말을 좋아하였다. 와유는 방 안에 산수화를 걸어놓고 상상으로 산수 유람을 즐기는 것을 이른다. 왜 이렇게 하는가? 조선 후기의 큰 학자 이익(李瀷)은, 마음은 불빛처럼 순식간에 만 리를 가므로 사물에 기대지 않아도 될 것 같지만 기억의 단서가 없으면 이것이 불가능하다 하였다. 그러면서 본 것이 없는 선천적인 맹인은 꿈을 꾸지 않는다고 하였다. 사진첩을 보고 지난날을 기억하듯이 산수를 그린 그림을 보거나 산수에 대한 글을 읽어야 기억을 놓치지 않을 수 있다.

3

이 책은 아름다운 우리 땅에 대한 기억의 끈을 놓지 않기 위해 10여 년 작업한 결실이다. 이언적(李彦迪)의 독락당(獨樂堂)처럼 당시의 모습을 간직하고 있는 곳도 있다. 이황(李滉)이 우리집 산이라 한 청량산은 변함없이 서 있다. 그러나 인왕산 옥류동처럼 지금은 흔적조차 찾을 수 없는 곳이 더욱 많다.

이 책은 관광(觀光)을 위한 것이다. 관광은 빛을 본다는 뜻이다. 빛은 문명이다. 문명을 보기 위해 눈과 다리만 가서는 되지 않는다. 마음이 따라가야 한다. 마음은 글에 있다. 옛사람이 사랑한 땅에 대한 글을 읽으면서 마음으로 그 빛을 보아야 한다. 흔적조차 없는 인왕산 아래의 주택가에서 인왕산에 대한 장혼의 글을 읽고, 압구정동 현대 아파트에서 압구정(狎鷗亭)에 대한 글을 읽으면서 마음으로 옛사람이 남긴 빛을 보기 바란다. 아름다운 산수를 그린 글을 읽으면 그곳에 가서 놀고 싶은 마음이 들고, 지금 이미 사라진 곳이라면 다시 살려보고 싶은 마음이 들 것이다. 또 그처럼 살고 싶은 마음에 상상의 정원을 꾸밀 수 있을 것이다. 그럼으로써 우리 조상들이 사랑한 땅과 삶에 대한 기억의 끈을 현대인들이 놓지 않기를 바란다.

조선 초기부터 조선 말기까지 수백 종에 달하는 문집을 섭렵하면서 기억의 끈이 될 만한 자료를 뽑았다. 그리고 틈틈이 나의 글로 엮고 보니 80편 남짓 되었다. 이러한 작업을 하는 도중에 참으로 안타까운 일이 있었으니, 사람이 아름답고 그가 살던 땅 역시 아름답지만 이를 글로 풍성하게 남기지 않은 경우가 그러하였다. 또 글이 남아 있지만 그곳이 어디인지 확인할 수 없을 때도 있었다. 땅은 그 자체로 아름다운 것이 아니라 사람이 있어야 드러난다는 장혼의 말이 여기에서도

확인된다. 필력으로 없는 자료를 채워 기억의 끈을 잇는 일은 내가 잘
할 수 있는 일이 아니라 여겨 부득이 빠뜨린 대상이 적지 않다. 물론
자료는 풍성하지만 다루지 않은 것도 많다. 옛글이 내 마음을 끌지 못
하면 다루지 않았고 내가 아니라도 이미 세상에 널리 알려져 있으면
그 또한 일부러 뺐다.

4

이 책은 문화유적지에 대한 현장답사를 위한 것이 아니다. 마음으
로 옛글을 통하여 옛사람이 사랑한 땅과 삶에 대한 기억의 끈을 이어
주기 위한 것이다. 그래서 답사에 편하게 지역에 따라 분류하는 방식
을 택하지 않았다. 옛사람은 처한 환경에 따라 시대에 따라 사랑한 땅
과 그곳에서 살아간 삶의 방식이 다르다. 이를 보이기 위하여 이 책에
서는 시대에 따라 권을 나누고, 처지에 따라 다시 장을 나누었다.

먼저 1책에서는 조선 개국 후 태평을 구가하던 시절에서부터 사화
(士禍)로 인하여 사림이 유배를 떠나는 시기까지를 다루었다. 대략 명
종 무렵까지에 해당한다. 2책에서는 선조대에서 광해군대까지 우리
문화사에서 중요한 인물과 관련한 공간을 다루었다. 사림정치가 본
격화되는 시기로 자의와 타의에 의한 귀거래, 그리고 그곳에서 수양
에 힘쓰거나 풍류를 즐기는 사람들의 이야기가 중심을 이룬다. 3책은

광해군과 인조대에 영욕의 세월을 산 문인과 이후 17세기 사상계와 문화계를 호령한 명인들이 살던 땅을 다루었다. 4책은 조선 후기에 해당하는 18~19세기 문학과 학문, 예술을 빛낸 문인들의 이야기다. 이렇게 나눈 것은 역사학계에서의 일반적인 시대구분과 다르지만, 무슨 거창한 뜻이 있어 그러한 것은 아니다. 시대에 따라 처지에 따라 그들이 사랑한 삶의 모습이 좀더 쉽게 전해지기를 바랄 따름이다.

5

이 책은 내가 좋아서 쓴 글을 엮은 것이다. 10여 년 전에 마음에 맞는 벗들과 문헌과해석이라는 모임을 만들었다. 좋아서 공부하고 좋아서 글을 써서 『문헌과해석』에 연재를 하였다. 이를 수정하고 훨씬 많은 글을 더하여 이렇게 세상에 내놓게 되었다. 내가 좋아서 쓴 글이라 애초부터 학술의 냄새를 풍기지 않으려 했기에, 선배들과 후학들의 업적을 크게 참조하였지만 글마다 자세히 밝히지 않고 참고문헌으로 대체하였다. 널리 헤아려주실 것으로 믿는다.

내가 좋아서 쓴 글이지만 남이 좋아할지는 알 수 없다. 그럼에도 서툰 글을 아름다운 책으로 만들어준 휴머니스트의 여러 분들에게 깊이 감사를 드린다. 재주가 부족하여 글이 딱딱한데도 꼼꼼하게 읽고 내 뜻을 사진으로 표현해 준 권태균 선생에게도 경의를 표한다. 내가 가르쳤지만 늘 내 모자람을 채워주는 장유승 군이 꼼꼼하게 교정을 보아주어 참으로 고맙다. 아울러 내 글이 이분들에게 누가 되지 않기를 바란다.

2006년 7월 어느 날

관악산 아래 남쪽 창가에서 이종묵이 쓰다.

4책 차례

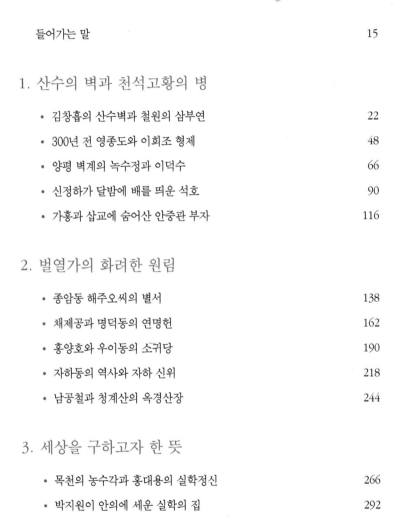

조선 후기
내가 좋아 사는 삶 貞

1책   **조선 초기** ǀ 태평성세와 그 균열

2책   **조선 중기** ǀ 귀거래와 안분

3책   **조선 중기** ǀ 나아감과 물러남

내가 좋아 사는 삶

18세기 이후 조선 사회와 문화는 일원론적이고 절대주의적 사고가 기반을 이루는 중세에서 다원론적이고 상대주의적 시각이 중심을 이루는 근대로 이행하려는 움직임을 보인다. 중세의 문인은 대개 정치가이면서 사상가이고, 또 시인이기도 하다. 그러나 조선 후기에는 획일적인 삶을 거부하고 스스로의 뜻에 맞는 삶을 지향하는 문인들이 등장하게 된다.

어떤 이는 산수가 좋아 누대에 걸친 명문가의 명예를 뒤로하고 깊은 산속으로 들어가 살았다. 김창흡(金昌翕)은 당대 최고의 벌열가 출신이지만 스스로 벼슬을 버리고 산수가 아름다운 곳을 떠돌면서 살았다. 명문가의 후손 이덕수(李德壽) 역시 가장 영예로운 대제학(大提學)의 지위에 올랐고 판서를 역임하였지만 산수에 대한 병이 깊어 아름다운 물이 있는 곳에 살고자 하였다. 신정하(申靖夏)와 그 조카 신방

(申昉)도 마찬가지다. 산수 유람을 좋아하여 늘 벼슬에서 물러나 아름다운 물가에서 살았다. 아름다운 땅에 산 것만으로도 부러움을 살 만하지만 그들은 붓끝으로 조선의 산하를 아름답게 그리는 데까지 나아갔다. 이희조(李喜朝)와 이해조(李海朝) 등은 우리 문학사에서 드물게 영종도의 아름다운 풍광을 글로 남겼기에 의미가 크다. 안석경(安錫儆)은 스스로 뜻을 펼 수 없다고 여겨 원주와 횡성의 깊은 산골로 들어가 설화의 주인공이 되었다.

명문가의 후예들이 속세를 저버리고 깊은 산속에 들어가 사는 것은 쉽지 않다. 그래서 도성을 갓 벗어난 근교에 화려한 원림을 만들고 자연을 자신의 대저택에 끌어들였다. 부마였던 오태주(吳泰周)의 후손들은 종암동에 저택을 마련하여 문인들을 끌어들였고, 채제공(蔡濟恭)은 번동에 집을 짓고 꽃과 물, 풍류를 즐겼다. 오태주와 채제공의 집은 맑은 개울이 흐르고 빽빽한 숲으로 둘러싸여 있었지만 지금은 그 흔적조차 찾아볼 수 없다. 그러나 그들이 남긴 아름다운 글로 그 옛날을 그려볼 수는 있다. 신위(申緯)가 살던 관악산 기슭의 자하동(紫霞洞)도 마찬가지다. 가장 아름다운 개울과 산이라는 뜻의 제일계산(第一溪山)이라 새긴 바위도 주택이 들어서면서 깨져 사라졌거나 신림천 어디엔가 파묻혀 있을 것이다. 그나마 홍양호(洪良浩)가 살던 우이동은 오늘날에도 아름다운 풍광을 크게 잃지 않아, 그가 남긴 옛글과 나란히 감상할 만하다.

복잡한 세상을 피해 살고자 하는 마음을 지닌 사람들도 있지만, 진정한 선비는 물러나지 않고 세상을 구하고자 하였다. 홍대용(洪大容)

은 목천에 과학정신을 담은 농수각(籠水閣)을 세우고 새로운 학문을 열고자 하였다. 박지원(朴趾源)은 현감으로 나간 안의에서 관아를 보수하면서 중국여행에서 깨달은 실학정신을 구현하려 하였다. 물론 이들이 오직 실용만을 추구했던 것은 아니고 맑은 풍류도 함께 누렸다. 강진에 유배되어 있으면서 거대한 학술체계를 수립한 정약용(丁若鏞)도 젊은 시절 소내의 아름다운 산수를 즐기고 풍류를 아름다운 글에 담았다. 서유구(徐有榘)의 거대한 저술이 이루어진 장단과 번동 일대의 공간도 딱딱한 학술의 이면에 산수를 즐기는 멋이 있었다. 조선이 망국으로 치달을 무렵, 성리학을 더 굳게 믿고 이로써 세상을 구하겠다고 생각한 이항로(李恒老)와 그 제자들은 양평과 가평을 강학과 이념의 공간으로 삼았다.

어느 시대인들 불행한 사람이 없는 것은 아니지만, 조선 후기에는 정치적으로 좌절을 겪거나 비천한 신분을 타고나서 자신들의 뛰어난 역량을 발휘하지 못한 사람들이 많았다. 명문가의 후예지만 정쟁에서 패배하여 절해의 섬에 유배되었던 이광사(李匡師), 양반 신분이 아님에도 김정희(金正喜) 등과 절친하였다는 이유만으로 절해고도에 유배되었던 조희룡(趙熙龍), 이들은 모두 불우했지만 영혼이 아름다워 궁벽한 땅에서도 예술혼을 불살랐기에 부귀를 누린 자들보다 더욱 아름다운 이름을 얻었다. 또 서얼과 중인이라는 굴레에도 학문과 문학으로 사대부보다 더욱 뚜렷한 자취를 남기려 했던 사람들 역시 불우했지만 영혼이 아름다운 사람이라 할 만하다. ▣

1. 산수의 벽과 천석고황의 병

양평의 벽계

김창흡의 산수벽과
철원의 삼부연

복사꽃은 세월을 잊게 하는데

폭포수는 세상을 갈라놓았네

삼부연폭포
세 개의 솥을 걸어놓은 듯하여 이 이름이 붙었다.

철원의 삼부연

강원도 철원 갈말 신철원에서 산악도로를 따라 동쪽으로 약 2.5킬로미터를 가면 명성산(鳴聲山) 중턱에 자리한 거대한 폭포를 만나게 된다. 그 폭포를 삼부락(三釜落)이라 하고 그 아래 못을 삼부연(三釜淵)이라 한다. 예전에는 그 산을 태화산(太華山) 혹은 용화산(龍華山, 龍化山)이라 하였고, 그 북쪽에 풍전역(豊田驛)이라는 역원(驛院)이 있어 금강산이나 함경도로 가는 사람이 쉬어 갔다. 삼부연은 16세기 후반에 이르러 부연(釜淵) 혹은 삼부락이라는 이름으로 성운(成運), 박순(朴淳), 구사맹(具思孟) 등의 시를 통해 서서히 알려지게 되었다.

이 무렵 송인(宋寅)이 철원의 열 가지 아름다운 경관을 동주십영(東州十詠)이라 명명하였다. 동주는 철원의 옛이름이다. 철원에는 이름난 곳이 여럿 있으니, 특히 북관정(北寬亭)과 고석정(孤石亭)의 명성이 일찍부터 높았다. 북관정은 철원 객관의 북쪽 산봉우리에 있는 정자이고, 고석정은 신라 진평왕(眞平王)과 고려 충숙왕(忠肅王)이 노닐었던 곳이라 하며 진평왕이 세운 비석이 있다. 고려의 승려 무외(無畏)의 기문에 고려 후기 이곳의 풍광이 잘 묘사되어 있거니와, 지금도 철원의 대표적인 관광지로 꼽힌다. 그리고 궁예(弓裔)의 고도(古都)가 자리하였던 풍천원(楓川原)이 관아 북쪽 27리에, 조선 초기 세종과 성종이 사냥하던 곳인 재송평(裁松坪)이 관아 북쪽 40리에 있어 역사의 자취를 안고 있다. 보개산(寶蓋山) 역시 철원의 명산으로 일찍부터 이름을 날렸으며 석대사(石臺寺), 지장사(地藏寺), 심원사(深原寺), 성주암(聖住菴), 지족암(知足菴), 용화사(龍華寺), 운은사(雲隱寺) 등 이름난 사찰이 즐비하였다. 철원이 궁예의 수도였을 때 진산이었던 고암산 (高岩山)의 적석사(積石寺)도 달빛 구경으로 이름이 높았다. 그밖에 고석정 상류의 칠담(漆潭)에는 용이 나왔다는 굴이 있으며, 예전 빙고 (氷庫)였다는 빙구(砅口)는 술잔을 물에 띄워 노는 곳이었다. 또 오늘날 화적연(禾積淵)으로 알려져 있는 곳은 예전에 구암(龜巖)이라 불렸는데 이곳에서 고기를 낚는 재미가 쏠쏠하였다. 삼부연의 폭포 구경도 동주십영의 하나로 자리잡았다.

삼부연이 세인들에게 널리 알려지기 시작한 것은 17세기 들어 금강산 유람객이 많아지면서부터다. 철원부사 김확(金矱)이 임진왜란 때 무너진 풍전역의 숙소를 재건하여 오가는 사람들의 편의를 제공하였는데, 1631년 김상헌(金尙憲)은 김확으로부터 삼부연 근처에 난리를 피할 만한 마을이 있다는 말을 들었지만 길이 험하여 가보지 못하고 먼발치에서 시를 지은 바 있다. 이 시가 세인들에게 회자되어 풍전역을 지나는 이들이 삼부연을 찾게 된다. 1631년 이안눌(李安訥)이 함경도관찰사로 부임하던 중 그의 시에 차운하였다. 같은 해 이민구(李敏求)가 금강산을 유람하러 갈 때 역시 그의 시에 차운하여 김상헌이 가지 못하였던 삼부연 상류의 산촌마을을 찾아 그곳에서 늘그막을 보내고 싶은 마음을 피력한 바 있다. 이 무렵 이현석(李玄錫)도 금강산으로 가다가 삼부연을 들러 김상헌의 시에 차운하였다. 그후 1655년 철원의 백악촌(白岳村)에 살던 이경석(李景奭) 역시 삼부연에서 신선이 된 듯한 착각에 빠진 일이 있다.

김상헌이 한번 이곳을 찾음으로써 삼부연은 안동김씨 집안과 깊은 인연을 맺게 되지만, 그보다 앞서 남인이었던 허목(許穆), 소론이었던 박세당(朴世堂)과 그 아들 박태보(朴泰輔), 제자 이덕수(李德壽), 조태억(趙泰億) 등이 삼부연의 아름다움을 노래한 바 있다. 특히 1664년 연천에 살던 허목이 포천에 살던 조경(趙絅)과 함께 이곳을 유람하면서 남긴 기문이 삼부연의 모습을 가장 잘 그려내고 있다.

삼부락은 철원 관아에서 남쪽으로 30리 용화산 아래 있다. 골짜기 입구에 돌길이 몇 리에 뻗어 있다. 바위봉우리가 우뚝 절벽을 마주하고 있다. 바위는 깎아놓은 듯한데 그 위의 세 바위가 솥처럼 우묵하여 개울물이 그곳으로 모인다. 물이 깊고 길이 끊어져 있어 아래를 내려다볼 수 없다. 물이 세 번 넘쳐 3단의 폭포가 되어 흰 물길이 열 길 높이에서 바위 아래 못으로 떨어진다. 못에는 모두 흰 자갈이 깔려 있는데 군데군데 반석이 있어 앉을 만하다. 영북(嶺北)의 사투리로 폭포를 낙(落)이라 하므로 이름하여 삼부락이라 한다.

초여름 초목이 막 무성해지면 개울과 바위 사이에 철쭉이 피어 어리어 매우 곱다. 용주(龍洲) 조공(趙公)이 4월 상순 계묘일에 나와 함께 산수를 유람하기로 약조하였다. 전 고령감무(古寧監務) 허계진(許季鎭)과 그의 아들 찰방과 더불어 삼부락을 보았다. 나는 연천에서 왔고 안찰사(按察使) 이모(李某)가 북방으로 가다가 고을에 이르러 이사포와 함께 왔다. 고석정의 개울과 못도 빼어나다 하기에 함께 가서 놀았다. 용주공이 나에게 서문을 쓰라 하였다.

허목, 「삼부락에서 노닌 서문(遊三釜落序)」, 『기언(記言)』

허목과 조경 등이 이날의 유람을 기록한 필첩은 『삼부첩(三釜帖)』으로 엮여졌다. 훗날 정약용(丁若鏞)은 아홉 살 때 부친을 따라 연천에 갔을 때 허씨(許氏) 집안을 통하여 원본(原本)을 얻어 손수 베껴서 장정하고 발문을 지었다.

용화산에 집을 정하고

김상헌에 의해 세상에 알려지게 된 삼부연은 1679년 김창흡(金昌翕, 1652~1722)에 의하여 명성을 날리게 된다. 김창흡은 김수항(金壽恒)의 셋째아들로 태어났다. 장동김씨로 일컬어지는 17세기 최고의 명가에서 태어났지만 김창흡은 육창(六昌)이라 칭도되는 그의 형제들과는 달리 벼슬길에 들어서지 않았다. 형 김창협(金昌協)의 장인 이단상(李端相)에게서 학문을 배웠지만 청운(靑雲)보다는 백운(白雲)의 길을 걷고자 하였다.

19세 되던 1671년 3월 중형 김창협과 함께 개성의 천마산(天磨山)과 성거산(聖居山)을 유람하고 돌아와 4월에 「천태산부(天台山賦)」를 읽다가 홀연 산수의 흥이 일어 금강산으로 떠났다는 일화가 그의 산수벽을 짐작케 한다. 비록 모친의 강권을 이기지 못하여 21세에 진사가 되었지만 과거는 그것으로 끝이었다. 오히려 이때부터 과거에 뜻을 버리고 시학에 힘을 기울여 『시경(詩經)』, 『초사(楚辭)』, 고악부(古樂府) 등을 섭렵하고 당송(唐宋) 대가의 시를 두루 익혔다. 틈틈이 속리산, 백마강, 보령의 영보정(永保亭) 등 명승지도 찾고, 설악산의 남쪽 지맥인 한계산(寒溪山)의 수렴동(水簾洞), 곡백담(曲百潭)을 찾아 은거의 꿈을 다졌다.

1675년 부친 김수항이 전라도 영암으로 유배된 일은 오히려 그에게는 산수의 벽을 풀 기회가 되었다. 김창흡은 영암으로 가서 형제들과 함께 월출산(月出山)과 만덕산(萬德山) 일대를 유람하였다. 1678년 9월 부친이 철원으로 이배되면서 김창흡은 본격적으로 철원과 인연을 맺게 된다. 김창흡은 철원의 산수에 빠져 그해 겨울을 철원의 보개산(寶蓋山) 대승암(大乘菴)에서 보내었다. 이듬해 3월 형제들과 두번째 금강산 유람을 하고, 7월에 삼부연 용화촌(龍華村)에 집을 정하였다. 훗날 이병연(李秉淵)과 함께 삼부연을 찾은 이병성(李秉成)이 지은 시에서 김창흡이 온 가족을 이끌고 이곳에 숨어살았다고 하였으니, 이 무렵 아예 가족들까지 이끌고 들어온 듯하다. 김창흡은 자호를 삼연(三淵)이라 하고 거친 옷을 입고 짚신을 신고서 나무꾼들과 어울려 살았다. 그리고 『역학계몽(易學啓蒙)』을 열심히 읽었다.

김수항이 영암에서 철원으로 이배되자 그 사이 뿔뿔이 흩어져 있던 가족들이 다시 모이게 되었다. 이를 기념하여 우레가 치고 장대비가 내리는 음력 10월 용화산을 올랐다. 이날의 산행에는 김수항과 여섯 아들, 그리고 김수항의 백형 김수증과 중형 김수흥이 함께 하였다. 이들은 김창흡이 새로 지은 집에 들렀다. 김창흡은 자신의 집을 자랑하고, 김수항은 아들의 시에 답하여 용화산을 함께 차지하였음을 기뻐하였다.

폭포 동쪽 닭 울음 개 짖는 소리 밥짓는 연기

흰 초가가 높다란 곳에 솟아 있네.

가을과 겨울 사이 천 겹 바위는 어른어른

운무 속으로 길 하나 얼기설기 얽혀 있다.

옥을 깎은 듯한 연화봉이 빼어나게 솟았고

거문고 소리인 양 귀곡(鬼谷)의 물이 휘돌아 흐르네.

이 속에서 약초 씻고 맑은 바람소리 들으리니

신선이 사는 땅 갈홍(葛洪)에게 양보할 것 없다네.

鷄犬人煙瀑布東 白茅爲屋據穹崇

千巖映發秋冬際 一徑盤紆雲霧中

削玉蓮花峰秀出 彈琴鬼谷水回通

此中洗藥兼風珮 未必偓佺讓葛翁

김창흡, 「삼연의 새집(三淵新構)」, 『삼연집』

천 겹 만 겹 바위와 골짜기가 동서로 둘렀는데

연꽃봉오리가 우뚝 솟은 별천지가 있구나.

그저 푸른 시내 따라 골짜기 속으로 들어가니

갑자기 정사가 언덕 위에 나타나네.

구름 사이 닭 울고 개 짖는 소리 가까워지는데

저물녘 나무꾼의 산길이 절로 통해 있구나.

너와 내가 용화산을 나누어 차지하였으니

녹문산의 방덕공(龐德公)이 부럽지 않네.

千巖萬壑繞西東 別有蓮峰竦處崇

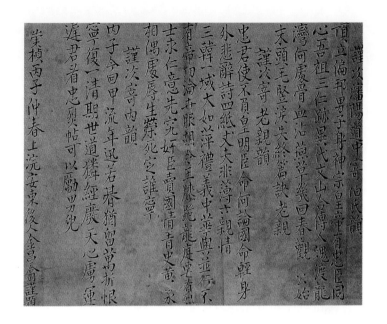

김창흡의 글씨 1696년 2월 상순 김창흡이 오달제(吳達濟)의 충절을 기려 그가 심양에서 집으로 보낸 네 편의 시를 베낀 것이다. 절조 있는 선비의 마음을 읽을 수 있다.

但逐淸溪穿谷口　忽看精舍在丘中

雲間鷄犬村非遠　日暮漁樵路自通

分占華山吾與爾　不應長羨鹿門翁

김수항, 「흡아가 태화산에서 노닐면서 지은 여러 시에 차운하다
(次翕兒遊太華諸作韻)」, 『문곡집(文谷集)』

　김창흡이 이곳에 집을 정한 이유는 아마도 증조부 김상헌이 찾아 헤매던 피세(避世)의 땅이라 여겼기 때문인 듯하다. 김수항과 김창흡

은 함께 김상헌이 말한 곳을 찾아다녔다. 김수항은 젊은 시절 김상헌이 지은 시를 읽고 꿈에도 삼부연을 잊지 못하였다. 그 때문에 철원에 이배되자마자 삼부연을 찾았고, 아들 김창흡은 그 뜻을 받들어 이곳에 집을 정한 것이다. 그래서 김창흡은 자신의 집을 진나라의 학정을 피해 도망간 사람들의 피란처인 도원(桃源)에 비하기도 하였다.

　　　　새로 초가를 지은 곳은
　　　　진나라 옛 유민들의 마을.
　　　　복사꽃은 세월을 잊게 하는데
　　　　폭포수는 세상을 갈라놓았네.
　　　　첩첩 바위는 인적이 끊겼는데
　　　　뭉게구름은 고목에 걸려 있다.
　　　　그 옛날 우리 선조께서
　　　　이 물의 근원을 찾아 올라가셨지.
　　　　新構茅茨處　秦餘古有村
　　　　桃花迷甲子　瀑布界乾坤
　　　　積石遊人斷　繁雲老木存
　　　　悠悠我先祖　曾一溯眞源

　　　김창흡, 「삼가 증조부의 삼연폭포 시에 차운하다(敬次曾王考三釜瀑韻)」, 『삼연집』

　　김창흡은 삼부연의 물길을 거슬러 올라가 동쪽에 집을 정하였다. 복사꽃이 세월을 잊게 하고 폭포가 속세와의 인연을 끊게 하였다는 표현이 인상적이다. 김창흡은 용화산의 집에 대단히 만족하였다.

   용화산은 사방이 꽉 막혀
   굽이굽이 백 겹 천 겹이라네.
   사람이 와도 길이 없어
   왼편으로 폭포만 바라본다네.
   계속 가면 뽕밭이 나오고
   그 안에 농가가 몇 있다네.
   가서 사립문을 두드리면
   닭과 개가 나 때문에 놀라지.
   나에게 푸른 산을 가리키며 하는 말
   "나무 베어 화전을 일구었지요.
   올해는 기장만 풍년 들었지만
   골짜기 맑은 샘물을 마시면 되지요.
   산에 올라 고사리 캐고
   푸른 당귀와 산개도 캐지요"
   이 말에 내 마음이 기뻐서
   산속의 집을 하루아침에 정하였다.
   이웃과 무슨 말을 하겠는가
   갈천씨와 대정씨 이야기지.
   華山阻四方 回回百千成
   人來未有路 左顧瀑布行

行行桑土出　中有數廛氓

試往扣柴荊　鷄犬爲我驚

向我指靑山　斬木火其耕

黃粱獨有年　谷飮泉水淸

登山採蕨薇　當歸山芥靑

中言我心樂　巖棲一朝營

相隣何所談　葛天與大庭

김창흡, 「용화산(華山)」, 『삼연집』

늘어선 뽕밭 가운데 농부의 집이 있다. 그 집으로 가니 사람을 보고 놀란 개가 짖는다. 낯선 사람을 너무 오랜만에 보았기 때문이다. 농부는 화전을 일구어 먹고사는데 되는 농사라고는 조밖에 없지만, 물이 맑고 산나물과 약초가 풍성하다. 김창흡은 이곳이 살 만한 곳이라 생각하였다. 전설에 나오는 갈천씨(葛天氏)니 대정씨(大庭氏)니 하는 태곳적 사람들처럼 순박한 이들과 이웃하여 살고자 하였다.

용화산에 사는 즐거움

용화산에 정착한 김창흡은 주변의 산수를 자신의 것으로 만들어나갔다. 삼부연 서쪽의 끊어진 언덕에 폭포와 마주한 석대가 있었는데 향로대(香爐臺)라 한다. 그 이름은 김수항이 붙인 것이다. 삼부연을 지나 계속 계곡으로 들어가면 응암(鷹巖)이라는 곳이 나온다. 바위를 치는 물이 물보라가 되어 얼굴을 적시고 나무에 매달린 과일이 타고 가는 말머리에 가지런하다. 넝쿨풀 속으로 한참을 가면 화전민의 마을이 나온다. 밥짓는 연기가 아스라하다.「삼연에서 골짜기를 뚫고 응암으로 가면서(自三淵穿峽向鷹巖)」라는 시의 내용이다.

삼부연과 응암 사이에 비룡뢰(飛龍瀨), 낙성기(落星磯), 한류석(寒流石), 옥녀담(玉女潭) 등이 있었다. 삼부연과 함께 이 네 곳을 태화오곡(太華五曲)이라 하고 시를 붙였다. 2곡인 비룡뢰는 물길이 비스듬히 미끄러져 내려오다가 용의 비늘처럼 생긴 기암괴석이 널려 있는 곳에 이르러 우는 소리를 낸다. 사람들은 그 이상 거슬러 올라가지 않지만 그 위에는 옥을 깎아 만든 듯한 기이한 봉우리가 솟아 있다. 3곡인 낙성기는 물 속에서 솟아난 바위로 신선의 손바닥처럼 생겼는데 물살을 따라 나타났다 숨었다 한다. 밝은 달이 물에 비치면 은하수가 북두칠성을 치고 나가는 듯하다. 너럭바위 한류석 위로 시원한 물이 잔잔하게 흐르고 그 곁에 소나무 한 그루가 묘하게 서 있다. 옥녀담에는 비가 오고 나면 여러 산봉우리가 물에 어리고, 해가 뜨면 부서지는 햇살에 잉어가 흩어지는 모습이 보인다. 단풍나무가 어리비친 모습도 아름답다. 김창흡은 자신의 땅을 이렇게 자랑하였다. 그리고 벗이 찾아오는 모습을 다음과 같이 그렸다.

푸른 시내 다섯 굽이 길이 비뚤비뚤
자네 개울물을 따라서 내 집에 왔구나.
우습다. 돌문에서 자네를 보내는 곳에
봄바람이 수선화를 지게 하지 않았으니.

용화산 아래의 마을
삼분연 위쪽에 있는 마을로 진귀함은 이 마을 사람들과 어울려 있다.

淸溪五曲路橫斜　君逐溪流到我家

笑殺石門相送處　春風未落水仙花

김창흡, 「삼연에서 안덕장을 송별하면서(三淵送別安德章)」, 『삼연집』

　　김창흡은 삼부연의 집에 수선화를 길렀다. 당시 수선화는 우리나라에서 자라지 않는 매우 귀한 꽃이었다. 아우 김창업이 지은 수선화 시에 따르면 중국에서 값을 따지지 않고 사온다고 하였으니 그 귀함을 짐작할 수 있다. 김창흡은 삼부연의 물가에서 수선(水仙)이 되고 싶었던 것이다.

　　김창흡이 삼부연에 있을 때 그의 집안 식구들은 강원도 도처의 명산에 집을 정하였다. 김수항은 1672년 무렵 영평의 백운산 백운동(白雲洞)에 땅을 사서 은거에 대비하여 풍패동(風珮洞)이라는 운치 있는 이름을 붙이고 송로암(送老菴)을 짓고 영령정(泠泠亭)을 세웠다. 중형 김창협도 아우보다 먼저 부친이 물려준 백운동에 초가를 짓고 살았다. 풍패동 동쪽에 능암곡(凜巖谷)이 있어 김창흡은 중형 김창협과 함께 폭포를 구경하기도 하고, 백형 김창집(金昌集)이 놀러 오면 소를 타고 보문암(普門菴)으로 운치 있는 나들이도 하였다. 또 백부 김수증은 1670년 화악산(華岳山) 서북쪽 곡운(谷雲)으로 들어가 있었다. 삼부연에서 백운동은 30리, 곡운은 40리 거리에 있었기에 김창흡은 부친과 백부, 그리고 형제들과 자주 만날 수 있었다. 그리고 조카이자 시우(詩友)인 김시보(金時保)도 가끔 이곳을 찾았기에 시를 나눌 수 있었다. 삼부연은 잠동김씨 일가에 의해 크게 빛나게 된 것이다.

그리움에 다시 찾은 용화산

피세촌 삼부연에서의 삶은 그리 오래가지 못하였다. 1680년 4월 부친 김수항이 유배에서 풀려나 영의정으로 조정에 복귀하였다. 김창흡은 서울로 따라가지 않고 혼자 남아 하인들을 부려 논밭을 갈고 책을 읽거나 시를 짓는 일로 즐거움을 삼았다. 그러나 그 이듬해 부친의 명에 의하여 결국 삼부연을 떠나야 하였다. 서울로 돌아온 김창흡은 산수 유람을 동경하고 삼부연을 그리워하면서 살았다. 1682년에는 백악(白嶽) 아래 작은 누각을 꾸미고 낙송루(洛誦樓)라 이름하였는데 그곳에 삼부연을 닮은 연못을 팠다.

> 못을 판 것은 삼연을 본뜬 것
> 그 위에 난초와 국화가 무성하다.
> 산을 벗어나 다시 산으로 들어가니
> 아름다운 풍광이 늘 눈앞에 있네.
> 鑿池擬三淵　其上滋蘭菊
> 出山復入山　佳景常在目

김창흡, 「못을 파고서(鑿池)」, 『삼연집』

용화산을 떠나 백악에 살지만 삼부연을 본떠 못을 파니 그리던 삼부연이 눈앞에 있다. 김창흡은 이곳에서 홍세태(洪世泰) 등 뜻이 맞는 사람들과 책을 읽고 시를 짓는 이른바 낙송루 시회를 가졌다. 체질에 맞지 않은 서울 생활에 김창흡은 양주와 여주 등 도성에서 멀지 않은 곳에서 노닐었지만, 삼부연은 여전히 그리움의 대상이었다. 이 무렵 「삼연을 그리워하여 풍계에게 보내다(憶三淵寄楓溪)」라는 시에서는 "삼연이 정말 그리워라, 폭포물 소리 흩뿌리네. 이때쯤 수단화가 알록달록 붉게 피었겠지(三淵誠可思 瀑布灑潺湲 此時水丹花 相映紅斑斑)" 라 하였다.

부친 몰래 1683년부터 삼부연을 오가다가 1684년 늦가을 아예 눌러앉을 작정을 하고 삼부연으로 들어갔다. 몇 년 전 아우 김창즙(金昌緝)과 함께 유람했던 용화산 일대 석천곡(石泉谷)을 다시 찾았다. 그리고 한번의 유람으로 만족하지 못하여 용화촌에서 겨울을 보내고 그 이듬해 봄에 석천사 계곡을 구석구석 찾고 일일이 이름을 붙였다. 석천사 주변에는 바위와 절벽, 개울, 못 등 노닐 만한 곳이 6~7리에 걸쳐 있었다. 서재곡(西齋谷)에서 출발하여 물을 거슬러 올라갔는데, 석창포(石菖蒲)로 덮인 못을 창포담(菖蒲潭)이라 이름하고, 그 위쪽에 있는 큰 구유통처럼 생긴 못에는 유주담(流珠潭)이라는 예쁜 이름을 붙였다. 석천사로 가는 길목에 있는 못과 다리, 바위, 절벽, 폭포는 금벽담(金碧潭), 통현교(通玄橋, 원래는 虛空橋였다), 미화석(迷花石), 구첩병(九疊屛), 소운폭(素雲瀑)이라 이름하였다. 석천사 동쪽 소회곡(小檜谷)과 대회곡(大檜谷)의 여러 곳에도 새로운 이름을 붙였다. 개울을 상수렴(上水簾), 하수렴(下水簾)이라 하고 입석에는 문암(門巖)이라는 이름을 붙였다. 석천사 근처의 석대는 자운대(紫雲臺)라 하였다.

용화산에는 고려시대에 쌓은 산성 명성(鳴城)이 있었다. 이 때문에 오늘날 용화산을 명성산이라 하게 된 것이다. 다음은 김창흡이 1684

년 석천사 유람을 마치고 산을 내려가면서 자신의 찌그러진 옛집을
보고 지은 작품의 후반부다.

평생 산수에서 살고자 한 마음
이에 자주 나그네로 찾게 되네.
옥녀담과 낙성기는
훤하여 마음이 지겹지 않구나.
가엾다 삼부연아,
아쉽다 용화오곡이여,
한 해가 저물어 산조차 소슬한데
용은 맑은 개울에 잠겨 있구나.
쓸쓸히 벼랑길을 따라 내려감에
두고 가려니 자꾸 마음에 걸리네
하늘 끝의 노을을 돌아보니
저물녘에 멀리 보기 좋구나.
平生山澤心 於玆屢爲客
玉潭與星磯 寥朗心不斁
更憐三釜淵 嗟哉是五曲
歲晚山蕭瑟 龍淪霜溪渌
悵惘緣崖去 將置復瑣瑣
顧謂天際霞 日暮增遐矚

김창흡, 「산을 내려가면서(下山)」, 『삼연집』

김창흡은 거듭 삼부연으로 들어가 살고자 하였지만 부친은 그러한 아들의 태도를 못마땅하게 여겼다. 아들이 홀연 사라져 산으로 들어가면 아버지는 편지를 보내어 꾸짖고 돌아오라고 명하였다. 이러한 일이 1683년 무렵부터 더욱 잦아졌다. 아버지의 질책에 김창흡은 "소자가 천석고황의 질병이 있어 시끄러운 것을 싫어하고 조용한 곳을 좋아하는 것이 어린 시절부터 심하여, 무엇인가가 그렇게 시키는 것이 있는 것 같기에 곧바로 떠나가곤 하였습니다"라고 변명하였다. 그래도 김수항은 끝내 아들을 보내주지 않았다. 대신 며느리를 보내어 몇 달 내지 반년 정도 머무르며 삼부연의 집을 관리하게 하였다. 아들이 그토록 좋아하는 곳이니 한번 가면 다시 돌아오지 않을까 근심하

영시암 김창흡이 머물던 설악산의 암자로, 세상과 영원히 인연을 끊겠다는 뜻으로 붙인 이름이다.

였던 것이다. 김창흡은 마지못해 자신의 뜻을 꺾긴 했지만 때때로 발광을 하여 몰래 삼부연으로 달아나곤 하였다.

이처럼 삼부연은 젊은 시절의 김창흡에게 잊을 수 없는 그리움의 대상이었다. 1687년 도성에서 가까운 동호(東湖)의 저자도(楮子島)에 집을 정하고 그곳을 신선이 사는 땅인 현성(玄城)이라 이름하였지만, 삼부연으로 돌아갈 생각을 완전히 접은 것은 아니었다. 이 무렵 지은 「삼연을 그리며(憶三淵)」에서도 만사를 잊을 수 있지만 삼연만은 잊을 수 없고, 삼연에 대한 그리움이 동호의 물결처럼 밀려든다 하였다. 그 두번째 작품에서 다음과 같이 말했다.

한 해 내내 동쪽을 그려 돌아보다가
어느새 겨울철이 되어버렸네.
흰 구름아 잘 머물러 있느냐
내 초가 곁에서 멀리 가지 말거라.
終年睞東顧 悠忽至寒天
白雲好留住 無遠茅茨邊

김창흡, 「삼연을 그리며(憶三淵)」, 『삼연집』

김창흡은 1687년 겨울 급하게 삼부연을 다녀왔다. 그러나 잠시 머물다 돌아가면 그뿐 삼부연은 다시 비었다. 그로부터 이태 후인 1689년 기사환국(己巳換局)으로 부친이 진도로 유배되어 적소에서 죽음을 맞았다. 이에 김창흡은 영평의 백운산 아래 집을 정하고 청평산, 한계산 등을 유람하였으며, 1692년에는 한계산과 양구(楊□) 등지로 집을 옮겨 살았다. 이해 겨울 잠시 삼부연에 들어가 살다가 이듬해 양근(楊根)의 벽계(蘗溪)로 들어갔다. 1698년 젊은 시절 눈여겨 보아두었던 한계산의 백곡담에 백연정사(百淵精舍)를 짓고 "한번 누워 백년을 보낼 계책(一臥百年之計)"을 완성하였다. 특히 1709년에는 심원사(深源寺) 남쪽에 영시암(永矢菴)을 짓고 영원히 은거하겠다는 뜻을 표방하였다. 이후 김창흡은 차츰 삼부연을 잊고 설악산과 금강산 등지를 유람하며 세월을 보내었다.

붓끝으로 본 삼부연

김창흡이 삼부연을 다시 찾은 것은 1711년 한식이 지났을 무렵이다. 김창흡은 포천을 경유하여 김화현감(金花縣監)으로 있던 이병연을 만나고 설악산으로 돌아가는 길에 삼부연의 옛집을 찾았다. 이때 지은 「삼연을 지나면서 옛일이 느꺼워(過三淵感舊)」에서 "한 골짜기에 넓은 세상 다 감출 수 있는데 백년 인생 짧은 인연을 끝내 보내버렸구나(一壑能藏寬世界 百年終送短因緣)"라 탄식하였다. 삼부연을 본 것은 이때가 마지막이었다.

그후 김창흡은 삼부연을 영영 찾지 못하였다. 대신 삼부연이 다른 사람의 붓끝에 실려 그를 찾아왔다. 1711년 이병연이 삼부연을 두고 지은 시를 보이자 김창흡은 예전 자신의 집이 이제는 이병연의 붓에 담겨왔다 하고는 "사람은 삼연의 호를 가지고 있건만, 빈집은 묵은 풀에 버려두었네(人帶三淵號 空墟委草萊)"라 탄식하였다. 그 이듬해 8

월 두 아우 김창즙과 김창업이 잠시 서울집으로 와 있던 김창흡을 찾아 인사를 하고 금강산으로 향하다가 형의 자취를 찾아 삼부연을 방문하였다. 아마도 김창흡이 아우에게 삼부연의 안부를 알아오라 하였을 것이다. 김창즙은 9월에 금강산에서 돌아와 김창흡을 찾아가, 다음과 같이 삼부연의 안부를 전해 주었다.

점심을 먹고 다시 30여 리를 갔다. 굽은 길로 들어가 삼부연 폭포를 보았다. 골짜기 안의 물을 건너고 높은 고개를 넘어 몇 리를 가서 폭포 아래 이르렀다. 골짜기 입구에서 폭포까지 절벽이 깎아지른 듯 서 있다. 형세가 자못 웅장하지만 바위 색깔은 붉거나 검어서 그다지 수려하거나 윤기가 있지 못하다. 폭포는 길이가 10여 장이다. 폭포 위에 다시 두 개의 폭포가 있지만 하나는 보이지 않는다. 세 단의 폭포 아래 각기 못이 있는데 제일 아래쪽이 가장 넓고 삼면이 절벽으로 둘러싸여 있다. 위쪽의 두 못은 전부 바위로 되어 있는데 솥과 똑같이 생겼다. 예전에 보고 매우 기이하다 여겼는데 이제 바빠서 올라가 보지는 못하였다. 폭포 위에 중형이 살던 집이 있는데 버려진 지 오래다.

김창즙, 「동유기(東遊記)」, 『포음집(圃陰集)』

김창즙이 삼부연을 다녀간 그 다음날 최고의 화가 정선(鄭敾)과 최고의 시인 이병연이 삼부연을 찾았다. 두 사람은 삼부연을 보고 그림으로 그리고 시로 읊었다. 이때 정선이 그린 〈해악도(海嶽圖)〉 중 〈삼부연〉에 붙인 이병연의 글은 이러하다.

　　위의 솥에서 가운데 솥으로 떨어지니
　　파도가 아래 솥에 걸려 있네.
　　위로 보면 전체가 하나의 절벽인데
　　누가 세 개의 못을 뚫어놓았나.
　　태곳적에 용이 할퀸 것인가?
　　천년세월 물방울이 뚫은 것이겠지.
　　조물주에게 물어볼 길 없어서
　　홀로 우두커니 지팡이에 기대어 있다.
　　上釜落中釜　波濤下釜懸
　　仰看全一壁　誰得竅三淵
　　太始思龍攫　千年驗溜穿
　　無由問造化　倚杖獨茫然

이병연, 「삼부연(三釜淵)」, 『사천시초(槎川詩抄)』

　　현재 남아 있는 〈해악전신첩(海嶽傳神帖)〉에 실린 〈삼부연〉 그림은
이때 그린 〈해악도〉를 1742년 다시 그린 듯하다. 이 그림을 보면 어른
여섯 명이 삼부연을 보고 있다. 이들은 삼부연을 보고 어떻게 저런 못
이 생겨났는지 의아해하고 있다. 어떤 사람은 태곳적 용이 뚫은 것이
라 하고 어떤 사람은 폭포수에 의해 생긴 것이라 한다. 티격태격 해보
지만 조물주 외에는 아무도 알지 못한다. 그러기에 지팡이를 짚고 멍

정선의 삼부연 오른편으로 산길을 넘어가면 김창흡이 살던 집이 있었다. 간송미술관에
소장되어 있다.

하니 바라볼 뿐이다. 그림 속의 사람들이 서 있던 곳은 지금은 깎여
아스팔트길이 되었지만 그 옛날 김수항이 이름한 향로대이리라. 향
로대 왼편으로 높은 산길이 그려져 있어 "저 길이 삼연선생이 살던

집으로 가는 길이야"라고 알려주고 있다. 이 그림과 시를 본 김창흡은 자신을 돌아보았다. 잠룡(潛龍)이 되어 함께 숨어살고 싶었는데, 삼연이라는 이름만 지니고 있음을 부끄러워하였다. 그는 붓을 들어 다음과 같이 써내려갔다.

> 큰 바위와 검은 못이 세 단의 폭포를 이루고
> 용은 아래에 숨었는데 선비는 위에 살았지.
> 그 덕을 함께하고자 하였지만
> 끝내 그 호만 훔치고 말았구나.
> 巨壁玄潭 三級成瀑
> 龍蟄于下 士棲于上
> 庶同其德 而終竊其號而已耶

김창흡, 「삼부연(三釜淵)」, 『삼연집』

1720년 일흔을 바라보는 나이로 곡운에 머물고 있던 그에게 오진주(吳晉周)가 삼부연에 들렀다 시를 지어 보내었다. 시로나마 삼부연을 본 것도 그것이 마지막이었다. 이태 후인 1722년 김창흡은 아들 언겸(彦謙)의 집인 가구당(可久堂)에서 이생의 인연을 다하였다. 『경종실록』에 실린 그의 졸기(卒記)에는, 『장자(莊子)』의 글을 읽다가 마음속에 문득 깨달은 바가 있어 이때부터 세상일을 버리고 산수에 방랑하였다고 하였다. 훗날 영조가 김창흡을 석실서원(石室書院)에 추가로 배향할 때 "이 사람은 참으로 숨어 있는 뛰어난 선비다. 먼 곳으로 은

김창흡의 초상 산과 물을 좋아한 사람이라 얼굴이 맑다.
은거하는 학자의 옷인 심의를 입었다.

둔할 때에 그 집안이 얼마나 혁혁한 가문이었던가? 그런데도 높은 관
직을 진흙처럼 하찮게 여기고 산 높고 물 맑은 고장에 살면서 산수의
풍류를 즐겼으니 세상에서 이르는 은일(隱逸)이라는 것이 어찌 이 사
람보다 낫겠는가? 어질구나"라며 찬탄하였다. 흰 구름처럼 살고자
한 은일자가 처음으로 몸을 숨긴 곳이 삼부연이었다. 김창흡이 떠난
뒤 삼부연의 집은 사라졌지만, 삼부연의 기이한 아름다움과 그의 고
결한 행적은 시와 그림으로 현재까지 전해지고 있다. ▣

300년 전 영종도와
이희조 형제

어부의 집에는 가을날 배를 고치고

소금 굽는 집에는 저녁에 연기가 인다

영종도 원래는 자연도였는데 영종진이 설치되면서 이름이 바뀌었다.

영종도의 역사

인천 앞바다의 영종도에는 세계적인 시설을 갖춘 국제공항이 문을 열었다. 최첨단 전자기기의 지휘를 받으며 비행기가 뜨고 내리는 이곳의 옛 주인은 말이었다. 서해안의 섬들은 대부분 목장으로 활용되었기 때문이다. 전통적인 교통수단이었던 말을 기르던 곳 중의 하나가 영종도였는데, 이제는 비행기가 뜨고 내리는 곳이 되었다.

영종도의 옛 이름은 자연도(紫燕島)다. 제비처럼 생겼기에 이 이름이 붙었지만 『영종진읍지(永宗鎭邑誌)』에는 그 지세가 마치 거북이 엎드려 있는 듯한 형상인데 동쪽은 머리고 서쪽은 꼬리처럼 보인다고 하였다. 고려로 사신 온 송나라의 문인 서긍(徐兢)이 1124년 편찬한 『고려도경(高麗圖經)』에는 제비가 많아 자연도라 부른다고 했다.

이날 신시 정각에 배가 자연도에 정박하였는데 곧 광주(廣州)다. 산에 의지하여 관사를 지어놓았는데, 현판을 경원정(慶源亭)이라 하였다. 경원정 곁에 막사 수십 칸이 있으며 주민들의 초가집도 많다. 그 산의 동쪽에 있는 한 섬에 제비가 많이 날아다니기 때문에 자연도라 명명한 것이다.

서긍, 「자연도(紫燕島)」, 『고려도경』

12세기 초에 자연도의 관아에 경원정이 있었음을 알 수 있다. 또 이어지는 기사에서 제물사(濟物寺)라는 절에서 그 이전에 사신으로 왔다가 자연도에서 죽은 송밀(宋密)이라는 사람을 제사지냈다고 한 것으로 보아 섬 안에 제물사라는 절도 있었음을 확인할 수 있다. 제물사의 이름이 뭍으로 전하여 인천의 제물포라는 이름이 생겼을 가능성도 있다. 그로부터 멀지 않은 시기 이규보(李奎報)가 개성에서 이곳까지 찾아와 제물사에 딸린 정자에서 노닐면서 시를 지었다. 이규보가 자연도를 찾은 지 100년 정도 후인 1329년에도 이곡(李穀)이 예성강에서 배를 타고 나와 고향인 한산으로 가는 길에 강화도를 거쳐 자연도에 들렀다가 경원정 현판에 붙어 있던 시에 차운하여 시를 한 수 지었다.

가다가 자연도에 들러
뱃전을 두드리며 한가히 시를 읊노라.
개펄은 전서를 쓴 듯 구불구불한데
삿대는 비녀처럼 빽빽이 늘어서 있네.
염전에서 나는 연기가 가까운 포구에 날리는데
바다에 뜬 달은 먼 봉우리로 올라선다.
내게 일엽편주 띄우고 떠나갈 흥이 있으니
훗날 이곳을 다시 찾으리라.
行過紫燕島　扣枻一閑吟
浦漵盤如篆　竿檣簇似簪
鹽煙橫近渚　海月上遙岑
我有扁舟興　他年擬重尋

이곡, 「자연도 시에 차운하다(次紫燕島)」, 『가정집(稼亭集)』

영종진읍지 영종도의 역사와 문화에 대해 가장 자세한 책이다.
첫면에 영종도의 연혁에 대한 글이 실려 있다.

해운이 발달하였던 고려 후기, 포구 가득 배가 빽빽이 정박해 있는
데 넓게 펼쳐진 개펄에는 염전의 소금 굽는 연기가 피어오른다. 바다
에서 떠오른 달이 자연도의 주산인 백운산 봉우리로 얼굴을 내민다.

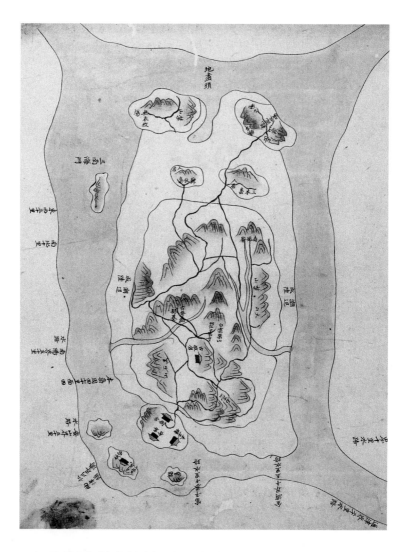

고지도의 영종진 가운데 백운사가 보이고 아래쪽 왼편 모서리가 객관이 있던 곳인데 지금은
인천으로 가는 선착장이 있다.

이 광경을 본 이곡은 일엽편주를 띄우고 복잡한 세사에서 벗어나 은거하고 싶은 마음이 들었다. 그러나 자연도는 이처럼 시인의 붓끝에서 아름답게 묘사되기만 했던 곳은 아니다. 고려 후기 무신들의 창칼이 요란할 때 최충헌(崔忠獻)과의 권력싸움에서 패배한 두경승(杜景升)이 유배된 곳이 바로 이 섬이거니와, 정권에서 밀려난 사람들의 애절함이 이 섬에 서려 있다. 그리고 고려의 왕손이 이곳에서 애잔한 삶을 살아갔다.

인천 자연도는 대부도에서 서쪽으로 수로로 30리다. 고려 말 종실 익령군(翼靈君) 왕기(王琦)가 장차 고려가 망할 것을 알고 성명을 고치고 온 집안이 바다로 도망쳐 이곳에 숨었기에 고려가 망한 뒤에 물에 빠져 죽는 화를 면할 수 있었다. 자손이 그대로 살게 되어 지금은 마장(馬場)의 말 치는 사람이 되어 있다. 익령군이 살던 집 3칸은 지금까지 엄하게 봉쇄하여 사람들이 보지 못하게 하는데, 안에는 서책이며 그릇들을 간수해 두었다고 하지만 어떤 물건인지 알지 못한다.

옛날 한 관원이 유람하다가 이 섬에 이르러 봉쇄한 것을 열고자 하였는데, 소 치는 여러 남녀가 애걸하면서 "이곳을 열면 자손이 갑자기 죽는 재앙이 있을 것이니, 경계하여 감히 열지 않은 지가 300년입니다" 하였다. 이에 관원이 가련하게 여겨 그만두었다.

이긍익(李肯翊), 「해랑도(海浪島)」, 『연려실기술』

조선시대에 들어서는 자연도에 행궁(行宮)을 지어 피난가는 임금의 수레가 잠시 머물렀고 또 수군과 육군을 이곳에 배치하여 호위로 삼았다. 더욱이 이곳은 북으로 강화도, 교동도와 통하고 남으로 호서와 연결되어 있어 도성으로 들어가는 조운선의 길목이었다. 당시 한양의 십만 가구가 먹고살던 삼남(三南)의 곡식이 이 자연도를 경유하여 경강(京江)에 이르렀다. 이 때문에 큰 배들이 날마다 그 수를 헤아릴 수 없을 정도로 자주 지나갔다. 자연도는 작은 섬이지만 임진왜란 때 의병이 일어난 곳이기도 하다. 임진왜란이 일어났을 때 이계정(李繼禎)이 자연도에서 의병을 모았는데 당시 막료에게 지어준 시가 『영종진읍지』에 실려 전한다.

자연도는 효종 4년(1653) 남양도호부에 딸려 있던 영종포만호(永宗浦萬戶)를 이 지역으로 옮기면서 영종도(永宗島)라는 새로운 이름으로 불리게 되었다. 또 1670년경에는 형조판서로 있던 서필원(徐必遠)이 매음도(煤音島)와 자연도에 있는 목장을 없애고 경작을 하도록 허락해 줄 것을 청하고, 이곳의 도형(圖形)을 그려 조정에 올렸다.

영종진이 들어설 무렵의 자연도에 나들이를 온 사람은 남용익(南龍翼)이다. 남용익은 1673년경 마침 벼슬이 떨어져 부모님을 찾아뵈러 인천에 갔다. 남용익은 부친을 모시고 동년(同年)으로 과거에 올라 계양현감으로 있던 정시형(鄭時亨)과 함께 바닷가 태평암(太平巖)에서 술자리를 벌이고 시회를 가졌다.

계축년이 진나라 영화 연간과 같은데

용유도의 기암 중국으로 가는 고려의 사신과 정을 나눈 기생이 이별의 슬픔을 못 이겨
투신하였다는 슬픈 사랑 이야기가 전해 오는 바위로 추정된다.

난정의 맑은 흥과 비교하면 어느 것이 높은가?

안개 낀 모랫벌에서 멀리 용유도를 바라보니

풍악소리가 자연도의 물결을 날뛰게 하는구나.

호곡노인은 시를 반쯤 지었고

계양사또는 술에 조금 취했네

바람 앞에 또 미인의 비파에 기대어

달빛 아래 장사의 노래를 듣노라.

癸丑年同晉永和　蘭亭清興較誰多

煙沙遠望龍流岸　鼓角橫驅燕島波

壺谷散翁詩半就　桂陽明府酒微酡

風前且倚佳人瑟　月下仍聞壯士歌

남용익,「아버님을 모시고 자연도에서 놀면서 술에 취하여 계양사또 정숙하에게
시를 지어준다(陪家尊游紫燕島, 醉贈桂陽鄭使君叔夏)」,『호곡집』

마침 계축년이라 왕희지(王羲之)가 난정(蘭亭)에서 계회를 즐겼던
해와 간지가 같기에, 자신들의 풍류를 난정의 그것에 비하였다. 이들
은 태평암에서 자연도에 딸린 섬 용유도(龍流島)를 바라보면서 기생
을 데리고 술을 마셨다. 태평암은 석화산에서 인천 쪽 바닷가, 중산동
(中山洞)에 있는 바위 이름이다.

영종도와 이희조 형제

영종도를 시로 가장 아름답게 빛낸 이는 이정구(李廷龜)의 후손들
이다. 이단상(李端相, 1628~69)이 1664년 인천부사로 와서 영종도를
유람하였고, 그의 아들 이희조(李喜朝, 1655~1722)가 그로부터 32년
후에 역시 인천부사가 되어 아우 이하조(李夏朝, 1664~1700), 내종(內
從) 이해조(李海朝, 1660~1711)와 함께 영종도 일대를 두루 유람하였
다. 이들이 찾은 명승 중의 하나가 바로 태평루(太平樓)였다. 태평루
는 어느 시기에 세워졌는지 알 수 없지만 태평암 곁에 있었던 듯하다.
조선 후기 지도에는 영종도 바닷가에 태평루가 그려져 있다.

서남으로 큰 바다 있어
인장을 풀고 배를 띄웠네.

신선을 만나기라도 할 듯
우리 행차 정히 헛되지 않네.
누각이 높아 지는 해가 보이고
파도가 조용하여 더딘 바람 좋구나.
가는 곳마다 술자리 풍성한데
어부는 다투어 생선을 바치네.

西南有大海　掛席卸鞍餘

仙子如相見　吾行定不虛

樓高看日落　波伏愛風徐

隨處杯盤好　鮫人各薦魚

이하조, 「늦겨을 인천 관아에서 백씨와 종형 자동을 모시고 자연도로 가다가
배를 태평암에 정박하고 종형의 시에 차운하여 짓는다(暮秋自仁衙奉伯氏及從兄子
東作紫煙行舟泊太平樓次從氏韻)」, 『삼수헌유고(三秀軒遺稿)』

　　이들 일행은 영종도의 백운사(白雲寺) 등을 구경하고 그 다음날 다시 고종도(高宗島)를 찾았다. 백운사는 영종도의 한가운데 있는 백운산(白雲山) 기슭에 있던 절이다. 고종도는 앞서 말한 태평암이 있는 동쪽의 섬인데, 예전에는 영종도와 분리되어 있었으나 지금은 간척사업으로 연결되어 있다. 이희조 일행은 고종암(高宗巖)에 배를 대고 그곳의 팔의정(八宜亭)에 유숙하며, 섬마을의 정취를 즐겼다.

　　배를 버리고 시골집으로 들어가니

썰물이 빠져 저녁바람 인다.

산을 개간하였기에 밭이 묵었고

갯벌이 넓어 바다가 멋대로 통한다.

상에 올리는 생선은 희게 구웠고

광주리 가득한 홍시는 붉은 것을 땄구나.

섬마을을 두루 보았으니

여기에 이르러 흥이 끝이 없구나.

舍楫入村墅　潮歸生晚風

山開田块荞　浦闊海橫通

登案魚燖白　盈筐柿摘紅

水鄉行已遍　到此興無窮

이해조, 「저녁에 고종암에 배를 대고 박생의 팔의정에 묵으면서

(暮迫高宗巖宿朴生八宜亭)」, 『명암집(鳴巖集)』

　　고종도의 풍경을 백묘(白描)로 그려낸 뛰어난 작품이다. 이들은 새
벽에 다시 배를 타고 고깃배 불빛이 아스라한 바다로 노를 치며 들어
갔다. 바다에서 보이는 포구는 새벽별빛에 반짝이고 그믐달이 봉우
리를 비추고 있었다. 어디가 하늘인지 어디가 바다인지, 어느 쪽이 동
쪽인지 서쪽인지 모른 채 새벽안개를 뚫고 나갔다.

　　이희조 일행이 노닐던 태평루는 그후 퇴락했고, 문인의 발길도 이
어지지 않았다. 태평루는 그후 영조 50년(1774) 윤시동(尹蓍東)에 의해
중수되었다. 그러나 그 풍광은 이희조 일행이 노닐었을 때와 바뀌지

용유도 용유도는 물이 빠지면 영종도와 연결되고 물이 차면 바다로 떨어지게 되어 있었다.
중국의 채석강에 비견된 아름다운 섬이다.

않았을 것이다. 윤시동의 「태평루기(太平樓記)」(『영종진읍지』)에 따르면 태평루는 영종도의 동쪽에서 바다를 내려다보며 날개를 펼치고 있었다. 이곳에 오르면 바람을 가득 품은 배들이 마치 갈매기가 물 위에 떠 있듯이 베틀의 북이 움직이듯이 경쾌하게 떠가는 모습이 보였으며, 사공의 노랫소리가 울려퍼졌다. 바람 부는 아침이나 달뜨는 저녁이면 안개에 가려 문득 사라지고, 큰 바람이 일어 높은 파도가 치면 천태만상으로 바뀌는 섬의 모습도 보였다고 한다.

영종도에 딸린 또 다른 섬 용유도 역시 아름다운 곳이었다. 용유도는 물이 빠지면 영종도와 연결되고 물이 차면 바다로 가로막혀 영종도와 떨어지게 되어 있었다. 오늘날은 간척사업으로 연결되어 있는데 인천공항 서쪽에 있다. 이곳은 풍광이 아름다워 중국 형주의 하구(夏口)나 금릉(金陵)의 채석강(采石江)에 비견할 만하였다고 한다.

영종도의 옛 절

영종도 본섬의 주산인 백운산 기슭에 구담사(瞿曇寺)가 있었다. 구담사는 고려 때부터 있던 절인데, 17세기 무렵 중수하여 새롭게 단장한 것으로 보인다. 참판을 지낸 이만영(李晚榮, 1604~72)이 구담사에서 지은 시가 전한다. 『영종진읍지』에 실려 있는 이 시에서 "섬에 있는 고려의 절은, 그 명성을 들어 찾고 싶었지. 불당은 새로 지어 우뚝 높은데, 신령한 땅은 옛 안개가 잠겨 있네(島上麗朝寺 聞名往欲尋 禪堂新突兀 靈境舊烟沈)"라 한 것으로 보아, 이 무렵 구담사를 중수하여 새롭게 단장하였음을 알 수 있다.

백운산에는 백운사라는 사찰도 있었다. 자연도 유람에 나선 이희조 일행은 이곳 백운사에서 하루를 유숙하였다.

태평루에서 저녁까지 번뇌를 씻다가
다시 백운암을 향한 오솔길을 찾노라.
외로운 섬은 드넓은 바다를 양치질하듯 삼키고
온 산은 깊은 절문을 빙 둘러 에워싸고 있구나.
돛대의 바람은 저녁구름 속의 느티나무 그림자를 당기는데
신기루 일으키는 안개는 가을날 구름 낀 섬그늘에 엉기네.
옛일을 생각하고 지금을 즐기니 이 모두 환상이라
관아에서 가져온 술동이를 기울이는 형제의 마음.

鎭樓竟夕滌煩襟　又向雲菴小路尋
孤島漱呑溟海闊　一山環擁寺門深
帆風夕挐雲槐影　蜃氣秋凝霧嶼陰
舊感新歡俱妄幻　官樽聊瀉弟兄心

이해조, 「낙보와 함께 종형의 인천 임소로 가서 함께 배를 타고 자연도로 들어가 백운사에서 짓는다(與樂甫赴從氏仁川任所仍與泛海入紫燕島宿白雲寺)」, 『명암집』

이해조는 영종도에서 마음껏 풍류를 즐겼지만, 잠시 숙부의 자취를 생각하고는 슬픔에 잠겼다. 그러나 아스라한 안개와 물보라를 바라보면서 이러한 비환(悲歡)이 모두 헛된 것임을 깨달았다. 그리고 아침에 백운사를 떠나면서 다음과 같이 시를 지었다.

머리 돌려 백운사를 보고

푸른 바닷가를 거닐며 시를 읊조린다.

어부의 집에는 가을날 배를 고치고

소금 굽는 집에는 저녁에 연기가 인다.

바람이 거세 산의 나무가 흔들리고

물결 높아 포구의 개펄까지 밀려든다.

섬의 봉우리가 면면이 좋으니

곧바로 신선을 찾을까 하노라.

回望白雲寺 行吟滄海邊

漁家秋理舶 鹽戶晚生煙

風厲披山木 潮高浸浦田

島峯面面好 直欲問眞仙

이해조, 「백운사에서 새벽에 출발하면서(白雲寺早發)」, 『명암집』

백운사에서 바라보이는 맑은 경치에 취해 이 길로 바다로 계속 나아가면 신선이 사는 곳에 이를 것 같은 느낌이 든 것이다. 이들 일행은 영종도 일대를 두루 노닐며 시주를 즐겼다.

새 대신 둥지를 튼 비행기

이희조 일행이 새벽에 배를 타고 떠난 후 영종도는 다시 문인들의 기억에서 서서히 잊혀져 갔다. 18세기 말엽 윤시동은 이곳을 찾는 사람 중에 글을 지을 줄 아는 사람이 없어 아름다운 영종도를 즐기는 이도 없고, 또 태평루 역시 알려지지 않았다고 탄식한 바 있다. 결국 태평루는 다시 황폐해졌는데, 이를 안타깝게 여긴 경기감사 이시원(李始源)이 18세기 말엽에 중수하였다. 또 태평암이 있는 고종도와 본섬인 영종도 사이에는 만세교(萬世橋)가 놓여 있었으나, 일제강점기에 둑을 쌓아 두 섬은 하나가 되었다.

그후 조용한 섬으로 남아 있다가 근년에 아름다운 물새는 멀어지고 인간이 만든 새인 비행기가 영종도를 차지하게 되었다. 그러나 비행기에 올라서도 눈을 감고 이희조 일행이 새벽에 배를 타고 나서서 바다에서 본 자연도의 모습을 떠올린다면, 영종도는 자연도로 남아 영원히 문학을 사랑하는 사람의 것이 되리라. 📋

영종도에서 본 바다

인천공항을 오가는 사람들의 눈에 보이는 아름다운 이 바다에 대해서도
옛사람들이 운치 있는 글을 남겼다.

양평 벽계의
녹수정과 이덕수

도를 깨치니 세월이 가도 그뿐

한가함을 탐하니 외진 땅이 좋아라

녹수재 푸른 물을 사랑한 이제신의 사당으로 정자 녹수당을
이렇게 바꿔 부른 것이다. 양평의 수입리에 있다.

지평의 귀거연

청강(淸江) 이제신(李濟臣, 1536~83)은 명문 전의이씨(全義李氏) 집안의 후손으로 가문을 크게 빛낸 인물이다. 조식(曺植)의 제자로 함경도 병마절도사를 지냈으며 청백리로 이름이 높다. 이제신의 집은 서울 회현동(會賢洞)에 있었는데 그 이름을 귀우당(歸愚堂)이라 하였다. 이제신은 귀우당에서 한유(韓愈)의 "어리석음으로 돌아감에 평탄한 길 있음을 알았으니, 고인의 샘물을 길으러 두레박을 손질한다(歸愚識夷途 汲古得修綆)"라는 시를 읊조렸다. '귀우'는 어리석은 본분을 지켜 도연명(陶淵明)의 「귀거래사(歸去來辭)」를 읊조린다는 뜻이다.

이제신은 죽어 양평군 서종면 무들이골에 있는 고동산(古同山)에 묻혔다. 무들이골은 예전엔 수회리(水回里)라 하였으나 지금은 수입리(水入里)라 한다. 이제신이 빛낸 가문의 영예는 그 후손에게 이어졌다. 이제신은 이기준(李耆俊), 이수준(李壽俊), 이명준(李命俊), 이구준(李耉俊) 등 네 아들을 두었는데 특히 이수준과 이명준의 명성이 높다. 이기준의 아들이 이중기(李重基)이고, 다시 그 아들이 이행건(李行健)과 이행원(李行遠)이다. 이행건은 좌승지와 청풍부사 등에 이르렀고, 그 아우 이행원은 우의정을 지내, 이 집안은 17세기 명문가로 이름이 높았다. 이행건의 아들이 황해도관찰사를 지낸 이만웅(李萬雄)이고, 이만웅의 아들이 이징명(李徵明)과 이징하(李徵夏)다. 이징명 역시 관찰사를 지냈고 이징하는 목사를 지냈다. 이들은 차례로 한 시대를 울리고 양평의 서종면 수입리 선영으로 돌아와 그 육신을 눕혔다.

이처럼 이제신의 후손은 대를 이어 수입리 선산에 묻혔지만, 살아서 귀거래한 곳은 지평(砥平)이었다. 그곳에는 17세기 학문과 문학을 주름잡은 이식(李植)의 고택 택풍당(澤風堂)이 있다. 오늘날 양평군 양동면 쌍학리다. 이식의 「동계기(東溪記)」에 따르면 택풍당 동쪽에 이제신의 후손가가 있다 하였으니, 오늘날 택풍당 입구로 흐르는 석곡천에 놓인 쌍학교 근처 널따란 곳이 부연(釜淵)인 듯하다. 원래는 노연령(魯延齡)이 부연의 주인이었는데 17세기에는 이행건의 소유가 되었다. 노연령이 살 때 이황(李滉) 등이 이곳에서 지은 시가 있어 그 이름이 알려졌는데, 이제신의 후손이 이곳으로 들어오면서 더욱 활기를 띠었다.

부연은 현연(玄淵)이라고도 하였는데 나중에 귀거연(歸去淵)이라고 이름을 바꾸었다. 이만웅과 두 아들이 귀거래하자 정백창(鄭百昌)이 그 뜻을 기려 이렇게 이름한 것이다. 가마[釜]와 가마[歸去]의 음이 비슷하다는 점에 착안하여, 도연명의 「귀거래사」에서 뜻을 취한 것이다. 1613년 계축옥사(癸丑獄事)가 일어나자 이중기는 벼슬을 버리고 이행건, 이행원 두 아들을 데리고 이곳으로 귀거래하였다. 이로써 귀거연은 이 집안의 고향땅이 되었다. 다음은 이행건의 손자 이징명이 벗 김창협(金昌協)에게 한 말이다.

부연은 예전 우리 집안의 고향땅이오. 지난번 광해군 때에 우리 할아버지 동추공(同樞公, 이행건) 형제께서 증조부 신계공(新溪公, 이기중)을 모시고 이곳으로 돌아와 봉양하였소. 이때 택당 이식 공, 소암 임숙영 공, 현곡 정백창 공 등 여러 현자들이 모두 인근에 있

이제신의 묘 이제신의 비석에 새긴 글은 최립과 김상헌 등 조선 중기 최고의 문장가에 의하여 제작되었다. 양평 벽계 입구의 고동산에 있다.

었소. 지팡이를 끌고 짚신을 신고서 매일 왕래를 하였는데 장로들은 지금도 이를 기억하고 있소. 귀거연이 지금 이름으로 된 것은 아마도 이때인 듯하오.

귀거연은 넓이가 몇 무 정도고 깊이는 몇 길 정도인데, 맑아서 몸을 씻을 만하오. 그 언덕이 불룩 솟아 귀거연 가운데로 들어가고, 그 위에 단풍나무, 소나무, 잣나무, 전나무 등 고운 나무들이 심어져 있어 올라가 배회할 만하오. 언덕 아래에는 돌이 모두 흰색인데 포개어진 채 평평하게 되어 있어 앉을 만하오. 귀거연 옆에는 땅이 넓고 흙이 비옥하여 전답 수십 무가 있소. 그 안에서 힘을 쓰면 한 해를 보낼 만하오. 그래서 우리 선조가 즐기던 곳이라오.

내가 선조의 공업을 잇기에는 부족하지만, 그래도 또한 이 세상에 대한 뜻은 이미 없어졌다오. 이제 장차 돌아가신 부친의 집을 수리한 다음, 소를 한 마리 사고 책 수백 권을 가지고 이곳으로 돌아가 숨어살면서 책을 읽고 밭을 갈면서 우리 모친을 봉양하고자 하오. 또 남는 시간이 있으면 귀거연의 물과 바위 사이에서 배회하면서 노닐고 목욕을 할 것이요, 높은 곳에 오르고 깊은 물가로 나아가며 소나무와 잣나무 그늘에서 쉬고 맑은 개울에서 몸을 씻을 것이니, 이 또한 즐거움으로 삼고 늙음을 잊기에 족하오. 그대는 어찌 생각하오?

김창협, 「귀거연으로 귀거래하는 이백상을 보내면서
(送李伯祥歸去淵序)」, 『농암집(農巖集)』

이중기가 물러날 무렵 지평의 백아곡(白鴉谷)에는 이식이 택풍당을 짓고 살았고, 양근(楊根) 대탄(大灘)에는 정백창이, 용진(龍津)의 봉안역(奉安驛)에는 임숙영이 물러나 있었기에, 이중기는 암울한 광해군대의 답답한 마음을 함께 풀 수 있었다. 이중기는 세상사에 관여하지 않겠다는 뜻으로 집 이름을 물관당(勿關堂)이라 하였다. 한나라 고사(高士) 상장(向長)이 자녀들을 모두 혼인시키고 집안일을 정리한 뒤에 "더 이상 나의 일에 상관하지 말라(勿復相關)" 분부하고는 마음 내키는 대로 떠돌아다니며 오악(五岳) 등을 유람하다가 생을 마쳤는데, 그 뜻을 따른 것이기도 하다. 이식은 「물관당가(勿關堂歌)」를 지어 그의 귀거래를 축하한 바 있다.

귀거연 이식은 부연이라 하였는데 이중기는 귀거래의 공간 귀거연이라 하고 세사에
관여하지 않는 집 물관당을 짓고 살았다.

이 집안은 안동김씨와 세교를 맺었는데 김상헌(金尙憲)이 이중기와
절친하게 지낸 이래 대대로 교제가 깊었으며, 특히 이징명·이징하 형
제는 김창협·김창흡(金昌翕) 형제와 절친한 벗이기도 하였다. 그러한
인연으로 김창협이 이징명을 보내면서 이 글을 지은 것이다. 그런데
김창협의 이 글에서 이행건과 이행원이 귀거연으로 물러난 주체로 기
술되고 있는 것에서 알 수 있듯, 귀거연의 주인은 이행건·이행원 형
제였다. 이들 형제는 인근에 살던 이식과 어울려 시회를 갖고 한가하
게 살았다. 송시열의 「귀거연기(歸去淵記)」에 따르면, 이행건의 아들
이만웅도 이곳에 물러나 살려 하였지만 뜻을 이루지 못하였는데, 이
징명과 이징하에 이르러서 비로소 이곳으로 귀거래하였다고 적었다.

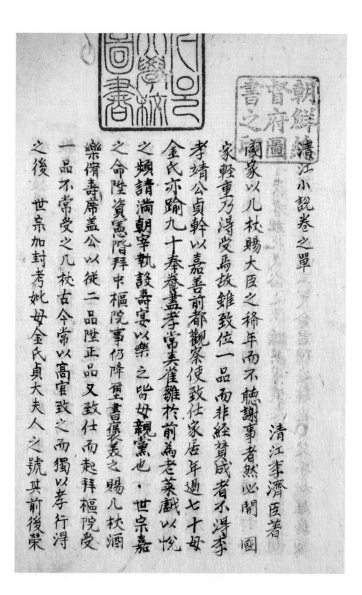

朝鮮總督府圖書之印

清江小說卷之單

清江李濟臣著

家以几杖賜大臣之稀年而不聽謝事者然必聞國
家輕乃得受焉故雖致仕家居年逾七十母
金氏亦踰九十奉養盡孝常美饌雞於前爲老萊戲以悅
之命陞資憲階拜中樞院事仍降至書僕裏義之賜几杖酒
樂備壽席盖公以從二品陞正品又致仕而起拜樞院受
一品不常受之几杖古今常以高官致之而獨以孝行得
之後 世宗加封考妣母金氏貞夫人之號其前後榮

孝靖公貞幹以嘉善前都觀察使致仕家居年逾七十母
金氏亦踰九十奉養盡孝常美饌雞於前爲老萊戲以悅
之頻請滿朝宰執設壽宴以樂之皆母親黨也 世宗嘉
之命陞資憲階拜中樞院事仍降至書僕裏義之賜几杖酒
家輕乃得受焉故雖致仕家居年逾七十母

重乃得受焉故雖致仕家居年逾

청강소설 맑은 강을 동경한 이제신이 세상사 돌아가는 이야기를 적은 책이다.
규장각에 소장되어 있다.

양평의 녹수정

귀거연에 귀거래한 이징명과 이징하는 『녹수정시집(綠水亭詩集)』을 엮었다. 녹수정은 이제신의 무덤이 있는 양평의 수입리에 있었다. 김창흡이 이징하에게 보낸 시 「녹수정의 노래(綠水亭吟贈李季祥)」에 따르면 "위에는 황벽계가 있고 아래에는 녹수정이 있네. 녹수정에 주인이 있으니 청강 이선생이라네(上有黃蘗溪 下有綠水亭 綠水亭有主 淸江李先生)"라 하여 녹수정 위쪽에 황벽계가 있다고 하였다. 황벽계는 곧 벽계(蘗溪, 檗溪로도 적는다)를 뜻하는데, 오늘날의 양평군 서종면 노문리로 흐르는 물길이다. 오늘날 녹수재(綠水齋)라 이름한 재실이 새로 만들어져 굽이도는 수입천을 내려다보고 있다.

김창흡은 녹수정이 이제신의 정자라 하였지만 이제신은 강가에 산 적이 없었다. 그런데도 호가 맑은 강 청강(淸江)이었다. 대대로 남산 아래 살았기에 비록 강가에 산 적은 없지만 그 마음은 늘 물을 가까이 하여 호를 청강이라 한 것이다. 김석주(金錫胄)가 쓴 이만웅의 묘표(墓表)에 따르면, 김석주는 부친 김좌명(金佐明)과 함께 녹수정을 찾은 적이 있다. 이제신의 무덤 남쪽 작은 산 너머 맑은 골짜기 물이 바위에 부딪쳐 꽃나무 사이에 어른거리는 곳에 이만웅이 은거하려고 지은 정자가 녹수정이라 하였다. 또 「감사 이만웅의 만사(李監司萬雄挽)」에서 "한 굽이 개울물이 맑은데, 천 년 묵은 소나무 늘어 있구나. 작은 정자 물가를 내려다보니, 녹수정 이름이 다시 좋구나(一曲溪潭淸 千年松樹老 小亭俯漣漪 綠水名更好)"라 한 것으로 보아 녹수정 옆에는 오래된 낙락장송이 있었음을 알 수 있다. 김수항(金壽恒)의 행장에 따르면,

수 입 천

굽이굽이 돌아 흘러 벽계에서 나온 물과 합쳐져 북한강으로 흘러든다.
물굽이가 많아 이곳을 수회리라고도 하였다.

이만웅이 경치가 아름다운 곳에 이르는 꿈을 꾸고 깨어났는데 "돌을
끊어 대를 만들고, 개울을 끌어 못을 만든다(鑿石爲臺 引溪爲沼)"라는
구절이 기억에 남았다. 그후 양평 이제신의 묘소 아래 경치가 빼어난
곳이 꿈에서 본 곳과 흡사하기에 자신의 호를 꿈에서 본 여울이라는
뜻의 몽탄(夢灘)이라 하고 초가를 인 정자 녹수정을 짓게 된 것이라
하였다.

　이만웅의 두 아들은 선조 이제신의 맑은 흥을 칭송하고 녹수정에
은거하지 못한 부친의 뜻을 기리는 뜻에서 『녹수정시집』을 엮었다.
녹수정이라는 이름은 이제신의 시 「강가의 집에서 우연히 흥을 깃들
이다(亭舍寓興)」에서 딴 것이라 한다. 지금은 이 작품이 전하지 않지
만 『녹수정시집』에 이 시가 수록되었을 것이고, 이만웅이 이 시에 차
운한 작품도 함께 실렸을 것이다. 이만웅은 또 녹수정의 유래를 적은
기문을 지었다고 하는데 이 역시 시집에 함께 수록되었을 것으로 추
정된다. 김수흥(金壽興), 박세채(朴世采), 박세당(朴世堂), 송시열(宋時
烈), 이단하(李端夏) 등 당대 최고의 문인들로부터도 글을 받아 선조의
이름을 높였다. 김수흥은 이제신의 행장을 쓴 김수항과 함께 김상헌
의 손자로, 이 집안과 세교가 있었으니 이러한 일을 두고 글을 쓰지
않을 수 없었을 것이다. 이식의 아들 이단하는 지평의 도소재(道巢齋)
에 살고 있었는데, 바로 귀거연 옆이었으니 글을 짓는 것이 당연하였
으리라. 박세채 역시 지평의 현연, 곧 부연에 전장이 있었기에 평소
이만웅의 아들과 친분이 깊었다. 박세당의 손녀가 이만웅의 손자와
혼인하였으니 박세당 역시 혼인으로 맺어진 사이였다.

벽계로 들어간 이덕수

이행건의 큰아들 이징명은 참판의 벼슬에 이르렀으니 현달했다 하겠거니와, 그 장남 이덕수(李德壽, 1673~1744)가 이 집안을 또 한번 크게 빛내었다. 박세당의 아들 박태보(朴泰輔)의 딸이 이덕수의 제수(弟嫂)이고 홍태유(洪泰猷)의 부인이 이징하의 딸이다. 또 심광세(沈光世)의 손자 심약한(沈若漢)의 딸이 이징명의 부인이며, 윤순(尹淳)의 후사가 된 윤득여(尹得輿)가 이덕수의 사위다. 사촌 이덕재(李德載)는 김창흡의 딸과 혼인하였다. 명문가임이 다시 한번 입증되는 셈이다.

이덕수는 부친 이징명이 귀거래하기 전 서울의 도동(桃洞)에서 태어나, 귀거래하는 부친을 따라 귀거연으로 내려가 함께 살았다. 공부가 부족했던 것은 아니지만 벼슬길은 늦었다. 마흔이 넘어서 문과에 급제하였고 참봉 등 말직을 전전하다가 마흔넷이 되어서야 비로소 제대로 된 벼슬길에 나아갈 수 있었다. 목민관의 업무에 서툴러 삭탈관 작당하는 불운도 겪었다. 홍문록(弘文錄)에 들었으나 취소되는 불명예를 겪은 후 48세에야 홍문관에서 근무하게 되었다.

그러니 이덕수에게 벼슬이 그리 달가울 리 없었다. 산수 좋은 곳이 오히려 마음을 끌어 월악산, 금강산을 유람하였다. 벼슬길이 트인 이후에도 산수에 대한 흥이 사그라들지 않아 한계산, 설악산, 금강산 등을 유람하였다. 그러다가 1725년 쉰셋의 나이에 고향으로 물러났다. 고향인 서시면(西始面, 서종면)에서 따와 호를 서당(西堂)이라 하였다. 이후 늦은 나이지만 대사성과 동지의금부사를 거쳐 59세에 문인으로서 가장 명예로운 대제학에 올랐다. 그러나 1732년 외아들을 앞서 보낸 충격이 채 가시기도 전에 자신이 지은 경종(景宗)의 행장(行狀)을 문제삼아 상대 당이 공격해 오자 고향으로 다시 내려갔다.

이덕수는 벽계(蘗溪)라는 호도 사용하였다. 벽계는 김창흡이 「녹수정의 노래」에서 이른 대로, 녹수정 위쪽에 있는 개울 이름이다. 이덕수는 영조조 살벌한 당쟁의 와중에 벼슬에서 물러날 때마다 벽계에 머무르곤 했다. 1727년에는 모친상을 당하여 세 해 동안 이곳에 머물렀다.

양근 협곡에 작은 집을 지었다. 문 앞에 땅을 넓혀 작은 채마밭을 만들고 오이와 연을 심었다. 밭 옆으로 샘물을 끌어들여 작은 못을 만들었다. 못 주위는 땅이 평평한데 도랑을 트고 물을 끌어와 벼 몇 말이 수확될 만한 논을 만들었다. 그 너머엔 밤나무 수백 그루를 심었다. 다시 너머에는 큰 개울이 둘러 있는데 물고기가 많이 잡힌다. 신세가 개울을 따라 굽이돌아 병풍을 친 듯하다. 그 위에 나무가 빽빽한데 철쭉, 단풍나무, 상수리나무, 신살구나무, 목련 등이 많다. 한가운데 있는 봉우리가 둥글고 빼어나 사랑스럽다. 집을 정면으로 마주하고 있다. 뒤쪽에 세 단의 돌계단을 쌓고 산단화(山丹花)와 진달래, 누런 국화, 흰 국화를 심었다. 그 너머에 수십 그루의 낙락장송이 있어 그 녹음이 문에 어린다. 고동산이 소나무 사이로 솟아 있다. 안에서 보면 산과 물이 마치 달을 안고 있는 것처럼 둥글게 둘러싸 바깥으로 통하는 길이 없는 듯이 보여 마음에 딱 맞다. 예전 녹수정의 터보다 깔끔한 것이 훨씬 낫다. 어찌 이 땅이 사람을 기다린 것이 아니겠는가?

향긋한 채소와 여린 푸성귀가 풍성하다. 돼지우리와 닭 홰대를 구비하고 강에서 낚시를 하고 산에서 나무를 하면서 아침저녁을 보낸다. 간혹 손님이 와서 사는 곳이 매우 좋다고도 하고, 아름다운 산수를 보고 크게 칭찬하기도 한다. 애초에 우리 조부께서 지평 동쪽 부연과 이곳의 빼어남을 사랑하여 집을 지어 늘그막을 보내려고 『주역』으로 점을 쳐서 땅을 구하여 자손들이 거처하도록 하였다. 그 후 부친께서 과연 7년 동안 부연에 머물렀고 불초한 내가 또 이곳에 거처하였으니 전후로 10여 년이 되었다. 조부께서는 처음의 뜻을 이루지 못하였다. 5월이 되어 모내기를 하는 것을 보고 느꺼움이 있어 이렇게 기록한다.

이덕수, 「파조록(罷釣錄)」, 『서당사재(西堂私載)』

이덕수가 경영한 벽계의 집은 농부를 위한 공간이었다. 향긋한 채소와 여린 푸성귀를 심고 돼지와 닭을 키우며, 강가에 나가서 낚시를 하고 산에 올라 나무를 하면서 살았다. 그러다 흥이 일면 굽이굽이 벽계의 아름다움을 살피고 자신의 소유로 삼았다. 이덕수는 「벽계기(檗溪記)」에서, "벽계는 용문산에서 발원하여 서쪽으로 40리를 흘러 강으로 흘러든다. 그 유래가 길지만 문헌에는 보이지 않는다. 이제 기록하는 까닭은 나의 소유이기에 지팡이를 짚고 짚신을 신고 아침저녁으로 다니는 곳이기 때문이다"라 하였다. 그리고 상류의 용추(龍湫)부터 그 아름다움을 적어 내려갔다.

용추라는 곳은 첩첩 골짜기 사이에 있는데 바위가 넓적하다. 벼랑이 있는 곳은 사면이 모두 우뚝 솟아 가운데가 오목하여 마치 동이를 올려다보는 것 같다. 샘물이 그 가운데로 흘러들어 40여 평 정도 된다. 물과 맞닿은 곳은 앞쪽에 바위가 있다. 두 바위가 마주하고 서 있는데 구유통처럼 좀다랗고 길이는 몇 길 정도 된다. 위에서 내려오는 물은 이곳에서 빨라져서 다투듯 달려 지나간다. 구불구불 맑게 흘러 둥근 못을 이룬다. 이것이 소용추(小龍湫)다. 소용추의 물이 넘쳐서 서쪽으로 구불구불 흘러가서 다시 둥근 못이 되는데 이것이 대용추(大龍湫)다. 거북과 자라, 붕어, 쏘가리가 많다. 이로부터 다시 서쪽으로 몇 리를 가면 얕은 곳과 깊은 곳, 소용돌이치는 곳과 잔잔히 흐르는 곳이 있다. 얕은 곳은 거울같이 맑고 깊은 곳은 바퀴처럼 휘감아 돈다. 소용돌이치는 곳은 화살이 날아가는 것 같고 잔잔히 흐르는 곳은 비단을 펼쳐놓은 듯하다. 대개 땅과 바위의 형세를 따라 그렇게 된 것이다.

이덕수,「벽계기」,『서당사재』

그 아래쪽에는 창룡담(蒼龍潭)이 있었다. 이덕수는 이제신의 녹수정, 송월암(送月巖), 구암(龜巖), 사자암(獅子巖), 석난간(石欄干) 등에 대해 다음과 같이 적고 있다.

창룡담에 이르면 물이 더욱 맑고 모래가 더욱 깨끗하다. 그 위에 바위 셋이 있다. 천 년을 묵은 노송이 그 사이에 거꾸러져 자라고 있다. 청강공의 정자 터가 이곳에 있다. 조금 서쪽으로 송월암이 있는데 넓적한 것이 구암이고 높고 둥그스름한 것이 사자암이다. 송월암은 그 전체를 가리키는 것이다. 예전에 송월(宋越)이라는 사람이 이곳에 살아서 이 이름이 붙었는데 뒷사람이 음이 비슷하다 하여 송월(松月)이라 한 데서 비롯되었다 한다. 사자암 아래 구불구불 솟았다 엎드렸다 하며 개울을 따라 뻗어 있는 바위를 석난간이라 한다. 물이 그 아래로 돌아 검푸른 못을 이루고 있다. 그 위에 걸터앉아 바위의 형세를 내려다보면, 비스듬히 낮아지면서 굴을 이루고 있는데 물이 흘러들어가 그 안을 채우고 있다. 이곳에서 노니는 자들은 자신이 물 위에 있다는 것을 알지 못한다. 돌을 던지면 고기떼들이 다투어 모여들어 크고 작은 놈들이 뛰어오르는데 이를 보노라면 즐길 만하다. 큰 소나무가 있어 그 뿌리가 구암에 서려 있는데 그늘이 사자암을 덮고 있다. 그 그림자가 못 한가운데 비치면 교룡이 할퀴고 서린 듯하여 괴이함이 비할 데가 없다. 작은 소나무가 우뚝 마주보고 서 있는데 여름마다 그 아래 서성이면 솔바람과 물기운이 마음을 시원하게 한다. 이에 한여름 복더위도 알지 못하게 된다.

창룡담, 송월암 서쪽의 개울에도 기묘한 바위와 아름다운 나무가 있었다. 연좌암(宴坐巖), 범사석(泛槎石), 취병(翠屛), 송석대(松石臺) 등 이덕수가 사랑하는 아름다운 땅이 이어진다.

다시 서쪽으로 개울에 바위가 있는데 붉은 솔 모양으로 된 것과 돌로 된 술동이 모양으로 된 것이 있다. 다시 서쪽은 석대(石臺)다. 석대는 개울 북쪽 벼랑에 있는데 그 형상이 끝이 뾰족하고 밑이 넓적하여 허공에 매달린 것 같다. 넝쿨풀이 자라나고 있는데 그 위쪽은 평평하여 노닐 만하다. 그런데도 석대가 무너지지 않는 것은 그 아래 바위가 자연스럽게 우뚝 솟아 기둥을 형성하여 위로 석대를 떠받들고 있기 때문이다. 여기서 조물주의 교묘한 솜씨를 볼 수 있다. 그 뒤에 두 폭의 병풍을 펼쳐놓은 듯한 푸른 절벽이 있다. 위에는 소나무와 전나무, 측백나무가 많다. 곁에는 오래된 매화나무가 있어 꽃이 피면 연한 붉은빛을 띤다. 여기서 개울 아래쪽을 내려다보면 눈이 어찔어찔 핑핑 돌아서 높은 곳에 있음을 알게 된다.

조금 서쪽에는 남쪽 기슭의 산이 나직하게 구불구불 뻗어 있고 숲이 빽빽하다. 단풍나무, 전나무, 팥배나무, 참나무 등이 많고 철쭉과 진달래는 더 많다. 매번 봄과 여름이 바뀔 때는 붉고 푸른 빛이 물에 어려 일망무제로 뻗어 있다. 개울 아래 위쪽이 모두 그러하지만 이곳이 가장 성대하다.

이곳에 이르면 물도 산세를 따라 꺾여 북으로 흘러 잔잔해진다. 푸르고 깨끗하여 거울처럼 비추어볼 수 있다. 물을 내려다보면 작은 바위가 있는데 연좌암이라 한다. 그 위에 앉아 아래로 맑은 물을 움켜쥐고 위로 산빛을 잡아당기면 산에 저녁빛이 몰려드는 것도 알지 못하게 된다. 산의 맞은편 기슭에는 평평하고 넓은 언덕이 있는데 내가 물을 끌어들여 논밭으로 만든 곳이다.

여기서 다시 북쪽으로 몇 리 못 되어 개울물이 평평하고 넓어지는데, 그 가운데 범사척이라는 바위섬이 있다. 산세가 동쪽으로부터 와서 개울을 만나 그치게 되는데 그 끊어진 곳에 검푸른 석벽이 깎아지른 듯이 서 있다. 높이는 몇 길 되고 넓이는 그 배가 되는데 크고 작은 소나무들이 그 위를 덮고 있어 취병이라 이름한다. 취병을 지나면 송석대인데 개울을 따라 바위가 비뚤비뚤하다가 송석대에 이르러 갑자기 높다랗게 된다. 소나무 하나 단풍나무 하나가 그 아래 그늘을 드리우고 있다. 물이 모두 바위에서 내려오는데 깊으면서도 소용돌이쳐서 급하다. 빼어난 모습이 송월암과 비슷하나 조금 미치지 못한다. 내가 정사를 새로 지은 곳이다. 취병과 정면으로 마주하고 있는데 명달산(明達山) 세 봉우리가 취병 너머로 우뚝 솟아 있다.

이덕수는 벽계의 산천을 자신의 소유로 삼아 한가로이 노닐며 즐겼다.

내가 용추와 용담에서 노닐다가 숲을 뚫고 홀로 가다 보면 세상 바깥에 있는 듯한 느낌이 든다. 사자암에 이르면 마음이 깨끗해지고 속세의 먼지가 다 사라진다. 평평한 바위에 오르면 훌쩍 바람을 타고 하늘 위로 날아갈 듯하다. 내려와 연좌암에서 쉬노라면 그윽한 생각과 호젓한 멋이 생긴다. 지겨우면 노래를 부르면서 돌아와 난간에 기대어 앉는다. 기거하고 먹고 마시는 곳이 취병에서 가깝지는 않지만 멀어도 명달산 세 봉우리를 넘어서지는 않는다. 한적하고 시원하여 마음이 달아나는 것도, 정신이 이겨내지 못하는 것도 알지 못하겠다. 내가 바깥의 땅에서 얻은 것으로 스스로를 반성하고자 한다. 물이 송석대를 지나 다시 꺾여 서쪽으로 몇 리를 가면 아미봉(峨眉峯)이 있다. 봉우리의 형세는 빼어나고 바위의 기상은 드높다. 잡목이 바위틈을 따라 자라나 있다. 이를 보노라면 더욱 기이하고 빼어나다. 그 아래로 물줄기가 둘 있는데 강으로 흘러든다. 강은 소양강(昭陽江)이다. 하류로 용진(龍津)에서 30리 못 미친 곳이 이포(梨浦)다.

이덕수, 「벽계기」, 『서당사재』

대탄 상심촌의 조주정

이덕수는 옛 양근 관아에서 서쪽 10리 대탄(大灘) 인근에도 전장을 소유하고 있었다. 양평군 양서면 국수리의 남쪽으로 흐르는 남한강을 대탄, 곧 한여울이라 하였다. 그 물가의 마을이 상심촌(觴心村)이다. 오늘날 이곳에는 커다란 느티나무가 있어 켜켜이 쌓인 세월의 무게를 말해 주듯 고색창연하다.

1737년 이덕수는 상심촌으로 이주하였다. 이 마을은 본디 상심촌(上心村)이라 하였으며, 『동국여지승람』에도 그렇게 되어 있다. 그렇지만 이덕수는 물결이 거세어 어부들이 상심(傷心)하는 곳인데 와전된 것이라 여겨, 술잔을 들고 싶은 마음이라는 뜻으로 상심(觴心)이라 고쳤다. 그리고 이곳에 정자를 짓고 배를 저어간다는 뜻의 조주정(操舟亭)이라 이름하였다.

빈양군(濱陽郡, 양근)에서 강을 따라 내려오면 골짜기가 그윽한데 북쪽은 막혔고 남쪽은 트여 있다. 빼어난 강산과 원림이 있는데 이곳 사람들은 상심(上心)이라 부른다. 내 생각에는 반드시 옛사람이 이렇게 이름한 의미가 있을 듯하다. 강물이 서쪽으로 흘러 대탄(大灘)이 되는데 험하기로 나라에 널리 알려져 있다. 아래위로 노를 저어 지나가는 이들이 배를 모는 기술을 다 발휘하려 하였으므로 이름을 상심(傷心)이라 하였는데 음이 와전된 것이다. 내가 북쪽 기슭 아래 깔끔한 집을 지어 귀거래하여 늙을 계획을 삼고, 땅 이름을 상심(觴心)으로 바꾸고 그 정자를 조주정이라 하였다.

이덕수, 「조주정기(操舟亭記)」, 『서당사재』

이덕수는 세상이 곧 파도가 험한 바다와 같다 여겼다. 그 바다에서 힘껏 배를 저어갔으나 여러 번 좌초되고 전복되어 마음이 편할 날이 없었다. 그러나 조주정에 돌아와 쉬노라니 이 모든 번뇌가 다 사라진다고 하였다. 그리고 다음과 같은 시를 지어 붙였다.

가을 햇살이 시골집에 따스한데
매미 소리는 사방 산에 가득하네.
강산도 외물이 아니라네
뜰의 풀에서도 천심을 보리니.
도를 깨치니 세월이 가도 그뿐
한가함을 탐하니 외진 땅이 좋아라.

어부의 노래가 저물녘에 일어나는데
갈대 핀 물가에 달빛은 흐릿하다.

秋日郊居穩 蟬聲滿四林

江山非外物 庭草見天心

悟道輕年邁 耽閑愛境深

漁歌薄暮起 蘆渚月陰陰

이덕수, 「조주정에 쓰다(題操舟亭)」, 『서당사재』

이덕수는 대탄에 이웃하여 살던 송상기(宋相琦)의 아우 송상유(宋相維)의 시정당(始定堂)에도 자주 출입하여 그 기문을 지은 바 있다. 뽕나무밭과 보리밭을 거닐거나 배를 끌고 용암(龍巖)으로 나들이를 하면서 꽃구경을 하고 물고기를 잡는 즐거움도 누렸다.

이덕수는 한강 동호의 두모포(豆毛浦)에도 정자를 소유하였다. 이곳은 원래 16세기 전반의 학자 유운(柳雲)의 소유였는데 당시 어부의 집으로 변해 있었다. 이덕수는 70냥을 주고 이 집을 구입하여 다시 정자를 지었다. 서쪽을 터서 작은 누를 만들어 노닐면서 완상할 곳으로 삼았다.

벽계를 사랑한 사람들

「녹수정의 노래」를 지었던 김창흡도 벽계와 깊은 인연이 있었다. 산수의 벽이 있었던 김창흡은 젊어서부터 과거에 뜻을 두지 않고 조선의 산천을 두루 유람하였거니와, 멀리는 철원의 삼부연(三釜淵)과 설악산의 곡백담(曲百潭)과 영시암(永矢菴)에 집을 짓고 살았고, 화천의 화음동(華陰洞)에서도 기거하였으며, 가까이로는 한강 동호의 저자도(楮子島)에 정자를 짓고 산 적도 있다. 아름다운 산천이 있는 곳이면 늘 눌러살고자 하였으니, 김창흡이 아름다운 양평의 벽계에 머물렀던 것도 당연한 일이었다. 그는 1693년 양근의 국연(菊淵)에 우거하다가 벽계로 옮겨 살았는데, 그 뒤로도 도성에 들어와 살다가 답답하면 배를 타고 벽계로 향하곤 하였다. 1694년 지은 연작시 「벽계잡영(蘗溪雜詠)」에 그곳에서의 삶이 소탈하게 묘사되어 있다.

새집에 사는 맛 묻는 이 있어
늦게 지어진 새집이 좋다 하였네.
시서를 자리에 펼쳐놓으니
등불이 창틈으로 스며드네.
집은 고요하여 새들이 찾아오고
울타리 성겨서 여울소리 훤하다.
심상하게 차와 밥을 먹은 후
문득 밭둑길을 다시 걷노라.

有問新居趣　新居樂晩成
詩書排几閣　燈火入窓櫺
院寂幽禽至　籬疎遠瀨明
尋常茶飯畢　輒復向田行

김창흡, 「벽계잡영」, 『삼연집』

김창흡은 벽계에서 정말 많은 시를 지었다. 「벽계잡영」 연작을 여러 번 지었거니와, 가을이 느껴워 15편의 연작시를 지었고 이것도 모자라 붓 가는 대로 속편을 19수나 지었다.

김창흡과 이덕수가 시대를 이어 벽계를 빛낸 이후, 18세기에는 정약용(丁若鏞)이 강 건너편에 살면서 벽계를 자주 찾았다. 정약용은 젊은 시절 중형 정약전(丁若銓)과 함께 남양주 소내(苕川)의 고향집에서 살았는데 그곳에서 30여 리 정도 떨어진 문암(門巖)의 전장에 머문 적이 있다. 문암은 벽계의 남쪽에 있고 벽계는 미원의 남쪽(薇源, 迷源 또는 美原으로도 적는다)에 있었다. 오늘날 가평군 설악면 선촌리(仙村里)에 미원서원(迷源書院)이 있었는데 조광조(趙光祖)를 주향으로 모신 곳으로, 훗날 이제신도 이곳에 배향되었다. 이곳에서 북한강 물길을 따라 조금 내려오면 바로 벽계다. 문암에 살던 정약용은 인근에 자리잡고 살 만한 전답을 찾기 위해서 그 북쪽의 벽계와 미원을 두루 방문한 것이다. 「중씨를 모시고 민생과 함께 문암장에서 노닐다(陪仲氏同閔生游門巖莊)」라는 시에서 "용문산 깊은 골짜기 울창한데, 미원이 그 북쪽에 있네. 위대한 삼연선생이 있어, 일찍이 벽계의 물가에 은거하였지. 그 사이 그윽한 땅이 있어, 계곡이 겹겹 산을 감싸안았네(龍門鬱聊聊 嶓 薇源在其陰 偉在三淵翁 曾棲檗溪濆 此間有幽處 廻谿抱重岑)"라 하였다. 이로 보아 벽계에서 멀지 않은 곳에 문암이 있고 그 북쪽에 미원이 있었음을 확인할 수 있다. 정약용은 미원에 살던 은자 심석구(沈錫龜)의 행적을 노래한 「미원은사가(薇源隱士歌)」도 지은 바 있다. 그 시의 주석에 따르면 미원은 정약용의 집과 30리 거리에 있다고 하였다.

그후 벽계는 19세기 이항로(李恒老)에 의해 화서학파(華西學派)의 성지가 되었다. 이항로의 부친 이회장(李晦章)이 오늘날 서종면 노문리에 청화정사(青華精舍)를 경영하였고, 이항로는 부친으로부터 이를 물려받아 김평묵(金平默), 유중교(柳重敎), 양헌수(梁憲洙), 최익현(崔益鉉), 유인석(柳麟錫) 등 한말의 쟁쟁한 학자들을 배출하였다. 🖺

신정하가
달밤에 배를 띄운 석호

강호에 몸을 부치니 마음이 도리어 편안하고

풍진으로 머리 돌리는 일 꿈에서도 않노라

석호 경안천이 한강과 만나는 곳인데 팔당댐이 놓이면서 물이 더 많아졌다.

조선 중기 평산신씨와 석호

고려 태조 왕건(王建)을 대신하여 죽은 신숭겸(申崇謙)을 시조로 하는 평산신씨(平山申氏)는 역대로 뛰어난 인물을 많이 배출하였으니 신개(申槩), 신상(申鏛), 신립(申砬) 등 면면이 명환들이 나왔다. 특히 신립의 손자인 신준(申埈)의 후예 중에 뛰어난 인물이 많다.

신준은 신여정(申汝挺)과 신여식(申汝拭) 두 아들을 두었는데, 신여정은 불행히 일찍 죽은 아들을 대신하여 아우 신여식의 아들 신완(申琓)을 들여와 대를 이었다. 훗날 영의정에까지 오른 신완은 조원기(趙遠期)의 딸과 혼인하였는데, 조원기는 임천조씨(林川趙氏)로 그 아우 조현기(趙顯期), 조성기(趙聖期), 조창기(趙昌期), 조형기(趙亨期) 등이 모두 이름이 높았다. 조원기는 이경석(李景奭)의 딸과 혼인하였고, 조현기는 김좌명(金佐明)의 딸, 조형기는 이산뢰(李山賚)의 딸과 혼인하였으니 이 집안의 명성을 짐작케 한다. 신완은 신성하(申聖夏), 신정하(申靖夏) 두 아들을 두었는데, 신정하는 다시 신여식의 둘째아들이자 신완의 친동생 신유(申瑜)의 후사로 들어갔다. 신성하는 박세채(朴世采)의 딸과 혼인하여 신방(申昉)과 신경(申曍), 신서(申曙) 등 아들 셋을 두었다.

이 집안의 선영은 아차산(峩嵯山) 망우리 아래 위암(韋巖)에 있었다. 신상이 이곳에 살면서 호를 위암이라 하였다. 그 집 곁에 큰 바위가 있었는데, 유약한 갈대[韋]를 몸에 지닌 듯 조심하는 뜻을 이 바위에 깃들여 이름한 것이다. 그후 신완이 옛터에 집을 새로 짓고 위암정사(韋巖精舍)라 하였다. 동쪽으로는 소나무숲이 그늘지고 작은 폭포가 있었기에 만취헌(晩翠軒), 청류당(聽流堂)이라는 편액을 달았다. 그 위쪽 100보 정도 떨어진 곳에 남간(南澗)이라 이름한 개울이 있는데 물과 바위가 맑고 아름다워, 신완은 자주 이곳을 거닐곤 하였다.『망우동지(忘憂洞志)』에는 그 유지가 신씨 선영 남쪽 개울에서 동북쪽 100보쯤 떨어진 석교(石橋)에 있는데 소나무가 무성하다고 하였다. 신씨의 선영은 아차산 서쪽 기슭 담산산(淡散山) 아래, 오늘날 망우동 산 69-1 용마자연공원 입구에 있으니, 위암정사는 그 남쪽에 있었을 것이다.

망우동지 망우동의 역사를 적은 책으로 평산신씨, 동래정씨, 의령남씨 등의 선산에 대하여 자세히 적었다. 가운데에서 오른쪽에 위암리가 보인다.

이와 함께 신완은 동대문에서 10여 리 떨어진 석구산(石丘山) 아래에 전장을 마련하고 동산계당(東山溪堂)을 열었다. 지금 정확히 어느 곳인지는 알 수 없지만, 논밭이 빼곡하게 펼쳐져 있고 꽃나무와 숲이 그 바깥을 가리고 있었으며 산이 사방에서 에워싸고 개울이 맑게 흘러내리는 아름다운 곳이었다. 동산계당은 신성하와 신정하, 그리고 신성하의 세 아들이 나란히 살던 집이다. 정당에 해당하는 동산당(東山堂)이 산 북쪽에 자리하였고, 좌우에 낙영재(洛詠齋), 도서헌(賭墅軒)이라 한 부속 건물이 있었다. 그 아래 원지당(遠志堂)을 두었는데 좌우에 음소재(吟嘯齋), 소금헌(疎襟軒)이라는 편액을 걸었다. 이 동산계당은 신성하와 신정하 형제에게 나누어 상속되었다. 동산당은 신정하의 소유가 되고 원지당은 신성하의 소유가 되어 훗날 장남 신방에게 상속되었다. 신성하는 동산당 오른쪽에 6칸의 계당(溪堂)을 더 만들고 좌우에 석가재(夕佳齋), 다재정(多在亭)이라는 편액을 걸었는데 이 건물은 차남 신경에게 상속되었다. 그리고 원지당 왼쪽 못가에 네 칸의 정자를 세우고 왼쪽에 편회정(便會亭), 오른쪽에 영화사(影華榭)라는 현판을 달아 막내 신서에게 물려주었다. 신경은 이러한 사실을 「동산계당시권후(書東山溪堂詩卷後)」(『直菴集』)에서 자세히 밝혔다.

이 집안은 상당한 경제력을 갖추고 있었다. 광주의 실촌면(實村面) 대석리(大石里)와 연미곡(燕尾谷), 곤지암(坤地巖), 쌍령(雙嶺), 금천(衿川)의 삼성산(三聖山), 파주 광탄(廣灘), 청주의 대전리(大田里) 등에도 선영이 있었으니, 대대로 물려받은 전장이 도처에 있었던 것으로 파악된다. 그러나 이 집안과 관련하여 가장 의미 있는 공간은 광주의 석호(石湖)다. 석호는 경안천(慶安川)이 한강과 만나 넓어지는 곳을 이르던 말이다. 석호가 내려다보이는 검단산 남쪽 기슭에 석호정(石湖亭)이 있었다. 지금은 팔당호 물 속에 잠겨 있는 석호정은 신여식이 창건하였다. 신여식은 1675년 석호로 이주하여 거문고와 책을 곁에 두고 뜰에는 화초를 키우면서 살았다. 이와 함께 신여식은 산허리에 두월정(斗月亭)을 짓고, 물가에 관어정(觀魚亭)을 세운 바 있다. 그의 호가 석호이기도 하다.

신여식의 아들 신완(申琓, 1646~1707)은 석호를 더욱 아름답게 꾸몄다. 신완은 망우리에 위암정사를 열고 그곳에서 10여 리 떨어진 곳에 동산계당을 열어 그 자제들로 하여금 학문을 익히게 하였다. 그러나 그가 더욱 사랑한 곳은 석호였다. 석호에서 지은 대표작「호상춘흥(湖上春興)」은 『대동시선(大東詩選)』에도 실려 있는 명편이다.

밤비 새로 내려 낚시바위 잠겼는데
복사꽃 뜬 물결 따스하여 금린어가 살졌다.
강호에 몸을 부치니 마음이 도리어 편안하고
풍진으로 머리 돌리는 일 꿈에서도 않노라.
이끼 낀 길은 매번 오죽장을 짚고 나서고
버들 늘어진 물가에서 때때로 도롱이 걸치노라.
뜬구름 같은 세상사 나와 무관하니
인간세상 향하여 시비를 따질 필요 있으랴.
夜雨新添水沒磯 桃花浪暖錦鱗肥

棲身湖海心還逸　回首風塵夢亦稀

苔徑每携烏竹杖　柳汀時拂綠簑衣

浮雲世事吾無預　肯向人間說是非

신완, 「호상춘흥」, 『경암집(絅菴集)』

일인지하(一人之下) 만인지상(萬人之上)이라는 영의정에까지 오른 신완은 석호의 은자로 살아가고자 하였다. 그는 석호정을 중수한 후 그 옆 고암(高巖)에도 집을 지었다. 그리고 화려한 변려문(騈儷文)으로 상량문을 지었다.

본디 벼슬살이에 마음이 없는데다 그 사이 속세에서 오랫동안 입고 있던 관복이 지겹다. 인생이란 뜻에 맞게 사는 것이 귀한 법, 그리하여 물외의 강산을 차지하였다. 이곳에 소요하려 집을 지었다. 주인은 산수에 벽이 있고 연하(煙霞)의 고질병을 앓았다. 도성의 풍진 속에서 조정의 반열을 사양하고, 강호의 연월(煙月)에서 갈매기와 벗하기로 한 맹서를 꿈길에서 찾았다. 소나무와 국화가 시들려 하니, 도연명(陶淵明)처럼 율리(栗里)로 돌아가고 싶은 생각이 사라지겠는가? 맛있는 순채와 농어가 흥을 일으키니, 어찌 가을바람이 불 때까지 기다릴 수 있겠는가?

고암이 눈에 아른거리니, 실로 아름다운 곳인지라. 더럽고 묵은 것을 베어 없애니 땅이 더욱 그윽하고 기이해졌다. 산을 등지고 강물을 마주하여 맑고 빼어남을 더하였다. 푸른 절벽이 솟아 처마 앞에 병풍을 늘어세운 듯하고, 바위 위의 샘물이 옥을 울리듯 졸졸 섬돌 아래로 흘러온다. 이곳에 조그마한 집을 짓고서 열 식구의 생애를 의탁하였다.

울타리 너머 긴 강물은 감호(鑑湖)를 하사받은 하지장(賀知章)의 성은에 비길 만하고, 집 위의 푸른 산빛은 산을 살 돈을 필요로 하지 않는다. 물에서 낚시하고 산에서 나무를 하니 생계가 절로 족하다. 시냇물에 입을 헹구고 바위를 베고 누워 있노라니 신세가 늘 한가하다. 정말 은자가 깃들일 곳으로 적합하니, 아마도 조물주가 나를 위해 아끼어 숨겨둔 듯하다. 옥천자(玉川子) 노동(盧仝)처럼 찌그러진 몇 칸 집이 조촐하니 화려하고 사치스러운 것에 뜻이 없고, 사마상여(司馬相如)의 문원(文園)과 같은 집은 벽에 아무런 장식이 없어 쓸쓸하지만 세월을 보내기에는 충분하다. 덩그런 집에 사니 고대광실이 어찌 부러우랴? 하얀 물고기는 맛나기로 유명한 병혈(丙穴)의 물고기보다 못하지 않다.

원림에서는 토란과 밤을 거두니 금리(錦里)에 살던 두보(杜甫)의 초당(草堂)에 비길 만하다. 채마밭의 부추와 배추를 베는데 어찌 땅주인의 낯을 번거롭게 하랴? 나와 다툴 이 그 누가 있겠는가? 내 꿈에 딱 맞는 것을. 북쪽 창에 맑은 바람이 불어오면 산마루에 나오는 구름을 나지막이 바라보고, 남쪽 포구에 석양이 지면 돌아가는 고깃배를 누워서 보낸다. 물외에서 한 골짜기의 아름다움을 다 차지하고, 한가한 가운데 사시의 즐거움을 누린다. 봄빛이 문 앞에 맑으면 돌밭의 저녁 연기 속에 검은 소를 끌고 나가고, 낮이 강마을에 길어지면 낚시터의 가랑비에 도롱이를 걸친다. 동정호(洞廷湖)의 서리 맞은 단풍잎이 짙어지면 가을 지난 물고기를 잡아 회를 쳐서 먹고, 왕휘지(王徽之) 놀던 섬계(剡溪) 눈 속의 달빛이 정히 아름다우면 야밤에 배를 돌린다. 내가 얻은 즐거움이 또한 끝이 없다.

어영차, 들보 동쪽에는 한줄기 강물이 푸른 허공을 적시는데 월계협(月溪峽)으로 돌아가는 배는 베갯머리 아래로 다가오니, 이 몸이 그림 속에 들어 있는 듯하여라. 들보 서쪽에는 검단산 산빛이 처마와 나란하고 집 뒤의 폭포는 푸른 절벽에 쏟아지니, 각건 쓰고 명아주지팡이 짚으며 때때로 거니노라. 들보 남쪽에는 개울물이 빙글 돌아 푸른 못을 만들며 비가 그치면 평원은 비질을 한 듯 깔끔하니, 일렁일렁 보리밭은 쪽빛보다 푸르다네. 들보 북쪽에는 운수산(雲水山) 높은 봉우리가 북극성을 떠받치고 푸른빛 거듭거듭 눈 안으로 들어오니, 난간에 기대어 푸른 산 천 개를 하나하나 가리킨다네. 들보 위에는 밝은 달빛 맑은 바람이 무진장이라, 높이 누워 있노라니 절로 희황씨(羲皇氏) 때 사람이라. 때때로 어부가가 울려퍼지네. 들보 아래에는 여덟아홉 어촌이 광야에 이어지는데 개울가의 벗과 산에 사는 늙은이와 이웃이 되어, 한가하게 닭과 돼지 잡아 계를 맺노라.

바라건대 상량을 한 후에는 개울과 골짜기에 늘 봄이 깃들고 강과 산에는 멋을 더하여, 산빛과 물빛이 신선이 사는 천지를 매번 보호해 주고, 은자가 사는 돌로 만든 집에서 물가의 해와 달을 보내게 하기를. 집안은 넉넉하고 사람은 풍족하며 편안하고 즐거워 근심이 없고 시절이 평화롭고 풍성하여 여유 있게 늙어 죽도록 해주소. 비

록 강호가 즐길 만하지만 물러나나 나아가나 임금과 백성 근심은
차마 소홀히 하지 않으리니. 논밭에 있은들 우리 임금 산처럼 오래
살도록 축원할 일 어찌 잊으랴?

신완,「고암에 새로 지은 집의 상량문(高巖新居上梁文)」,『경암집』

신완은 노년에 석호에 살면서 아들 신정하와 손자 신방을 데리고
인근의 아름다운 산수를 유람하며 시를 주고받았다. 신완은「석호삼
십영(石湖三十詠)」 연작을 지어 석호정을 위시하여 표향사(飄香榭), 송
도헌(松濤軒), 서루(書樓), 월파루(月波樓), 관어정(觀魚亭), 어풍대(御風

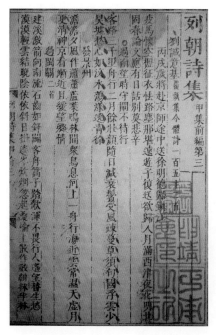

신정하의 장서인
평산세가(平山世家), 신정하인(申靖夏印),
정보지기(正甫之記)라 새겼다. 중국에서
구입한 책『열조시집』에 찍었다.

臺), 한상정(漢上亭), 두월정(斗月亭), 미향경(微香徑) 등 자신이 사랑하여 가꾼 땅 하나하나에 시를 지어 붙였다.

신완의 큰아들 신성하(申聖夏, 1665~1736) 역시 석호를 사랑하였다. 신성하는 호를 화암(和菴)이라 하였는데, 벼슬에 별로 뜻을 두지 않고 석호에 살다가 석호에서 가까운 광주의 대암(大巖)에 묻혔다. 신성하는 산수를 사랑하여 금강산을 여러 차례 유람하였고, 태백산과 지리산 등 이름난 산은 찾지 않은 곳이 없었다. 명산대천을 다 밟아보았지만 석호를 가장 사랑하여 인근의 아름다운 산수를 시문으로 기록하였다.

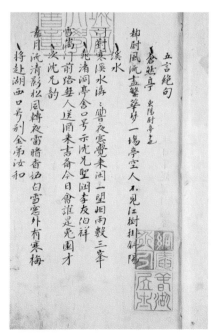

신완의 장서인
경암도인(絅菴道人), 춘호거사(春湖居士)
라 새겼다. 신완의 시집에 찍힌 것이다.

신정하와 석호

신정하(申靖夏, 1681~1716)의 자는 정보(正甫), 호는 서암(恕菴)인데 우천(牛川)이라고도 한 데서 알 수 있듯이 우천을 매우 사랑한 사람이었다. '우천'이라 새긴 도장을 파기도 하였다. 우천에서 살던 신정하는 선대로부터 물려받은 석호정을 중수하였고 그곳에서의 삶을 이렇게 자랑하였다.

나의 정자는 사시사철 모두 좋은데 여덟 가지 빼어난 것이 있다. 산에 사는 자는 배를 타고 물고기를 잡는 즐거움이 없고, 물가에 사는 자는 구름과 안개, 바위와 나무의 기이한 볼거리가 없다. 그런데 내 정자는 산허리에 있으면서도 강을 내려다보고 있어 그 아름다움을 겸할 수 있는 것이 첫번째다. 빼어난 정자라도 높고 트여 먼 데까지 보이는 것이 지나치면 으슥하면서도 조밀한 맛이 부족한 법이다. 그러나 내 정자는 산봉우리가 빙 둘러 있고 모래톱과 섬이 얽혀 있어 광원한 곳으로 나아가는 형세가 있으면서도 은밀하게 숨어 있는 자태가 있어 능히 조물주의 공력을 다하였으니, 이것이 두번째다. 강을 따라 돌길로 십여 리를 가노라면 말발굽이 종일 요란하지만, 이곳은 한산하고 황량한 곳이라 도관(道觀)이나 사찰과 같이 영원히 속세와 동떨어져 그 거처가 속되지 않으니, 이것이 세번째다.

집이 깨끗하고 외진데 산 또한 신령스럽게 다른 산들과 떨어져 있어 범이나 승냥이의 우환이 없으며 어느 곳에도 뱀이나 독충의 해가 없어 사람이 편안하게 거처할 수 있고 개와 소들도 경계할 바가 없으니, 이것이 네번째다. 고기잡고 나무하기 좋을 뿐 아니라 과일이 풍성하여 물이 많은 배와 붉은 대추, 누런 밤, 붉은 앵두 등이 있어 산에 사는 맛을 더하니 이것이 다섯번째다. 산길이 울퉁불퉁하고 바위가 무너져 내릴 정도로 험준하여 밤에 이곳에 이른 자는 한 걸음도 내딛을 수 없기에 한 해가 다 가도록 양상군자(梁上君子)를 만나지 않아 의외의 근심이 없으니 이것이 여섯번째다.

벼랑을 마주한 동쪽 마을에 한가한 무리들이 있는데 위로는 글자를 알지 못하여도 선비라 일컬어지고 아래로는 회포를 풀 수 있어 억지로 벗으로 삼아준다. 꽃핀 새벽과 달뜬 저녁에 지팡이를 짚고 짚신을 신고 나가 상종하고 부들자리의 나무궤안에 기대어 말을 잊고 조용히 앉아 있다. 그 오가는 즐거움이 일곱번째다. 한겨울 땅이 깡깡 얼어 얼음이 덮이면 이럴 때에는 채소도 뜯지 못하고 고기도 잡지 못하여 책을 읽는 여가에 활과 화살을 가지고 풀밭을 밟고 눈밭을 뚫고 다니면서 꿩사냥을 하고 돌아오니, 기이하고 통쾌한 흥이 여덟번째다.

그러나 우리들은 매화를 처로 삼고 학을 아들로 삼은 처사 임포(林逋)처럼 일체 세속의 인연을 끊어버리지 못하여 편한 대로 사는 사람이 되지 못하고 있다. 이는 홀로 가고자 하니 집안일이 종종 걸리고, 처자를 함께 데리고 가자 하니 먹고살 방도가 없기 때문이다. 강 근처에 10경의 전답이 없는 것이 끝내 한이다.

신정하, 「호정에 대해 적다(記湖亭)」, 『서암집』

신정하가 손꼽은 여덟 가지 빼어난 점은 오늘날 그대로 소유하기 어렵다. 그러나 신정하도 이 여덟 가지를 항상 즐길 수 있었던 것은 아니었으니, 혼자 전원에 물러나 살기에는 집안일이 걸리고 함께 가서 살자니 먹고살 것이 없다는 점에서는 오늘날의 우리와 한가지다. 그저 아름다운 글을 통해 이러한 생활을 머릿속에 그리면서 살 뿐이다.

신정하는 석호정의 가문을 짓고 나서 이듬해 그 남쪽에 한상정을 중수하였다. 한상정은 그의 조부 때 만든 것이다. 두월정과 관어정 역시 조부가 세운 것이었으나 신정하는 중수할 생각이 없어 그냥 그곳을 오갔다. 그러나 석호의 아름다움을 완상하기에 가장 좋은 한상정은 너무 낡아 내버려둘 수가 없었다. 이에 정자를 중수하고 물길을 끌어들여 못을 만들고 연꽃과 부들을 심었으며 물고기 수백 마리를 구해 풀어두었다. 조부 때 심어놓은 청풍(靑楓)나무와 은행나무 가운데 큰 것은 둘레가 백여 아름, 높이가 천 척에 이르렀다. 봄여름에는 그늘이 울창하고 물이 콸콸 흘러내려 새들의 울음소리를 듣고 물고기들이 노니는 모습을 보았다. 또 그곳에서 산이 막히지 않은 방향을 바라보면 한강물이 동북쪽 협곡에서 달려나와 때로는 천천히 때로는 급하게 흘러갔다. 모래톱과 섬이 이어지고 숲이 어른거리며, 구름과 안개가 명멸하고 초목이 늘어서 있으며 고기와 배가 출몰하였다. 비 오고 바람 불고 날이 개고 흐린 데 따라 변화하는 모습이 아침저녁 시시각각 달라져 한가지 모습이 아니었다.

홍세태(洪世泰) 등의 벗은 이곳으로 올 때마다 저도 모르게 탄식을 하고 망연자실하였다. 다음 시는 신정하가 한상정에서 봄을 즐기는 모습을 잘 보여준다.

> 석대 위 가벼운 구름 버들가지 배를 치는데
> 석대 앞 한강물은 넘실넘실 맑게 흐르네.
> 떨어진 꽃 꾀꼬리 울음 봄이 깊어가는 곳에
> 종일 숨어사는 이는 누대에서 내려오지 않노라.
>
> 臺上輕陰柳拂舟 臺前漢水漾淸流
> 落花鸎語春深處 盡日幽人不下樓

신정하, 「한상정에서(漢上亭)」, 『서암집』

식구정(息屨亭)이라는 이름의 정자도 인근에 있었다. 신정하는 식구정 벽에 "내 사는 곳 빼어남을 내 사랑하노라(吾愛吾居勝)"라고 시작하는 시구를 붙여두었다. 구정훈(具鼎勳)에게 보낸 편지에서는 "저의 호정에 작은 집이 하나 있는데 식구정이라 이름하였습니다. 호정의 아래위로는 돌길이 매우 험준하여, 매번 놀러 온 사람들이 이곳에 오르다 산허리에 이르면 힘이 다하여 반드시 쉬어야 합니다. 이 때문에 일찍이 그 곁에 정자 하나를 세워 왕래하면서 휴식할 곳으로 삼았으니, 이것이 '식구'라는 명칭이 생기게 된 까닭입니다"라 하고 그에게 글씨를 부탁한 바 있다.

신정하는 이렇게 가꾼 석호에서 산수를 벗삼아 살고자 하였다. 강물에 작은 배를 띄워 유람하려고 배를 한 척 장만하고 스승인 김창협(金昌協)에게 글을 받고 배의 이름을 태을엽(太乙葉)이라 하였다. 그

우 천

소내 혹은 초천이라고도 한다. 팔당댐으로 강이 넓어졌지만
예전에는 광주와 남양주 사이의 한강이 매우 좁아 이렇게 이름하였다.

배에 산수와 더불어 살겠다는 맹서의 뜻을 새겼다. 그리고 석호어부장(石湖漁父杖)이라 이름한 지팡이를 가지고 다녔다. 이웃 노인이 푸른 명아주로 된 지팡이를 하나 주어 여기에도 산수의 흥을 새겨넣었다. 신정하는 우천의 강마을에서 사람들과 어울려 배를 타고 고기를 잡는 즐거움도 누렸다. 처음에는 이웃에 사람들이 살지 않았으나 차차 이곳으로 이주하는 사람들이 이어져 촌락을 이루었으니, 신정하의 삶은 외롭지 않았다.

형 신성하가 석호를 떠나 있을 때 석호의 풍정을 전하는 것도 신정하의 할 일이었다. 신정하는 시나 고문뿐만 아니라 짧고 서정적인 편지글 척독(尺牘)에도 뛰어난 솜씨를 발휘하였다. 그의 척독에 담긴 석호의 풍정은 이러하다.

물고기를 사러 온 사람이 이곳에 이틀 머물렀지만 종내 사지 못하였습니다. 곡우(穀雨)에 비가 많이 왔기 때문입니다. 금년은 물고기 소식이 매우 늦은데다 연일 바람이 거세어 고깃배가 포구를 나서지 못하고 있습니다. 포구를 나서더라도 비가 많고 물이 탁하여 고기가 보이지 않습니다. 하루 이틀 사이에 여러 어부들이 옷과 밥, 사발을 모두 빼앗기게 되어 머리를 맞대고 시름에 젖어 있으니, 근일 비바람 때문만은 아닙니다. 몇 년 사이 월계(月溪)와 두미(斗湄) 가장 깊은 곳도 모래언덕이 왕왕 돌출하여 고기들이 모두 먼 곳으로 이사를 갔습니다. 예전에는 물고기 같지 않은 것만 자주 보인다고 말하더니 그것도 이제는 다시 흔적조차 없습니다. 비단 인간세상의 기쁨과 슬픔만 지금과 예전에 다름이 있는 것은 아니겠지요. 강마을의 풍미 또한 조금 사라졌습니다.

신정하, 「백씨에게 올리다(上伯氏)」, 『서암집』

신방 형제가 누린 석호의 풍정

신방(申昉, 1685~1736)은 자가 명원(明遠), 호가 둔암(屯菴)이다. 신방은 망우리의 위암정사를 중수하여 그곳에서 주로 살았다. 그러나 숙부 신정하와 나이차가 그리 많지 않아 젊은 시절 함께 광주의 석호로 내려가 집 뒤뜰에 반관재(反觀齋)를 만들고 그곳에서 공부하였다. 신정하는 1704년 석호의 집 후원 빈터에 손님을 물리치고 책을 읽는 공간을 만들고는, 불교에서 말하는 "심신을 되돌려 살핀다(反觀心身)"의 뜻을 빌려 반관재라 이름하였다. 반관재는 동남쪽 삼면에 창을 두어 햇살이 들도록 하고 북쪽으로는 담장을 높여 바람이 들어오지 못하게 하였다. 그래서 겨울에는 알맞지만 여름에는 적합하지 못하였기에 가을과 겨울에 들어와 책을 읽다가 봄이면 이곳을 나갔다. 젊은 날 신정하와 조카 신방은 여기서 함께 공부하거나 시를 짓곤 하였다. 이듬해 신정하가 과거에 합격하여 벼슬길에 나서면서 이 집은 신방의 공부방이 되었다. 석호의 여러 건물을 중수하거나 새로 지은 사람은 신정하였지만, 석호의 풍광을 누린 사람은 신방이었다.

병술년(숙종 32, 1706) 8월 16일 나는 광주 선영에 성묘하고 돌아가는 길에 우저(牛渚)에 들어갔다. 같은 마을 이웃 몇 사람이 내가 온다는 말을 듣고 각기 닭을 잡고 술을 담아 와서 정성껏 대접하였다. 이에 밤에 노닐기로 약조하였다. 간편한 두건을 쓰고 명아주지팡이를 짚고 물가 바위로 걸어 나갔다. 작은 배를 불러 물을 거슬러 위로 올라갔다. 초승달이 이미 돋아 강물을 비추고 산들바람이 불어와 물결을 일으켰다. 마치 천 마리 금빛 규룡이 물밑에서 장난을 치듯이 물결이 흔들흔들하였다. 갑자기 큰 물고기 몇 마리가 뛰어올랐다가 다시 물밑으로 잠기며 그림자가 일렁거렸다. 그 모습은 형용할 수 없을 정도였다. 사람의 눈을 휘둥그렇게 하고 정신을 놀라게 하여 진정할 수 없었다.

내가 목소리를 높여 학사 소동파(蘇東坡)의 「적벽부(赤壁賦)」를 낭랑하게 외웠다. 배 안에 있는 사람들로 하여금 어부가(漁父歌)를 불러 답하게 하였다. 흥이 일어 실컷 놀다 보니 술병과 술잔이 모두 비었다. 광기가 그다지 심한 데까지 이르지 않은 이들은 문득 서로서로 잡고 끌어 춤을 추어 즐거움을 돋우었다. 이윽고 멀리 앞쪽을 바라보니 정씨(丁氏) 집안의 포구가 은은하게 보이는데 사람들이 모여 있는 듯하였다. 어떤 이가 말하였다. "이는 게를 잡는 것인데 매우 볼 만하지요."

그러나 얼마 전 내린 비로 여울물이 불어 있었다. 사람들로 하여금 억지로 배를 젓게 하였지만, 모두들 겁이 나서 이 작은 배를 타고 나아가려 하지 않았다. 내가 말하였다. "한 편의 적벽부를 외웠으니 용궁으로 들어감에 마땅히 길을 빌리는 값을 치른 것이다. 저들이 어찌 우리들을 온전하게 보내어 즐거운 유람을 다하도록 해주지 않겠는가?"

사람들이 빙그레 웃고는 힘을 합하여 노를 저었다. 모랫벌에 배를 대고, 배에서 내려 언덕으로 올라갔다. 낚싯줄을 던지고 그물을 치고 있던 이들과 섞여 앉아 시를 읊조렸다. 이때 밤이 이미 깊어 바람이 불고 이슬이 축축한데 강물은 고요하였다. 강 위의 여러 산이 파랗게 되어 숲을 알아볼 수 없었다.

이때 물가 바위 위의 나뭇가지에 작은 등불이 보였다. 희미하게 불빛이 새어나와 손대중으로 재어보니 우리 정자였다. 우리집이 이곳에 있은 지 30년이 되었다. 또 내가 앞뒤로 왕래한 것이 헤아릴 수 없을 정도였다. 그러나 오늘 밤의 이러한 경관은 거의 보지 못하였다. 시를 한 수 지어 흥을 적고 싶었지만, 경치가 너무 아름다운데다 흥이 너무 기이하여 시를 지어도 그와 비슷하게 되지 못할 성싶었다. 차라리 짓지 않고 이 글을 놓아두어 훗날 천상에서 귀양 온 신선의 몫으로 남기는 것이 나을 듯하다. 이날 밤 나 명원이 돌아와 식구정에 이르러 술을 내어오게 하여 취한 채 쓴다.

신방, 「우협을 밤에 노닌 기문(記牛峽夜遊)」, 『둔암집(屯菴集)』

평소에 보던 광경도 달빛이 비치면 달리 보이는 법이다. 늘 보던 석호이지만, 한가위 다음날 훤한 달밤에 찾았을 때에는 신선이 사는 곳이 되어 있었다. 산수가 너무 아름다우면 시를 짓지 못하는 법이다. 그래서 신방은 이날 시를 짓지 않았다. 아름다움과 그 흥을 다 드러낼 수 없을까 꺼려서이다. 그러나 아마도 다음의 「달밤에 배를 띄우고(月

夜泛舟)」는 이날 몰래 지어본 것이 아닌가 싶다.

식구정 앞에 작은 배를 불러서
경안천 어구에서 삿대 놀려 노닌다.
구름 걷힌 달빛이 강물에 드리워지고
먼 마을의 등불이 숲 끝에 보이네.
바람 자니 때때로 흰 물고기 뛰는데
물이 맑아 밤인데도 백로 한 쌍 떠 있네.
별이 지고 이슬 내려 옷이 찬데도
강물에서 크게 노래하니 흥이 삭지 않네.
息屢亭前喚小舟　慶安川口弄篙遊
雲開月色垂江面　村遠燈光出樹頭
風定白魚時自擲　渚淸雙鷺夜猶浮
星稀露下衣裳冷　浩唱中流興未休

신방,「달밤에 배를 띄우고」,『둔암집』

신방의 아우 신경(申暻, 1696~1766)은 자가 명윤(明允), 호가 직암
(直菴)이다. 여남은 살부터 아버지 신성하를 따라 석호를 출입하였다.
1724년에도 부친을 모시고 와서 부친은 석호정에서 유숙하고 자신은
한산정에 한 달 남짓 머문 바 있다. 부친이 작고한 뒤로는 석호를 찾
지 못하였지만, 그때 모래톱과 섬 사이로 배를 끌고 다니면서 본 아름
다운 광경을 꿈에도 잊지 못하였다고 한다.

고지도의 석호정 경안천, 남한강, 북한강이 만나는 곳에 석호정이 보인다. 규장각에 있는 조선 후기 지방지도.

그러나 신경은 숙부나 형과 달리 정치일선에 나아갔고 문학보다는 철학에 관심이 많았다. 그래서 산수의 흥을 즐길 여유가 많지 않았고 이 때문에 주로 망우리의 동산계당에서 살았다. 그가 동산계당에서 부친 신성하를 모시고 지은 시 서문에서 "우리 집안에서 동산계당을 소유한 이래로 아버님은 매번 봄가을로 왕래하셨는데, 자제와 빈객들이 많이 따랐으며 나도 일찍이 그 사이에 참여하지 않은 적이 없었다. 당시에 수창한 시가 꽤 많은데 나만이 시에 능숙하지 않아서 능히 화답한 시가 없었다"라 한 것으로 보아 동산계당에서 이들 집안의 시회가 정기적으로 열렸음을 짐작할 수 있다. 물론 신정하와 신방도 이 시회에 참여했을 것이다.

신경은 부친이 돌아가신 후에도 봄가을이면 동산계당을 찾았다. 어느 해 늦봄 망우리 위암정사에 있다가 우연히 동산계당에 이르렀다. 산의 푸른빛이 뚝뚝 떨어질 듯하고, 산골짜기 물은 슬피 소리내며 흘렀다. 좌우에 둘러앉으니 나무숲은 성근데 바위에 핀 꽃과 언덕의 버들은 춘의(春意)가 막 무르익고 있었다. 새들의 울음소리가 끊이지 않고 물고기 수십 마리가 못 밑에서 뜨락 잠기락 하였다. 갖가지 물색이 완연히 옛날의 광경 그대로였다. 신경은 부친이 마음으로 감상하고 즐거워하던 그곳을 마주하고 부친이 지은 시를 읊조렸다. 늦가을에는 노란 국화꽃과 붉은 단풍잎이 아름다워 그 사이를 산보하기도 하였다. 학자로서 살고자 하였지만 이러한 상황에서는 절로 시흥이 일어 시를 지었다. 「동산술회(東山述懷)」라는 제목의 시가 이때의 것인데, 그 서문 역시 철학자의 메마른 문장이 아니라 문장가의 윤기 있

석림 이담의 별서가 있던 자리로 추정되는데 석호정이 인근에 있었다.

는 문장이다. 신경은 동산계당과 위암정사를 관리하는 한편 조부와
부친, 숙부, 형 등의 문집을 정리하였다. 특히 동산계당과 관련한 시
를 모두 모아 책자를 만들어 『동산계당시권(東山溪堂詩卷)』이라 이름
하였다. 또 위암의 정사도 수리하고 태고정(太古亭)을 세웠다.

정약용이 누린 석호

신정하, 신방 등이 누린 석호의 풍류는 그 후손들에게 이어졌겠지
만, 글 잘하는 후손이 나타나지 않아 주인으로서의 자격을 잃고 말았
다. 그후 석호의 아름다움을 사랑한 사람은 강 건너편에 살던 정약용
이다. 정약용은 강진으로 유배가기 전 소내(苕川, 牛川)에 살았기에 자
주 석호정으로 나들이를 하였다. 특히 무더운 여름철 납량(納凉)을 하

던 곳이 바로 석호정이었다.

　경신년(정조 24, 1800) 여름, 나는 한가히 지낸 지가 이미 오래되었고 세상사람들의 배척도 더욱 심하여 소내로 완전히 돌아가려 하였다. 어느 날 처자와 하인들을 거느리고 배를 타고 소내에 이르러 날마다 낚시질을 일과로 삼았다. 그때 작은아버지 처사공(處士公)께서도 한가하고 일이 적었으므로, 날마다 여러 자제들과 노닐었다. 이에 석호정 아래에 그물을 쳐놓고 석림(石林) 가운데에 조리하는 기구를 마련하였다. 석림이라는 곳은 고인이 된 이조판서(吏曹判書) 이담(李潭)의 별장이다. 그물을 건져보니 걸려든 고기가 제법 많았다. 조그만 배를 타고 회인수(경안천)를 거쳐 석림의 아래쪽에 배를 대었다. 그곳에 있는 누각과 정자의 기묘함은 이미 둘러보았으므로, 밖으로 나와 시냇가 초가정자 위에 앉아서 기분 좋게 배불리 먹었다. 해도 이미 저물었기에 다시 배를 타고 석호정 아래에 이르니, 바람을 받은 돛단배와 물새, 멀리 보이는 산봉우리와 아득한 물가의 경치가 모두 눈을 기쁘게 하고 마음을 즐겁게 하기에 충분하였다. 이튿날 북강(北江)에 가서 놀려고 하였으나, 그때 마침 내각(內閣)에서 나를 급히 불러오라는 임금의 뜻을 전해 왔기 때문에 은혜에 감격하여 그날로 서쪽으로 돌아오는 바람에 뜻을 이루지 못하였다.

정약용,「석림에서 노닌 기문(游石林記)」,『여유당전서』

이처럼 석호는 정약용의 젊은 날의 추억이 어린 곳이었다. 그래서

훗날 귀양지에서 고향이 그리워서 그린 〈초계도(苕溪圖)〉에 붙인 시에
서도 고운 모래가 펼쳐진 석호정을 노래하였다. 이렇게 하여 석호정
의 아름다움은 신완, 신정하, 신방, 정약용으로 이어지는 이름난 문사
의 붓끝에서 길이 전해지게 되었다. 19세기 후반의 지도나 읍지(邑誌)
등에는 석호정의 모습이 그려져 있으나 지금은 정확한 위치조차 알기
어렵다. 아마 팔당호 물 속에 잠긴 듯하다. 目

가흥과 삽교에 숨어산 안중관 부자

두건 젖혀 쓰고 느지막이 돌아오니

개울에 비친 꽃들이 쓸쓸하네

안석경의 생가 안석경은 횡성군 둔내면 삽교리에 숨어살다 그곳에 묻혔다. 오늘날 산채마을로 이름을 날릴 정도로 궁벽한 시골이다.

안중관 삼대의 이력

조선 초기 순흥안씨는 거듭 명환을 내었지만 안중관(安重觀)의 5대
조와 4대조가 연이어 요절하면서부터 가세가 기울었다. 그후 안중관
의 조부 안광욱(安光郁)이 공조좌랑을 지내고 부친 안후(安垕)가 좌승
지를 역임하면서 이 집안은 다시 중앙정계에 진출하기 시작하였다.
안광욱이 이식(李植)의 딸과 혼인함으로써 후손에게 문한가의 피를
물려줄 수 있었다.

안후(安垕, 1636~1710)는 이식의 별서가 있던 지평의 택풍당(澤風
堂)에서 태어나, 이식으로부터 학문을 배웠다. 이미 열한 살에 이식의
명을 받아 이태백(李太白)의 「고풍오십구수(古風五十九首)」에 차운하
여 시를 지었고, 13~14세에 이르러서는 근체시를 자유자재로 지을
수 있었다 하니 그 문재를 짐작할 수 있다. 1663년 부친이 세상을 떠
나자 오늘날 제기동인 제기리(祭基里)의 집에서 상을 마쳤다. 생계를
유지하기조차 어려운 환경에서도 문예에 더욱 공을 기울여 이식의 아
들 이단하(李端夏)로부터 칭송을 받았다.

그러나 벼슬길에서는 좌절이 많았다. 군수나 현감으로 지방을 떠
돌다가 1682년에야 동부승지가 되어 서울로 돌아왔다. 이후 숙종의
신임을 받아 우승지에 올랐으나 주위에서 흠을 잡으려는 자들이 많아
서울생활은 순탄치 않았다. 조정에서의 벼슬은 참의와 승지에서 더
나아가지 못하였고, 결국 쫓겨나다시피 여주·삼척·양양·곡산 등지
에서 부사로 떠돌다 일생을 마쳤다. 안후는 최항(崔恒)의 후손인 최씨
와의 사이에서 아들 다섯을 낳았는데, 넷째아들이 안중관이다.

안중관(安重觀, 1683~1752)은 자가 국빈(國賓)이고 호는 회와(悔窩)다. 젊은 시절에는 밀와자(密窩子)라는 호도 썼고, 중년에는 충주의 가흥강(可興江)에 살아 벗들이 가주(可洲)라 부르기도 하였다. 노학재(老學齋), 온습주인(溫習主人), 죽계자(竹溪子)라는 호를 쓰기도 했다. 안중관은 성리설(性理說)에서도 일가를 이루었지만 시문에 더욱 장기가 있었다. 문장은 한유(韓愈)와 소식(蘇軾)을 모범으로 하였고, 시는 두보(杜甫)의 시법을 따랐다. 김창흡(金昌翕)으로부터 문장을 인정받았으며, 홍세태(洪世泰), 정내교(鄭來僑) 등 위항인과도 시우로 지냈다. 김석주(金錫胄), 오도일(吳道一) 등 당대의 대가들도 그의 시문을 높게 평가하였다. 그러나 벼슬길은 열리지 않아 잠시 세자익위사에서 근무하다가 낙향하였다. 문집『회와집(悔窩集)』을 남겼는데 원집에 시 557수, 문 126수, 후집에 시 1,035수, 문 198수를 수록하였고, 4편의 산필(散筆)에는 1,568조가 실려 있었다 하니, 문필에 쏟은 공을 짐작할 수 있다.

안석경(安錫儆, 1718~74)은 안중관과 고령박씨 사이에서 셋째아들로 태어났다. 고령박씨는 안중관의 세번째 부인이다. 안석경의 자는 숙화(叔華), 호는 삽교(霅橋)다. 완양(完陽), 탁이산인(卓異山人)이라는 호도 있다.

여러 차례 과거에 응시하였으나 뜻을 이루지 못하자 이름난 산수를 유람하면서 시문을 짓는 일로 울울한 마음을 풀었다. 시문에 뛰어나 민백순(閔百順), 성대중(成大中) 등과 절친하게 지냈다.

안중관의 은밀한 집 밀와

안후는 1689년 기사환국(己巳換局)으로 정세가 바뀌었을 때 가족을 이끌고 용인으로 내려가 살기도 했지만, 노년에 벼슬에서 쫓겨난 이후로는 주로 고향인 배천[白川]에서 살았고, 그곳에서 죽었으며, 그곳의 호산동(虎山洞)에 묻혔다. 안중관은 잠시 서울에서 벼슬할 때를 제외하고는 충주의 가흥촌(可興村)에서 살았으며, 안석경도 이곳에서 태어났다. 1728년 이인좌(李麟佐)의 난이 일어나자 잠시 제천의 도촌(陶村)으로 거처를 옮기기도 했으나 줄곧 가흥촌에서 살았다.

가흥촌은 오늘날 충주의 소태면 오량리 청계산(淸谿山) 아래로, 조선시대 가흥창(可興倉)이 있던 곳이다. 가흥촌은 충청도 내륙지방의 세곡(稅穀)과 조령(鳥嶺)을 넘어온 영남의 공물(貢物)을 쌓아두던 창고로, 수납된 세곡은 가흥창 앞으로 흐르는 남한강의 물길을 통해 경창(京倉)으로 운반되었다. 안중관은 가흥강 서남쪽 가흥촌에 집을 짓고 살았다.

몇 평 땅을 사서 가흥강 서남쪽에 살았다. 그 땅은 불룩 솟아 둥근 언덕이 되어 있고 그 안이 깊숙하고 가운데가 오목하였다. 붙어 있는 집이 백 채 정도다. 밥짓는 연기가 이어지고 우물을 함께 쓰는데 닭과 개, 돼지가 왕래할 뿐 처음에는 한두 채의 인가조차 보이지 않았다. 그 지세가 그러해서다. 예전에는 초가집 7~8채가 있고, 복숭아나무, 배나무, 대추나무, 밤나무, 옻나무, 뽕나무가 앞뒤로 백여 그루 심어져 있었다. 그 빈 땅 곳곳에다 꽃을 심고 약초를 재배하며 채소에 물을 주고 저마(苧麻)에 거름을 얹어놓았다.

　나는 늙고 병이 많아지자 세상에 대한 뜻이 사라져 이곳에 자취를 묻고 여생을 보내려 하였다. 이에 새로 집을 짓고 소나무와 사철나무를 두루 심어 울타리로 삼았다. 풀을 뽑고 자갈을 주워 잘 정돈하니 채마밭과 약초밭, 모시와 삼을 심은 밭 약간이 마련되었다. 여러 가지 과일나무를 심고 대나무, 매화나무, 삼나무, 잣나무 등을 심어 먹고 입고 놀 만한 도구를 장만하게 되었다. 자투리땅조차도 버릴 것이 없어, 한가한 가운데 근실하게 힘을 쏟았다.

　또 옛집 앞쪽에 한가하게 거처하면서 책을 읽을 방을 만들었는데 언덕에서 가장 가운데 쪽을 취하였다. 햇빛이 잘 드는 동남쪽의 꽃나무 좌우에 방과 마루 한 칸씩을 만들었다. 또 마루 앞쪽을 가로지른 언덕이 동쪽으로 나와 강물을 마주하는 곳에 작은 정자를 놓아 시렁을 얹고 흰 풀을 덮어 서쪽으로 꺾여 흐르는 큰 강물과 강 오른편의 여러 산이 바라보이게 하였다. 그러자 산과 강이 가장 잘 보이게 되었다. 마침내 그 집을 밀와(密窩)라 하였다. 땅이 은밀하다는 데서 취한 것이다. 마루는 존양헌(存陽軒)이라 하였으니 한겨울에도 내리쬐는 햇살이 좋다는 데서 취한 것이다. 정자는 적연정(寂然亭)이라 하였는데 세상을 등지고 있지만 산수와 더불어 홀로 앉아 종일 조용하다는 데서 취한 것이다.

　　안중관,「새집과 마루와 정자에 이름을 붙인 기문(名新窩軒亭記)」,『회와집(悔窩集)』

안중관은 은밀한 집 밀와에 살면서 산수간에 뜻을 부쳤다. 가끔 청

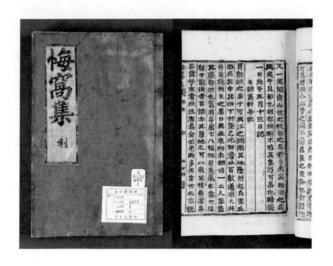

안중관의 회와집 회와는 후회하는 집이라는 뜻이다. 펼쳐진 부분은 새로
장만한 집과 정자에 이름을 붙인 사연을 자세히 적은 대목이다.

룡사(青龍寺)와 그곳에서 좀더 깊은 산속에 있는 응진암(應眞庵)을 찾
았다. 응진암이 있는 곳에는 원래 물맛이 좋은 우물이 있었다. 옛날
한 고승이 이곳을 지나다가 쉬면서 물을 마셨는데 그 맛이 특이하여
마침내 우물을 파고 그 왼편에 사방 한 자의 방을 엮어 산자락에 붙여
새둥지 같은 암자를 만들었다. 그 앞은 발 하나 디딜 곳이 없을 정도
로 가팔랐는데, 크고 작은 바위를 쌓아 계단 10여 척을 만들어 우물
서쪽과 연결되도록 하였다. 벼랑의 겨드랑이 부분이 둔대처럼 옆으
로 펼쳐져 있었는데, 또 그 밑에 위아래로 대를 쌓고 검은 돌을 가져
다가 나한상 10구를 새겨 위쪽 대에다 안치하였다. 처음에는 짚으로
지붕을 이었는데 나중에 승려가 재물을 모아 기와로 덮고 단청을 칠

했다. 이것이 응진암의 유래다. 오늘날 흔적조차 없지만, 응진암은 안중관의 글 덕택에 살아남게 되었다. 1720년 여름 안중관은 과농(課農)의 여가에 이웃사람 대여섯 명과 함께 어선을 타고 강을 따라 청룡사를 경유하여 응진암으로 갔다. 암자는 앞뒤로 나무그늘이 빼곡한 가운데 숨어 있었다. 안중관은「응진암을 유람한 기문(遊應眞庵記)」에서 이곳의 아늑한 정취를 이렇게 썼다.

> 길을 따라 우물에 나아가 한움큼 물을 마시고 입과 손을 씻었다. 다시 오른쪽 대에 올라 푸른 이끼를 쓸고 늙은 단풍나무 아래 앉아 쉬었다. 이곳은 무더위가 찾아오지 못한다. 시원한 바람이 천천히 불어와 문득 번다한 흉금을 시원하게 씻어주었다. 강 너머에 여러 봉우리들이 멀고 가까운 곳에 숨었다 드러났다. 맑은 햇살이 반짝거려 마치 사람을 즐겁게 해주려는 듯하였다. 대 아래에 모란과 작약이 각기 한두 송이씩 피어 즐길 만하였다. 마침내 '단(丹)'자 운으로 시를 짓고 다시 '만(巒)'자 운으로 함께 오언율시를 지었다.

안중관,「응진암을 유람한 기문(遊應眞庵記)」,『회와집』

안중관은 가흥강에서 은사들과 어울려 살았다. 안중관은 김창흡의 문하에서 동문수학하였던 민형수(閔亨洙)라는 사람과 절친하였는데, 그는 인현왕후 민비의 동생인 민진원(閔鎭遠)의 아들이다. 민형수는 고개 너머 제천 의림지(義林池) 오른쪽 정양곡(鼎養谷)에 양대재(養大齋)와 취락당(聚樂堂)을 짓고 은자로 살았다.

안중관은 밀와에 잉애정사(仍崖精舍)라는 현액을 달았다. '잉애'는
『주역』에서 산이 둘 있는 '겸산(兼山)'의 형상인 간괘(艮卦)의 뜻을 취
한 것이다. 두 산이 중첩되어 조용히 머물고 있는 것을 형상하는 이
괘는 안분자족(安分自足)의 처세술을 일러준다. 세상을 등지고 은자
로서 살고자 하는 뜻을 더욱 강조하고자 한 것이다. 또 유유재(悠悠齋)
라는 현판을 달고 스스로를 유유옹(悠悠翁)이라 하면서 유유자적한
삶을 희구하였다. 물가의 정자에는 도탄정(道灘亭)이라는 편액을 붙
였다. 성인의 학문이 깊은 못이라면 자신의 학문은 소용돌이치는 여
울이라는 겸손의 뜻이다.

치악산 대승암과 안석경

안석경은 충주 가홍에서 태어나 아버지 안중관과 함께 그곳에서 살
다가 1740년 원주의 홍원(興原) 섬암(蟾巖)으로 이주하였다. 행정구역
으로는 상당히 떨어진 것 같지만 실제로는 충주의 가홍에서 그리 멀
지 않은 곳이다. 오늘날 원주시 부론면 홍호 2리에 홍원창(興原倉)이
있으니 그 인근 어디쯤일 것이다. 섬강과 충주 쪽에서 흘러오는 남한
강이 만나는 이곳에서 안중관은 노년을 보냈다.

안석경은 술에 빠진 부친을 닮아서인지 그 역시 젊은 시절을 얌전
하게 보내지는 않았던 듯하다. 28세의 늦은 나이에 비로소 과거에 응
시했으나 보기 좋게 낙방하고 말았다. 서른을 넘겨서 다시 한번 도전
했으나 역시 낙방이었다. 안석경은 낙방의 한을 산수 유람으로 풀고
자 용문산(龍門山)과 삼각산(三角山)을 유람한 후 다시 과거공부를 하

흥원창 섬강과 남한강이 만나는 곳으로 안중관은 이곳에서 노년을 보냈다. 한양으로
실어나르던 곡물을 임시로 보관하던 창고가 있었다.

기 위해 1752년 치악산의 대승암(大乘菴)을 찾았다. 치악산에는 남쪽
에 상원사(上院寺), 북쪽에 대승암, 그 아래 구룡사(龜龍寺) 등 이름난
사찰이 있었다. 안석경이 대승암과 처음 인연을 맺게 된 것은 1746년
봄의 일이다. 안석경은 그때 구룡사와 대승암을 유람하고 비로봉 정
상에도 올랐으니 그때부터 대승암을 마음에 두었던 듯하다. 그러나
막상 안석경이 대승암에 들어가 책을 읽으려 하자 사람들이 치악산에
큰 범이 있어 대승암에 있는 사람들을 잡아먹는다며 만류하였다. 그
러자 안석경은 이렇게 말하고 대승암으로 올라갔다.

"범은 사람을 먹을 수 없다네. 사람이 범에게 잡아먹히는 것은 반

드시 사람의 도리를 잃었기 때문일세. 사람이 범을 만나더라도 그 심지가 굳어서 흔들리지 않아, 위로 하늘이 있다는 것을 알고 아래로 땅이 있다는 것을 알며 그 가운데 우리가 있다는 것을 안다면 짐 승이 사람에게 다가올 수 없다는 것을 알 수 있다네. 그러니 범이 비록 사납다 해도 반드시 움츠리며 감히 움직일 수 없을 것이라네."

마침내 걸어서 20리를 갔다. 날은 이미 저물었다. 푸른 잔디와 흰 바위를 지나니 봄물결이 바람에 불려왔다. 혼자 개울물을 따라갔다. 물가에 철쭉꽃이 피어 있었다. 저녁에 구룡사에 들어갔다. 골짜기 입구에는 긴 소나무가 길을 덮고 있었다. 새가 지저귀는데 인적이 없어 고요하였다. 물 흐르는 소리가 또한 비장하였다. 사람의 마음을 깨끗이 씻어 바꾸어주는 것이 이와 같았다. 7~8리를 가서 천주 봉(天柱峯) 앞에 도착하였다. 보광루(普光樓)에 올라 백련당(白蓮堂)에서 잠을 잤다. 밤새 절구질하듯 떨어지는 물소리를 들었다.

이튿날 용담(龍潭)을 보았다. 바위벼랑이 입을 벌리고 있는데 푸른 못이 넓고 깊었다. 스님 한 분과 대승암에 올랐다. 가는 길에 범이 울부짖는 소리를 들었는데 그 소리가 맑고 커서 온 산이 진동하였다. 도중에 약초를 캐고 꽃을 땄다. 암자에 이르니, 목조건물 몇 칸에 배꽃은 흐드러지게 피고 우물물은 맑았다. 스님 몇 분이 세사에 초탈한 듯 하안거(夏安居)에 들어 있었다. 나도 끼어 앉아서 『악기(樂記)』를 펼쳐놓았다. 항상 이른 아침에 일어나 머리를 빗고 몸을 씻고 책을 읽었다.

암자 뒤에는 바위봉우리가 우뚝 높은데 나무가 구름 속에 어른거

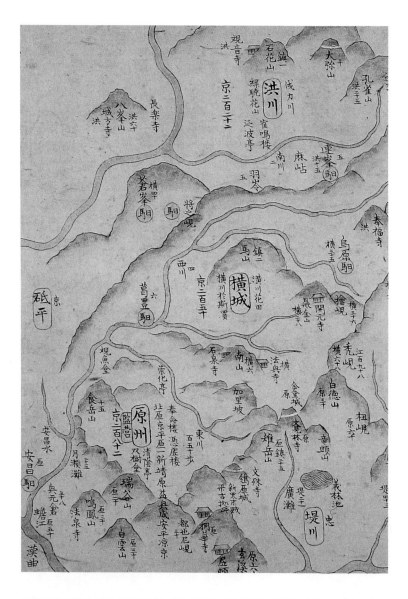

고지도의 원주와 횡성 물길로 충주, 원주, 횡성으로 쉽게 갈 수 있었다. 지도는 18세기 제작된 『동여비고』에 실린 것이다.

려다. 암자 앞의 거북바위는 우직하게 절벽을 마주하고 있었다. 소나무가 빽빽하게 서 있고 철쭉꽃이 빙 둘러 피어 사람을 환하게 비추었다. 암자의 여러 봉우리를 마주하니 어느 하나 울창하지 않은 것이 없었다. 아래쪽은 이미 짙푸른 빛을 띠었지만 위쪽은 아직도 연한 푸른빛이었다. 아침저녁 안개가 가리고 있어 아름다웠다. 그 동북쪽은 산이 없어 약간 트여 있는데 멀리 몇 고을의 산이 흰 구름 속에서 나타났다 사라지곤 하였다. 가까이 있는 절벽에는 사슴이 있어 때때로 서서 사람을 우러러보았다. 그 울음소리가 어리석고 그 뿔이 높았다. 새 울음소리 또한 여러 종류인데 제각기 특이하였다. 이곳이 으슥하고 깊은 곳임을 알 수 있었다.

등불이 밤새도록 켜 있고 향 연기가 방에 가득하였다. 한밤 내내 큰 우레가 치더니 새벽 무렵 비가 내리기 시작하였다. 빗속의 풍경이 흐릿하여 읊조릴 만하였다. 비가 그치자 사방의 모습이 선명하였다. 높고 낮고 멀고 가까운 곳이 모습은 다르지만 사람을 즐겁게 하기는 마찬가지요, 아침이나 저녁이나 비가 오거나 날이 개거나 모습은 저마다 다르지만 사람의 마음에 맞는 것은 마찬가지요, 나무와 돌과 새와 짐승들이 모습은 저마다 다르지만 사람을 가까이하는 것은 마찬가지요, 움직이거나 가만히 있거나 말을 하거나 입을 다물거나 흥취는 저마다 다르지만 뜻에 맞는 것은 마찬가지였다. 오래 있을수록 더욱 기쁘고, 보면 볼수록 시간이 부족하였다.

아아, 세상의 즐거움 중에 이와 바꿀 것이 있겠는가? 이 산이 이미 깊고 험한데 이 암자는 높고 또 고요하여 옛책을 읽기에 적당하다. 나로 하여금 항상 이곳에 살게 한다면 10년이라도 사양하지 않을 것이지만, 장차 열흘이 못 되어 또 떠나가야 할 것이기에, 산을 올려다보고 골짜기를 내려다보았다. 화창한 봄날의 사물이 모두 유유자득(悠悠自得)하였다. 내 어찌 깊이 사랑하여 돌아보며 그리워하지 않을 수 있겠는가?

안석경, 「치악산 대승암을 유람한 기문(遊稚岳大乘菴記)」, 『삽교집』

안석경은 대승암에서의 공부를 바탕으로 그해 다시 과거에 응시하였으나 또 낙방이었다. 이 무렵 홍원에 살던 부친마저 세상을 떠나자 안석경은 과거공부에 뜻을 버리고 말았다. 구월산을 유람하고 돌아온 안석경은 1757년 원주 손곡(蓀谷)의 안산리로 들어가 심심당(深深堂)을 짓고 한가하게 살았다. 한때 법천정사(法泉精舍)에 머물러 살기도 하였는데, 법천정사는 조선 초기의 고단한 문인 유방선(柳方善)이 머물던 곳이니 가난한 선비의 마을인 셈이다. 때로 벗들과 더불어 박연, 경포대, 설악산, 금강산 등지를 유람하였다.

삽교에서 숨어산 안석경

안석경은 날이 갈수록 세상을 향한 뜻이 더욱 멀어졌다. 1765년에는 아예 횡성의 삽교로 들어가 칩거하였다. 오늘날 둔내면 삽교리다. 『동야휘집(東野彙輯)』에는 안석경이 횡성 골짜기의 넓은 땅을 개간하여 살자 사람들이 모여 큰 마을을 이루었다고 하니, 오늘날 삽교리를 만든 주인이라 하겠다. 안석경의 횡성 집을 찾아온 벗 임배후(林配厚)

가 그의 적막한 삶을 한탄하자, 안석경은 산수에서의 삶을 예찬하며 세상사람들이 도리어 미친 것이라 하였다. 그는 삽교에서의 삶을 이렇게 노래하였다.

산속의 봄술이 익었다기에
가랑비 맞고 이웃에 가서 취하였네.
두건 젖혀 쓰고 느지막이 돌아오니
개울에 비친 꽃들이 쓸쓸하네.
山中春酒熟　微雨醉隣家
岸幘歸來晚　蕭蕭映澗花

안석경, 「삽교만영(霅橋漫詠)」, 『삽교집』

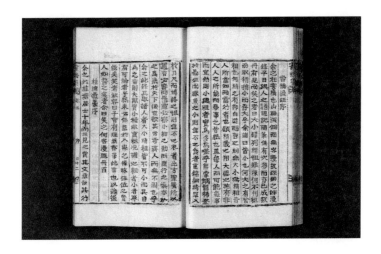

삽교만록 안석경의 문집은 1904년이 되어서야 목활자로 간행되었다. 펼쳐진 부분은 『삽교만록』의 서문이다. 삽교에 있을 때 산과 계곡이 궁벽져 찾아오는 사람이 없어 남들과 나눈 이야기를 멋대로 기록하였다고 하였다.

황윤석(黃胤錫)의『이재난고(頤齋亂藁)』에 따르면 안석경은 노모와 처자도 버리고 홀로 삽교의 산속으로 들어가 살았다고 한다.『삽교만록(揷橋漫錄)』은 이처럼 고독한 시기의 저술이다. 산과 계곡이 깊고 으슥하여 손님들의 방해가 없어, 평소 듣고 보고 들은 것을 붓 가는 대로 적었다. 안중관 역시 1,500조를 넘는 산필(散筆)을 남긴 바 있으니 부친의 뜻을 이은 것이기도 하다. 민백순, 성대중, 임배후 등 그를 알아주는 벗들이 잊지 않고 찾아와 함께『주역』을 강론하고 여가에 배를 타고 취병산(翠屛山)을 유람하였다. 만년에 가흥으로 돌아온 안석경은 1774년 조용히 생을 마쳤고, 그 시신은 다시 삽교로 옮겨졌다.

안석경이 세상을 떠난 뒤 삽교 사람들은 그를 신선으로 생각하였다. 구전되는 이야기에 따르면, 안석경은 축지법을 잘 써서 하루 만에 삽교에서 서울까지 다녀왔다고 한다. 어느 날 아침 부인이 점심거리를 걱정하자, 안석경은 한양을 다녀와야 하니 집에서 점심 먹을 틈이 없다고 하며 길을 떠났다. 과연 안석경은 그날 저녁 한양의 육의전에서만 살 수 있는 비단신발을 지고 왔다고 한다. 신통력이 있었다는 이야기도 전해진다. 한번은 청일면에 있는 봉복사(鳳腹寺)에 놀러 가서 승려와 이야기를 나누는 도중에 합천 해인사 본당이 타들어간다고 하면서 절 뒤뜰에 있던 물 한 동이를 들고 주문을 외우더니 휙 뿌렸다. 그리고는 불이 다 꺼졌다며 자리로 돌아왔다. 나중에 확인해 보니 그때 해인사에 실제로 화재가 일어났는데 때마침 내린 비로 소실을 면했다고 한다. 힘도 장사였다. 하루는 변소에서 용변을 보고 있는데 난데없이 호랑이 한 마리가 나타나 엉덩이를 핥자 호랑이의 목덜미를

안석경의 묘 횡성의 삽교 매당대(梅堂臺)에 있다.

움켜잡아 무릎에 끼고 앉아 볼일을 다 보았다 한다. 이밖에 부친이 눈
동자에 항상 핏줄이 서서 고생을 했는데 뱀해에 난 사람이라 호랑이
눈썹을 태워서 바르면 효과가 있을 것이라는 말을 듣고 당장 산으로
달려가 호랑이의 눈썹을 뽑아왔다는 이야기도 전한다.

　이처럼 알 수 없는 사람이었지만 그가 앉아 책을 읽던 석대와 죽어
묻힌 무덤이 이곳에 남아 있으니 오히려 신기하다. 살던 마을 역시 그
때나 지금이나 한적하다. 사람들은 오늘도 산나물을 자랑거리로 내세
운다. 📙

용 물 둔 지

용이 물을 달고 오는 개울을 가리킨다.

안석경 무덤 아래쪽에 있어 안석경은 이 개울가 반석에 앉아 책을 읽었다.

2. 벌열가의 화려한 원림

종암동
해주오씨의 별서

아침에는 높은 소나무에 기대 먼 산을 보고

저녁에는 흐르는 물을 따라 계곡을 나선다

종암동의 옛모습 지금은 상상하기도 어렵지만 1938년 찍은
사진에는 낙락장송이 줄지어 서 있다.

종암동의 주인 해창위

종암동이라는 명칭은 고려대 뒷산에 있는 북처럼 생긴 종암(鐘巖)에서 비롯된다. 북은 종(鐘)으로 쓰기도 하고 고(鼓)로 쓰기도 하므로 고암(鼓巖)이라고도 한다. 해방 이전까지만 해도 종암동은 울창한 산림이었다. 70년 전의 낡은 사진에서도 낙락장송이 서 있는 솔숲을 확인할 수 있다. 그러나 해방 이후 남벌과 6·25 때의 포화로 인하여 민둥산이 되었다. 게다가 마구잡이로 주택이 들어서 옛 모습은 전혀 찾아볼 수 없게 되었다.

그래도 종암동은 유래가 깊은 땅이다. 태종 때 우의정을 지낸 박은(朴訔)이 청빈하게 살았는데, 태종이 미행을 나갔다 그의 집에 들렀다. 마침 간장 하나로 조밥을 먹고 있던 박은은 조밥을 빨리 삼키지 못해 늦게 마중을 나갔다가 질책을 받았다. 태종은 나중에 그 이유를 듣고 종암 일대의 땅을 하사하였다고 한다. 『동국여지승람』에 나오는 이야기다.

조선 후기 종암동은 해주오씨의 별서로 이름을 날렸다. 숭례초등학교 앞뒤를 '큰해창', '작은해창'이라 불렀다 하는데, 고려대 뒷산의 종암 일대가 해창위(海昌尉) 오태주(吳泰周, 1668~1716)의 땅이었기 때문이다. 오태주는 1679년 현종의 딸 명안공주(明安公主)를 맞이하여 해창위가 되었다. 숙종은 해창위를 총애하여 자주 그에게 시를 내리고 답을 구했으니, 해창위는 숙종의 시우(詩友)이기도 했다. 1708년 숙종이 오태주에게 시를 내렸는데 바로 답이 오지 않자 그 사연을 물었다. 별감(別監)은 그가 종암 별서에 나가 있어 바로 답을 하지 못한

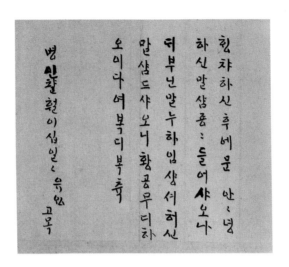

명안공주 간찰 "행차하신 후에 문안 안녕하신 말씀 종종 들었사오나
대부인 마나님 상서하신 말씀 듣사오니 황공무지하오이다" 이라 하였다.

다고 아뢰었다. 그러자 숙종은 시를 지어 보내어 잠시나마 짬을 내어
산수의 흥취를 즐기는 그를 축하하였다.

> 듣자니 그대는 좋은 집을 지어서
> 며칠 전에 짬을 내어 바삐 도성을 나섰다지.
> 고깃배 떠 있는 강물은 보이지 않지만
> 눈앞에 줄지은 산봉우리는 범상치 않다네.
> 바람 맞으며 누웠노라면 시원하겠고
> 달 보고 시 읊조리면 더위도 사라지겠지.
> 온 들판에 가을 깊어 서리 내리면

누런 구름 걷힌 곳에 흥이 더욱 깊겠네.

聞君卜築有華堂　數昨乘閑出郭忙

江上漁舟雖不見　望中列岫亦非常

臨風高臥涼應納　對月微吟暑渾忘

滿野秋深霜落後　黃雲卷處興偏長

숙종, 「일전에 별감에게 봉서를 전하게 하였더니 잠시 후에 와서 도위가 지금 고암에 있어 바로 답시를 바치지 못한다고 아뢰기에, 경의 별서가 멀지 않은 곳에 있음을 알았다. 특별히 율시 한 편을 내려 정자에 머무는 흥취를 돋우노라 (日者別監賫傳封書俄而來告都尉方住鼓巖不卽和進云始知卿別墅在不遠地矣特贈一律以助臨亭之興焉)」, 『열성어제(列聖御製)』

오태주가 살던 서울 경행방(慶幸坊) 향동(香洞)의 집은 대궐에서 하사받은 것인데, 그 이름을 취몽헌(醉夢軒)이라 하였다. 아들 오원(吳瑗)의 기문에 따르면 취생몽사(醉生夢死)의 뜻을 취한 것이라 한다. 오원은 김수증(金壽增)으로부터 받은 편액 글씨를 새겨 걸었다. 조선시대 부마의 삶은 많은 제약이 따랐다. 신경준(申景濬)의 「일수재기(日修齋記)」에 따르면, 부마에게는 작록이 주어지지만 관직이 없으며 조정의 대소사에도 간여하지 못한다 하였다. 따라서 경세의 재주가 있다 하더라도 세상에 쓰이지 못하는 신세니 큰 집에 화려한 복식과 기물을 갖추고 부족함 없이 살지언정 그 마음은 편할 수 없었으리라. 오태주 역시 부마로서 취생몽사의 삶을 살 수밖에 없었으니, 동대문에서 7리밖에 떨어져 있지 않은 종암 별서에서 답답함을 풀었던 것이다. 그래서 그의 문집 이름도 『취몽헌산고(醉夢軒散藁)』라 하였다.

오원의 종암 별서와 시회

해주오씨는 조선 후기 최고 문벌 가운데 하나다. 이 집안이 이렇게 성장할 수 있었던 데는 관찰사를 지낸 오숙(吳翻, 1592~1634)의 힘이 컸다. 또 판서를 지낸 그 아들 오두인(吳斗寅, 1624~89)이 인현왕후의 폐위를 막으려다 죽임을 당하였으니, 청절까지 더하였다. 오태주는 오두인의 셋째아들인데 슬하에 아들이 없어 아우 오진주(吳晉周)의 아들 오원(吳瑗, 1700~40)을 후사로 삼았다. 오원의 모친은 김창협(金昌協)의 딸이며, 처조부는 권상하(權尙夏)다. 오태주와 오진주의 매부가 최석정(崔錫鼎)의 아들 최창대(崔昌大)와 이재(李縡)이니, 명문가와 두루 통혼했음을 알 수 있다.

오원은 자가 백옥(伯玉), 호가 월곡(月谷) 혹은 관물거사(觀物居士)로, 문학에 뛰어나 대제학에까지 올랐다. 22세 때 문과에 급제했지만 감시관(監試官)과 친분이 있다 하여 합격이 취소되었다. 이로 인해 벼슬길이 열리지 않아 젊은 시절 단양과 영평, 금강산 등으로 산수 유람을 하거나 부친으로부터 물려받은 종암의 별서에서 시주를 즐기며 세월을 보냈다. 종암 별서의 시회는 청령각(淸泠閣)과 동정(東亭)에서 주로 이루어졌다. 청령각은 오태주의 문집에는 보이지 않고 오원의 문집에서부터 보이므로, 오원이 지은 것으로 추정된다. 동정은 암정(巖亭)이라고도 불렸는데, 그곳에는 화분에 심어둔 아름다운 매화가 있었다. 남유상(南有常)이 두 편의 시를 지어 매합(梅閤)에 써주는 풍류를 과시한 바 있다.

오원은 특히 이천보(李天輔), 남유용(南有容)과 절친하여 수시로 이

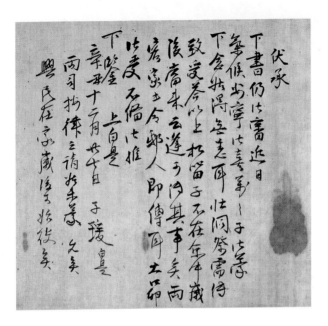

오원의 편지 1721년 오원이 부친 오태주에게 올린 안부편지다. 마지막의
'상백시(上白是)' 는 상사리로 읽는데 위로 사뢴다는 뜻이다.

들과 함께 종암에서 시회를 열었다. 오원의 아들 오재순(吳載純)이 이
천보의 딸과 혼인하였으므로 이천보와 오원은 사돈간이며, 또 오원의
사위 남공필(南公弼)은 남유용의 형 남유상의 아들이니, 이 셋은 혼인
으로 맺어진 사이이기도 하다. 종제 오선(吳璿), 남유상, 이병건(李秉
健), 이명덕(李明德) 등도 자주 이들의 시회에 참여하였다. 오원은 종
암의 별서에서 지은 시를 따로 모아 두 차례 시집을 내었다. 이렇게 시
회를 즐기던 오원은 종암 별서에다 꿈속의 정원을 마련하였다.

정미년(1727) 12월 며칠 병으로 누워 있었다. 바람이 불고 눈이 내려 문을 닫고 있으니 온갖 생각이 마음을 떠나지 않았다. 6일 밤 잠깐 졸고 있는데 꿈에 선친을 모시고 동대문 바깥에서 그리 멀지 않은 곳에서 노닐었다. 따르는 두세 사람은 모두 예전에 알던 사람들이다. 골짜기가 넓고 평평한데 긴 하천이 구불구불 흘러내렸다. 물이 푸르고 깊어 배를 띄울 만하다. 좌우에는 바위벼랑이 많은데 그 물가는 숲이다. 물 밖으로 솟아난 작은 바위 위에 작은 초가정자가 있는데 기울어져 오래 앉아 있을 수가 없다. 벼랑을 따라 내려오니 바위틈에서 폭포가 흘러내려 개울로 몰려든다. 개울은 5~6리를 흘러 강으로 들어간다. 개울을 건너 높은 언덕에 오르면 강물을 바라볼 수 있다. 숲이 빽빽하여 시야가 상쾌하다. 양주와 광주 사이쯤 되어 보인다. 언덕 아래 작은 마을이 있는데 상덕촌(常德村)이라 한다. 높아서 정자를 지을 만하고 전원을 두어 즐기기에 알맞다.

이웃에서 이를 팔려 하는 자가 있는데 어떤 귀한 사람이 구해 살려다가 뜻을 이루지 못하였다고 한다. 나는 이곳의 상쾌함이 마음에 들고 또 종암의 별서에서 멀지 않기에 그 값을 치르고 차지하였다. 소동파(蘇東坡)의 「적벽부(赤壁賦)」에서 취하여 정자의 이름을 협선정(挾僊亭)이라 하고 누각을 포월루(抱月樓)라 하였다. 또 작은 마루 하나를 두어 소운헌(嘯雲軒)이라 하고 포월루와 마주하게 하였다. 이백(李白)의 "휘파람으로 흰 구름을 불어서 큰 못에 날게 하네(嘯起白雲飛七澤)"라는 말에서 가져온 것이다. 마을 이름에서 머물면서 쉴 서재의 이름을 따 상덕재(常德齋)라 하였다. 지팡이를 짚고 신을 신고 하염없이 거닐다가 갑자기 꿈에서 깨어났다.

오원, 「꿈을 적다(記夢)」, 『월곡집』

오원은 종암의 별서를 소유하였으나 그것으로 만족하지 못하였던 모양이다. 그래서 꿈속에서 별서 근처에다 정원을 꾸렸다. 소동파와 이태백의 풍류를 빌려 협선정, 포월루, 소운헌이라는 운치 있는 건물을 지었다. 오원의 꿈속에서의 풍류는 이듬해 8월에도 이어졌다. 실제로는 가을이었지만 꿈에서는 봄을 맞아 몇몇 사람과 교외로 나가 유람을 즐기고 시회를 가졌다. "천 봉우리에 눈이 녹자 연록색이 생겨나고, 뭇 새들이 봄을 맞아 고운 소리를 낸다(千峰罷雪生微綠 衆鳥逢春作好音)"는 구절을 지었는데 꿈속의 객이 '고운 소리를 낸다(作好音)'보다 '고운 소리를 배운다(學好音)'가 더 낫다 하기에 고민하다가 잠에서 깨었다. 이렇게 꿈속에서 시를 지은 것이 여러 차례였다. 이 무렵 종암 인근에서 시회를 자주 즐겼으니 시회가 꿈으로까지 이어진 것이리라.

오원은 29세에 다시 문과에 장원으로 급제하여 벼슬길에 나섰다. 그러나 산수에 대한 흥을 잃지 않아 틈나는 대로 유람을 떠났으며, 광주 월곡(月谷)에 초당을 짓고 한가함을 즐겼다. 종암 별서로 벗들을 불러 시회를 즐기는 일도 잊지 않았다. 1732년에는 이천보, 남유용 외에 홍재(洪梓), 황경원(黃景源), 김순택(金純澤)과 시회를 갖고, 정릉(貞陵)으로 옮겨 다시 한바탕 수창하였다. 다음은 황경원이 청령각에서 이천보, 오원, 남유용과 함께 어울려 노닐며 지은 작품이다.

깔끔한 사립문 작은 정원에 사노라니
날아오르는 청령각이 못가에 덩그렇다.
아침에는 높은 소나무에 기대 먼 산을 보고
저녁에는 흐르는 물을 따라 계곡을 나선다.
돌아가는 구름 그 누가 잡을 수 있으랴
밝은 달은 그래도 아직 지지 않았네.
살구꽃에 봄빛이 짙어지기를 기다려서
가랑비 내리는 들판으로 지팡이 짚고 나서세.

衡門瀟灑小園棲　飛閣崝嶸曲沼西
朝倚高松看遠嶂　夕隨流水出淸谿
歸雲冉冉已難駐　明月亭亭猶未低
共待杏花春色徧　平郊煙雨一扶藜

황경원, 「청령각에서 술잔을 물에 띄우고 밤에 술을 마시다가 달뜨는 것을 보고
취하여 개울을 거닐면서(淸泠閣流觴夜飮候月明醉步谿上)」, 『강한집(江漢集)』

비가 오자 샘물 소리가 더욱 세차다. 산살구꽃이 만발한 정원에서
바위에 걸터앉아 한가함을 즐긴다. 이때 벗 이제원(李濟遠)이 찾아오
니 더욱 즐겁다.

　1737년 여름이 되자 이천보는 아예 더위를 피해 동정(東亭)으로 와
서 묵었다. 남유용도 오지 않을 리 없다. 세 사람은 삼각산 청담(淸潭)
에서 시회를 갖고 흥이 남아 다시 종암 별서로 돌아와 시를 짓고 이를
엮어 「동정수창시(東亭酬唱詩)」(「鐘巖酬唱錄」이라고도 한다)라 하였다.

이천보가 지은 「종암수창록 뒤에 쓴다(題鐘巖酬唱錄後)」에 따르면 한 가지 운으로 칠언율시를 각기 20편씩 지었다고 한다. 남유용은 이 시집에 발문을 붙였다. 그해 10월에 두 벗이 다시 종암 별서로 찾아왔다. 시원한 샘가, 달빛 쏟아지는 나무 아래서 함께 850언의 장편 연구(聯句)를 지었다. 두 밤이나 자면서 이렇게 흥을 즐겼다.

이 무렵 오원은 시회로 세월을 보냈다. 잠시 한강가로 나가 있을 때에도 그의 주변에는 많은 벗이 모여들어 시회를 즐겼다. 벗들뿐만 아니라 형제들과의 우의를 다지기 위해 형제들의 모임인 정화회(情話會)를 결성하고 조모가 계시던 도성 서쪽 죽취헌(竹醉軒)에서 시회를 가졌다. 가끔은 벗들과 함께 단양, 금강산 등 산수가 아름다운 곳을 유람하기도 하였다.

이렇게 한가하고 아름답게 살던 그는 41세 되던 1740년 이덕수(李德壽)의 추천을 받아 대제학에 오르고 공조참의, 동지의금부사 등의 벼슬을 지내다가 그해 10월 10일 생을 마감하고 광주의 월곡에 있는 선영에 묻혔다. 그렇지만 오원이 죽은 후에도 종암 별서의 시회는 계속 이어졌다. 1748년 오원의 사위 남공필이 중심이 되어 오원의 아우 오찬(吳瓚)과 함께 종암에서 시회를 열었다. 남유용은 예전 오원, 이천보와 어울려 종암에서 시회를 즐기던 일을 추억하면서 이 시회에서 지은 시를 모은 『임계백시(臨溪百詩)』에 발문을 붙였다.

후손들이 이어간 종암의 시회

종암의 시회는 오원의 아들과 손자들로 이어졌다. 오원은 오재순

(吳載純), 오재유(吳載維), 오재소(吳載紹) 세 아들을 두었다. 오재순은 자가 문경(文卿), 호가 순암(醇庵) 혹은 우불급재(愚不及齋)다. 규장각의 핵심적인 지위를 차지하였을 뿐만 아니라 대제학과 육조의 판서를 두루 지냈다. 오재순의 처는 영의정을 지낸 이천보(李天輔)의 딸이요, 오재유의 처는 유숙기(兪肅基)의 딸이니, 이 집안이 노론의 핵심세력과 두루 통혼하였음을 알 수 있다.

오재순은 조부 해창위가 살던 서울 경행방의 몽취헌을 물려받아 살았다. 몽취헌 동쪽에는 작은 못이 있었는데, 여름에만 물이 있고 겨울에는 물이 없어 연꽃조차 심지 못하고 물고기도 기를 수 없는 보잘것없는 것이었다. 그래서 오재순은 이 못을 인공으로 가꾸었다. 못 서쪽에 널찍한 바위를 집어넣어 바위가 물결을 가르고 달빛과 별빛이 비치도록 하고는 이를 즐겼다. 그리고 그 바위를 독림석(獨臨石)이라 이름붙였다.

오재순의 집은 정조의 은총에 힘입어 더욱 빛났다. 그의 당호 '순암'과 '우불급재'는 정조로부터 직접 하사받은 것이다. 정조는 1785년 3월 6일 "오제학순암(吳提學醇庵)"으로 시작하는 어필에 직접 서압(署押)을 하여 내렸다. 그리고 이를 도장으로 새기게 하니, 오재순은 '어제순암(御製醇庵)'이라 도장을 파고 '순암'이라는 현판을 달았다. 정조는 이듬해 다시 내각으로 오재순을 불러 그의 초상화를 하사하였는데 그 위에 "남들이 미칠 수 없는 것은 그 어리석음이다(不可及者其愚)"라고 어필로 적었다. 이에 오재순은 자신의 호를 우불급재라 바꾸었다. 이 무렵 아우 오재소도 집을 팔고 거처를 같이하였다.

경행방의 집이 이와 같은 영광을 누렸는데도 오재순과 그 아우들이 풍류를 즐긴 공간은 종암 별서였다. 오재순에게도 부친이 살던 종암 별서는 시회의 공간이었다. 그는 틈이 나면 종암 별서로 달려가 벗들과 어울려 시회를 가졌다. 시회에는 계부 오찬, 처남 남공필, 남공보(南公輔), 이연(李演), 김광묵(金光默) 등이 주로 참여하였다. 아우 오재유 역시 훌쩍 도성을 나와 종암 별서에서 시주를 즐겼다. 한번은 오재유가 책을 읽다가 가슴이 답답하여 말을 타고 종암 별서로 나가 동정에서 사흘을 머물다 돌아왔다. 그는 이때 지은 시에 형 오재순의 서문을 받아『동정시(東亭詩)』를 엮은 바 있다. 오재소는 아예 종암 별서에 석천정사(石泉精舍)를 중수하고 눌러앉아 백형을 대신하여 종암 별서의 주인이 되었다.

오재순은 세 아들을 낳아 둘을 양자로 보냈다. 큰아들 오윤상(吳允常)은 학문에 뛰어나 두 아우를 가르치기도 하였으나 일찍 죽었다. 그 대신 양자로 간 오희상(吳熙常), 오연상(吳淵常) 두 아들이 현달하여 참의에 올랐는데, 이들은 종암 별서에 깊은 애착을 가지고 있었다. 오희상은 자가 사경(士敬), 호가 노주(老洲)이며, 오연상은 자가 사묵(士默), 호가 약암(約庵)이다. 오희상은 오재소의 후사로 들어가고 오연상은 오원의 아우 오관(吳瓘)의 아들 오재륜(吳載綸)의 후사로 들어갔지만, 어린 시절에는 서울 경행방 집과 종암 별서에서 함께 자랐다. 이들은 김상임(金相任), 김상휴(金相休), 이재수(李在秀), 한경리(韓景履), 남주헌(南周獻), 이유명(李惟命) 등과 어울려 함께 강학하였다.

오윤상 형제는 경행방 향동의 경저에서 태어나 자랐다. 경저는 오

오재소의 영정 오재소가 참판으로 있을 때 그린 초상으로,
규장각에 소장되어 있다.

윤상이 물려받아 살았는데, 오재소 역시 오재순과 함께 살았으므로
오재소의 양자로 들어간 오희상도 젊은 시절 백씨와 함께 기거하였
다. 오희상은 향동의 집에서 책을 읽는 곳의 이름을 죽루(竹樓)라 하
였다. 앞에 오죽 천여 그루가 있어 이러한 이름을 붙인 것이다. 그러
나 1801년 정조의 딸인 숙선옹주(淑善翁主)의 가순궁(嘉順宮)을 짓기
위하여 대궐에서 향동의 집을 구입함에 따라 오윤상은 소격동(昭格
洞)에 나란히 있는 집을 사서 형제들과 함께 살았다. 이웃에 민원리

(閔元履)의 집이 있어 절친하게 지냈다.

오희상은 부친 오재소가 1806년 종암 별서에서 10여 리 떨어진 불암산 아래 노원(蘆原)에 집을 정하고 살았기에 그곳에 자주 거처하였고, 노년에는 오원의 묘가 있는 월곡에도 출입하였으며, 1820년에는 노량진에 소파정(少波亭)을 짓고 관선재(觀善齋)에서 후학을 가르치면서 산수의 흥을 누렸다. 그러나 이들은 선대로부터 물려받은 종암 별서를 가꾸는 일을 잊지 않았다. 오재순의 세 아들은 어릴 때부터 종암 별서에 자주 출입하였는데, 큰 아들 오윤상이 종암 별서 인근에서 아름다운 땅 간운대(看雲臺)를 발견하였다.

청령각 동쪽에 폭포가 쏟아져 내린다. 폭포를 따라 위로 올라가면 골짜기가 그윽하고 양쪽 벼랑이 문처럼 마주하고 있다. 어지러운 바위들이 빼곡하게 바둑돌처럼 쌓여 있다. 넝쿨을 잡고 기어올라가 구불구불 돌아 수십 보를 가면 네모반듯하고 평평한 바위가 있어 수십 명이 앉을 만하다. 이어 높이가 몇 길 정도 되는 선바위가 있는데 이를 간운대라 한다. 교묘하여 사람이 만든 듯하지만 사실은 천연의 것이다. 좌우의 절벽이 깎은 듯 서 있고 아래에 맑은 모래와 흰 자갈이 깔려 있어 티없이 깨끗하다. 단풍나무와 소나무에 넝쿨이 덮여 빽빽하게 뻗어 있다. 개울물이 그 사이로 콸콸 흘러 소용돌이를 이루고 웅덩이를 채운 다음 흘러넘친다. 맑고 깨끗한 빛을 머금고 있어 이를 보노라면 정신이 고요하고, 이를 듣노라면 마음이 아득해진다. 그 땅이 그윽하고 고와 실로 이 골짜기에서 최고다. 청령각은 곧 우리 집안의 별업인데 동대문 동쪽에 있다. 예전에 백씨가 한가한 날 이곳에서 노닐었는데 나도 반드시 따라오게 하였다. 하루는 백씨가 흥이 일어 혼자 이곳으로 왔다. 개울물의 근원을 따라 올라가서 이 간운대를 찾아와 즐겼다. 내가 함께 따라가지 않은 것을 슬퍼하여 이렇게 이름하였으니, 두보(杜甫)의 시에서 취한 것이다.

오희상, 「간운대기(看雲臺記)」, 『노주집(老洲集)』

이때가 1786년이니 백형 오윤상이 죽은 뒤에 쓴 글이다. 오윤상은 늘 오희상을 데리고 간운대를 찾아갔는데, 한번은 혼자 갔다가 아우가 그리워 두보의 시 「한별(恨別)」에서 "집 생각에 달빛 아래 거닐면서 맑은 밤에 서 있고, 아우를 그리워하여 구름을 보면서 대낮에 잠을 잔다(思家步月淸宵立 憶弟看雲白日眠)"는 구절을 떠올렸다. 그런 의미에서 간운대라 한 것이다. 오연상도 1792년 「간운대기」를 지었다. 이에 따르면 간운대는 청령각 북쪽 벼랑의 골짜기 가장 깊은 곳에 있었다고 한다. 오희상은 간운대의 명칭이 두보의 시에서 나온 것이라 하였지만, 오연상은 이 명칭이 위응물(韋應物)의 "가다 물길 끝난 곳에 이르러, 우두커니 구름이 일어나는 것을 보노라(行到水窮處 坐看雲起時)"라는 구절에서 온 것이라 하였다. 두보의 시라 하면 형제간의 우애가 좋고, 위응물의 시라 하면 구름을 보는 한가한 뜻이 좋으니 어디에서 온들 어떠랴. 오윤상이 간운대를 발견하였듯이 오연상은 난가대(爛柯臺) 근처에서 냉천(冷泉)을 발견하였다. 난가대는 채제공(蔡濟

公)이 살던 미아리고개 근처 명덕동(明德洞)에 있었으니, 미아리고개에서 종암동으로 넘어가는 그 어디에 냉천이 있었으리라.

난가대를 경유하여 폭포를 따라 구불구불 아래로 청령각에 이르면 조금 서쪽에 큰 바위가 흙을 이고 병풍처럼 솟구쳐 있다. 높이가 몇 척이고 넓이가 십여 칸이다. 바위 허리에 먹줄을 튕겨놓은 듯 틈이 나 있는데 손톱이 겨우 들어갈 정도로 가늘다. 물이 그곳에서 나와 냉천이 된다. 반석으로 뚝뚝 떨어져 그 소리가 소반에 둥근 옥이 떨어지는 것 같다. 맑고 고와서 들을 만하다. 가느다란 물길이 수십 보를 내려와 폭포의 하류와 합류하여 못으로 들어간다. 물이 차서 한여름이라 하더라도 입에 넣으면 이가 시리다. 시골사람들이 등창이 나면 자주 목욕을 하여 나았으므로 이러한 이름이 붙었다.

오연상, 「냉천기(冷泉記)」, 『약암집(約庵集)』

오연상의 종암 자랑

오연상은 종암 별서를 가장 사랑한 사람이다. 그는 종암에서의 삶을 「종산잡언(鐘山雜言)」에 담았다. 종암 일대를 종산이라 하여 그 공간을 확대하고 이렇게 자랑하였다.

내가 이해 종산으로 나선 것이 세 번이다. 사계절의 빼어난 경관을 보았으니 산수의 볼거리를 굳이 먼 데서 구할 필요가 없다. 몸이 한가하고 마음이 맞으며 땅이 정신과 조화를 이룬다. 숲과 샘물의

고려대 뒷산

고려대 뒷산에 있는 북 모양의 바위가 북바위다. 고려대 본관 자리에
오태주와 명안공주의 무덤이 있었다.

아름다운 빛과 새와 물고기의 변화무쌍한 모습을 이 땅에서 얻고
이 마음으로 즐긴다. 남에게 말을 해주려 해도 되지 않을 듯하다.

먼 곳에 아무리 아름다운 땅이 있다 한들, 가까이 있어 자주 들러
마음의 여유를 누릴 수 있는 곳만 같지 못한 법이다. 오연상은 봄날
종암에서의 삶을 아름답게 적었다.

늦봄 날씨가 맑고 따뜻하다. 자갈과 풀에 이슬이 내려 빛이 반짝
인다. 바위 곁의 샘물은 비를 만나 소리를 더한다. 어린 새는 둥지를
찾고 노니는 물고기는 연꽃을 친다. 이때 명아주지팡이를 짚고 홀로
걸어가 개울가에 이른다. 으슥한 곳에서 떨어진 꽃잎이 물을 따라
내려가는 것을 본다. 어부가 도화원(桃花源)을 찾아가는 유연한 흥
이 있어 날이 저무는 것도 알지 못한다. 바위에 서린 구름과 골짜기
를 덮은 가랑비는 석양과 어울려 동탕친다. 아스라이 변화하는 모습
이 끝이 없다. 이 산 너머에는 신선이 사는 별세계가 있을 듯하다. 저
물녘에 돌아오면 조용히 왕유(王維)의 "신선의 근원을 알지 못하겠
네(不辨仙源)"라는 구절을 외고 그 뜻 때문에 한차례 탄식을 한다.

불과 100년 전의 기록이지만 지금은 상상조차 할 수 없는 일이다.
지금의 종암동에 도화원이 있었으리라고 그 누가 믿겠는가? 봄만 좋
은 것이 아니다. 여름이 올 무렵 여인네가 나물 뜯고 아이가 나무하는
풍광도 사람의 마음을 여유롭게 한다. 왕유의 시구가 절로 떠오른다.

매번 봄과 여름이 바뀔 때 산촌의 아이와 여인네가 땔감을 지고 광주리를 안고서 깎아지른 절벽에 흩어져서 도란도란 이야기를 나누고 짧은 노래를 부른다. 숲 너머에서 그 소리에 화답을 한다. 그 뜻과 자태가 고요하고도 마음에 맞으며 행적이 절로 편안하다. 자득한 형상이 있으니, 누가 먹고사는 것에 얽매여 있다고 하랴? 차라리 화려한 집과 좋은 음식을 팽개치고 이 안에 자취를 숨기고 싶다. 내가 예전에 구산(句山)에 들어가서 "궁벽진 시골의 소 타는 계집아이, 깊은 산속 도토리 줍는 아이(村僻騎牛女 山深拾橡童)"라는 구절을 얻었는데 바로 이 모습과 한가지다.

한여름이 되어도 종암동의 풍류는 사그라지지 않는다. 한밤에 개울에서 목욕을 하고 시원하게 바람을 쐬면 그보다 좋은 일이 있을까?

옛사람이 이렇게 말하였다. "맑은 여름밤 목욕을 하고 새옷을 입고 조용히 앉아 달을 바라보면 뜻이 절로 유다르다." 이는 주무숙(周茂叔, 周敦頤)과 소요부(邵堯夫, 邵雍)의 기상이다. 내가 매번 그 뜻을 이해하고 마음으로 사모하였다. 한번은 장맛비가 막 그쳤을 때 동쪽 개울로 올라가 머리를 빗고 샘물로 양치질을 하고는 천산만학(千山萬壑) 가운데 꼿꼿이 앉아 있었던 적이 있다. 맑은 달빛이 가슴을 비추고 시원한 바람이 얼굴을 쳤다. 문득 몸과 마음이 모두 맑아졌다. 한여름 더위의 고통을 느끼지 못하고 시원하여 신선이 사는 현포(玄圃)나 낭원(閬苑)으로 놀러 나온 듯하였다. 비단 도를 깨친 사람만 이치를 음미하고 고요함을 즐기는 좋은 기상을 가질수 있는 것만은 아니었다. 마음이 편안하여 또한 오래 바라볼 만하였으니, 불로장생하는 데 한 가지 도움이 될 만하였다.

한여름 밤 맑은 달빛 아래 시원한 바람을 쐬는 즐거움은 도를 깨친사람만이 즐길 수 있는 것이 아니다. 한적한 곳에 있으면 누구나 도를깨치게 되는 듯하다. 그러기에 이러한 삶이 불로장생의 한 방편이 된다. 이렇게 산속에서 살면 그 마음은 어린아이가 된다.

7~8월 사이에 장마가 끝나고 가을물이 일어나면, 몇 평의 연못은 물이 쪽빛보다 파래진다. 연꽃은 붉게 줄이어 피어나고 푸른 잎은 차곡차곡 펼쳐진다. 그 위에 푸른 소나무와 오래된 버드나무가있어 그림자를 드리운다. 내가 아이종을 시켜 박을 쪼개어 배를 몇척 만들어 띄운다. 나무로 인형을 만들고 색깔 들인 종이로 옷을 입혀, 그 교묘함을 지극하게 한 다음 바람에 흘려보낸다. 빙빙 돌아 흘러내리다가 배가 서로 만나기도 하고 어떤 것은 작은 돌섬에 서기도 하고 어떤 것은 무성한 물풀 잎사귀에 걸려 빙글빙글 돌기도 한다. 난간에 기대어 바라보면 완전히 강남땅 횡당(橫塘)의 풍경을 보는 듯하다. 고기 잡는 어부들이나 연밥 따는 아낙네의 노랫가락이들려올 듯만 같다. 이는 비록 무익한 장난이지만 고독과 고민을 풀수 없어 한 짓이다.

어린아이처럼 박잎으로 배를 만들고 인형에 옷을 입혀 물에 띄우고, 이를 보면서 중국의 강남을 유람하는 상상을 한다. 강남의 연인들이 밀회를 즐기는 횡당의 못에서 울려퍼지는 남녀의 사랑노래가 귀에 들릴 듯하다. 이렇게 사노라면 고독과 고민이 절로 사라진다.

"가을볕이 내 마음을 맑게 하고, 한가하게 사노라니 다투는 마음 사라지네(秋景澹吾慮 閑居物無競)." 이는 내가 젊은 시절 서재에서 지은 작품이다. 도성 안 먼지구덩이에 이 몸을 얽매어두었을 때는 시의 뜻이 경치와 어울리지 않아 마음이 편치 않았다. 이제 지난날의 시어에 맞게 된 것을 확인할 수 있다. 저무는 가을, 산빛은 맑고 빼어난데 물빛은 맑디맑다. 만물이 그림자가 되고 빛이 되는 것이 아스라하고 멍하고 시원하고 써늘하여 사람으로 하여금 귀를 처연하게 하고 눈을 시리게 한다. 마치 세상을 버리기도 하고 사물의 진리를 깨칠 듯도 하다. 이럴 때 손에 고시(古詩) 한 권을 들고서 푸른 이끼를 깔고 앉아 맑은 물을 바라보면서, 흰 바위 위나 단풍숲 속에 앉는다. 이럴 때면 그 마음과 경치를 그려낼 수 없다. 이윽고 석양이 산을 반쯤 덮으면 나무들이 더욱 맑아진다. 일어나 둘러보면 하늘에는 그저 돌아가는 기러기만 구름 사이에 줄지어 서 있을 뿐이다.

볕이 고운 가을날 읽고 싶었던 책 한 권을 들고 깨끗한 바위 위나 단풍숲 속에 앉아 있으면, 그보다 좋은 일이 없을 것이다. 기분이 맑은 때 하늘을 보면 그 마음을 닮은 무심한 기러기가 날아갈 뿐이다.

일찍이 늦가을 어스름을 좋아하였다. 산은 맑고 들은 텅 비어 경물이 아스라하고 어둑한 모습은 사람으로 하여금 처량하고도 맑은 마음이 들도록 한다. 풀벌레가 울타리 아래에서 맴돌면서 가늘게 울고, 날기에 지친 새가 처마 끝에 붙어서 나지막하게 난다. 언덕과 습지와 못이 절로 쓸쓸하고 외로운 빛을 띤다. 갑자기 사나운 바람에 나뭇가지가 울고 뭉게구름이 땅에 드리워지는 모습을 본다. 이윽고 비가 스산하게 내린다. 초목과 노을이 기이한 모습을 드러낸다. 변화무쌍한 모습이 사람으로 하여금 보기에 바쁘게 한다. 이러한 것은 얼마나 잘 뽑힌 경관인가? 이럴 때 궤안에 기대어 조용히 주나라 때의 솥을 끼고 당나라 때의 향을 피우고 차를 끓여 몇 번 마신다. 그 맛이 절로 비상하다.

가을을 사랑하는 것은 쉽지 않다. 절로 처량해지기 쉽기 때문이다. 그러나 오연상은 종암의 가을도 사랑하였다. 부마의 후손답게 고동(古董) 취미가 있어 가을날 이를 즐겼기 때문이다. 겨울에도 이러한 취미를 즐길 수 있다.

한겨울 매서운 추위를 당하여 먹구름이 막 걷히고 아침햇살이 떠오르면 창과 벽에 흙손질을 하고 책상의 도서를 정리한다.
꼿꼿이 그 안에 앉아서 단향(檀香)을 피우고 차를 끓여 책을 뒤적이고 붓을 놀린다. 뜻이 절로 맑고 고고해지니 영원히 이렇게 살고 싶은 즐거움이 있게 된다. 내가 일찍이 이러한 말을 사람들에게 하

북바위 종암 혹은 고암이라 부르는 바위로 고려대 뒷산에 있다.

였더니, 사람들은 모두 너무 썰렁하다 하였다. 저들은 따스하고 화려한 것에 병들어 있다. 어찌 이러한 즐거움을 알겠는가? 스스로 즐길 뿐이다.

오연상은 계절에 따라 종암에서 사는 즐거움을 이렇게 청언(淸言)으로 묘사하였다. 화려함에 익숙한 세태는 100년 전보다 지금에 더욱 심해졌다. 무미건조한 듯 보이는 맑은 삶이 그리운 때다. 📑

채제공과
명덕동의 연명헌

고운 보리 때맞추어 내리는 비를 반기고

먼 곳의 꽃에는 저녁햇살이 가득하네

채제공 묘 용인에 있는 채제공의 묘는 돌로 된 아름다운 두 마리 양이
지키고 서 있다.

약봉과의 인연과 추억

채제공(蔡濟恭, 1720~99)은 자가 백규(伯規), 호가 번암(樊巖), 본관은 평강(平康)이다. 이황(李滉), 정구(鄭逑), 허목(許穆), 이익(李瀷)으로 이어지는 남인(南人)의 학맥을 이어 18세기 청류(淸流)의 영수요, 문단의 수장으로 군림하였다. 일찍이 채제공의 5대 백조(伯祖) 채유후(蔡裕後)가 문명을 날렸고, 조부대에 채명윤(蔡明胤), 채성윤(蔡成胤), 채팽윤(蔡彭胤) 형제가 나란히 가문을 빛내었다. 특히 채팽윤이 입궁하면 숙종이 내시를 시켜 뒤따라다니면서 그가 지은 시를 몰래 베껴 바치게 하였을 정도이니, 그 시명을 짐작할 수 있다.

채제공은 1720년 4월 6일 부친 채응일(蔡膺一)과 모친 연안이씨(延安李氏) 사이에서 태어났다. 그의 모친은 이광정(李光庭)의 5대손이니, 역시 명문가 출신이라 하겠다. 붉은 태양이 산마루에 오르는 태몽이 있었다 하니, 그가 훗날 영의정에까지 오르게 될 것임을 예견한 것이기도 하다.

채제공의 9대조 선영이 과천의 막계(莫溪)에 있었지만 이후 이 집안은 경기도 죽산(竹山)에 세거한 듯하다. 훗날 그의 두 부인이 모두 죽산에 묻혔다. 채제공은 젊은 시절 홍성(洪城)에 살았다. 홍성의 집은 그의 조부 때 마련한 것이다. 조부 채성윤이 그 형 채명윤과 함께 벼슬을 그만두고 홍성의 구봉산(九峯山) 아래 어자동(漁子洞)으로 이주하였다. 그곳은 원래 수철(水鐵)을 업으로 삼는 여남은 가구가 있던 마을이었다. 이곳에 집을 짓고 다듬지 않은 돌을 쌓아 못을 만든 다음 그 안에 섬을 만들고 단풍나무 한 그루를 심어두니 서리가 내리면 붉은빛이 방을 비추었다. 둑 주위에는 대나무를 심어 밖에서 들여다보지 못하게 하였다. 또 구봉산에서 발원한 물길 옆에 버드나무 10여 그루를 심어두었다. 그 집을 견일헌(見一軒)이라 하였는데, 당나라의 승려시인 영철(靈澈)의 "숲속이라 어찌 한 사람이라도 볼 수 있겠는가(林下何曾見一人)"라는 뜻을 취한 것이다.

홍성에서 성장한 채제공이 약봉(藥峰)과 인연을 맺게 된 것은 스승 오광운(吳光運)에게서 수학하면서부터다. 오광운의 호 약산(藥山)은 바로 약봉을 가리킨다. 오광운의 「죽음당기(竹陰堂記)」(『약봉집』)에 따르면 숭례문(崇禮門)에서 몇 리 서쪽에 약봉이 있는데 그 기슭에서 왼쪽으로 수백 보 떨어진 곳에 오준(吳竣)의 집이 있었다고 한다. 오준은 약봉(藥峯)을 자신의 호로 삼았다. 오광운은 고조부 오준으로부터 물려받은 약봉의 집에서 살았다. 오광운의 집은 삼우당(三佑堂)이라 하였다. 1745년 채제공은 오광운의 죽음을 두고 지은 「약산의 옛집에서 감회가 있어 시로 쓰다(藥山舊第感懷賦詩)」에서 "삼우당 앞의 소나무 위에 걸린 달, 옛 책상에는 앉아 있는 사람 다시 보이지 않는구나(三佑堂前松檜月 更無人倚舊書牀)"라 탄식하였다. 청년 채제공은 그곳에서 또 다른 스승 강박(姜樸)의 명에 의하여 소나무를 읊은 시를 지었고, 이로 인해 채제공의 문명이 널리 알려지게 되었다.

채제공이 동복오씨(同福吳氏)와 혼인하게 된 것도 오광운과의 인연 때문인 듯하다. 그가 18세 되던 1737년 오필운(吳弼運)의 딸과 혼인하면서 약봉과의 인연은 더욱 깊어졌다. 오광운은 채제공의 백부 채응만(蔡膺萬)과 사돈간이다.

이러한 인연으로 채제공에게 약봉은 스승과 부인의 추억이 담긴 곳이었다. 채제공은 1743년 문과에 급제하여 벼슬길에 나아갔지만, 부친을 뵙기 위하여 단성(丹城)과 의성(義城) 등을 오가는 등 지방 왕래가 잦아 약봉에 머문 기간은 그리 오래지 않았다. 그는 지방에 있다가 스승의 부고를 받고 약봉으로 달려와 눈물을 쏟았고, 부인의 부고를 받고 다시 약봉으로 와 피눈물을 토해야 했다. 부인 오씨는 1751년 정월, 채제공이 부친을 뵙기 위하여 안동 외곽의 병산(屛山)에 가 있는 동안 약봉의 친정에서 숨을 거두었다. 채제공은 부인이 죽었다는 소식을 듣고 이렇게 통곡하였다.

간들 다시 볼 수 없는 것을
내 행차 때가 이미 늦으리.
약봉의 서찰에 마음이 놀라워라
함께 은거하자 한 말 한스럽구나.
도성의 봄은 바라보면 어지러울 터
빈집에 밤 더딘 것 원망하였겠지.
이별할 때 처량하게 하던 말
차마 다시 떠올리기 싫구나.
縱去那相見　吾行已後時
驚心藥峯札　遺恨鹿門期
故國迷春望　虛堂怨夜遲
凄凉臨別語　不忍更提思

서울로 간들 무엇 하랴, 다시 만날 수도 없는 것을. 방덕공(龐德公)처럼 벼슬에서 물러나 부부가 오순도순 살자던 맹세는 헛된 꿈이 되어버렸다. 병석에 누운 부인은 남편을 기다리느라 그렇지 않아도 긴 봄밤이 얼마나 길었을 것인가? 채제공은 눈물을 뿌리면서 약봉 처가로 올라갔다. 부친을 뵈러 가면서 곧 다녀오마 한 말이 뇌리를 떠나지 않았다. 발이 푹푹 빠지는 험한 눈길을 걸으면서, 누구를 보러 이렇게 고생스럽게 집으로 돌아가는가를 되물었다. 조령(鳥嶺)을 넘으면서도 부인의 모습이 눈앞에 아련하였다. 서울로 올라가는 길목의 숙소에서 밤마다 꿈에 부인을 만나 통곡하였다. 용인을 지나면서 산촌에서 어떤 부부가 다정하게 사는 모습을 보고 다시 눈물을 흘렸다. 그렇게 서울로 왔건만 서울의 빈집은 썰렁하였다.

채제공은 다정다감한 사람이었다. 부인을 잃기 한 해 전에 누이를 먼저 잃었는데, 선영 곁에 마련한 누이의 무덤을 찾아 지은 시에도 가슴을 저미는 애끓는 정이 담겨 있다. 누이는 죽기 전 부친의 손을 잡고서 떠도는 영혼이 아버지의 소매 속에 머물 것이라 하였는데, 채제공은 그 말을 가슴에 묻어두었다.

채제공의 시련은 이것으로 끝나지 않았다. 1751년 7월 사헌부 지평(持平)으로 있던 채제공은 중인(中人)의 분산(墳山)을 빼앗으려 하다가 오히려 구타를 당한 사건이 있었다. 부인을 좋은 곳에 안장하기 위하여 무리를 한 것이 아닌지 모르겠다. 이 때문에 삼척으로 유배되어 1년 동안 낯선 땅에서 살아야 했다.

1753년 8월 유배에서 풀려난 채제공은 부친이 있던 병산으로 갔다. 이미 유배지 삼척의 산수와 인물 정태를 사실주의적 창작 방법으로 연작시에 담아내었거니와, 군위와 병산 일대의 풍물도 같은 방식으로 그려내었다. 또 1754년 정월 북평사(北評使)로 나가게 되었는데 이때에도 북변의 풍물을 뛰어난 솜씨로 묘사하였다. 내친김에 금강산도 유람하고 왔다. 반년 동안 6천 리를 돌아다니면서 조선의 풍물을 붓끝에 담아내었다. 1755년 홍문관 교리와 수찬, 승정원의 좌부승지 등을 역임하고 이듬해 6월 이천부사로 나가 있으면서 스스로 기속체(紀俗體)라 명명한 형식으로 이천의 죽지사(竹枝詞) 18수를 제작하였다. 병산과 삼척 등 이전에 그가 들렀던 곳의 풍물을 칠언절구 연작시로 담아낸 것과 궤를 같이하는 것이었다.

약봉에서의 삶과 시회

1758년 3월 채제공은 대사간에 제수되어 조정으로 돌아왔다. 본격적으로 서울에서 벼슬살이를 하기 위하여 이즈음 오광운의 약봉 옛집으로 거처를 옮겼다. 주인 잃은 오광운의 옛집은 황량한 뜰에 이름 모를 꽃만 부질없이 피었다 지고 허물어진 담장 아래 벌만 날아다니고 있었다. 채제공은 이 집을 수리하여 거처를 옮기고, 이를 기념하여 「무인년 가을 약봉으로 집을 옮기고 옛일에 대한 느낌이 있어 긴 노

약현 약현은 약봉이라 불렸는데 그곳에 채제공의 집이 있었다. 조선 초기 성현이 살았고 채제공에 앞서 오광운이 살았다.

래를 지어 기록한다(戊寅秋移家藥峯感念舊事作長歌以記之)」라는, 제목도 길고 내용도 긴 시를 지었다. 또 「약봉풍단기(藥峯楓壇記)」를 지어 붙였다.

약봉은 남대문 서쪽 1리 조금 못 되는 곳에 있는 야산이다. 조선 후기 지도에는 약현(藥峴)으로 되어 있다. 오늘날 서대문 중림동으로, 우리나라 최초로 세워진 약현성당이 자리하고 있다. 약봉을 등진 곳에 15세기 문인 성현(成俔)의 집이 있었다. 원래 한양을 수도로 정할 때 무학대사(無學大師)가 길지임을 알고 성씨 집안에 준 집터에 지은 것이었다. 성현은 이곳에서 밤에 홀로 언덕에 올라 시를 외웠는데 어느덧 새벽닭이 울려 하고 달빛이 희미해졌다. 어떤 나그네가 그 소리를 듣고 잠에서 깨어 창틈으로 보고는 신선이 하강한 줄 알고 뒤를 쫓았다고 한다. 그후 이 집은 200여 년 동안 성씨 집안에서 대물림되다가 오광운에게 넘어갔다. 채제공은 이러한 연혁을 적은 다음 자신이 차지한 이 집을 다음과 같이 자랑하였다.

언덕이 황폐하여 곧 무너질 듯한 형편이었다. 내가 대충 3단의 석축을 쌓고 그 위에 단을 만들어 앉아보았다. 그 곁에 몇백 년이나 되는지 알 수 없는 잣나무가 있는데 가지와 잎을 드리워 지붕을 덮고, 오래된 뿌리가 땅 위에 드러나 뻗어 있는데 바위를 이기도 하고 석축을 뚫기도 하였다. 기이하게 구불구불하여 앉을 만하다. 푸른 갑옷에 붉은 비늘을 하고 있는 소나무가 있어 그늘이 못에 가득하다. 바람이 불지 않아도 절로 허공에서 소리가 난다. 회(檜)나무는 하늘까지 솟아 있어 올려다볼 수는 있지만 가까이할 수는 없다. 단풍나무는 봄여름 그 잎이 금화를 층층이 쌓아놓은 듯하다가 가을이 되면 빨간 치마처럼 햇살에 반짝이고, 빛나는 햇무리가 멀리서 창과 벽을 내리쬔다. 이 모든 것이 에워싸고 있어 풍단의 빼어난 멋을 돕고 있다.

풍단은 정면으로 남산을 마주하고 있는데 그 파란빛을 마치 손으로 잡을 수 있을 듯하다. 하얀 성가퀴가 소나무 사이로 구불구불 뻗어 높았다 낮아졌다 보였다 사라졌다 한다. 숭례문은 입을 벌리고 그 구멍을 드러내고 있다. 수레와 말, 많은 행인들의 모습을 앉아서 헤아릴 수 있다. 도봉산의 여러 봉우리들이 동쪽 아스라한 가운데 솟아 있다. 붓통 안에서 붓들이 뾰족한 붓끝을 내밀고 있는 것처럼 빽빽하다. 이 모두가 풍단에서 바라다보이는 것들로 장관을 이루고 있다.

하늘이 어둑해지면 성 남쪽의 수많은 가옥에서 켜놓은 등불이 연이어져, 마치 별이 흩어지듯 바둑판이 펼쳐진 듯하다. 이윽고 밝은 달이 둥실둥실 떠오르면, 잣나무나 소나무나 회나무나 단풍나무 따위가 수백 평 뜰 가운데로 그림자를 거꾸로 드리운다. 길고 짧고 성글고 빽빽하게 각기 자신의 형체를 따라, 용과 이무기처럼 신발 아래 이리저리 꿈틀거린다. 이것이 가장 기이하고 빼어난 것이요, 풍단에서 밤이 아니면 알 수 없는 것이다.

나는 풍단을 매우 사랑한다. 때때로 우리집에 찾아오는 사람들은 비록 나보다 수십 년 연하라도 그로 하여금 풍단 위에서 시를 읊조리고 부(賦)를 짓게 하여, 그 재주의 높고 낮음을 시험해 본다. 내가 지팡이를 짚고 어느 날이고 풍단에서 버티고 서 있지 않은 날이 없고, 객이 또한 그 뒤를 따르지 않은 날이 없다. 마침내 풍단에 규칙을 만들었다.

"경사(經史)를 말하고 도의(道義)를 논하지 않으면 그 위에 있을 수 없다. 시를 짓지 못하면 그 위에 있을 수 없다. 바둑을 두지 못하고 거문고를 타지 못하면 그 위에 있을 수 없다. 산수(山水)와 연하(煙霞)를 품평하지 못하면 그 위에 있을 수 없다."

이러한 규칙을 벽에 써두니, 도연명(陶淵明)이 "내가 술에 취하여 자려니 자네는 돌아가게나(我欲醉眠君且去)"라 이른 말과 비교하여 어느 것이 더 나은지 알지 못하겠다.

채제공, 「약봉풍단기(藥峯楓壇記)」, 『번암집』

이후 채제공의 벼슬길은 참으로 순탄하였다. 1759년 도승지에 오르고 이듬해 대사헌이 되었으며 다시 경기감사를 역임하였다. 공조와 예조의 참판, 한성부 우윤 등의 벼슬도 지냈다. 그러나 벼슬에 집착했던 것은 아니었다. 1768년 도승지에 임명되었으나 나아가지 않았기에 죄를 입어 삼수부사(三水府使)로 내쳐졌다. 그러나 영조가 그의 능력을 아꼈기에 바로 함경도관찰사로 임명되었다. 그곳의 기생을 추쇄하는 일이 문제가 되어 잠시 삭직되었지만 곧 서용되어 조정에 들어온 이후 도승지와 한성부 판윤을 역임하고, 병조와 예조, 호조 등의 판서도 두루 역임하였다. 정조가 등극한 이후 더욱 승승장구하여 병조판서, 예조판서, 형조판서 등 조정의 요직을 맡았다.

이처럼 바쁘게 살았지만, 공무에서 물러나 집으로 돌아오면 벗들을 불러 시회를 열었다. 약봉의 풍단은 시회가 자주 열렸기에 약봉시단(藥峯詩壇)이라고도 하였다. 유하원(柳河源), 유운익(柳雲翼), 유항주(兪恒柱), 심규(沈逵) 등의 벗들이 시회를 함께 하였다. 특히 1773년 약방 제조로 있을 때에는 지인들과 시사(詩社)를 결성하여 두 달간 시를 수창하였다. 오대익(吳大益), 유오항(兪五恒), 이정운(李鼎運), 족제 채우공(蔡友恭) 형제와 이유경(李儒慶) 등이 핵심 멤버였고, 목만중(睦萬中), 심박(沈璞), 강침(姜忱), 유하원, 심규, 종형 이수일(李秀逸), 조카 이주명(李柱溟) 형제 등도 거의 빠지지 않았다. 조시겸(趙時謙), 이종영(李宗榮), 목조수(睦祖洙), 심경석(沈景錫), 최훤(崔烜), 이수발(李秀發), 이동욱(李東郁), 한광전(韓光傳), 윤지승(尹持昇), 이익운(李益運), 이종섭(李宗燮), 이규경(李圭燝), 우경모(禹景謨), 우석모(禹錫謨), 이시수(李是鏽), 족질 채홍리(蔡弘履) 등도 번갈아 참석하였다. 정범조(丁範祖)는 풍기(豊基)에서 올라와 가장 나중에 합류하였다.

명덕산의 별엄

마음에 맞는 벗들을 불러모아 약봉에서 시사를 결성하고 시회를 즐기는 일은 잠시 중단되었다. 1779년 2월 도성 안의 무녀(巫女)를 제대로 단속하지 못한 일 때문에 형조판서로서 책임을 지고 벼슬에서 물러났기 때문이었다. 그는 약봉의 옛집을 우석모 형제에게 세놓고 명덕산(明德山) 별서로 물러났다. 명덕산에 연고가 있었던 것은 아니지만 평소에 그 땅을 보고 물러나 살 곳으로 생각하고 미리 구입해 둔 듯하다. 갑작스럽게 벼슬에서 쫓겨났지만 태연하게 명덕산으로 들어갔다. 쫓겨났지만 마음은 섭섭하지 않았다. 산수를 즐길 수 있기 때문이었다.

도성을 나서니 흥이 벌써 높아라,
솔숲의 이내가 내 옷에 물어나네.
예컨 산을 사서 둔 것이
파직되어 돌아가려 한 것은 아니었지만
고운 보러 때맞추어 내리는 비를 반기고

먼 곳의 꽃에는 저녁햇살이 가득하네.

정녕 물러나기를 원하는 마음

늙도록 절대 바꾸지 말자.

出郭已高興　松嵐生我衣

從來買山在　非爲罷官歸

嫩麥迎時雨　遙花滿夕暉

丁寧乞身願　抵老莫相違

채제공, 「파직되어 명덕산 별업으로 나아가면서(罷官赴明德山別業)」,

『번암집』

명덕산은 동대문 바깥 10리쯤에 있다고 하나 정확히 어디인지 알기 어렵다. 오태주(吳泰周)의 종암 별서가 있던 곳과 인접한 것으로 보아, 오늘날 도봉구 번동 서울드림랜드 남쪽의 야산일 가능성이 높다. 채제공의 호 번암(樊巖)은 번계(樊溪)라는 개울에서 유래하였는데, 오늘날의 번동과 관계가 있을 것이다. 번동에서 미아삼거리로 넘어가는 고개에 있는 오패산(碧梧山이라고도 한다) 동쪽 골짜기가 명덕동(明德洞)이다. 유감스럽게도 동방생명주택단지로 개발할 때 계곡을 매립하였기에 지금은 명덕동의 흔적을 전혀 찾을 수 없다. 지금으로서는 채제공의 글에서 옛 모습을 더듬어볼 도리밖에 없다.

다행히 채제공은 이 일대를 묘사한 기문을 많이 남겼다. 「명덕동기(明德洞記)」에 따르면 당시 명덕동은 매우 으슥하여 나무꾼조차도 좀처럼 오지 않는 곳이었다. 봉우리가 뻗어내려 가락지처럼 사방을 에워싸고 있는데, 한쪽이 트여 그곳으로 수락산(水落山)과 각심암(覺心菴)이라는 절이 바라다보였다. 명덕동 안에는 밭이 약간 있었고 소나무와 삼나무가 울창한 숲을 이루었으며, 물이 잔잔하게 벼랑을 따라 흐르고 금잔디가 곱게 깔려 있는 아름다운 곳이었다.

원래 명덕동은 정하언(鄭夏彦)의 땅이었다. 「수옥대기(漱玉臺記)」에는 채제공이 명덕동의 주인이 된 과정이 기록되어 있다. 채제공이 삼척에 유배되었을 때 정하언이 삼척부사로 있었다. 정하언은 성품에 얽매임이 없어 권세 있는 사람에게 아부하는 자들을 마치 진흙탕의 돼지 보듯이 하였다. 글씨를 잘 쓰고 술을 좋아하였는데, 술을 한잔하면 거리낌없이 말을 하였으니, 시속의 사람과는 달랐다. 채제공은 그와 늙어서도 서로 어울려 산수간에서 시주(詩酒)를 즐기기로 약속하였다. 그후 정하언은 삼척부사의 벼슬을 팽개치고 돌아와 명덕동을 구입하였다. 바위를 뚫어 샘을 파고 소나무와 밤나무를 심었다. 정하언은 그 땅을 수옥대(漱玉臺)라 이름하였다. 수옥은 물이 옥처럼 맑아 입을 헹굴 만하다는 뜻이다. 정하언은 '수옥대' 세 글자를 새기고 붉은 칠을 해두었다. 그러나 그가 죽은 후 그의 자손들은 수옥대를 잘 지키지 못하였다. 채제공은 여러 번 주인이 바뀐 수옥대의 땅을 구입하고 그 주인이 되었다.

수옥대는 벼랑을 등지고 서 있는 바위로, 그 위는 흙으로 되어 있었다. 높이는 대략 3~4장인데 병풍을 둘러친 듯한 형세였다. 그 아래는 흰 모래가 깔려 있었다. 그 위쪽에 와룡폭포(臥龍瀑布)가 있었다. 와룡폭포의 모습은 마치 누워 있는 듯하지만 위로 조금씩 높아졌다가 조금

씩 다시 낮아지게 되어 있었다. 특히 여름철 큰비가 내리면 폭포가 우레처럼 울부짖었다. 와룡폭포가 떨어져 형성된 와룡담(臥龍潭)은 세찬 물줄기로 바위가 움푹 패여 있었고, 그 물이 흘러내려 수옥대에 이르러 복류(伏流)하였다. 와룡폭포 아래쪽은 바위로 되어 있는데 그 위쪽은 난가대(爛柯臺)라 하였다. 난가는 신선놀음 구경하다가 도끼자루 썩는 줄 모른다는 고사에서 나온 말이니, 신선의 땅이라는 뜻이다.

폭포 아래의 와룡담에는 정자가 두 벼랑에 걸터앉은 형상으로 세워져 있었다. 그러나 채제공이 이곳에 살 무렵 정자는 이미 무너지고 초석 4~5개만 뒹굴고 있었다. 그는 「와룡폭기(臥龍瀑記)」에서 "내가 산에 살면서 할 일이 없어 저녁을 먹고 나면 담양에서 나는 큰 사립을 쓰고 새로 지은 학창의(鶴氅衣)를 입고 지팡이를 짚고 느릿느릿 걷다가 못가의 늙은 나무 아래 자리를 깔고 『도덕경(道德經)』 몇 장을 읽었다. 때때로 지겨우면 팔베개를 하고 잠을 청했다. 해가 지는 줄도 모를 때가 있었다. 잠이 설핏 깨면 숲 사이로 하늘을 바라보았다. 새어드는 하늘빛이 보일 듯 말 듯 하였다. 그저 바람소리만 귀에 가득하였다. 저물녘 가지에 앉은 새가 울며 날아갔다. 이때 흉중에 잡념이 전혀 없고, 마음이 밝아져 나 자신 또한 잊어버리게 된다"라 하였다. 학창의는 진(晉)나라의 왕공(王恭)이라는 사람이 입던 옷으로, 신선처럼 살고자 하는 사람의 복장이다. 그런 옷을 입고 노자(老子)의 『도덕경』을 읽으면 신선이 될 것이다.

채제공은 이곳에 연명헌(戀明軒)이라는 집을 지었다. 비록 도성 바깥으로 물러났지만 임금을 그리워하는 마음을 잊지 않는다는 뜻이다.

오 패 산

오패산 동쪽 계곡이 명덕동이었는데 매립하여 주택단지를 만들었다.

택지개발을 할 때 '석지동(石芝洞)' 이라는 바위글씨가 나왔다고 한다.

지금은 온통 아파트에 둘러싸여 있다.

바위와 봉우리에 둘러싸여 산 바깥을 지나가는 사람들은 골짜기 안이 넓고 폭포가 있는 줄 알지 못한다. 폭포는 깊은 골짜기에서 발원하여 너럭바위를 만나 콸콸 소리내어 흐르고, 바위의 형세에 따라 소리를 바꾸어가면서 커졌다 작아졌다 한다. 사방의 산에는 소나무와 상수리나무가 천 길 높이로 솟아 있고 기이한 꽃이 사시사철 끊어지지 않는다. 누 앞에는 길이를 재어 못을 만드니 연꽃 향이 자리를 뒤덮는다. 물고기가 자유롭게 떴다 가라앉았다 하여 시원스러운 태곳적 맛이 있다. 이곳이 나의 별업이다. 내가 그 쉴 곳의 이름을 연명헌이라 하였는데, 당시(唐詩)의 "잘 되나 못 되나 임금을 그리워하기에, 밭 갈고 뽕나무 기른 곳이 근교라오(窮達戀明主 耕桑亦近郊)"에서 따왔다.

채제공, 「연명헌기(戀明軒記)」, 『번암집』

연명헌에서 서쪽으로 3, 40보 거리에 춘성당(春星堂)도 지었다. 춘성이라는 이름은 두보(杜甫)가 초당(草堂)에 붙인 "봄날의 별빛이 초당을 두르고 있네(春星帶草堂)"라는 구절에서 취한 것이다. 집의 구조는 마루가 한 칸, 방이 두 칸인데, 방으로 들어가서 북쪽 문을 열면 또 마루가 반 칸 있었다. 마루의 위치가 높아 방을 통해 가려면 반드시 발을 높게 들어 올라가야 했다. 그 높낮이를 재어보면 방이 마루에서 몇 척 남짓 모자랐다. 삼면에 창과 벽을 두지 않고 다만 그 끝에 난간을 두어 떨어지지 않도록 방비하였으니, 기대어 조망하기 편하게 한 것이었다. 집 서쪽에 벼랑을 등지고 누운 너럭바위가 있고, 동쪽에 낙락장송 7~8그루가 있어 늠름한 절개를 자랑하였다. 소나무 너머에 평평한 밭두둑 약간이 있는데 복숭아나무를 여기저기 심어두었다.

춘성당은 동향이었다. 하늘이 맑을 때에는 달이 떠올라 솔가지 사이에 어른거리면서 멀어졌다 가까워졌다 하다가 점점 중천으로 떠올랐다. 모든 창과 벽이 달빛을 받아들이는 듯하여 환하기가 마치 수정으로 만든 누대 같았다. 창에 기대어 바라보면 소나무 그림자가 땅에 드리웠는데 긴 것은 용이 달리는 듯하고, 짧은 것은 이무기가 서린 듯하였다. 산들바람이 살짝 불어와 소나무가 굽고 꺾여 살아 움직이는 듯하면, 섬뜩하고 두려워 감히 그 위를 밟지 못할 정도였다. 저 멀리 와룡폭포가 무성한 숲그늘 뒤에 숨어 옥이 부서지는 듯한 소리를 내었다. 때때로 물새가 슬피 울며 날아갔다. 채제공은 이곳에 서서 망천(輞川)에 집을 짓고 살았던 왕유(王維)의 "밝은 달이 솔숲을 비추는데, 맑은 샘은 돌 위로 흐르네(明月松間照 淸泉石上流)"라는 구절을 읊조렸다. 「춘성당기」에서 이렇게 자랑하였다.

채제공은 또 연명헌을 마주한 곳에 적취정(積翠亭)을 세웠다. 「적취정기」에 따르면 삼면의 푸른 산빛이 푸른 물을 뚝뚝 떨어뜨리는 듯하여 이런 이름을 붙인 것이라 한다. 그리고 그 서쪽에 백향루(百香樓)를 세우고 그 앞에 가로세로 5~6칸 규모의 못을 팠다. 한가운데 바위를 쌓아 섬을 만들고, 자그마한 소나무를 심었다. 와룡폭포의 물을 끌어와 바위 가운데를 관통하는 홈통을 따라 철철 소리를 내며 못으로 유입되게 하고 못물은 다시 비스듬하게 파놓은 홈을 타고 시내로 흘러가게 하였다. 가물더라도 마르지 않고 비가 오더라도 넘치지 않게

채제공의 영정 채제공의 나이 73세 때 이명기가 정조의
명으로 그린 초상이다. 모든 것이 임금의 은혜인데 갚을 길이
없다는 뜻의 찬(贊)을 지어 오른편에 썼다.

한 것이다. 여기에 수십 마리의 물고기를 놓아 길러 자유롭게 노닐도
록 하였다. 사방의 둑에 버드나무, 삼나무, 복숭아나무, 단풍나무를
심고 가운데는 연꽃을 심었다. 그리고 그 연못을 광영지(光影池)라 하
였다. 채제공이 마음의 스승으로 여긴 퇴계(退溪) 이황(李滉)의 집에도
광영지라 이름한 못이 있었다. 하늘의 달이 못에 비친다는 뜻인데, 퇴

계는 연못에 비친 달과 하늘에 떠 있는 달을 보며 진리를 탐구하기도 했다. 채제공 역시 그러한 뜻을 따른 것으로 보인다.

한여름철이 되면 채제공은 손에 책 한 권을 들고 누각에 앉아 있거나 둘째부인 권씨가 지어준 학창의를 입고 한가한 때를 골라 지팡이를 짚고 명덕산을 두루 산책하였다. 바람이 자고 따스한 날엔 집안의 부녀자들을 이끌고 솥을 가지고 가서 벼랑의 바위에 앉히고, 돌틈의 들꽃이나 국화를 꺾어 떡을 만들어 먹고 쑥을 끓여 반찬으로 삼기도 했다. 가족을 이끌고 소풍을 다녀올 정도로 채제공은 다정다감한 사람이었다.

명덕동에서의 삶은 벗들이 자주 찾아와 더욱 좋았다. 명덕동에서 시주를 즐긴 벗으로는 이정운, 목만중, 이헌경(李獻慶), 유항주, 오대익, 채홍리, 권영(權煐), 정일상(鄭一祥), 이현조(李顯祚), 이응연(李應淵), 이익운, 이혁주(李赫冑), 이석하(李錫夏), 우경모 등이 있었다. 특히 이정운은 명덕동을 매우 사랑하였는데, 집이 가난하여 별서를 경영할 여유가 없었다. 이에 명덕동 채제공의 별업을 제 집 드나들듯이 드나들었다. 와룡폭포 동쪽 백 보쯤 떨어진 곳에 작은 언덕이 있었는데 그곳에 올라가면 언덕에 붙은 민가들이 몇 채 있었다. 주위가 정갈하고 노송이 운치가 있으며 밤나무도 몇 그루 있어, 이정운은 그곳을 차지하고 싶어했다. 채제공은 그 집을 마음으로 차지하라 하고 그의 자를 따서 정자 이름을 공회정(公會亭)이라 지어주었다.

이후 채제공은 벼슬 때문에 도성으로 들어가야 했지만, 틈나는 대로 명덕동으로 들어와 한가하게 살겠다는 꿈을 이어갔다. 명덕동에 돌아오면 늦은 밤이라도 그냥 잠자리에 들지 않았다. 1779년 2월 12일도 그러하였다. 달빛이 하늘에 가득하고 숲 그림자가 어른거리는데 홀로 춘성당에 앉아 있노라니 정신이 맑아졌다. 방화계(傍花溪)를 따라 거닐다 보니 와룡폭포에 이르렀다. 그 다음날 밤에도 달밤에 춘성당에 앉아 있다가 먼 곳에서 바람소리가 들려와서 다시 와룡폭포로 나아가 반석 위에 앉았다. 그렇게 살았다.

꽃과 물, 산, 풍류를 찾아서

명덕동과 서울의 경저를 오가는 채제공의 생활은 상당 기간 지속되었다. 이 무렵 채제공은 약봉의 집을 세주고 보은동(報恩洞)에 살았다. 보은동은 미장동(美墻洞)으로도 불렸으며, 조선 초기의 역관 홍순언(洪純彦)이 살던 곳으로 오늘날 무교동 조금 남쪽이다. 홍순언은 호협(豪俠)하고 의를 좋아하였는데, 젊었을 때 명나라에서 절세가인을 만나고자 수백 냥의 은을 가지고 화방(花房)으로 가서 최고의 명기(名妓)를 찾다가 소복을 입고 있는 여인을 만나게 된다. 그녀는 부모와 형제를 잃고 장사를 치르지 못해 애통해하다가 자신의 몸을 팔아서라도 비용을 마련하려고 제 발로 화방을 찾아온 참이었다. 홍순언은 그녀의 딱한 사정을 듣고 천 냥을 주어 집으로 돌려보내고 누이동생으로 삼았다. 그녀는 후에 상서(尙書) 석성(石星)의 부인이 되었는데, 홍순언의 은혜를 갚고자 하여 해마다 자신이 직접 친 누에로 비단을 짜서 보은단(報恩緞)이라는 세 글자를 수놓으면서 홍순언을 기다렸다. 그후 홍순언이 북경에 다시 갔을 때 석성이 그를 초청하여 대접하고 재물과 함께 보은단을 선물로 주었다. 그래서 홍순언이 살던 마을을 보은단동(報恩緞洞)이라 부르게 된 것이다.

채제공이 보은동에 살면서 그 집 이름을 매일 선을 행한다는 뜻의 매선당(每善堂)이라 한 것은 홍순언의 선행이 떠올랐기 때문이었을까. 부친이 임종할 무렵 채제공의 손을 잡으면서 선행을 당부한 뜻 또한 다르지 않았을 것이다. 채제공은 매선당에서 매일 선행을 생각하면서, 공무가 끝나면 맑은 마음으로 벗들을 불러모아 시회를 즐겼다.

그러다가 1782년 정월 병조판서로 있을 때 반대당파의 공격을 받아 해직되면서 새로운 삶이 시작된다. 새로운 삶의 공간은 마포였다. 마포는 우리말로 삼개라 하거니와 삼포(三浦)로도 적는다. 채제공은 마포 김씨(金氏)의 정자에서 우거하였다. 김씨의 정자는 하목정(霞鶩亭)이라 하였다. 하목정은 마포의 화령(花嶺) 마루에 있었으므로 조망이 좋았다. 당시 마포에 있던 천여 호의 집이 모두 바라다보였다. 채제공은 왕발(王勃)의 「등왕각서(滕王閣序)」에서 딴 하목정 대신 현경정(懸鏡亭)이라는 새로운 이름을 붙였다. 거울을 걸어둔 것처럼 강물이 아름답다는 뜻이다. 이 무렵 채제공은 우치(牛峙)와 잠두봉(蠶頭峯) 근처 성씨(成氏)의 정자에 기거하면서 자신이 이곳에 머물며 시를 지었다는 사실을 후세에 남기기 위해 기문을 제작하여 걸었다.

채제공은 이곳에서 권사언(權師彦)과 자주 어울렸다. 남산에 살던 권사언은 마포로 나와 만어정(晚漁亭)을 짓고 살았는데, 채제공이 우거하던 곳과는 수십 보 정도밖에 떨어지지 않은 곳이었기에 자주 들러 시를 주고받았고, 또 그를 위하여 기문을 지어주기도 하였다. 금평

도위(錦平都尉) 박필성(朴弼成) 아들의 집에도 잠시 더부살이를 하였
는데, 원래 박필성은 만어정을 사려고 하였으나 뜻을 이루지 못하자
만어정을 그대로 본떠 정자를 짓고 이름을 무명정(無名亭)이라 하였
다. 이곳에서도 자주 노닐었다.

그리하여 채제공의 마음에는 벼슬 대신 산수가 자리하고 벗들과 함
께 도성 외곽의 여러 이름난 땅을 돌아보는 여유를 가질 수 있었다.
당시 도성 인근에는 아름다운 정원을 갖춘 집이 제법 많았다. 1782년
봄, 채제공은 목만중, 오대익, 권사언 등과 함께 이씨(李氏)의 화원(花
園)을 구경하였다. 이씨의 화원은 용산에 있던 옛 독서당(讀書堂) 터에
있었다. 독서당은 원래 용산에 있다가 두모포(豆毛浦)로 옮겨졌는데,
여러 차례 주인이 바뀌었다가 이 무렵 이씨의 소유가 되었다. 화원에
는 온갖 꽃들이 만발하여 한강물과 어울려 장관을 연출하였다.

이렇게 마포에서 한가하게 열 달 남짓을 살다가 도성의 집으로 돌
아왔다. 그러나 아름다운 꽃과 물을 보는 즐거움은 잊지 못해 명덕산
을 오갔고 또 도성 안의 이름난 화원도 두루 찾아다녔다. 1783년에는
목만중과 함께 필운대에서 꽃구경을 하고 이정운 등 시회 멤버들과
함께 술병을 들고 사직단을 거쳐 인왕산 기슭에 있던 조씨(曺氏)의 화
원을 구경하였다. 이듬해 3월에는 오대익 등과 함께 다시 그곳을 찾
았으니 채제공은 이 화원을 매우 좋아하였던 듯하다. 그 주인의 이름
은 알 수 없지만 조씨의 화원에는 석은당(石隱堂)이라는 건물이 있었
고, 후원에는 매우 아름다운 꽃밭이 있었다. 돌을 8~9단으로 쌓고 백
여 가지의 기이한 꽃을 심었는데 형형색색 현란하여 바라볼 수 없을

칠장사 고려시대 역사서를 보관하던 절이다. 채제공은 죽산에 내려와 있을 때 소를 타고
칠장사를 다녀와서 기행문을 남겼다.

정도였다. 동서로 늠름하게 서 있는 소나무도 볼 만하였다. 채제공은
석은당에 들어가 벽에 걸어둔 거문고를 내려 연주하는 풍류를 과시하
였다. 조씨의 화원을 보고 돌아온 며칠 후 오대익의 조카 오수옥(吳壽
玉)이 오광운과 함께 살았던 옛집 근처에 만든 화원에도 찾아가 노닐
었다. 목만중 등과는 북저동(北渚洞)의 꽃구경도 즐기고 이를 아름다
운 기문으로 남겼다.

그러다가 1784년 다시 벼슬을 내놓고 도성을 떠났다. 강덕유(姜德
裕)라는 사람이 서대문 바깥 20리쯤 떨어진 물우치(勿憂峙)에 삼종헌
(三種軒)을 짓고 살았는데 그곳에서 잠시 더부살이를 하였다. 그해 가
을에는 죽산(竹山)에 내려가 살았다. 죽산의 남산촌(南山村)에는 불매

헌(不寐軒)이라 이름한 채제공의 집과 분암(墳庵)이 있었다. 기문을 지은 정범조(丁範祖)의 풀이에 따르면 불매헌은 부모를 잊지 못한다는 뜻을 취한 것이라 한다. 채제공은 죽산의 남쪽에 있는 벼루처럼 생긴 산에 연적봉(硯滴峯)이라는 이름을 붙이고 늘 함께한 겸인(傔人) 김상겸(金相謙), 서자 홍근(弘謹) 등과 함께 유람하였다. 또 인근의 칠장사(七長寺)에도 이들과 함께 찾아갔다.

다시 마포로 올라온 채제공은 노량진과 봉은사(奉恩寺)의 매화당(梅花堂) 등 예전에 머물던 곳들도 둘러보았지만 살 곳을 정하지 못하였다. 이에 1785년 여름 도봉산 아래 회룡동(回龍洞)으로 갔다. 머물 곳이 마땅치 않아 홍시박(洪時博)이라는 사람의 집을 빌려 온 식구가 이사와 살았다. 오늘날 도봉산 회룡사가 있는 곳을 예전에 회룡동이라 하였다. 그곳에는 지금도 웅장한 물줄기를 자랑하는 폭포가 있다. 채제공은 그 폭포를 바라보았다. 하얗게 튀어오르는 포말로 인하여 어두침침한 산도 훤하였다. 시끄럽게 울던 매미가 잠시 울음을 그치자 온 산은 적막에 싸였다. 졸리면 바위에 올라가 낮잠을 자고 시흥이 일면 벽에다 아무렇게나 갈겨 써본다. 모처럼 얻은 한가한 시간이었다.

정조 10년(1786) 여름에는 노량진으로 나가 집을 빌려 살았다. 그러나 그 집은 일어서면 머리가 서까래에 부딪치고 앉으면 이웃집 담장이 마당 앞을 가로막아 강이 가까이 있지만 막혀서 보이지 않고 오직 산 한 자락만 나뭇잎 사이로 보였다. 채제공은 조용히 거처하며 더위를 다스린다는 뜻에서 그 집을 정치와(靜治窩)라 하였다. 그래도 답답하면 관악산으로 유람을 나섰다. 관악산을 찾은 채제공은 남인의 대

회룡폭포 노년의 채제공이 회룡동에 살 때 회룡사 뒤의 폭포를 보고 「회룡사관폭기
(回龍寺觀瀑記)」를 지었다.

선배 허목(許穆)을 떠올렸다. 허목은 83세에 관악산 연주대(戀主臺)에 올랐는데 마치 신선이 훨훨 날아오르듯 하였다. 67세의 채제공은 자신도 그 나이가 되면 다시 관악산을 찾겠노라 다짐하였다. 애석하게도 그 꿈은 끝내 이루어지지 않았다. 대신 1794년 허목이 살던 연천의 은거당(恩居堂)을 찾을 기회를 얻었다. 채제공은 허목의 82세 때 모습을 담은 초상화를 알현한 뒤, 이 초상화를 인근 이원익(李元翼)의 고택(古宅)으로 가져가 베껴 그리게 하고 후학들로 하여금 배알하게 하였다. 남인의 학맥을 이렇게 잇고자 한 것이다.

그 사이 채제공은 한성부 판윤, 공조판서 등에 다시 임명되었으나 나아가지 않다가 1786년 평안병사(平安兵使)로 나갔고 이듬해 지중추부사를 거쳐 우의정에 올랐다. 1789년 좌의정이 되었고 이듬해 독상(獨相)으로 국정을 운영하였다. 수원의 현륭원(顯隆園) 공사를 진두지휘하였고, 시전(市廛)의 특권을 박탈한 신해통공(辛亥通共)의 정책을 시행하였지만, 1792년 역모에 가담한 신기현(申驥顯)의 아들을 시험에 합격시킨 윤영희(尹永僖)를 두둔하다가 해서(海西)의 풍천(豊川)으로 부처(付處)되었다. 26일간의 짧은 유배였지만, 풍천의 유배지는 노년의 채제공이 감당하기 쉽지 않았다. 그후 판중추부사로 복직되었고 잠시 수원유수로 있다가 1793년 영의정에 올랐다. 이 무렵 채제공은 서울 보은동의 매선당에서 기거하였지만 남산 근처 중촌(中村)에도 잠시 살았고 또 다방(茶坊)의 집에 머물 때도 있었다. 조정에서 내쫓겨 고양(高陽)에 잠시 우거하기도 하고, 부처에서 풀려나서는 용산의 시안정(是岸亭)에서 소일하기도 하였다.

1795년엔 우의정과 좌의정을 다시 역임하면서 화성의 역사를 감독하느라 수원에 자주 출입하였다. 그러나 도성에서의 생활은 마음에 차지 않았다. 이 무렵 그의 행적은 사직서를 올리는 일로 점철될 정도였다. 이러한 상황에서 채제공은 풍류에 탐닉하였다. 벗들과 악기를 다루고 노래를 잘하는 기생을 불러 여흥을 즐겼다. 가끔 예전에 살던 약봉의 풍단에 올라 시회를 열고 시재를 겨루기도 하였다. 이들의 시사는 그릇 하나를 가지고 모이기로 하여 일기회(一器會)라 하였다. 판서로 있던 권엄(權襈), 조카 채홍리, 이정운과 이익운 형제 등이 시회의 구성원이었다. 이들은 그릇 하나씩을 들고 와 가기(歌妓)를 데리고 인왕산의 육각대(六閣臺)와 필운대(弼雲臺), 백각대(白閣臺), 진관사(津寬寺), 용산의 용호영(龍虎營) 터 등지로 옮겨다니면서 시회를 열었다.

채제공은 그렇게 살다가 1799년 1월 8일 영면하였다. 그리고 용인의 북동(北洞)에 그 육신을 묻었다. 정조는 그를 기려 이듬해 직접 그의 문집의 범례를 정하여 간행하도록 하였으니, 죽어서도 영광이었으리라. 채제공의 무덤은 오늘날 용인시 역북동 낙은마을에 있다. 돌로 만든 양 두 마리가 그의 봉분을 지키고 있다. 🀫

홍양호와
우이동의 소귀당

세 봉우리 산은 얼굴 앞에 솟아 있고

만 그루 버들은 눈썹처럼 가지런하다

우이동에서 본 삼각산 삼각산의 뿔[角]과 우이동의 귀[耳]가 강(剛)과
유(柔)의 묘한 대조를 이룬다.

진고개의 대저택 사의당

홍양호(洪良浩, 1724~1802)는 본관이 풍산(豊山), 자가 한사(漢師)이고, 어릴 때 이름은 양한(良漢)인데 중년 이후 양호로 바꾸었다. 이 집안은 고려의 문인 홍간(洪侃)의 후손으로, 조선 후기에는 대표적인 소론가(少論家)의 하나였는데 6대조 홍이상(洪履祥), 4대조 홍주원(洪柱元), 조부 홍중성(洪重聖) 등의 명성이 높다. 특히 홍주원은 이 집안을 크게 일으킨 인물이다. 이 집안의 선영은 고양의 고봉산(高峯山) 아래 있었는데 홍주원이 추원당(追遠堂)을 지어 조상을 높이고 혈족간의 우의를 돈독히 하였다. 또 홍주원은 안국방(安國坊)에 있던 경저(京邸) 후원에 일가정(一架亭)을 짓고 김상용(金尙容)이 전서(篆書)로 쓴 편액과 어유봉(魚有鳳)으로부터 받은 기문을 걸어두고 유유자적하였다.

홍양호가 태어난 곳은 훈도방(薰陶坊) 진고개[泥峴]다. 이곳은 원래 명례궁(明禮宮)이 있던 곳으로 이책(李策)이라는 사람의 소유였다가 정명공주(貞明公主)에게 넘어갔다. 정명공주는 홍주원과 혼인하였고 넷째아들 홍만회(洪萬恢)가 이 집을 상속하였다. 홍만회는 1671년 이곳에 새로 집을 지어 사의당(四宜堂)이라 하였다. 그러나 모친 정명공주를 모시기 위하여 이곳으로 옮겨 살지 않다가 1687년 모친상을 마치고 나서야 비로소 이곳에 입주하였다. 홍만회는 사의당에서 두문불출하며 꽃과 돌, 거문고, 바둑을 즐기며 담박한 삶을 살았다. 그리하여 진고개 사의당은 홍씨가의 경저로 널리 알려지게 되었다.

사의당은 본디 명례궁이었기 때문에 집과 대지를 합쳐 530칸이나 되는 큰 집이었다. 대들보가 일곱인 20칸이나 되는 정당(正堂)을 비롯하여 많은 부속 건물이 있었다. 정당 서쪽에 수약당(守約堂)이 있었는데 송준길(宋浚吉)이 편액한 것이다. 홍중성이 김창흡(金昌翕), 조유수(趙裕壽), 이병연(李秉淵), 조문명(趙文命), 윤순(尹淳), 홍세태(洪世泰) 등과 함께 시사(詩社)를 결성하고 시주로 소일하던 곳이 바로 이 수약당이다. 그 안쪽은 묵와(默窩)라 하였는데 조상우(趙相愚)가 쓴 현액을 붙였다. 그후 1708년 사의당을 중수하였는데 이때 송시열(宋時烈)로부터 글씨를 받아 편액을 달았다. 사의당의 동각(東閣)에 해당하는 징회각(澄懷閣)은 서루(書樓)의 기능을 하였는데 그 편액은 김수흥(金壽興)이 예서로 썼다.

사의당은 건물이 웅장하였을 뿐만 아니라 화원도 아름다웠다. 홍만회는 꽃과 바위를 사랑하여 화원에 소나무, 측백나무, 종려나무, 벽오동, 목련 외에도 국화, 매화, 백일홍, 영산홍, 철쭉, 모란, 불두화, 흰 철쭉, 정향(丁香), 월계(月桂), 사계(四桂), 전춘라(剪春羅), 금전화(錦剪花), 추해당(秋海棠), 산단화(山丹花), 출장화(出場花), 금은화(金銀花), 금등화(金藤花) 등 별의별 꽃을 다 심었다. 또 괴석을 구해다 도처에 두었다.

홍양호는 열세 살에 조부와 부친을 연이어 잃고 곤궁해지자 할 수 없이 사의당을 남에게 팔아야 했다. 1743년 솔가하여 낙향한 홍양호는 선조가 물려준 집을 팔게 된 것을 안타까워하면서 각고의 노력을 기울인 결과, 마침내 1747년 사의당을 다시 사들이게 되었다. 홍양호는 사의당 안에 자신이 직접 청소각(淸疎閣)이라 쓴 현판을 달았다. 그리고 고금의 금석문(金石文)과 필적(筆蹟)을 구해 쌓아두고 즐겼으

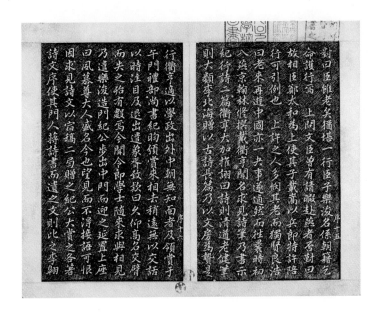

홍양호의 문집 서문 홍양호의 문집 『이계집』의 서문 중 두 면을 탁본하여 첩으로 만든 것으로, 규장각에 소장되어 있다.

며, 갖은 고동(古董)과 기물로 사의당을 채웠다.

홍양호는 노년에 사의당 안의 자신의 거처를 이와(泥窩)라 하고 스스로 호를 이애자(泥厓子)라 하였다. 진고개는 땅이 낮고 습하여 물이 잘 빠지지 않아 통행하는 사람들이 불편해하였다. 사람들은 이를 좋지 않게 여겼지만, 홍양호는 진흙이 사물을 싣고 적시는 군자의 덕을 가지고 있어 집 이름으로 삼는다 하였다. 이 뜻으로 「이와기」를 지어 내걸었다. 정말 홍양호가 진고개를 사랑하였는지는 알 수 없다. 자신을 낮추는 덕을 과시한 것일 수도 있다.

북한성도 우이동에 홍양호가 살았고 그 옆 해등촌은 오늘날 방학동으로 이안눌이 살았다. 우이동의 땅은 원래 이안눌 집안의 소유였다.

우이동의 겸산루와 소귀당

젊은 시절 홍양호는 외숙 심육(沈鏑)을 스승으로 모시고 학업을 익혀, 24세에 생원이 되고 29세에 문과에 급제하여 관로에 진출하였다. 당시 노론이 정권을 잡고 있었고, 1755년 나주괘서사건(羅州掛書事件)에 이은 을해옥사(乙亥獄事)에 외가가 연루되어 멸문지화를 당하였지만, 영조의 탕평책에 힘입어 홍양호는 비교적 순탄한 벼슬길을 걸으며 내외직을 두루 거쳐 1771년 대사성에 올랐다. 영조 말년 세손의 집정을 둘러싸고 시파(時派)와 벽파(僻派)의 정쟁이 뜨거웠는데 이때 홍양호는 소론들과 합세하여 시파를 지지하였다.

그러던 중 1777년 친족이지만 정치적인 입장을 달리하였던 홍국영(洪國榮)이 실세로 등장하면서 조정에서의 위치가 불안해지자, 우이동(牛耳洞)으로 물러날 생각을 하였다. 그리하여 우이동에 겸산루(兼山樓)와 소귀당(小歸堂)을 짓게 된 것이다. 오늘날 약사정사가 있는 곳이다. 홍양호는 삼각산 아래 우이동의 집터에 대해 삼각산의 뿔과 우이동의 귀가 서로 조화를 이루어 위로 뿔의 위엄과 아래로 귀의 부드러움을 함께 하므로 군자의 집으로 삼을 만하다 하였다. 소귀당의 '소귀'가 '우이(牛耳)'를 번역한 것이기도 하니 묘한 이름이다. 늙어서 벼슬에서 물러나는 것이 대귀(大歸)인데 환갑이 되지 않았음에도 병들어 일찍 물러났기에 작게 물러나는 집인 소귀당이라는 이름을 붙인 것이다. 소귀당은 방 둘과 마루 하나로 이루어졌으며, 단청을 하지 않고 기와만 인 담박한 건물이었다. 섬돌은 바위로 만들고 상수리 나뭇가지를 꽂아 울타리를 세웠다. 홍양호는 이곳에서 산나물을 안주삼아 수수술을 마시고, 시골 노인네들과 어울려 살고자 하였다.

원래 우이동 일대는 이안눌(李安訥)의 소유였다. 홍양호의 증조부 홍만회의 처가가 덕수이씨였기에, 그 인연으로 우이동의 일부를 차지하게 된 것이다. 홍만회의 묘는 마전(麻田)에 있었는데 터가 좋지 않다는 이야기가 있어 홍만회의 큰사위 이집(李塈)의 주선으로 우이동 천관봉(天冠峯) 동쪽 규암(圭巖) 아래 장지를 새로 구하였다. 그후 땅의 소유권 문제가 불거져 이씨 집안과 송사가 일어났다. 홍양호는 1752년 문과에 급제한 후 선영을 둘러보고 이집의 손자 이은(李溵)과 의논하여 우이동 계곡의 일부를 자신의 소유로 확정한 다음 8칸의 기와집을 지었다.

홍양호는 주변의 산천에 이름을 부여함으로써 완전히 자신의 소유로 삼으려 하였다. 천관봉에서 발원한 개울물이 선영을 감아돌아 남으로 흐르다가 우이천과 합류하는 연미천(燕尾川)이 겸산루 앞에서 작은 폭포를 이루게 되는데, 이를 성심종(醒心淙)이라 하였다. 잡풀을 베어내고 물길을 뚫었으며, 겸산루 왼편에 네모난 못을 만들고 연꽃을 심고 물고기를 길렀다. 그 못 이름은 화영지(花影池)라 하고 그 둘레에 꽃나무를 심어 못에 어리비치게 하였다. 높은 천관봉 아래 수려한 수락산을 마주하고 북쪽으로 만장봉(萬丈峰), 서쪽으로 삼각산이 둘러싸고 있는 곳에다 누각을 짓고, 여러 산을 다 차지하고 있다는 뜻에서 겸산루(兼山樓)라 하였다. 그리고 자신의 호를 겸산자(兼山子)라 하였다. 벗 신경준(申景濬)이 겸산루에 걸 기문을 써주었다. 이 글에서 신경준은 이와(泥窩)가 있던 이애(泥崖) 곧 진고개와 겸산루가 있던 이계(耳溪)를 다음과 같이 비교하였다.

　화산(華山)은 도성의 진산(鎭山)이다. 그 세 봉우리가 나란히 기이하고 빼어나므로 삼각산이라고도 한다. 남쪽에는 응봉(鷹峯)과 백악(白嶽)이 있는데 궁궐이 그 남쪽에 자리하고 있다. 북쪽으로 천관암(天冠巖)이 산마루에 있다. 위쪽은 마치 들보처럼 평평한데 아래쪽세 다리는 네모반듯하며 그 높이가 구름을 찌른다. 옛날 주(周)나라의 고사(高士) 윤희(尹喜)와 송연(宋鈃)이 중국 화산(華山)의 관(冠)을 만들었다고 하는데 그 형상이 과연 이와 부합하는지는 알 수 없다. 천관암 아래로는 이계(耳溪)가 흘러나온다. 바위와 절벽 사이로 구불구불 흘러 폭포가 되기도 하고 소가 되기도 하면서 동쪽으로 내려간다. 이계 홍한사가 이계의 개울 위쪽에 집을 지었다. 집은 기둥 몇 칸인데 오른쪽에 누각 한 칸을 지었다. 천관산과 삼각산이 서북쪽에 있어 나이 많은 선생들이 점잖게 아랫목에 앉아 있는 것 같다. 그 기상이 같지는 않지만 공경할 만한 것도 있고 사랑할 만한 것도 있다. 이 산의 아름다움은 이 누각이 겸하고 있기에 마침내 누각의 이름을 겸산루라 하였다. 『주역』 간괘(艮卦)의 형상을 취한 것이다.

　이애(泥崖)는 서울 남산의 북쪽에 있는데 홍군이 이곳에 집을 정하였기에 응봉과 백악을 늘 접하고 있으니 화산의 얼굴이라 하겠다. 이계는 화산의 등이다. 산의 등과 얼굴을 홍군은 겸하여 차지하고 있는 것이다. 홍군이 이애에 있을 때에는 사람이 모이는 조정과 쥐자를 앞에 마주하였다. 복잡한 길이 얽혀 성난 말과 화려한 수레를 타고 우산을 들고 신발을 끌면서 노래하고 통곡하는 사람들이 분주하게 돌아다닌다. 이는 동(動)의 극치다. 홍군이 이계에 있을 때에는 누각 하나가 산과 숲 사이에 있을 뿐 사방에 마을이 없다. 골짜기를 나서야 인가 7~8채가 바둑돌처럼 흩어져 있으니 밥짓는 연기도 이어지지 않는다. 종일 책상과 화로를 마주하고 있을 뿐이다. 이는 정(靜)의 극치다. 산의 얼굴과 등이 동정(動靜)을 달리하고 있으니 어찌 이처럼 서로 차이가 나는가? 마치 사람의 이목구비와 수족의 움직임이 모두 얼굴 앞에 있지만 오직 등만 가만히 있는 것과 같은가?

신경준, 「겸산루기(兼山樓記)」, 『여암유고(旅庵遺稿)』

이애는 동(動)의 공간이요, 이계는 정(靜)의 공간이다. 신경준은 홍양호가 이처럼 상치되는 두 공간을 함께 경영하는 이유를 이어지는 글에서 이렇게 설명하였다. 『주역』에서 간괘는 가만히 있거나 움직이거나 물욕에 빠지지 않아야 하는 점괘이니, 동의 공간인 이애와 정의 공간 이계를 합하면 간괘의 형상인 겸산(兼山)을 이루므로 비로소 물욕으로부터 자유로울 수 있다고 해석하였다. 그러나 홍양호가 두 곳을 함께 소유했던 까닭은 사변적인 이유 때문이 아니라 진고개에서 시속의 일이 싫어지면 우이동으로 가고 우이동의 적막함이 지겨우면 진고개로 가서 살기 위해서라고 하는 것이 옳을 것이다.

우이구곡의 옛 모습

홍양호는 속세를 벗어난 우이동에 구곡(九曲)을 설정하여 하나하나 이름을 붙이고 그 주인이 되었다. 여러 자료들을 바탕으로 현장답사를 해보면 제1곡의 만경폭(萬景瀑)에서 제6곡까지는 그 원형이 어느 정도 남아 있지만 계곡 하류에 해당하는 제7곡부터는 훼손이 심해 그 자취를 찾기 어렵다.

1곡은 만경폭으로 오늘날 도선사 바로 아래 절벽을 가리킨다. 조현명(趙顯命), 서명균(徐命均), 이주진(李周鎭)과 그 아들 이은 등 여러 재상들이 이곳에 노닐면서 이름을 벽에 새겨두었기에 상공폭(相公瀑)이라고도 한다. 홍양호의 외가인 이주진과 이은은 우이동의 주인 이집의 후손이거니와 이 집안은 조현명 집안과 함께 우이동에서 가까운 방학동에 별서를 가지고 있었다. 또 달성서씨는 이집과 사돈간이므로 서명균이 이곳에서 노닐 수 있었다. 지금은 폭포는 사라지고 절에서 쓰고 남은 그다지 맑지 않은 물이 콘크리트를 발라놓은 암벽으로 질질 흐를 뿐이다. 그러나 백운봉(白雲峰), 인수봉(仁壽峰)이 병풍처럼 늘어서 허공을 끊고 있고 여러 물길이 다투어 내려오다가 열 길 높은 절벽을 만나 비단폭을 드리우듯 물을 떨어뜨렸던 옛 모습을 상상해볼 수 있을 정도의 위용은 남아 있다. 그 아래 백여 명이 앉을 수 있는 널찍하고 판판한 큰 바위가 성석(醒石)이다. 놀러 온 사람들이 술을 마시더라도 여기에 이르면 쉽게 깨기 때문에 이런 이름이 붙었다. '만경폭'이라 새겨둔 각자도 아직 선명하다.

여기서부터 골짜기가 넓어지는데 좌우에 푸른 절벽이 마주하고 급

만 경 폭

도선사 아래의 절벽으로 우이구곡 중1곡에 해당한다. 위쪽을 비닐로 덮어놓아
운치가 사라졌다. 그 아래 반석에 누워 있으면 금방 술이 깬다 하여 성석(醒石)이라 불렸다.

옛 그림 속의 우이동 험준한 삼각산 아래로 이계가 흘러나오고 있다. 18세기의 화가 정황(丁槐)의 〈양주송추(楊州松楸)〉로 서울대박물관에 소장되어 있다.

한 물길이 마구 흘러내린다. 그 벼랑이 2곡인 적취병(積翠屛)이다. 그 아래쪽부터 물길이 순해진다. 반짝반짝한 바위 위로 물이 흘러가는데 왼편 벼랑에 층층바위가 봉우리처럼 솟아 있는 것이 3곡 찬운봉(攢雲峰)이다. 오늘날 도선사로 올라가는 길 건너의 바위언덕으로 추측되는데, 계곡 사이로 길이 나서 예전의 모습을 찾아볼 수 없다. 다시 1리쯤 내려오면 몇 길 되는 큰 바위가 물 가운데 솟아 있는데 이곳에 올라가면 여러 골짜기들이 한눈에 보이며, 솔바람 소리 물소리가 시원하게 귀에 가득해진다. 곧 4곡인 진의강(振衣岡)이다. 그 앞에는 큰 종처럼 생긴 둥근 바위가 있는데 바위에 부딪쳐 울리는 맑은 물소리가 들을 만하였다.

다시 개울을 따라 조금 내려오면 큰 바위가 둔대를 이루며 동구를 막고 있다. 구름이 모인 듯 희고 옥을 닦아놓은 듯 반짝인다. 여러 곳의 물이 사방에서 떨어지는데 5곡인 옥경대(玉鏡臺)다. 매끈하고 넓적해서 큰 글씨를 쓸 만한데 그 가운데 오목한 구멍이 있어 세묵지(洗墨池)라 하였다. 그 조금 북쪽에서 물이 복류해서 보이지 않다가 몇 리쯤 가면 흰 바위가 사방에 널려 있고 가운데 둥근 소가 형성되어 있다. 6곡인 월영담(月影潭)이다. 멀리 수락산과 도봉산 등이 바라다보이는데, 달밤에 오면 달이 비친 모습이 무척 아름답다. 다시 100보쯤 가면 괴석이 수북한 곳에 자그마한 폭포가 있고 오른편에는 큰 바위가 개울 곁에 솟아 있다. 7곡인 탁영암(濯纓巖)이다. 홍양호가 국화전을 부쳐 술을 마셨던 곳으로, 지붕처럼 둥그스름하여 술잔을 돌리기에 좋다. 서쪽으로 천관산이 마치 도인이 관을 쓰고 구름 속에 앉아 있는 듯하다.

다시 개울을 따라 몇백 보 내려가면 동구가 넓어지고 물이 많아진다. 물이 굽이굽이 돌고 소리 없이 흘러내린다. 양떼가 들판에 흩어진 듯, 진(陣)의 말이 물을 마시는 듯 바위가 흩어져 있는 모습이 보인다. 그 속에 층층 둔대가 있는데 여울물 소리가 아름답다. 8곡 명옥탄(鳴玉灘)이 이곳이다. 그 서쪽에 작은 개울이 천관산에서 흘러드는데 곧 연미천(燕尾川)이다. 이곳에 홍양호가 살던 소귀당이 있고 그 북쪽에 다섯 칸 겸산루가 있었다. 홍양호는 그 동쪽 10보쯤 떨어진 곳의 바위 위에 절벽을 마주보고 육각형의 정자 수재정(水哉亭)을 지었다. 명옥탄과 연미천의 물이 이 정자 아래에서 합류하게 되어 있다. 여기서부터 더욱 물길이 넓어지고 물이 맑아지며 모래가 흰데 이곳 바위 위에 지은 집이 9곡 재간정(在澗亭)이다. 3대 재상을 지낸 달성서씨의 집이었다고 하지만 지금은 남아 있지 않다. 그 오른편에는 원씨(元氏)의 전장도 있었다고 한다.

홍양호는 이 구곡을 합하여 이계(耳溪)라 이름붙였다. 1777년 9월 16일 집을 완성한 홍양호는 도성을 떠나 이계로 가서 한참 동안 한적하게 살았다. 다음은 이 시절 그의 생활을 잘 보여주는 기문이다.

9월 16일 이계의 집이 완성되었다. 말 한 필을 몰고 어린 종 한 명을 데리고 책 한 상자, 술 한 동이를 가지고 표연히 동대문을 나섰다. 솔숲과 밤숲 사이로 난 길을 빙 돌아서 한번도 쉬지 않고 가서 도착하였다. 사립문을 밀고 흙으로 만든 섬돌을 밟았다. 언덕의 단풍이 막 붉어지고 담장가의 국화가 이미 노랗게 되어 있었다. 대자리를 깐 평상을 펴고 벼루와 궤안을 정돈하였다. 항아리에는 향을 꽂고 책상에는 책을 두었다. 매일 『주역』 한 괘씩을 읽고 하도(河圖)와 낙서(洛書)의 상수학(象數學)을 연구하며 선천도(先天圖)를 그렸다.

매일 아침을 먹고 나면 지팡이를 짚고 앞개울로 나갔다. 물에 노는 피라미를 구경하고 돌아가는 기러기 울음소리를 들었다. 사방에 지나가는 사람이 없고 이따금 나무꾼의 노랫가락이 산골짜기에서 들려오는데 물소리와 더불어 오르락내리락하였다. 나무 그림자가 조금씩 기울어지도록 한참 있다가 유유히 돌아왔다. 저녁에 동쪽

봉우리에 달이 뜨면 하늘은 깨끗하고 뭇 사물이 숨을 죽였다. 다시 지팡이를 끌고 개울가로 나갔다. 흰 바위에 맑은 물이 흘러 달빛이 어리비치었다. 별들이 아래로 빛을 드리웠다. 내려다보면 물속의 별을 주울 수도 있을 듯하다. 마침내 큰 바위에 걸터앉아 몇 잔 술을 마시고 『시경(詩經)』에서 옛 벗을 그리워하여 지었다는 시를 외웠다. 숲속의 새들은 날개를 치며 날아오르고 물고기는 돌 아래에서 고개를 쳐들며 그 소리를 들어보려는 듯하였다. 가끔 반딧불이 나뭇잎 사이에서 나와 옷소매에 붙었다. 유성처럼 밝았다.

이때 헐뜯거나 칭찬하는 말이 귀에 들리지 않고, 기쁨과 슬픔도 마음을 움직이지 않는다. 마음이 깨끗하기가 달이 훤한 것 같고, 깔끔하기가 물이 맑은 것 같으며, 희기가 바위가 깨끗한 것 같고, 고요한 것이 마치 만물의 소리가 사라진 것 같으며, 텅 빈 것이 마치 태허(太虛)의 허공과 같고, 시원하기가 먼지구덩이에서 홀로 빠져나와 있는 것 같으며, 아득하기가 마치 정신이 태초(太初)의 혼돈에서 노니는 것 같다. 맹자(孟子)가 일찍이 밤기운이 선한 마음을 생기게 한다 하였고, 굴원(屈原)도 「초사(楚辭)」에서 "온전한 기운과 큰 정신은 한밤에 길러진다" 하였다. 바로 이러한 상태를 가리키는 것이리라. 아마 천하의 즐거움을 통틀어도 이것과 바꿀 것은 없을 듯하다.

그래도 외물에 기댈 것이 있다면, 굶주려도 즐겁고 허름한 골목에 살아도 즐겁다고 했던 공자의 제자 안연(顔淵)만 못하다. 나에게 이 집은 한 달에 한 번 들를 정도에 지나지 않고 집 앞의 개울 또한 매일 한두 번 올 뿐이지만, 그 즐거움은 이른바 날마다 달마다 이르는 것이라 하겠다. 만약 내가 벼슬에서 물러나 이곳에서 늙어 죽을 때까지 오랫동안 살아 수양이 깊어지고 습성이 편안해져 참된 것을 깨닫게만 된다면, 그 즐거움이 온전해질 것이요, 안연의 즐거움에 나아가는 것이 어렵지 않으리라. 안연의 즐거움은 어떠한 것이겠는 가? 아마도 『근사록(近思錄)』에서 "천성(天性)을 회복하는 것이 멀 지 않아 후회가 없다"고 한 것이리라.

홍양호, 「이계에서 노닌 글(遊耳溪記)」, 『이계집』

노년에 다시 찾은 이계

1777년 홍양호는 경흥(慶興)부사로 좌천되었다. 이에 앞서 홍양호 는 아들을 잃었는데, 경흥으로 가는 길에 우이동의 집 오른편에 있는 아들의 묘를 찾아가 한바탕 통곡하였다. 그리고 자신이 사랑한 땅이 자 자식을 묻은 땅인 우이동을 떠나 국토의 최북단 경흥, 풀 한포기 나지 않는 척박한 땅에서 3년을 살아야 했다. 홍양호는 그곳에서 문 을 닫아걸고 책을 읽었다. 『육서경위(六書經緯)』, 『삭방풍토기(朔方風 土記)』, 『대상해(大象解)』, 『만물원시(萬物原始)』 등의 저술이 이때 이 루어진 것이며, 문학사에 그의 이름을 남긴 「북새잡요(北塞雜謠)」, 「삭방풍요(朔方風謠)」 등도 이 시기의 것이다.

그후 1782년과 1794년에 사신으로 중국에 다녀올 때, 그리고 1791 년 평안도관찰사로 있을 때 등을 제외하고 대부분의 시간을 서울 진 고개 집에서 살며 한성부 판윤, 홍문관 대제학, 이조판서, 공조판서, 예조판서, 의정부 좌참찬 등 고위관직을 두루 지냈다. 가끔은 우이동을 찾았겠지만, 새로 정을 붙인 곳은 탁 트인 용산강이었다. 용산강은 당시 마포 동쪽의 한강을 일컫던 말로 용호(龍湖)라고도 하였다. 서쪽으로 용이 서린 형상의 반룡산(盤龍山)과 소가 누운 듯한 형상의 와우산(臥牛山)이 뻗어 있고 남으로는 관악산과 청계산이 바라다보였다. 홍양호는 오른편에 있는 읍청루(挹淸樓)와 왼편에 있는 월파정(月波亭) 사이에 쌍호정(雙湖亭)을 세우고는, 중국과 조선의 도처를 두루 유람했지만 용산강의 빼어난 풍광을 당할 곳이 없다고 자랑하였다. 홍양호는 이곳의 모습을 이렇게 그리고 있다.

　용산의 물가는 바로 서호와 교차되는 곳에 있는데 긴 강물이 넘실넘실 흘러 수십 리를 달려 양화나루와 공암나루에 이르러 서해로 들어간다. 기암과 석벽이 좌우에 늘어서고 밝은 모래와 고운 섬이 점점이 둘러싸고 있다. 상선의 노와 돛이 연이어 있고 높은 누각과 큰 집이 즐비하게 서 있다. 수레와 말이 끊임없이 왕래하고 갈매기와 해오라기가 우는 소리가 들린다. 눈 한번 들면 이런 모습이 다 보인다. 나라 안의 강으로는 한강이 가장 크고 한강 아래위로 번화함이 이어지는데 오직 용호가 으뜸이다. 그러나 안팎의 강을 따라서 세워진 노래하고 춤추는 누각은 대부분 구름과 안개 자욱한 대나무 가운데 텅 빈 채 닫혀 있어 관리하는 사람이 없다. 정말 조정과 강호는 둘 다 겸할 수가 없는 모양이다.
　이제 내가 벼슬을 그만두고 야인의 옷을 입고 바람 불고 달 뜨는 난간에서 쉬면서 시를 읊조리고, 때때로 하인을 불러 작은 배를 몰아, 용호와 서호 사이를 오르내리노라면, 먼지구덩이에서 벗어나 선계의 이슬을 마시는 듯 시원스런 느낌이 든다. 인간세상의 즐거움 중에 이와 바꿀 것이 없을 것이다. 장차 조정에서 몸을 빼서 벼슬에서 물러나 영원히 강호의 일민(逸民)이 되어서 도롱이를 걸치고 낚시하는 늙은이들 틈에 자취를 섞고 자리를 다투면서 태평가를 부르고 미인곡(美人曲)을 외우면서 여생을 마칠 수 있다면, 급류에서 용퇴하는 데에는 이르지 못하였다 하더라도 그칠 줄 알고 만족을 아는 자라고는 할 수 있을 것이다.

홍양호, 「쌍호정기(雙湖亭記)」, 『이계집』

홍양호가 다시 우이동에 칩거한 것은 그가 죽기 1년 전쯤인 1801년이다. 1777년 우이동에 집을 지었지만 정작 그곳에 머물면서 한가한 시간을 즐길 수 있었던 것은 만년의 짧은 시간뿐이었다. 또 그의 붓 아래 아름다운 이계를 시로 노래한 것도 이때의 일이다. 홍양호는 1801년 가을을 맞아 단풍이 든 우이동을 두루 즐겼고, 이듬해 꽃이 피자 봄놀이를 나섰다.

이슬비 내리는 훤한 봄들판
고운 풀 돋은 언덕을 거닌다.
세 봉우리 산은 얼굴 앞에 솟아 있고
만 그루 버들은 눈썹처럼 가지런하다.
어디서 쇠귀 같은 우이동을 찾으랴

유연히 말 가는 대로 맡겨버린다네.
복사꽃 천 그루 안에
초가가 맑은 개울에 걸터앉아 있네.

小雨春明野　行行芳草堤
三山當面聳　萬柳與眉齊
何處尋牛耳　悠然信馬蹄
桃花千樹裏　茅屋跨淸溪

홍양호, 「늦봄 이계를 나서는 길에 짓다(暮春出耳溪途吟)」, 『이계집』

　봄이 찾아온 들판길을 거니노라니 삼각산 세 봉우리가 앞에 우뚝 솟았고 물가의 버들은 미인의 눈썹인 양 곱다. 우이동이라 하였지만 어디에 쇠귀가 있겠는가? 도연명처럼 한적하게 살아갈 뿐이다. 겸산루 주위에 복사꽃과 철쭉꽃이 만개하였다. 떨어지는 꽃잎을 보고 자신의 삶이 얼마 남지 않았음을 느끼고 슬퍼하였다. 홍양호가 겸산루 앞 작은 개울에 돌을 쌓아 다리를 놓은 것도 이때의 일이다.

　봄이 지나갈 무렵 아들과 조카들이 찾아왔고 국화가 피어난 가을날에는 홍낙임(洪樂任)과 홍취영(洪就榮) 부자, 홍낙윤(洪樂倫)이 찾아와 우이구곡을 함께 구경하였다. 월영담에서 쉬었다가 옥경대에 올라 국화전을 부쳐 술을 마셨다. 그러나 나이가 많았기에 병이 떠나지 않았다. 병이 조금 낫자 겸산루 동쪽의 수재정에 올랐다.

　병들어 치사하고 전원으로 돌아와

지팡이에 부축하여 물가를 거닌다.
누각에 오르니 가을빛 아득한데
떨어진 나뭇잎에 가을 소리 크네.
옛 약속으로는 푸른 산이 있건만
그윽한 정 백발임을 어이하랴.
이계의 물소리 좋기도 하여라
종일 맑은 물을 마주하고 있노라.

謝病歸田舍 扶筇步澗阿

登樓秋色遠 落木雨聲多

舊約靑山在 幽情白髮何

好聽耳溪水 終日對淸波

홍양호, 「병을 앓고 난 후에 이계로 나서 수재정에 올라서
(病後出耳溪登水哉亭)」, 『이계집』

홍양호는 속세가 지겨우면 동(動)의 공간 진고개에서 정(靜)의 공간 우이동으로 돌아왔다. 맑은 물이 흐르는 이곳에 서면 진흙구덩이 진고개의 먼지가 다 씻겨나갔을 것이다.

홍경모가 꾸민 우이동

진고개와 우이동 홍양호의 집은 후손들이 대를 이어 살았다. 홍양호는 아들을 셋 낳았는데 둘째아들 홍희준(洪羲俊)은 아우 홍정한(洪珽漢)의 후사로 들어갔고 막내아들은 서출이었다. 큰아들 홍낙원(洪

樂源, 나중에 義源으로 이름을 바꾸었다)과 손자 홍경모(洪敬謨)가 그의 혈통을 이어나갔다. 아우의 후사로 들어간 아들 홍희준도 이계를 사랑하였다. 그는 부친을 따라 우이동 이계에서 사람들과 시회를 즐기며 한가하게 살았다. 홍희준은 음운학(音韻學)에 관심이 높아 우리말과 관련된 상당한 저술을 남겼다. 「방언설(方言說)」을 지어 우리말과 중국어의 차이를 자세히 따졌거니와, 특히 「언서훈의설(諺書訓義說)」에서는 훈민정음의 제자(製字) 원리를 나름대로 설명하였지만, 아직 사람들이 알아주지 않고 있다.

홍양호의 손자 홍경모는 진고개와 우이동의 집을 가장 빛낸 인물이다. 홍경모는 호를 관암(冠巖) 혹은 운석일민(耘石逸民)이라 하였는데, 방대한 분량의 문집을 남겼다. 홍경모는 진고개 사의당에 대한 체계적인 저술 『사의당지(四宜堂志)』를 지었다. 집 하나를 두고 전대에 유례가 보이지 않을 정도로 자세하게 그 연혁과 현황을 적었다. 이 기록만으로도 사의당을 복원할 수 있을 정도다. 이와 함께 홍경모는 우이동에 대한 방대한 기록도 남겼다. 「이계암서지인(耳溪巖棲志引)」이라는 글이 있는 것으로 보아 우이동에 대한 지리지 『이계암서지(耳溪巖棲志)』를 따로 만들었음을 알 수 있다. 『이계암서지』는 1808년 봄에 완성된 책으로, 이계와 관련된 시문을 모은 것이다. 지금 이 이름의 책자는 따로 전하지 않지만 그 내용은 『관암유사(冠巖遊史)』 등의 문집에 흩어져 실려 있다. 우이동에 대한 독립적인 저술을 남길 정도로 홍경모는 우이동을 사랑하였고 또 그곳에서 오래 기거하였다. 그곳에서의 삶을 「우이동기」에서 이렇게 적고 있다.

산에서 발원한 물이 쏟아지면 폭포가 되고 고이면 소가 되며 흘러서는 개울이 된다. 굽이마다 그윽하고 빼어난 곳이라 아름다운 이름을 내렸으니 무이구곡(武夷九曲)이요, 땅이 그윽하고도 빼어난데 물이 흐르고 꽃이 피어, 경물이 고운 빛을 띠고 닭과 개의 울음소리가 들려오니, 진(秦)나라 사람의 도원(桃源)이다. 바위에 초가를 짓고 골짜기를 깎아서 화원을 내었으니 샘과 바위와 꽃이 맑고 곱지 않은 것이 없으며, 뽕나무와 삼, 물고기와 새가 각기 아름다운 뜻을 가지고 있으니 백낙천(白樂天)의 광려(匡廬)라 하겠다.

내가 이곳에 집을 짓고 책을 두려 누각을 세웠으며, 술을 마련하려 부엌을 만들었고, 약초를 심으려 때기밭을 두었으며, 꽃을 심으려 화단을 만들었고, 산을 보려 정자를 세웠고, 물가에 임하려 대를 두었다.

홍경모, 「우이동기」, 『관암전서』

홍경모는 우이동을 주자의 무이구곡, 도연명이 묘사한 무릉도원, 백낙천의 광려에 비하였으니, 그 자부심이 대단하였음을 알 수 있다. 그러기에 조부를 이어 우이동을 아름답게 가꾸었던 것이다. 홍경모는 소귀당 안채에 풍수와(風水窩)를 만들었다. 소귀당에서 조금 오른쪽에 있는 겸산루 앞에 다듬지 않은 바위를 쌓고, 300평 남짓한 못을 파고 가운데 볼록한 바위를 두어 섬처럼 만든 다음 그 위에 반송 한 그루를 심었다. 못 주위로는 꽃을 심어두었다. 개울 양쪽에는 단풍나무와 소나무, 측백나무 등이 빽빽하고 또 진달래와 철쭉꽃도 무성하게 자라났다. 그래서 봄가을이면 꽃과 단풍이 절경을 이루었다.

집 안쪽은 갖가지 기물과 도서로 채웠다. 긴 탁자 위에는 천하의 이름난 문방구와 기물을 갖추어두었으며, 벽에는 거문고와 칼, 그림과 글씨 등을 걸어두었다. 오른편 서가에는 유가(儒家)의 경서류(經書類)뿐만 아니라 불가(佛家)와 도가(道家)의 책도 두루 비치하였으며 의서와 문학서, 그리고 명품의 법첩(法帖)도 두었다. 방 한가운데에도 그림과 필적을 쌓아두었다. 홍경모는 방 안에 두었던 이 모든 것에 대해 하나하나 다 밝혔다. 홍경모는 조부 홍양호가 가꾼 우이동을 더욱 빛내기 위하여 수많은 기문을 제작하였거니와 「이계구곡기(耳溪九曲記)」도 새로 썼다. 그리고 월영담, 화영지, 성심종, 명옥탄, 탁영암 등에 대한 기문을 따로 제작하였다. 소귀당, 겸산루, 수재정, 재간정 등의 건물에도 모두 기문을 붙였다.

그밖에도 홍경모는 주위의 여러 경물에 새로 이름을 부여하고 하나하나 기문을 남겼다. 자신의 집으로 들어가기 위해 건너야 하는 연미천에 돌을 쌓아 다리를 만들고 송음강(松陰矼)이라 하였으며, 겸산루 곁 구름을 바라보면서 낮잠을 자는 바위를 면운석(眠雲石)이라 하고 자신의 호를 아예 기석면운인(跂石眠雲人)이라 하였다. 탁영암 서쪽 물이 고여 물고기가 노니는 곳에 있는 대를 관어대(觀魚臺)라 하고 아이들과 함께 천렵을 즐겼다. 옥경대의 반석 곁에 물이 고인 것을 두고 세묵와(洗墨渦)라 이름하였다. 집 근처의 돌길을 후선등(候仙蹬)이라 이름하고 신선이 오는지 살펴보았고, 도봉산에서 가끔 찾아오는 승려 혜월(慧月)을 잡아두는 바위를 유승암(留僧巖)이라 하였다. 이처럼 홍경모는 이계에 거대한 임원(林園)을 꾸몄다. 그리고 다음과 같은 글을 지어 한바탕 자랑하였다.

　이계의 개울을 건너가 언덕을 끼고 십수 보 돌아가면 울창하고 그 윽한 곳이 나오는데 곧 나의 임원이다. 그 주위가 넓고 탁 트여 사방 담장 안에 활 쏘는 과녁 하나를 두고도 남을 정도다. 그 가운데를 비 워 주인의 집으로 삼았다. 집 뒤쪽 삼면을 빙 둘러 임원을 만들었다. 언덕이 둘러싼 형세라서 주위에 인가가 빼곡이 모여들 우려가 없다. 긴 언덕과 짧은 산기슭이 나무담장처럼 감싸안고 기암괴석이 늘어 선 별처럼 떠받들고 있다. 큰 나무가 빽빽하게 높고 아름다운 나무 가 울창하게 짙다. 꽃은 화단에 있고 풀은 제방에 있다. 소나무가 있 는 곳은 송단(松壇)이라 하고 국화가 있는 곳은 국타(菊坨)라 하였 다. 단풍숲과 과일나무 언덕이 위치에 따라 나누어 배열되어 있다. 또 그다지 넓지 않은 약초밭과 채마밭이 있어 향기를 제공한다. 언 덕 아래 집을 두어 소귀당이라 하고, 뜰 가운데의 못은 화영지라 하 였다. 화영지 오른편에 우뚝 솟아 있는 것이 겸산루다.
　사방으로 바라보면 도봉산과 수락산, 삼각산, 천관봉이 첩첩이 빼 어나고 기이한 자태를 보여준다. 서쪽으로 논을 지나서 굽은 길을 따라 뒤쪽으로 가면 연미천이 나온다. 물이 맑고 잔잔할 때에는 졸 졸 흐르다가 여울과 폭포가 되면 성난 듯 쏟아진다. 이 모두 즐길 만하다. 숲이 울창하고 구름과 안개가 덮여 있다. 원림 안의 온갖 사 물이 하나도 사람의 뜻에 맞지 않는 것이 없다. 화가로 하여금 교묘한 솜씨와 구상을 발휘하여 그리라고 하여도 할 수 없을 것이다.

이에 주인이 송(宋)나라 사마온공(司馬溫公, 司馬光)이 벼슬하여 남을 다스리는 일에 힘쓰지 않고 스스로의 수양에만 힘썼던 독락(獨樂)의 뜻을 사모하고, 공자(孔子)의 제자 번지(樊遲)가 농사를 배우고자 한 뜻을 부끄러워하지 않고서, 매번 복건(幅巾)을 쓰고 지팡이를 짚고 신발을 끌면서 낮부터 저녁까지 원림과 밭두둑 사이를 산보하였다. 도랑물을 떠서 꽃에 물을 주고, 소매를 걷어붙이고 약초를 캤다. 이름 모를 향긋한 풀을 수북이 깔고 앉아 아름다운 나무의 무성한 그늘 아래서 쉬며 우러러 산을 바라보고 아래로 샘물 소리를 들었다. 아침저녁 상쾌하고 안팎에 안개와 노을이 덮여 있으니, 사시사철 경치가 사랑스럽지 않은 것이 없고 즐거움 또한 끝이 없다. 속세에서 무슨 일이 일어나는지 알지 못하니, 이 세상의 무엇으로 이것을 대신할 수 있겠는가?

세상 밖에 있는 신속의 적막한 집에서는 영욕(榮辱) 때문에 내 육체를 고달프게 하지 않고, 득실(得失) 때문에 내 마음을 힘들게 하지 않는다. 소란하지 않고 담박하게 살며 어느 날이든 유유자적하지 않음이 없다. 또 정원과 숲과 못과 대가 빼어나 도연명처럼 매일 거니는 맛을 도와주니, 정신이 편안하고 고민이 사라지며 마음이 해탈을 얻는다. 무위자연(無爲自然)의 경지인 채진(采眞)에 노닌다고 할 만하다. 물외(物外)에 노닌다는 장자(莊子)의 소요(逍遙)에 즐거움을 깃들이고 도연명이 휘파람을 부는 서소(舒嘯)의 흥취를 이룰 것이라 하겠다. 『주역』에 "정원을 꾸민다(賁于邱園)"고 한 것이나

『시경』에서 "저 정원을 즐기노라(樂彼之園)"한 것이 바로 내 이계의 임원을 가리키는 것이리라.

홍경모, 「이계임원기(耳溪林園記)」, 『관암전서』

홍경모는 임원에서의 열 가지 즐거움을 들었다. 첫째는 도가와 불가의 책을 읽는 것이요, 둘째는 진(晉)과 당(唐)의 법첩을 보며 서예를 배우는 것이요, 셋째는 겸산루에 기대어 산을 바라보는 것이요, 넷째는 기석(跂石)에서 폭포소리를 듣는 것이요, 다섯째는 향을 피우고 차를 끓이는 것이요, 여섯째는 거문고를 울리면서 술을 마시는 것이요, 일곱째는 솔그늘 아래에서 장자처럼 나비가 되는 꿈을 꾸는 것이요, 여덟째는 개울가에서 승려와 이야기를 나누는 것이요, 아홉째는 꽃을 심고 물을 주는 것이요, 열째는 복령을 벗겨내고 나무를 구하는 것이라 하였다. 홍경모는 홍양호의 뒤를 이어 우이동의 주인으로 이렇게 아름답게 살았다.

그러나 이처럼 한적하던 우이동이 지금은 평일과 주말을 가릴 것 없이 인파로 붐빈다. 이계를 따라 도선사를 향해 올라가다 보면 조그만 철제 다리가 하나 있다. 그 너머 사람이 찾지 않는 으슥한 숲속 어딘가에 홍양호와 그 자손들이 속세를 벗어난 흥취를 즐기던 집이 있었겠지만 지금은 아무것도 없다.

홍양호 집안의 선영은 원래 안동(安東)에 있었는데 조선 초기에 고양의 귀이동(歸耳洞) 내곡리(內谷里)로 옮겼다. 귀이동이라는 이름은 홍양호가 경영한 우이동과 소귀당을 합친 것이니 참으로 묘한 인연이

홍양호의 묘 홍양호는 스스로 묘자리를 구하여 오늘날 천안시 용곡동 일봉산 아래에
묻혔다.

다. 홍양호 덕분에 증조부 홍만회와 조부 홍중성은 세상을 떠난 뒤 우
이동에 묻혔다. 부친의 묘소도 우이동으로 잡았지만 산송이 벌어져
충청도 진천의 문방면(文方面) 호암산(虎巖山) 아래로 옮겼고, 홍양호
스스로도 무슨 이유에서인지 생시에 사랑하던 우이동을 장지로 택하
지 않았다. 200년이 지난 뒤 우이동이 인파로 넘쳐나게 될 것을 미리
알았을 리 없지만, 생전에 자신이 보아둔 천안시 용곡동 일봉산(日峯
山)에 부인과 나란히 묻혔다. 그러니 우이동에서 홍양호와 그 아들,
손자들의 자취를 찾는 일은 쉽지 않다.

자하동의 역사와
자하 신위

천 개의 푸른 개울을 함께 마시려 주발을 씻는데

사계절 끊임없이 피고 지는 꽃향기를 맡노라

신림천
관악산 아래 신림천은 대부분 복개가 되었고
남은 부분도 콘크리트로 덮여 있지만 가장
뛰어난 개울과 산이라는 뜻에서
제일계산(第一溪山)이라 하였다.

조선시대 관악산

조선시대 관악산은 개성의 송악산(松岳山), 가평의 화악산(華岳山), 파주의 감악산(紺岳山), 포천의 운악산(雲岳山)과 함께 경기도 오악(五岳)의 하나였다. 도처에 기암괴석이 있기에 소금강(小金剛) 혹은 서금강(西金剛)이라 불릴 정도로 아름다운 곳이었고, 한편으로는 산천의 제사를 올리던 신성한 공간이기도 하였다. 인적이 드물었기에 죄를 짓고 도망쳐 들어간 도적들이 살기도 하였다.

우리 문학작품에서 관악산이 나타나는 것은 조선 초기 과천에 살던 변계량(卞季良)의 시문에서 비롯된다. 이후 성간(成侃)이 관악산에 대한 최초의 기문인 「유북암기(遊北岩記)」를 지었고, 그 아우 성현(成俔) 역시 관악산을 장편의 시에 담아낸 바 있다. 이후 산수에 벽이 있는 문인들에 의하여 관악산은 더욱 빛을 발하였다.

관악산의 바위봉우리로는 연주대(戀主臺)가 가장 빼어나고 계곡으로는 자하동(紫霞洞)이 최고로 일컬어진다. 1707년 4월 관악산을 오른 이익(李瀷)은 「유관악산기(遊冠岳山記)」에서 승려의 말을 인용하여 이렇게 적고 있다.

산에는 영주대(靈珠臺)가 있는데 실로 가장 높은 봉우리지요. 산의 빼어남이 이곳보다 나은 곳은 없답니다. 다음은 자하동인데, 자하동이라고 이름붙인 곳은 넷이지요. 불성암에서 남으로 내려오는 곳을 남자하라 하고, 남쪽에서 서쪽으로 돌아 들어가는 곳을 서자하라 하는데 모두 일컬을 만한 것이 없습니다. 영주대 북쪽이 북자

연주대 관악산에서 가장 아름다운 곳으로, 임금을 그리워하는 곳이기에 연주암이고 불등을
걸어둔 곳이기에 영주암이라 하였다.

하인데 자못 깔끔하기는 하지만 동자하의 기이한 볼거리보다는 못
하지요. 못도 있고 폭포도 있어 영주대에 버금갑니다. 나머지 사찰
이나 봉우리 중에도 종종 볼 만한 것이 있습니다.

이익, 「유관악산기」, 『성호전서(星湖全書)』

연주대는 영주대(靈珠臺) 또는 염주대(念主臺)라고도 하였는데 조선
후기에 와서야 연주대라는 명칭이 일반화되었다. 연주대 옆의 큰 바
위를 차일암(遮日巖)이라 불렀다. 채제공(蔡濟恭)의 「유관악산기」에
따르면, 차일암은 양녕대군의 이야기가 서려 있는 곳이다. 널리 알려
져 있다시피 양녕대군은 아우 충녕대군에게 왕위를 물려준 인물이
다. 동궁의 자리를 양보한 양녕대군은 관악산에 들어가 살았으나 늘
대궐이 그리워 바위 위에 올라 북쪽을 바라보았다. 햇살이 뜨거워 오
래 앉아 있을 수 없어 바위 귀퉁이에 구멍을 파고 장막을 쳤다. 그래
서 임금을 그리워한다는 뜻에서 연주대(戀主臺)가 되었고, 해를 가린
다는 뜻에서 차일암이 되었다. 바위 귀퉁이에 차일의 기둥을 박았던
구멍은 18세기까지 확인할 수 있었다.

연주대의 유래를 다르게 설명한 데도 있다. 홍직필(洪直弼)은 19세
기 중엽 관악산에 올라 고려의 유신(遺臣) 남을진(南乙珍), 조견(趙狷),
서견(徐甄) 세 현자가 세상을 피하여 머리를 깎고 산으로 들어와 삼성
산(三聖山)에 삼막사(三幕寺)를 짓고 개성의 곡령(鵠嶺)을 바라보면서
대성통곡하였기에 연주대라는 이름이 붙었는데 그 뒤 불가(佛家)의
말을 빌려 연주대를 영주대(影炷臺)로 바꾸었다고 하였다. 1704년 이

곳에 오른 이익은 절벽에 불상이 새겨져 있고 바위로 만들어진 처마가 이를 보호하고 있는데, 바위에 의지하여 단을 쌓았으며 돌을 포개고 흙으로 메워 100여 사람 정도 앉을 수 있다고 하였다. 또 바위 끝에 구멍을 파서 등불을 넣어두는 곳으로 만들어 도성 안에서도 그 빛이 보이도록 하였는데, 개국 초 불교를 숭상할 때 일인 듯하다고 하였다. 영주(影炷)라는 말이 이 설명과 부합한다.

오늘날 등산객들이 쉬어가는 연주암은 당시 관악사(冠岳寺)로 불렸다. 연주대에 있던 관악사를 양녕대군이 오늘날 연주암 위치로 옮겼다는 설도 있으나, 기록에서 확인되지는 않는다. 다만 암자가 아니라 사찰이라 하였으니, 오늘날 연주암 정도의 규모가 되어야 관악사라 불릴 수 있었을 것이다.

17세기 자하동과 이로당

관악산에서 가장 경관이 빼어난 곳은 연주대지만, 사람이 산마루에 살 수는 없다. 반면 관악산의 골짜기 자하동에는 예부터 이름난 문인들이 살아 그 아름다움을 더하였다. 남자하동은 삼성산 아래 안양 쪽 계곡을 이르는데, 채유후(蔡裕後)가 남자하동에 초가를 엮고 살았다는 기록이 『여지도서(輿誌圖書)』에서 확인된다. 동자하동은 과천 쪽인 듯하다. 이익은 동자하에서 폭포와 못을 보았다고 하였는데, 오늘날 관악산에서 이를 확인할 수 있는 곳은 과천 쪽의 계곡뿐이니, 동자하동은 아마도 이곳을 가리키는 듯하다. 북자하동은 신림동에서 서울대학교로 이어지는 계곡을 말한다. 윤두수(尹斗壽)와 그 손자 윤신지(尹新之)가 초가를 짓고 산수를 사랑하면서 살던 곳이다.

조선 후기 북자하동의 주인은 평산신씨 집안이었다. 1786년 채제공은 관악산을 유람하고 지은 「유관악산기」에서 자하동 평산신씨의 전장에 대해서 이렇게 기록하였다.

> 한 칸 규모의 정자에 올라 쉬었다. 정자는 곧 신씨의 전장이다. 계곡물이 산골짜기에서 흘러나오는데 숲에 뒤덮여 그 근원을 알 수 없다. 물길이 정자 아래 이르러 바위를 만나게 되는데, 날리는 것은 포말이 되고 고이는 것은 푸른빛을 이루다가 마침내 넘실넘실 흘러 골짜기 입구를 에워싸고 멀리 흘러간다. 마치 흰 명주를 깔아놓은 듯하다. 언덕 위에 철쭉꽃이 막 피어, 바람이 불면 그윽한 향기가 때때로 물을 건너 이른다. 산에 오르기 전부터 시원하여 멀리 떠나온 흥취가 일었다.
>
> 채제공, 「유관악산기」, 『번암집』

채제공이 쉬어간 신씨의 전장은 17세기 말 신여석(申汝晳)과 신여철(申汝哲) 형제가 경영하던 것이다. 임진란 때 배수진을 치고 장렬하게 전사한 신립(申砬)의 큰아들 신경진(申景禛)은 신준(申埈)과 신해(申垓) 두 아들을 낳았는데 신준의 후손이 신완(申琓), 신성하(申聖夏), 신정하(申靖夏) 등이다. 신해는 계부 신경인(申景禋)의 후사로 들어갔고, 그 아들이 바로 신여석, 신여철이다. 신여석의 첫째아들이 신탁(申琢)이요, 신여석의 증손이 강화학파(江華學派)의 학자로 알려진 신대우(申

大羽)이며 신진(申縉)과 신작(申綽)은 신여석의 고손이다. 신확(申瓁)은 신여석의 둘째아들이며, 신위(申緯)는 신여석의 고손이 된다.

신여석과 신여철이 자하동에 살 무렵 박학으로 명성을 날린 최석정(崔錫鼎)이 자하동에 함께 살면서 이들의 삶을 기록으로 남겨두었다. 신여석 형제는 도성 안 수진방(壽進坊)에 이웃하여 화락하게 살았는데, 노년에 함께 살 곳을 찾다가 관악산 아래 자하동을 택하였다. 자하동은 수석이 기이하고 빼어나면서도 도성에서 30리밖에 떨어져 있지 않고 도곡(道谷) 선영과도 매우 가까워 이곳에 물러나 살게 된 것이다. 이들은 개울가에 몇 칸 정자를 짓고 이로정(二老亭)이라 하였다.

두 형제가 말고삐를 나란히 하여 마음가는 대로 두루 둘러보며 돌아다녔는데, 반드시 술동이를 가지고 다니며 술을 따라 마시고 간간이 피리를 불거나 노래를 하며 즐거움을 더하다가 허연 수염에 붉은 뺨으로 서로 마주보고 마루에 쓰러지곤 하였다. 자제들과 빈객들이 뒤를 좇았다. 아침에 나가 저녁에 돌아오기도 하고 하룻밤을 묵고 돌아오기도 하였다. 비단 같은 봄꽃이며 그림 같은 가을 단풍, 여름이면 옥을 뿜는 폭포, 겨울이면 온통 하얗게 쌓인 눈과 얼음, 저물녘의 안개와 가랑비, 지저귀는 새와 헤엄치는 물고기, 어느 하나 마음을 즐겁게 하고 슬픔을 풀어줄 거리가 아닌 것이 없었다. 가마와 필마, 죽장망혜는 빼어난 곳을 찾아다니기 위한 도구였을 뿐이다. 이 말을 듣는 이들이 모두 부러워하며 탄식하곤 하였다. 이같이 산 것이 십수 년이었다.

신공의 둘째아들 신확이 근처에 집을 짓고 만오(晚悟)라 이름하였다. 벽에 큰 글씨로 '제일계산(第一溪山)' 네 글자를 썼다. 꽃나무와 대추나무, 밤나무를 두루 심고, 또 작은 초가정자를 하나 짓고 폭포를 내려다보았다. 계곡이 깊고 이리저리 꺾여 있는데 물은 옥소리처럼 맑게 울렸다. 마치 조물주가 만들어놓은 듯하다.

이윽고 신공 형제가 차례로 돌아가시고 신확이 그 뒤를 이어 노닌 지 여러 해가 되었다. 그 사이에 나는 조정에서의 처지가 불안하면 이곳을 찾아와 임시로 거처하면서 그 계곡의 빼어남을 보고, 신공 형제가 우아하게 한가로움을 즐기던 모습을 상상하고는 탄식하고 흠모하지 않은 적이 없었다.

최석정, 「이로당기(二老堂記)」, 『명곡집(明谷集)』

최석정은 이 집안과 세교가 있었기에 신확이 죽은 후 신탁의 아들 신필하(申弼夏)의 청을 받아 이 기문을 썼다. 최석정은 신확이 빼어난 글씨로 써서 걸어둔 이로당(二老堂), 만오정(晚悟亭) 현판을 보고 감탄하였다. 신확은 '제일계산'이라는 글씨를 탁본으로 떠서 바위에 새기고, 초가정자는 벽류정(碧流亭)이라 이름을 붙였는데, 최석정이 쓴 신확의 묘갈명에 따르면 순천군(順川君)으로 하여금 바위에 새기게 했다고 한다. 신여석 형제는 그들이 사랑하던 땅 자하동에 묻혔다. 서울대학교가 옮겨오면서 이장하였는데 문인석이 서울대학교 문예관 자리에 있었다고 한다.

문인석

자하동에 터를 잡은 신여석 형제의
무덤이 서울대학교 안에 있었다.
무덤은 이장하고 문인석은 박물관
뒤에 옮겨놓았다.

신자하와 젊은 날의 자하동

17세기 신여석 형제가 물러나 살던 자하산장(紫霞山莊)은 후손에게
전해졌다. 신여석은 성천부사(成川府使)를 지냈고, 그 아들 신확은 연
안부사(延安府使)를 지냈으며, 다시 그 아들 신석하(申錫夏)는 비록 일
찍 죽었지만 그 아들 신유(申曘)가 첨정(僉正)의 벼슬을 하였고, 다시 그
아들 신대승(申大升)이 강화유수, 성균관 대사성, 사헌부 대사헌과 사
간원 대사간을 지내면서 이 집안은 다시 한번 번창하였다.

신대승의 아들이 신위(申緯, 1769~1845)다. 신위의 자는 한수(漢叟)

이며, 호는 자하(紫霞)와 경수당(警修堂)이 널리 알려져 있지만 17, 8세에는 붉은 연꽃밭이라는 뜻의 홍전(紅田)이라는 호를 사용하기도 하였다. 자하산장을 물려받았기에 신위는 젊은 시절부터 관악산 자하동에 자주 출입하였다. 16세 때 자하산장에서 독서를 하였는데, 그 시절부터 호고(好古)의 취미가 있었기에 사발에 글을 써서 인근에 있는 고려시대 성씨(成氏) 성의 시중(侍中) 무덤이라 전해지는 곳에 파묻은 적이 있다. 신위가 묻은 글은 이러하다 "건륭(乾隆) 병오년(1785) 가을 자하동주(紫霞洞主) 신한수가 국사봉(國士峯)에 올라 고려 무덤에 조의를 표한다. 마침내 이 언덕에 와서 마음으로 즐기고 기문을 적어 사발을 묻는다. 송성기(宋聖起)도 함께 왔다."

이 무렵 가장 절친한 벗은 송성기와 서영보(徐榮輔)였다. 신위보다 열 살 연상이었던 서영보는 당시 부평(富平)의 계양산 아래 오곡(梧谷)에 살고 있었는데, 자하동과는 40리 떨어진 곳이었다. 서영보는 1786년 신위의 손에 끌려 자하동을 찾아 청춘을 즐겼다. 다음은 그즈음에 쓴 글로 추정된다.

관악산과 검지산(黔芝山) 사이에 수석이 빼어난 곳이 있으니 바로 신림(新林)이다. 신림에서 가장 으슥하면서도 더욱 이채로운 곳이 자하동이다. 두 산에서 흘러나온 물이 신림동에서 호리병 입 모양으로 합쳐진다. 강태사서원 앞에서 꺾어 남으로 근원을 따라 동으로 몇 리를 가면 작은 봉우리가 수풀 끝에 보일락 말락 하는 것이 국사봉이다. 나무가 울창하고 인가가 은은한데 한아름 되는 늙은 느티나무 세 그루가 서 있다. 그 아래 이로당의 옛터가 있다. 여기가 신씨의 자하동 별업이다.

개울을 따라 점차 위로 올라가면 갑자기 두 바위가 개울을 끼고 문처럼 서 있다. 여기서부터 바위가 커지는데 양쪽 벼랑 사이의 개울 바닥이 모두 바위로 되어 있다. 물가에 늘어서 있는 바위 중에 비스듬하게 서 있는 것은 기와와 같고, 평평하게 펼쳐져 있는 것은 평상과 같다. 색깔은 모두 갈아놓은 옥과 같다. 바둑을 두어도 좋고 시를 써도 좋다. 꼭대기는 조금 평평하고 넓은데 작은 정자가 있다. 정자는 개울 동북쪽 꺾인 곳에 있어 서남쪽으로 흘러나가는 개울물을 내려다보게 되어 있다. 연주대에서 정자 동쪽에 이르면 복류하던 실개울이 아래로 떨어져 작은 폭포가 된다. 그 곁에 '제일계산(第一溪山)'이라 새겨놓은 글씨가 있다. 물이 정자 터를 돌아 굽이굽이 흘러 소리내어 떨어지고 부딪쳐 울리다가 다시 빙 돌아 꺾어 정자 서쪽에 이르면 고여서 작은 소가 된다. 맑아서 털끝 하나까지도 비출 만하다. 달빛이 일렁이면서 옆에서 비추면 처마가 흔들흔들 마치 수은이 형체 없이 흘러내리는 듯하다. 산의 지맥이 국사봉에서 빙 둘러 물을 따라 내려와 병풍처럼 둘러싼다.

정자를 지나 100여 보를 가서 멈추니 아름다운 나무가 빽빽한데 헤치고 올라가니 바르고 평평하여 몇백 평 넓이의 정원이 될 만한데 나무 중에 철쭉과 밤나무가 많다. 물 한줄기가 여계담(女笄潭)에서 내려와 정원 서쪽의 벽에 이르러 멀리 돌아나가 자하동의 개울과 합쳐 흐른다. 서봉 봉우리에는 진인(眞人)의 연약단(煉藥壇)이 있다. 여계담 또한 기이하고 빼어나다 할 만하다. 이를 모두 다 보지는 못하였다. 내가 애초에 자하동 주인과 약속을 하고 관악산 꼭대기에 오르려 하였으나 실행하지 못하였다. 이 때문에 기록은 여기서 그친다.

서영보,「자하동을 유람한 기문(遊紫霞洞記)」,『죽석관유집(竹石館遺集)』

이 글에서는 이로당의 옛터, 곧 자하산장이 국사봉 아래라 하였다. 국사봉은 현재의 봉천1동과 상도동 접경에 있는 세칭 상도동 약수터를 가리키므로, 자하산장은 신림사거리 쪽 개울가에 있었던 것으로 추정된다. 강태사서원(姜太師書院)이 자하동 동쪽 문성동(文星洞)에 있고 그 안에 낙성대(落星臺)가 있다고 하였는데, 서영보가 말한 강태사서원은 오늘날 우리가 알고 있는 서울대학교 후문 입구의 낙성대를 가리키는 것이 아니다. 낙성대에서 남쪽으로 꺾어 개울을 따라 동쪽으로 몇 리를 간다고 하였으니 위치가 완전히 다르다. 여기서 강태사서원은 강감찬(姜邯贊)을 모신 충현서원(忠賢書院)을 가리킨다. 1654년 서견(徐甄)과 이원익(李元翼)을 함께 제향하기 위해 세워진 것으로 당시 금천 관아 북쪽 한천동(寒泉洞), 지금의 광명시 소하동에 있었다. 서영보는 충현서원에서 동쪽으로 신림동으로 들어간 것이다.

서영보는 자하산장에서 다시 개울을 따라 올라갔으니 오늘날 신림천을 따라 관악산으로 올라간 것이다. 문처럼 생긴 바위가 서 있고 바닥이 온통 너럭바위로 된 어디인가에 정자가 있었던 것으로 보인다. 비슷한 시기 채제공이 들렀다는 정자도 바로 이곳으로 추정된다. '제

관악산 산림천을 따라 관악산으로 가는 도중에 신위의 집이 있었으니 늘 관악산을 보고
살았을 것이다.

'일계산'이라는 글씨는 오늘날 신림천이 정비되면서 사라진 듯하니 그
정확한 위치는 말하기 어렵다.

신위는 젊은 시절 상당한 시문을 지었을 것으로 추정되지만, 1786
년 화재로 모두 소실되었고 또 그 이후부터 1810년 이전까지의 시는
『경수당전고(警修堂全藁)』에 실려 있지 않다. 따라서 젊은 시절의 신
위가 자하동에서 풍류를 즐기던 모습은 글로 만날 수 없다. 다만 서영
보의 문집을 통해 볼 때, 신위는 서영보와 함께 관악산의 여계담, 연
약단, 자운암(紫雲菴) 등을 두루 돌아다니면서 시주를 즐겼던 것으로
보인다.

곡산과 장흥방의 운치

신위는 젊은 날 자하산장에서의 독서를 바탕으로 1799년 알성문과에 급제하여 초계문신(抄啓文臣)에 발탁된 이래 비교적 순탄한 벼슬길을 걸었다. 특히 1812년 진주겸주청사(陳奏兼奏請使)의 서장관(書狀官)으로 청나라에 갔는데, 중국의 학문과 문학에 대한 안목을 크게 넓히는 기회가 되었다. 또한 이때 옹방강(翁方綱)을 만난 일을 계기로 청의 문인들과 광범위한 교류를 할 수 있게 되었고, 이를 통해 예술가로서의 명성을 대내외에 크게 떨치게 된다.

신위의 예술가적 면모는 1813년 곡산부사(谷山府使)로 있을 때의 삶에서도 확인된다. 곡산 관아 안에 원림을 조성하였는데 정자는 나지막하게 하고 누각은 조그마하게 하여 조화를 이루게 하였다. 못은 네모나게 파고 오솔길을 구불구불 내어 쉴 곳으로 삼았다. 정자의 이름을 청수부용각(淸水芙蓉閣)이라 하였으니 맑은 물에 연꽃이 고왔음을 짐작할 수 있고, 누각의 이름을 소어탑루(小於榻樓)라 하였으니 탑상보다 조그마하게 누각을 지었음을 알 수 있다. 못은 벼루를 씻는 못이라는 뜻에서 세연지(洗硯池)라 하고, 오솔길은 시를 찾는 길이라는 뜻에서 심시경(尋詩徑)이라 하였다. 그리고 이를 합하여 명슬원지(明瑟園池)라 하고, 이 무렵 지은 시문을 엮어 『청수부용집(淸水芙蓉集)』이라 하였다. 신위는 또 곡산의 아름다운 풍광 마흔 곳을 정하고 「상산사십영(象山四十詠)」을 지었는데, 여기에 명슬원지와 청수부용각, 소어탑, 세연지, 심시경을 넣어 이곳의 운치를 알리고자 하였다.

물론 신위가 부사로서의 임무를 소홀히 한 것은 아니었다. 곡산은 고을이 피폐하고 소송이 많아 다스리기 힘든 곳이었다. 신위는 백성들의 세금을 줄여달라고 조정에 탄원을 올리는 등 목민관으로서 최선을 다하였다. 그러니 문서더미 속에서도 생활의 여유를 찾을 수 있었다는 점이 신위의 멋이다. 그는 1814년 엮은 시집을 『명금채약지헌존고(鳴琴采藥之軒存藁)』라 하였다. 옛 시에 "태수는 거문고를 타며 앉았는데, 아이종은 약을 캐서 돌아오네(太守鳴琴坐 官僮采藥還)"라는 구절을 따서 처소의 이름을 명금채약지헌이라 이름붙인 것이다. 그리고 창고를 그림으로 그려 굶주림을 잊는 방법을 빌려 쓴 것이라 너스레를 떨기도 하였다. 또 관아 서쪽 협문에 물맛이 좋은 샘이 있어 그 곁에 작은 정자를 짓고 한보정(閒步亭)이라 이름하였다. 곡산부사의 임기를 마치고 서울로 돌아올 때 신위는 그곳의 아름다운 돌 세 개를 싣고 왔다. 집안 식구들은 그것이 돈인 줄 알았기에, 신위는 이 돌을 돌로 된 수표라는 뜻의 석권(石卷)이라 이름하여 김정희(金正喜)에게 시를 보내었고, 김정희 역시 웃으면서 이 시에 답해 주었다.

이후 신위는 승정원 승지와 대사간 등 청요직을 역임하면서 서울에서 살았다. 서울에서 신위는 주로 장흥방(長興坊)에서 살았다. 오늘날 종로구 적선동과 내자동 일대 어느 곳으로 추정된다. 젊은 시절인 1800년경에는 수표교(水標橋) 근처에 살았는데, 그 집 벽에 도연명의 「남촌시(南村詩)」를 적어두고 송성기 등과 어울려 지내면서 천고주현지계(千古朱絃之契)를 결성하고 그때 지은 시를 『수교수창록(水橋酬唱錄)』으로 묶었다고 하나, 지금 전하지 않는다.

장흥방으로 집을 옮기게 된 것은 모친의 훈계 때문이었다. 신위가

죽석도 신위가 25세 때 대나무와 괴석을 그린 그림으로 경남대박물관에 소장되어 있다.
청리관도인은 신위의 호다.

마흔이 되었을 때, 모친으로부터 "내가 보니 선배 학사들의 집은 그 값이 천금을 넘어서는데 이를 아는 자들은 비루하게 여기더니, 대부분 그 끝이 좋지 않더라. 너희는 이를 알거라"라는 말을 듣고, 950냥을 들여 남산 장흥방의 집을 구입하게 된 것이다.

신위의 장흥방 집은 유래가 매우 오래된 것이었다. 임진왜란 이전에는 사가(私家)에서도 단청을 하였는데 신위의 장흥방 집에도 단청의 흔적이 남아 있었다. 또 서재에는 기둥을 잘라 말구유로 만든 것이 있는데 임진왜란 때 왜적이 말을 먹이던 곳이었기 때문이다. 당시 왜적이 책을 마판 대신 사용하였기에 사가에 전하는 책 중에는 말발굽이 찍힌 것도 있었다 한다. 신위는 「장흥방잡영(長興坊雜詠)」 연작시를 짓고 그 주석에 이러한 장흥방의 고사를 적어두었다.

신위의 장흥방 집은 이름난 문인들의 유서 깊은 집과도 이웃해 있

었다. 담장 너머에는 조선 초기의 시인 박은(朴誾)의 집 읍취헌(挹翠軒)
터가 있었다. 그곳에는 은행나무 한 그루가 있었는데 박은의 대표작
"바람은 나뭇잎을 좇아 우수수 지나는데, 술은 내자로 하여금 천천히
따르게 하네(風從木葉蕭蕭過 酒許山妻淺淺斟)"라는 구절이 바로 이 은
행나무를 두고 지은 것이라 한다. 박은이 갑자사화에 죽임을 당한 후
정유길(鄭惟吉)의 소유가 되었는데, 박은의 집에 있던 이름난 괴석이
모두 그 집으로 전해졌다고 한다. 조선 중기의 문인 심희수(沈喜壽)의
집도 신위의 집과 이웃해 있었다. 심희수는 집에 소나무 한 그루가 있
어 호를 일송(一松)이라 하였다. 신위가 어렸을 때에는 이 소나무를 보
았지만 그후 말라죽었다고 한다. 그밖에 박동량(朴東亮), 한준겸(韓浚
謙), 홍이상(洪履祥), 남이신(南以信) 등 이름난 문인들의 집도 인근에
있었기에 신위는 이들의 고사를 시의 재료로 사용하였다.

　신위의 장흥방 집은 원래 이름이 따로 없었다. 그러다가 차츰 자신
의 문예취향을 반영하여 집에 이름을 하나씩 붙여나갔다. 신위는 소
동파(蘇東坡)에 대한 애정이 지극하였는데 옹방강(翁方綱)의 영향인
듯하다. 옹방강은 소동파를 흠모하여 자신의 거처를 소미재(蘇米齋),
보소실(寶蘇室), 소재(蘇齋)라 하였는데, 신위도 이를 본떠 장흥방의
집에 '소재'라는 현액을 걸었다. 소재는 소동파의 집이라는 뜻이다.
그리고 소동파의 시구 '청풍오백간(淸風五百間)'을 따서 자신의 서재
이름으로 삼았다. 또 일찍이 중국에 갔을 때 옹방강의 집에서『천제
오운진적첩(天際烏雲眞跡帖)』과『시주소시(施註蘇詩)』를 보고 12권의
『시주소시』에 모두 지(識)를 적고, 그 뜻을 풀이한 글을 받은 바 있다.

그후 신위는 소동파의 문집을 여러 종 수집하였다. 1816년 중국에서 소동파의 문집을 구해 앞에 실린 초상화를 청풍오백간재에 내걸고 책상에는 소동파의 문집을 올려놓았으며 뒤에는 소동파의 냉금병(冷金屛)을 두었다. 신위는 자신의 방에 들어서면 마치 소동파의 방에 들어선 듯 기뻐하였다.

신위는 1818년 춘천부사로 나갔다가 이듬해 서울 장흥방 집으로 돌아왔다. 이때 푸른 갈대 몇 포기가 장흥방 집 정원에서 자라났다. 사람들은 신위가 벼슬에서 물러났기에 이처럼 상서로운 일이 일어난 것이라 하였다. 이에 자신의 집을 벽로방(碧蘆舫)이라 이름붙이고 이 집에서 쓴 시를 『벽로방고(碧蘆舫藁)』로 엮었다. 신위는 청의 문사 주국인(周菊人, 이름은 達)에게 벽로방의 편액을 받고자 하여 윤허주(尹虛舟)를 통해 부탁하였는데, 주국인이 보내온 글에 "허주존형(虛舟尊兄)이 못가에 집을 지었다"라는 구절이 있어 윤허주가 자신의 소유라 우겼다. 그러자 신위는 남상교(南尙敎)를 통해 다시 주국인에게 부탁하여 벽로방이라 쓴 편액을 받아 내걸었다. 옹방강이 보내온 '청풍오백간'과 '경수당' 두 편액을 쌍구(雙鉤)로 임모하여 내걸기도 하였다. 중국 문인 추음(秋吟) 장시(蔣詩)의 청을 받아 그려 보낸 「벽로음방도(碧蘆吟舫圖)」에는 성긴 버드나무 아래 배 한 척이 매여 있었다 하니, 그의 마음에 각인된 벽로방의 모습은 이러하였던 것이다. 신위의 벽로방은 여러 차례 그림으로 그려졌다. 「벽로방청공도(碧蘆舫淸供圖)」에 붙인 시에 따르면 벽로방에는 소나무, 바위, 매화, 대나무, 수선화를 심어두었는데, 이것이 맑은 운치를 제공한다고 하여 이름한 것이다.

이 시기 청나라와 조선의 문인들 사이에서는 배를 뜻하는 방(舫)이니 선(船)이니 하는 명칭을 처소에 붙이는 것이 유행이었다. 조수삼(趙秀三)의 집은 진주선(眞珠船)이었고, 이상적(李尙迪)의 집은 우선(藕船)이었다. 김영(金暎)은 춘방(春舫)이라는 현액을 걸었다.

1821년 정월에는 다시 우일보담재(又一寶覃齋)라는 현액을 내걸었다. 보담재(寶覃齋)는 옹방강의 서재 이름이니, 또 다른 옹방강의 서재라는 뜻이다. 옹방강에 대한 존경심을 짐작할 수 있다. 또 옹방강이 보내온 "거문고 타고 달을 맞으면서 꽃길로 오고, 시구를 찾고 구름을 옮기면서 대숲가의 창에 이르네(彈琴邀月來花徑 得句移雲到竹窓)"라 쓴 글씨를 얻어 벽에다 붙였다. 주국인의 집이 인월방(印月舫)이었기에 신위에게 시를 보내어 "두 사람이 집을 엮어 함께 배라 이름붙였네(兩家結屋共名舟)"라 하였으니, 해외의 벗과 사귐이 깊었음을 짐작할 수 있다. 신위는 1827년 다시 연침(燕寢)에 시몽실(詩夢室)이라는 현액을 걸었다. 청의 전림(錢林)이 신위의 「회인시(懷人詩)」를 보고 "시 읊조리는 꿈속으로 들어가, 벽려방에서 시 짓는 것을 보고 싶구나(願得放將吟夢去 薜荔舫畔看題詩)"라는 시를 지어 보냈기에 이렇게 이름한 것이다.

자하산장으로 물러나서

바쁜 관직생활에 얽매여 신위는 자하동을 자주 찾지 못하였다. 비록 자하동에 살지는 못하였지만, 신위는 검지산을 두고 "나루 앞은 원래 우리집 산(渡頭原是我家山)"이라 하였거니와, 자신의 호로 '자

세외선향 매화를 그리고 '속세를 벗어난 신선의 향기'라 썼다. 청하는 신위의 또 다른
호다. 규장각에 소장되어 있다.

하'를 고수하였으며 또 중국의 문인들에게도 자랑하였다. 오숭량(吳
崇梁)이 그림을 요구하여, 신위는 〈자하산장(紫霞山莊)〉과 〈벽려음방
(薜荔吟舫)〉을 그리고 시를 붙여 보냈으며, 또 〈자하산장도(紫霞山莊
圖)〉를 그리고 여기에 시를 써서 웅앙벽(熊昻碧)이라는 청의 문인에게
보냈다.

　그러다가 1822년 천릉(遷陵) 문제로 관악산 자락을 여러 차례 지나
다니다 자하동을 찾아 20수 연작의 「시흥잡시(始興雜詩)」를 지었다.
"자하산 아래 이르지 못한 것이, 어언 19년(不到霞山下 因循十九年)"이
라 하였으니 벼슬길에 오른 뒤로는 거의 자하동에 오지 못하였음을

알 수 있다. 자하동을 돌아본 신위는 깜짝 놀랐다. 젊은 시절 송성기와 독서를 하던 방은 채마밭이 되었다. 게다가 사람들은 모두 그를 낯설어하여 아낙네까지 문을 기웃거렸다. 이 때문에 "개울에는 물을 긷는 옹기들이 모여 있고, 숲에는 물레방아 도는 소리 요란한데, 창틈으로 엿보느라 푸른 치마 어른거리고, 문에는 사람 보고 흰둥이가 컹컹 짖는다(澗汲村甖集 林舂水碓喧 青裙窺暎戶 白犬吠迎門)"고 하였다. 다음은 당시 농가에서 본 신림동의 풍광이다. 오늘날 주택으로 빼곡한 신림동의 모습이 아닌 어느 두메산골의 모습 그대로이다.

집을 에워싼 수양버들
붉게 물든 담쟁이넝쿨.
목면을 거둔 처마에는 눈발이 날리는 듯
밀가루 빻느라 절구에는 서리가 날리네.
들밥 내는 일 한 해 내내 괴롭지만
막걸리 한 사발로 하루가 든든하다.
겨울이 가까워 세금을 재촉하느라
아전이 다시 마루에 오르는구나.

繞屋水楊柳 紅酣薜荔裳

收花簷曬雪 磨麵磑飜霜

野饁終年苦 村醪一日康

催租冬月近 吏胥復登堂

신위, 「시흥잡시(始興雜詩)」, 『경수당전고(警修堂全藁)』

신위는 이미 이승을 떠난 서영보와 함께 노닐던 옛일을 생각하고 비감에 젖기도 하였다. 서영보의 자취가 남은 여계담, 성주암(聖住菴), 자운암도 돌아보았다. 그후 요직인 강화유수로 나갔다가 1830년 윤상도(尹尚度)의 탄핵을 받고 자하동으로 물러났다. 원래 관악산에는 99개의 암자가 있었는데 당시에는 23개만 남아 있었다. 신위는 관악산의 암자들을 두루 돌아보고 찾은 곳마다 시를 지었다. 다음은 관악산의 암자를 찾아다니다 자하산장을 바라보고 지은 시다.

그림을 덮어쓴 개울가에 붉은 노을 비치는데
수정같이 맑은 땅 너머 맑은 모래 갈라 있네.
이 속에서 달빛 아래 빨래하고 연기 속에 밭가는 곳
이 모두가 유마힐에게 꽃 뿌리는 여인의 절집이라.
천 개의 푸른 개울을 함께 마시려 주발을 씻는데
사계절 끊임없이 피고 지는 꽃향기를 맡노라.
시 짓고 불공을 올리는 일 무엇이 괴로우랴
낙엽 쓰는 행각승 원하는 것도 오히려 사치일지니.
菴畵溪頭映紫霞　水晶境盡界晴沙
此間浣月耕煙者　摠是維摩天女家
洗鉢共餐千澗綠　拈香不斷四時花
作詩佛事吾何苦　掃葉頭陀願已奢

신위, 「절문에서 돌아오는 길에 멀리 자하산장이 보였는데 또한 선취가 있는 땅이었다. 마침내 이 시를 짓는다(寺門歸路遙見紫霞山莊尙亦一禪境也遂成此篇)」, 『경수당전고』

관악산 자운암

서울대학교에서 관악산으로 가는 도중에 있는 조그만 암자지만,

창건된 지 600년이 넘었다. 그 곁에 오래된 마애석불이 있다.

신위는 1827년에 부인을 잃었다. 그로부터 호를 북선원소낙엽두타(北禪院掃落葉頭陀)라 하였다. 관악산 북쪽의 암자에서 낙엽이나 쓸고 있는 행각승이라는 뜻이다. 외로운 신위에게 즐거움이 있었으니, 이웃에 사는 이씨 성의 나무꾼이 읽어주는 이야기를 듣는 것이었다. 그 나무꾼은 낮에는 산에 들어가 나무를 하고 밤에는 관솔불을 밝히고 전기(傳奇)를 읽는 것이 낙이었다. 신위는 밤마다 그를 불러 큰소리로 책을 읽게 하고 누워서 듣곤 하였다. 최수선(崔守善)이라는 사람의 초가정(樵稼亭)도 인근에 있어 가끔 그곳에서 노닐기도 하였다.

1830년 12월 신위는 병을 요양하기 위하여 한강가로 나가 어부의 집에 잠시 머물렀다가 이듬해 2월 다시 자하동으로 돌아왔다. 이 무렵 「동인논시절구(東人論詩絶句)」와 「소악부(小樂府)」 등 문학사에 길이 남을 의미 있는 작품을 완성하였다.

자하동을 떠난 자하

그렇게 자하산장에서 살았으면 좋았을 것을. 신위는 다시 벼슬길에 나아갔다. 1831년 형조참판에 임명되었으나 각질(脚疾)로 부임하지 못하였고, 이듬해 4월 도승지에 임명되면서 자하산장을 떠나 서울 장흥방 집으로 돌아왔다. 이보다 앞서 효명세자(孝明世子)가 신위의 장흥방 집에 양연산방(養硯山房)이라는 편액을 내렸는데, 신위는 누하나를 개축하여 이 편액을 걸고, 아들 명연(命衍)으로 하여금 〈포단몽환도(蒲團夢幻圖)〉를 그리게 하고 홍현주(洪顯周)로부터 글을 받아 붙였다. 열네 가지의 가을꽃을 정원에 심고 이를 「원중추화십사영(園

中秋花十四詠)」으로 노래하였다.

이 무렵 잠시 평신진첨사(平薪鎭僉使)에 임명되어 나갔는데, 그곳 침실 뒤에 모과나무 한 그루가 있어 집 이름을 무헌(楸軒)이라 하였다. 또 관아의 군사용 악기를 보관하는 누를 영조루(暎潮樓)라 하고 정당을 내하각(來霞閣)이라 이름짓고 자신의 글씨로 새겼다. 노을이 다가오는 누각이라는 뜻이면서 동시에 자하동에 대한 그리움을 담아 낸 것이기도 하다. 다시 1833년 서울로 돌아와 대사간이 되었지만, 강화유수로 있을 때 독직(瀆職)의 혐의를 받아 평산(平山)으로 유배되는 고통을 겪었다. 1834년 유배에서 풀려나 다시 도승지에 올랐고, 이조참판, 대사간, 호조참판 등을 두루 거쳤다. 장흥방에서 가마를 타고 대궐로 출근하는 것이 자하산장에서 예술을 즐기는 것보다 행복했는지는 알 수 없는 일이다.

그러다가 1845년 장흥방 집에서 세상을 떠났다. 그 육신은 자하산에 묻혔다. 그가 묻힌 자하산은 바로 국사봉이다. 부인 조씨의 무덤을 조성하면서 옆을 비워 훗날 자신이 들어갈 곳으로 마련해 둔 바로 그곳이다. 그러나 국사봉 일대가 근대에 양택(陽宅)으로 변하면서 그의 유택(幽宅)은 충청도 결성(結城) 수룡동(水龍洞)으로 바뀌었다. 오늘날 자하동에서는 신위의 자취는 어디에서도 찾아볼 수 없다. 🏷

남공철과
청계산의 옥경산장

어느 때 마음이 몸에 얽매이지 않고서

천 권의 책에 거문고와 술잔으로 이 생을 즐길까

남공철의 집터 남공철이 살던 집터에 주춧돌이 남아 있다.
99칸의 큰 저택이었다고 한다.

은둔의 땅 청계산 금릉의 둔촌

남공철(南公轍, 1760~1840)은 호를 금릉(金陵), 의양자(宜陽子), 사영거사(思穎居士)라 하였다. 부친은 대제학을 지낸 남유용(南有容)이요, 고조는 남용익(南龍翼)으로 역시 대제학을 지냈다. 백부 남유상(南有常) 또한 문명이 높았다. 남유상의 사위는 우의정 원인손(元仁孫)이요, 외손자는 영의정 이병모(李秉模)다. 남유용의 첫째부인 유명홍(兪命弘)의 집안도 대단하다. 이러니 이 집안을 17~18세기 대표적인 문한가(文翰家)로 꼽을 수 있지 않겠는가.

남공철은 서울 명례방(明禮坊)에 있던 경저에서 태어났다. 어릴 때 부친에게서 수학하였으나 열 살 무렵 부친이 연로하여 모친으로부터 언해서를 통해『시경』,『논어』,『맹자』등을 배웠다. 젊은 시절 고문에 힘써 유한준(兪漢雋)으로부터 소한유(小韓愈)라는 칭찬을 받았으며, 황경원(黃景源)과 오재순(吳載純)으로부터 한유(韓愈)의 법과 구양수(歐陽脩)의 멋이 있다는 평을 받기도 했다.『이아(爾雅)』를 좋아하여 자신의 방을 이아당(爾雅堂)이라 이름짓고 당시 일흔이었던 강세황(姜世晃)으로부터 편액을 받고 성대중(成大中)으로부터 기문을 받았다. 박지원(朴趾源), 이덕무(李德懋), 박제가(朴齊家), 박남수(朴南壽), 성대중, 이단전(李亶佃), 최북(崔北) 등과 교유한 것도 이 무렵의 일이다.

이 시기 서울의 도처에는 아름다운 원림들이 속속 들어섰다. 몇몇 이름난 원림은 사대부들이 봄놀이하는 곳으로 각광을 받았다. 남공철은 자신의 서울집을 그다지 화려하게 꾸미지 않았다. 스스로 성격이 게을러 원림을 꾸미거나 꽃을 심는 일을 하지 않는다고 고백하였다. 그저 동원(東園)이라 이름붙인 조그만 뜰에 복숭아나무 한 그루와 잡목 한 그루가 있었을 뿐이다. 씨를 뿌리지도 김을 매지도 않았지만 봄철이 되자 절로 꽃을 피웠다.

남공철이 아름다운 꽃과 나무를 싫어한 것은 아니었다. 그 역시 아름다운 땅을 찾아 귀거래하고자 하는 바람이 있었다. 남공철은 20대 중반부터 벼슬길로 나아가 초계문신(抄啓文臣)으로 활약하고 청화직(淸華職)을 두루 역임하였으니 귀거래와는 거리가 먼 듯하지만, 마흔을 넘긴 1801년 정조가 서거할 무렵부터 귀거래를 준비하기 시작한다. 그가 택한 귀거래의 장소는 청계산 아래 오늘날 성남시 금토동(金土洞)으로, 당시 금릉이라 불린 곳이다. 그의 호가 바로 이곳에서 나온 것이다. 남공철 집안의 선영은 본디 양주(楊州)의 동이골(東海谷)에 있었으나, 부친 남유용이 자신의 묘자리를 석마향(石馬鄕, 오늘날의 분당의 율동)에 정함으로써 남공철이 청계산과 인연을 맺게 된 것이다. 청계산 아래 금릉과 둔촌은 은거의 땅이요, 낙원이었다.

광주 관아 서쪽 30리를 금릉이라 한다. 평평한 밭두둑과 푸른 들판이 가운데 있고, 먼 산이 마치 병풍을 늘어세운 것처럼 둘러싸고 있다. 땅은 벼와 밀을 심기에 알맞으며, 돌은 구워서 기와로 만들기도 한다. 그 가운데 주점이 있는데 주점 곁의 작은 오솔길을 따라가면 산이 더욱 좁아지고 골짜기가 깊어지면서 점차 콸콸 흐르는 물소리가 들린다. 몸을 구부리고 문처럼 생긴 곳을 들어가면 바로 둔촌이다. 작은 언덕이 연이어 있어 마치 솥 같기도 하고 바둑판 같기

금릉의 마을 금릉은 지금의 금토동이다. 떠들썩한 성남이지만 이곳은 아직도 한적하다.

도 하며, 말갈퀴 같기도 하고 나란히 솟아난 죽순 같기도 한데, 한 구역을 이루고 있다. 골짜기 안으로 들어가면 비로소 깨끗하고 한가하며 넓은 곳임을 알게 된다. 그곳에는 숲이 울창하다. 고려 때의 학사 이집(李集)이 살던 곳이라는 터가 있는데, 그후 권씨가 살다가 다시 주인이 바뀌어 지금은 나에게 돌아왔다. 금릉과 두촌은 모두 청계산(淸溪山)으로부터 구불구불 뻗어나와 언덕 하나를 사이에 두고 마을을 이루는데 세시마다 거주하는 사람들이 왕래하여 계(契) 모임을 갖는다. (중략)

금릉과 두촌은 시내와 산으로 온 고을에 이름을 떨치고 있는데 풍속 역시 순박하여 좋다. 사족들은 모두 시서(詩書)를 업으로 삼고 이익을 따지는 마음이 없다. 조정에서 벌어지는 의론의 잘잘못이나 정치의 선악을 말하지 않는다. 백성들은 더욱 근실하다. 초가로 지붕을 이고 구들을 깔고 사는데, 남자와 여자, 소와 개가 아무런 구분 없이 섞여 산다. 농사짓고 베짜는 여가에 토란, 참외, 채소 등을 기르기를 좋아한다. 떠돌아다니며 밥을 빌어먹거나 고용살이하는 것은 부끄럽게 여긴다. 마을 안팎에 집이 백여 채다.

남공철, 「둔촌제승기(遁村諸勝記)」, 『금릉집(金陵集)』

오늘날 서울의 둔촌동이라는 명칭은 고려의 문인 둔촌 이집이 살았던 데서 유래한 것으로 알려져 있는데, 남공철의 이 글에 따르면 둔촌은 오늘날 서울공항에서 판교로 가다가 토지공사에서 오른쪽 길을 따라 들어가면 나타나는 청계산 자락을 가리킨다는 것을 알 수 있다.

우사영정과 옥경산장

남공철은 청계산 자락에 우사영정(又思穎亭)을 마련하였다. 44세 되던 순조 1년(1801) 청계산의 한 자락인 옥경산(玉磬山)에 있던 정자를 사서 이 이름으로 바꾼 것이다. 옥경산은 금토동 쪽의 청계산 봉우리를 가리키는 듯하다. 우사영정은 북송(北宋)의 문인 구양수에 대한 사모의 뜻을 담은 것이다. 구양수는 44세에 영주(穎州)의 땅을 마련해 두었다가 64세에 벼슬을 그만두고 물러나 살았다. 남공철이 44세에 옥경산의 땅을 산 것도 바로 이 때문이다. 구양수는 영주를 떠난 후 그곳을 그리워하여 '사영(思穎)'이라는 제목의 글을 여러 편 지었다. 이 때문에 그를 사모한 남공철이 다시 그곳을 그리워한다는 뜻으로 정자 이름을 '우사영(又思穎)'이라 한 것이며, 이를 기려 「우사영정기」를 지어 정자의 남쪽 벽에 붙였다. 오연상(吳淵常)에게도 기문을 받아 걸었다. 그리고 '사영'과 '영옹(穎翁)'을 자신의 호로 삼았다.

　　우사영정은 기둥을 여섯 개 둔 세 칸짜리 건물인데 날개를 달고 지붕을 이어달아 기둥을 몇 개 더 두었다. 정자 앞뒤에 울타리를 치고 채마밭을 만들어 채소를 심었으며, 땅을 개간하여 논밭을 만들어 기장이나 벼를 심을 수 있게 하였다. 매화나 국화, 오동나무, 대나무 등을 마구잡이로 심어두고 꽃과 잎 사이로 지팡이를 끌고 배회하였다. 밤에 바위평상 위에 앉아 동남쪽을 바라다보면 산이 트인 부분에 달빛이 일렁이는데 텅 비고 푸른 하늘에 파도가 멀리 쏟아지는 듯한 형세가 있었다. 그 동쪽이 불현(佛峴)인데, 예전에 절이 있어 이런 이름이 붙었으나 지금은 절이 없어졌다. 연산(硏山)과 발봉(鉢峯)은 그 모습이 거북과 비슷하여 구암(龜巖)이라고도 한다. 그 아래 산장을 만들었다. 기둥과 난간은 새기거나 장식을 하지 않고 주렴과 휘장을 달아 겨울에는 그윽하게 하고 여름에는 탁 트이게 하였다. 그 가운데 앉아 있으면 마음이 열리고 정신이 모인다. 사방의 산에서 소나무 소리만 들리는데, 차를 끓이는 듯 생황을 연주하는 듯 하다.

　　또 서쪽은 선암(仙巖)이다. 우뚝 높아서 사람들의 발길이 닿지 않는다. 그 가운데 인삼과 석이버섯이 난다. 아래로 맑게 고인 샘물이 보이는데, 물풀에 뒤덮여 있다. 조금 아래쪽에 일산을 덮은 것같이 일어난 봉우리가 일산봉(日傘峯)이다. 그 아래는 둥그스름하게 긴

옥경산 바위가 흰 빛이고 모습이 특경과 같아 옥경산이라는 이름이 생겼다.

골짜기다. 물이 그 사이에서 흘러나오는데 청계동(淸溪洞)이라고도
한다. 물길이 청계산에서 발원하기 때문이다. 시내가 십 리에 걸쳐
끊어지지 않아 구곡(九曲)을 이룬다. 위에는 초가집이 한 채 있는데
예전에는 마을의 서생 진씨(秦氏)가 살던 곳이다. 내가 50냥을 주고
사서 글을 배우러 오는 자가 있으면 그곳에 살게 하였다. 소나기가
내리고 나서 날이 막 개면 시냇물이 불어나는데, 이를 바라다보면
마치 구슬을 날리는 듯하고 눈을 뿌리는 듯하다. 물길이 바위에 부
딪쳐 한 자나 되는 잉어처럼 튀어오른다.

　꺾어져 가다가 작은 다리를 지나면 남으로 옥경산이 있다. 바위
가 모두 흰데 그 모습이 악기인 특경(特磬) 같다. 밤나무와 단풍나
무가 빙 둘러 그늘 사이로 햇빛이 새어나온다. 산허리 오목한 데서

폭포물이 흘러나와 두 단계를 이루며 아래 못으로 떨어진다. 첫번째 폭포는 벼랑을 따라 구불구불 내려와 검푸른 빛을 띠는데, 술을 담그면 한 되 무게가 한 근이 된다. 두번째 폭포는 가파른데 위는 마룻대처럼 되어 있고 아래는 숫돌처럼 되어 있다. 햇빛이 높은 나무를 비추어 못과 함께 붉고 푸르게 끊어진 무지개처럼 비치다가, 다시 흩어져 구름과 노을이 된다. 그 모습이 매우 아름답다. 내가 석공에게 부탁하여 옥경동(玉磬洞), 조기(釣磯) 등 여러 글자를 그 위에 새기려 하였으나 이루지 못하였다.

봄이 깃든 산에 비가 내리려 한다는 이름의 춘산욕우정(春山欲雨亭)이 청룡암(靑龍巖) 조금 위쪽에 있는데 사면이 모두 산이다. 봄이 찾아와 초목이 짙푸르면, 원명(元明)의 이름난 서화가 석전(石田) 심주(沈周)와 자구(子久) 황공망(黃公望)이 그림으로 그린 맛이 생기게 되므로 이렇게 편액한 것이다. 군자지(君子池)는 그 터를 베고 있다. 연잎 사이로 피라미와 작은 게가 물을 뿜으며 노닐고 있다. 사람으로 하여금 산수에 머물러 살고 싶은 생각이 들게 한다.

남공철, 「둔촌제승기(遁村諸勝記)」, 『금릉집』

남공철은 모친의 상중에 둔촌에 머물면서 가끔 찾아오는 벗들과 어울려 지냈지만, 대체로 외로운 생활을 하였다. 한긍리(韓兢履)라는 벗이 숙부를 모시고 와서 하루를 묵으면서 이웃에 집을 사서 오겠노라 말하였지만 결국 오지 않았다. 그에게 위안이 되는 것은 집에서 보이는 아름다운 풍광뿐이었다. 남공철은 춘산욕우정에서 바라다보이는 기야촌(箕埜村)의 사계절 아름다운 풍광을 자랑하였다. 그중 봄과 여름의 풍광을 보인다.

> 곳곳에 자고새 울음
> 봄바람 부는 삼월.
> 땔감 하는 하인도 바보구나
> 소등에 꽃을 싣고 오다니.
> 處處聞鷓鴣　春風三月時
> 柴奴亦一痴　牛背駄花枝
>
> 들판은 온통 푸른빛 짙은데
> 들물은 찰랑찰랑 넘치네.
> 농부는 들밥을 마주하고
> 막걸리에 점심을 드네.
> 平疇一靑苗　野水出瀲瀲
> 田夫方午饁　麥酒又飯兼

남공철, 「춘산욕우정관기야촌가사경도(春山欲雨亭觀箕埜村家四景圖)」, 『금릉집』

하인은 나무하러 갔다가 소등에 진달래만 가득 싣고 왔다. 하인도 남공철의 풍류를 배운 것이다. 이러한 멋이 순박한 둔촌의 백성들과 어우러진다. 봄이 온 논에 물이 뿌연데 파란 논둑길에서는 농부가 아낙네가 내어온 들밥을 먹고 막걸리를 마신다. 남공철도 막걸리 한 사발을 얻어마셨을 듯하다. 남공철은 우사영정 곁에 자신이 거처할 옥경산장을 지어 멋을 더하였다. 옥경산장은 그리 크지 않았지만 맑은 운치를 누리기에는 부족함이 없었다.

둔촌은 옥경산 아래에 있는데 주위가 겨우 십 리쯤 된다. 질푸른 물이 바위틈에서 흘러나오는데 술을 담을 만하다. 이 때문에 이름을 청계(清溪)라 한 것이다. 개울 주위에 집이 대여섯 채 있어 밤이면 등불이 숲 사이에 깜빡거린다. 의양자의 우사영정이 이곳에 있다.

정자 동쪽에 기둥 아홉을 세운 작은 서실을 만들었는데 아로새기지도 장식을 하지도 않고서, 그저 비바람이나 가릴 정도로 단출하게 지었으며 창에 비단휘장만 쳐두었을 뿐이다. 포단(蒲團) 하나를 깔고 궤안(几案) 하나를 두고서 하늘을 쳐다보고 땅을 내려다보고 누웠다 일어났다. 때때로 사마천의 『사기(史記)』나 한유, 구양수의 글을 손에 잡히는 대로 읽었다. 뜰에는 파초, 작약, 벽오동 수십 종을 심고 뜰 뒤에는 소나무, 회나무 수천 그루를 심었다. 편액하여 옥경산장이라 하였다.

청명(清明)과 곡우(穀雨) 사이에 완성되었기에, 비가 그쳐 살짝 시원해지면 난간에 기대어 사방을 바라보았다. 봉우리는 목욕이나 한 듯 허공에 파랗다. 밝은 달이 산이 트인 동남쪽에서 떠올라 못에 일렁인다. 숲도 푸르고 하늘도 푸르니 만상이 산뜻하다. 때때로 시골 농부들과 농사일이나 말하고 정치의 득실이나 인물의 선악은 절대 입에 담지 않았다. 손님이 가고 나면 대나무를 얽어 만든 가마를 내오게 하여 푸르고 평평한 밭두둑 사이를 다녔다. 험한 길이 나오면 돌아왔다. 돌아와서는 문을 닫고 흡족해하였다.

남공철, 「옥경산장기(玉磬山莊記)」, 『금릉집』

옥경산장이 이처럼 아름답다 해도 늘 그곳을 지키고 있을 수는 없었다. 남공철은 순조 2년(1802) 2월 경상도관찰사가 되어 이곳을 떠났다가 순조 4년 모친상을 당하여 둔촌으로 돌아오게 되었다. 풍수가의 말을 들어 마침내 정자 뒤쪽 도덕봉(道德峯) 아래쪽에 장사를 지냈다. 그 동쪽으로는 석성(石城)이 바라다보이는데 봉우리가 구불구불 뻗어 청계산과 마주하고 있다. 남공철은 멍석만 한 땅을 구하여 죽은 후 묻힐 계획으로 삼고 도자기에 묘지(墓誌)를 썼다(이때 쓴 묘지는 남아 있지 않고 60세에 쓴 自碣銘만 전한다). 그 근처 금릉의 여러 곳으로 나가 제사지낼 밭을 만들어 봄가을 제사를 받들게 하였다.

남공철의 인생에서 둔촌에 비교적 오래 머물 수 있었던 때는 모친의 상중뿐이었다. 스스로 농사를 지을 수는 없었기에 머슴을 고용하여 논밭을 돌보게 하고, 자신은 방 안에 앉아 글을 짓거나 때때로 향을 태우고 명상에 잠겼다. 옥경산장에 고서 3천 권, 금석문 수십 종을 소장해 두고 손에 잡히는 대로 편하게 읽었다. 평소 술을 좋아하지 않았지만 늘 술을 한 병 놓아두었으며, 타지 않는 거문고 하나, 두지 않는 바둑판 하나를 두었다. 이렇게 사는 것이 당시 벌열가의 유행이었다. 집집마다 화원을 꾸미고 중국에서 수입한 서책들을 가득 쌓아두고 화려하게 살고자 하였던 것이다. 남공철의 문집에는 자신이 소장

남공철의 묘 금토동 청계산 기슭에 있다. 그 앞쪽 개울 건너에 옥경산장이 있었다.

하였던 금석문과 서화에 붙인 발문이 적지 않게 실려 있는데 대단한 명품들이 나열되어 있다. 스스로 서화에 벽이 있어 좋은 물건이 나오면 옷을 벗어서라도 구하였고, 남의 집에 선본(善本)이 있다는 말을 들으면 찾아가 구경하곤 하였다. 옥경산장에 법서(法書)와 명화(名畫), 고대의 동옥(銅玉)과 이정(彝鼎)을 진열해 두고 품평하고 완상하는 일을 취미로 삼았다.

와유를 통한 귀거래의 동경

한가로움은 늘 가질 수 있는 것이 아닌 꿈일 뿐이다. 격변하는 19세기 정치사에서 남공철이 청계산 아래 마냥 편히 쉴 수는 없었다. 산수 자연에서 영원히 한적하게 살 수 있기를 바란 것은 중년의 꿈이었다.

옥경산장 앞의 개울

옥경산장에서 흘러나오는 그물처럼 개울이 여전히 맑다.

가을 지난 농가에는 만물이 산뜻하니

엷은 단풍 짙은 국화 고운 빛을 자랑하네.

서산에 터진 구름 속으로 학이 날아가는데

작은 도랑 시든 연꽃을 물고기가 지고 가네.

우연히 정자 이름 구양수를 그리워한 것이라

태연히 귀거래를 노래하니 도연명 같구나.

어느 때 마음이 몸에 얽매이지 않고서

천 권의 책에 거문고와 술잔으로 이 생을 즐길까.

秋後田家物物清　澹楓濃菊媚新晴

西山雲缺鶴飛去　小港荷殘魚負行

偶爾亭名懷永叔　居然歸賦似淵明

何時心不爲形役　千卷琴樽娛此生

남공철, 「우사영정에서(又思潁亭漫吟)」, 『금릉집』

남공철은 순조 1년(1801) 우사영정과 옥경산장을 세웠지만, 그 이
듬해 홍문관 부제학으로 문한(文翰)의 일을 맡아야 했고 다시 경상도
관찰사에 임명되어 둔촌을 떠나야 했다. 모친의 상을 치르던 2년 동
안은 둔촌에 머물 수 있었지만 탈상 후에는 다시 조정으로 불려가 성
균관 대사성, 홍문관 부제학 등을 역임하고 공조와 예조, 이조의 판서
를 두루 지냈으며, 순조 9년(1809)에는 부친을 이어 양관대제학에 올
랐다. 그후에도 판서와 의정부 참찬, 우의정, 좌의정, 영의정에 차례
로 올라 실무로 바쁜 나날을 보내야 했다. 용산(龍山)에 삼의헌(三宜

軒)을 지어 산수를 즐기고자 하였지만 그 역시 꿈이었을 뿐이다. 이 때문에 남공철은 둔촌의 사계절을 즐기는 자신의 모습을 그림으로 그려두고 와유(臥遊)를 즐겼다.

둔촌사경도(遯村四景圖) 첫번째 폭은 못가의 석상(石床)에 앉아서 향을 태우고 책을 펼치고 있는 모습이다. 매화와 살구, 철쭉이 불이 붙은 듯 곱게 피어 가끔 꽃비처럼 떨어진다. 금빛 은빛 나비가 옷에 붙어 떨어지지 않는다. 두번째 폭은 도연명의 두건을 쓰고 명아주로 만든 지팡이에 종려에서 뽑은 실로 엮은 신발로 벽오동 아래 서 있는 모습이다. 맑은 바람이 천천히 불어와 벼이삭이 흔들흔들하면 푸른빛 일색의 파도가 치는 듯하다. 세번째 폭은 송아지를 타고 있는 모습이다. 소뿔에 술병을 걸고 단풍나무숲과 바위틈을 왕래하노라면 사방의 산이 시커멓게 되어 비가 내리는 듯하다. 원명(元明)의 이름난 서화가 심주와 황공망의 그림을 보는 듯한 맛이 있다. 네번째 폭은 산에 내리던 눈이 막 그치고 처마의 고드름이 땅까지 드리워졌는데, 대나무로 만든 창에는 휘장을 내리고, 아이로 하여금 화로를 피워 밤을 굽게 한다. 뜰의 늙은 잣나무가 우뚝 서 있는 모습을 내려다보면 겨울에도 시들지 않는 자태가 있다. 그 아래 한 폭의 발문이 적혀 있다. 의양자가 산을 구입한 지 오래되었지만 귀거래하지 못하였다. 한번 성시로 들어가면 문득 꿈에 나타난다. 이 때문에 이 그림을 그려 때때로 펼쳐본다. 옛사람 양만리(楊萬里)가 「산거기(山居記)」에서 이른 말 중에 "내 사는 곳에는 산이 없지만 내 눈에 산이 없었던 적이 없다" 한 것이 이 뜻이다.

남공철, 「둔촌사경도발(遯村四景圖跋)」, 『금릉집』

남공철의 마음은 둔촌에 있었지만 몸은 정릉(貞陵)의 경저에 있었다. 노년에 영의정의 자리를 몇 차례나 다시 맡아 하면서 은둔의 땅 둔촌은 꿈속의 일이 되었다. 순조 25년(1826)에는 벗 이서구(李書九)로부터 「우사영정기」를 받는다. 그 전해에 영의정을 사직하고 판중추부사가 되어 비교적 한가한 시간을 보냈으나 둔촌으로 돌아갈 수는 없었기에 이서구에게 기문을 청하여 은거의 꿈을 잃지 않으려 한 것이다. 이서구는 남공철이 바쁜 공무 중에도 산림의 유정(幽靜)한 즐거움을 한시도 잊은 적이 없다고 하였다.

남공철이 치사의 뜻을 이룬 것은 순조 33년(1833)으로 그의 나이 74세 때의 일이다. 그는 성은에 감사하는 뜻으로 자신의 집을 귀은당(歸恩堂)이라 하고 다음과 같은 시를 지었다.

> 여유 있는 산림에서의 삶은 일찍부터 품은 것
> 10년 동안 도모하다 이제야 실천하게 되었네.
> 급류에서 용퇴한다는 말 부끄러워라
> 허연 머리에 돌아와 쉬니 또한 성은이로다.
> 優遊林壑夙心存　十載經營始踐言
> 從愧急流能勇退　白頭歸臥亦君恩

남공철, 「귀은당(歸恩堂)」, 『금릉집』

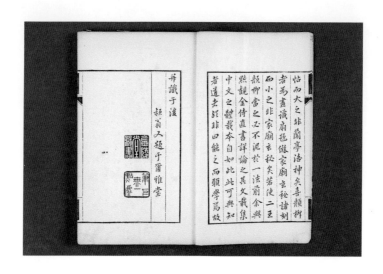

귀은당집 발문 끝에 "영옹이 다시 이아당에서 쓰다"라 하였다. 남공철이 노년에 벼슬에서
물러나 집 이름을 귀은당이라 하고 문집을 귀은당집이라 하였다.

　남공철이 살던 은둔의 마을 둔촌은 이미 고려시대 호를 둔촌이라
한 이집이 살았고, 남공철보다 10여 년 뒤에 태어난 여류문인 강정일
당(姜靜一堂)도 죽어 이곳에 묻혔다. 풍속이 소박하던 이 마을은 지금
어수선하다. 2천여 평에 달하는 남공철의 옥경산장 터에는 철통같은
보안을 자랑하는 군부대가 자리잡았고, 일부는 마구잡이로 파헤쳐
일구어놓은 경작지와 수목원으로 변해 버렸다. 2002년 육군사관학교
에서 실시한 지표조사에 따르면 이곳에는 '옥경산(玉磬山)'이라는 글
씨가 바위 측면에 새겨져 있고 바위의 바닥에는 '청계(淸溪)'라는 글
씨가 새겨져 있다고 한다.

3. 세상을 구하고자 한 뜻

여유당

목천의 농수각과
홍대용의 실학정신

소반의 밥은 옥처럼 고운데

시렁의 책에 서첨을 붙이네

홍대용의 집터 천안 수신면 장명리의 수촌마을에 초라한 모습으로 남아
있다. 집 이름은 담헌이라 하였다.

천안 수촌 홍대용의 무덤

천안시 수신면 장산리 462-22번지 도로변에 그다지 크지 않은 무덤이 하나 있다. 조선 실학을 대표하는 학자 홍대용(洪大容, 1731~83)의 묘소다. 그의 문집『담헌서(湛軒書)』에는 벗 박지원(朴趾源)이 쓴 묘지명과 이송(李淞)이 쓴 묘표(墓表)가 실려 있다.『담헌서』를 편집한 정인보(鄭寅普)는 박지원의「홍덕보묘지명(洪德保墓誌銘)」과 이송의「담헌홍덕보묘표(湛軒洪德保墓表)」(이송의 문집에는「永川郡守洪公墓表」라 되어 있다)를 비교하며 박지원의 것은 탕일(宕逸)하고 기이(奇異)함이 보이는 데 비하여 이송의 것은 진실하면서도 깊이가 있어 향기가 절로 멀리 퍼지니, 둘 다 명편이라 하였다. 지금은 김흥근(金興根)이 지은 글이 비문에 새겨져 있다. 그 아래 홍대용이 살던 집터가 있다. 홍대용은 이곳 장산리에서 태어났다.

이곳은 지금 천안에 속하지만 당시에는 청주의 수신면(修身面) 장명리(長命里)였다. 장명은 장수(長壽)라는 뜻이다. 그래서 당시에 이 마을을 수촌(壽村)이라고도 하였다. 압구정(狎鷗亭)으로 이름난 조선 초기의 재상 한명회(韓明澮)의 무덤이 인근에 있다.

홍대용의 집안은 남양홍씨로, 방계의 선조인 조선 초기의 홍언필(洪彦弼)과 홍섬(洪暹), 이조판서를 지낸 홍담(洪曇)과 인조반정에 가담하여 남양군(南陽君)에 봉해지고 판중추(判中樞)를 역임한 홍진도(洪振道) 등이 유명하다. 그 후손들도 대대로 벼슬길에 나아갔는데 증조 홍숙(洪璹)은 남계군(南溪君)으로 참판을 지냈고 조부 홍용조(洪龍祚) 역시 충청감사를 역임하였으며, 부친 홍력(洪櫟)은 나주목사, 숙부 홍억(洪檍)은 병조판서에 이르렀으니 명문가로서 손색이 없다 하겠다. 이 집안은 대대로 남양의 청명산(淸明山) 등지에 선영이 있었는데, 증조 홍숙이 장명리에서 그리 멀지 않은 발산(鉢山)에 묻혔고 조부 홍용조가 벼슬에서 물러난 뒤로 청주에서 산 것으로 미루어보건대, 이즈음 장명리에 선영을 조성한 듯하다. 그렇지만 이곳이 이름난 땅이 된 것은 다름 아닌 홍대용 때문이다.

담헌과 농수각

홍대용의 호는 담헌(湛軒)이다. 담헌은 본디 수촌에 있던 그의 집 이름이다. 홍대용은 1762년 화양서원(華陽書院)의 재임(齋任)을 맡았지만 벼슬길에 나아간 것은 아니었다. 게다가 이해 부친이 환곡(還穀)을 잘못 처리하였다 하여 예천(醴泉)에 정배되어 5년이나 금고(禁錮) 생활을 하였으니 마음이 편치 못하였을 것이다. 이 무렵 그가 살던 집이 바로 담헌이다. 담헌은 스승 김원행(金元行)이 지어준 이름이다. 홍대용이 중국에 갔을 때 엄성(嚴誠)에게 들려준 담헌의 모습은 다음과 같다.

집의 제도는 이렇습니다. 네모난 두 칸 가운데 방을 한 칸 만들고 북쪽에 반 칸 협실(夾室)을 두었습니다. 동쪽에 반 칸의 누(樓)를 만들어 길게 하였고, 서남쪽은 모두 반 칸의 헌(軒)을 만들고 담헌(湛軒)이라 하였습니다. 서쪽으로 길게 하여 남쪽으로는 누 아래에 이르게 하였습니다. 지붕은 짚으로 덮고 아래에 섬돌을 만들었습니다.

사면에 뜰이 있어 말이 돌아다닐 만하고 남쪽에는 수십 보 되는 네모난 못이 있습니다. 물을 끌어들여 배를 띄울 만하고, 둥근 섬을 쌓았는데 주위가 십 보 가량 됩니다. 그 위에 작은 누각을 세워서 혼천의(渾天儀)를 보관하고 있습니다. 못을 둘러 돌을 쌓아 제방을 만들었는데 제방 위가 넓어서 뜰이나 마찬가지입니다. 나지막한 담으로 두르고 담 아래에 흙을 모아 계단을 만들고 이러저러한 잡꽃을 심었습니다. 이것이 집의 대강입니다.

홍대용, 「건정동필담(乾淨衕筆談)」, 『담헌서(湛軒書)』

홍대용은 담헌의 아름다운 풍경 여덟 가지를 꼽고, 그 속에서 산수자연의 풍류를 즐겼다. 산속 누대에서 거문고를 타다(山樓鼓琴), 섬 안의 누각에서 종이 울리다(島閣鳴鐘), 거울 같은 못에서 고기를 바라보다(鑑沼觀魚), 구름다리에서 달빛을 구경하다(虛橋弄月), 연못에서 배를 타고 신선을 흉내내다(蓮舫學仙), 선기옥형으로 천체를 관측하다(玉衡窺天), 감실에서 시초로 점을 치다(靈龕占蓍), 활터에서 기러기를 쏘다(殼壇射鵠) 등이 그가 꼽은 팔경(八景)이다.

동쪽에 있는 향산루(響山樓)에 산수화 족자를 걸어두고 책상 위에는 현금(玄琴) 몇을 두었기에 '산루고금(山樓鼓琴)'이라 하였으며, '감소관어(鑑沼觀魚)'는 일감소(一鑑沼)에서 물고기를 구경하는 것이다. 네모난 못을 파고 콸콸 흐르는 맑은 물을 끌어들였는데 정원의 대나무가 물 속에 거꾸로 비쳐 출렁거리며 기묘한 변화를 일으켰기에 일감소라 한 것이다. 물고기가 많아 큰 것은 한 자 정도 되는데 물결을

홍대용의 묘

1857년 김홍근의 비문을 새긴 비석이 서 있다. 박지원의 명문으로 평가되는

〈홍덕보묘지명(洪德保墓誌銘)〉을 새기는 것이 더욱 좋을 것이다.

내뿜고 거품을 일으키면서 물풀 사이에서 뛰놀았다. 홍대용은 물고기를 보고 『시경(詩經)』의 "물이 넘실거리니, 굶주림을 잊겠네(泌之洋洋 可以樂飢)"라는 말을 생각하였으니, 은자로서의 삶을 지향한 것이기도 하다.

연못 북쪽 언덕에 나무다리를 놓아 농수각(籠水閣)이 있는 섬과 통하게 하고 그 이름을 보허교(步虛橋)라 했다. 바람이 잦고 물결이 고요할 때면 구름 그림자와 날아가는 새의 모습이 비쳐 보였고, 밤에는 달빛이 물에 비쳐 금파(金波)가 요란하여 사람이 그 위를 걸어가면 무지개를 타고 하늘로 오르는 것 같았다. '허교농월(虛橋弄月)'이 이를 가리킨다. 그리고 나무를 깎아 네모난 배를 만들어 두 사람이 탈 수 있게 하였다. 한쪽 머리는 둥글고 크며 한쪽 머리는 뾰족하고 높은데, 붉게 칠을 하여 연꽃 모양으로 만들고 그 이름을 태을연(太乙蓮)이라 하였다. 해선도(海仙圖)에 보이는 태을연주(太乙蓮舟)의 모습을 취한 것이기에 '연방학선(蓮舫學仙)'이라 하였는데, 송(宋)나라 한구(韓駒)가 화가 이공린(李公麟)이 그린 〈태일고야도(太一姑射圖)〉를 보고 지은 시에 "태일진인이 연잎 배를 탔는데, 두건 벗고 머리 드러내니 찬바람이 이네(太一眞人蓮葉舟 脫巾露髮寒颼颼)"라고 묘사한 풍류를 상상한 것이다. 이쯤 되면 신선의 경지에 오른 것이라 하겠다.

향산루라는 이름은 종병(宗炳)의 글에서 따온 것이기도 하지만, 홍대용은 여기서 나아가 사물을 관찰하여 그 안에 내재한 원리를 파악하고자 하는 학자적인 모습을 투영하였다. 일감소라는 이름 역시 주자(朱子)의 「방당(方塘)」 시의 "네모난 작은 못에는 거울 하나 열렸으니, 하늘빛과 구름 그림자가 함께 일렁거리네(半畝方塘一鑑開 天光雲影共徘徊)"에서 가져온 것을 보면, 물리(物理)를 관찰하고자 한 성리학자로서의 자세를 엿볼 수 있다.

홍대용은 못의 동쪽에 돌을 쌓아 두서너 사람이 앉을 수 있는 단을 만들고 그 이름을 지구단(志殼壇)이라 하였다. 책을 읽거나 농사를 짓는 여가에 이곳에서 마을사람들과 활을 쏘았다. 활을 쏘는 것은 한량의 행동이 아니다. 『맹자(孟子)』에서도 "학자도 또한 반드시 활쏘기에 뜻을 두어야 한다(學者亦必志於殼)"라고 하였다. 또 향산루의 북쪽에 감실 하나를 세우고 점을 치는 방 시실(蓍室)을 만들었는데 그 이름을 영조감(靈照龕)이라 하였다. 전통적인 성리학자의 모습을 볼 수 있다. 홍대용은 장차 해야 할 일이 있으면 이곳에서 향을 피워 마음을 가다듬은 뒤 시초(蓍草)를 나누고 모아서 『주역』의 점괘를 뽑았다. '영조'라는 명칭은 "영명이 위에서 비친다(靈明在上照)"는 고시(古詩)에서 따온 것인데 하늘의 뜻을 따르겠다는 전통적인 성리학자의 사고방식을 확인할 수 있다.

이러한 삶의 모습은 이전의 지식인들에게서도 찾아볼 수 있는 것이지만, 홍대용은 여기에 더하여 '도각명종(島閣鳴鐘)' '옥형규천(玉衡窺天)'과 같은 과학자로서의 자세도 함께 보이고자 하였다. 과학에 대한 홍대용의 관심이 어디에서 배태된 것인지는 확실하지 않다. 스승 김원행의 문하에 호남을 대표하는 실학자 황윤석(黃胤錫)이 있었으니, 스승의 영향으로 실용적 학문에 눈을 뜨게 되었을 가능성이 있지만 자세한 것은 알 수 없다. 홍대용은 스물네 살 되던 1754년 석실(石室)

로 찾아가 김원행에게 『소학(小學)』을 배웠는데, 그로부터 5년 뒤인 1759년 나주목사로 부임하는 부친을 따라 나주로 갔을 때 이미 과학자로서의 면모를 유감없이 보여주었으니 타고난 자질을 갖추었다 하겠다. 홍대용은 자신이 만든 혼천의에 대해 이렇게 적고 있다.

기묘년(1759) 가을에 금성(錦城)으로부터 서석(瑞石, 광주)을 유람할 때 동복(同福) 물염정(勿染亭) 아래로 석당(石塘) 나경적(羅景績)을 찾아갔다. 석당은 남방의 기이한 선비로서 은거하여 옛것을 좋아하는데 나이가 이미 70여 세이다. 그가 손수 만든 시계를 보니 서양의 방법을 따른 것인데, 제작이 정밀하여 하늘의 신묘한 공을 빼앗을 만하였다. 나는 그 재주와 고안의 교묘함을 신기하게 여겨 몇 시간 동안 더불어 이야기하였다. 그는 용미(龍尾), 항승(恒升), 수고(水庫), 수마(水磨) 등을 연구하여 오묘함을 터득하지 않은 것이 없었다. 마침 그가 이렇게 말하였다. "선기옥형(璿璣玉衡)과 혼천(渾天)의 제도는 주자가 남겨놓은 법이 있으나 은미한 말일 뿐 저술로 남기지 아니하였고, 후세 사람들이 고증한 것도 없습니다. 이에 감히 의심스러운 것은 버려두고 빠진 것은 보충하되 서양의 방법을 참고하여 관찰하고 생각하였습니다. 거의 몇 년이나 되어 대략 방법을 터득하였습니다. 그러나 집이 가난하여 재력이 없으므로 제작 비용을 장만하지 못해 그 뜻을 이루지 못하고 있습니다" 하였다.

나 또한 혼천의를 제작하는 일에 관심을 두었지만 그 요령을 얻지 못하였다. 도산(陶山)의 퇴옹(退翁, 이황)이 제작한 것이나 화양

(華陽)의 우암(尤庵, 송시열)이 제작한 것은 모두 부서지거나 소략하여 증빙할 만한 것이 없었다. 이에 석당에게 재능이 있는 것을 기뻐하여 그 재주를 크게 활용하여 옛 성인의 법상(法象)이 다시 세상에 전하도록 하려 하였다. 이듬해 초여름에 석당을 금성으로 초빙해 와 크게 재력을 들이고 손재주 있는 장인들을 불러들여, 두 해가 지나서야 대략 완성하였다. 다만 그 도수(度數)에 자못 착오가 있었고 기물이 혹 쓸데없이 번쇄한 것도 있어서, 나의 마음대로 번잡한 것을 버리고 간이하게 하여 천상(天象)에 맞도록 힘을 썼다. 또 후종(候鍾, 자명종)의 제도를 취하되 상당히 가감하여 톱니바퀴가 서로 물려 돌아가 밤낮으로 하늘을 따라 움직임이 각각 그 도수에 맞게 하였는데, 또 한 해가 지나서야 제작을 마쳤다. 석당의 문인 중에 안처인(安處仁)이라는 사람이 있는데, 그 정밀한 생각과 특출한 기교가 석당의 학술을 깊이 터득하고 있었다. 이 일을 하는 데 있어 각 기물의 도수에 관한 것은 대개 석당 나공의 뜻에서 나왔고, 제작의 교묘한 기술은 대부분 안씨의 손에서 이루어졌다.

홍대용, 「건정동필담속(乾淨衕筆談續)」, 『담헌서』

홍대용이 만든 혼천의는 대단히 정교하였던 듯하다. 이어지는 글에 따르면 수많은 톱니바퀴를 사용하여 외부에는 해와 달과 별의 운행을 재현시켜 놓았고 내부에는 시각을 표시할 수 있게 되어 있었다. 물론 혼천의를 만드는 데는 나경적과 안처인의 도움이 결정적이었다. 『이재난고(頤齋亂藁)』에 따르면 나경적은 나경훈(羅景壎)으로 되어

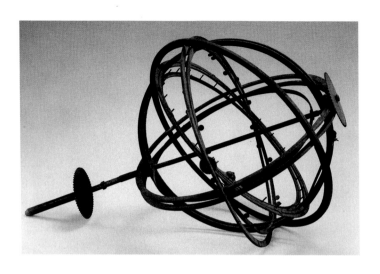

혼천의 홍대용이 천체를 관측하기 위하여 만든 기구로 농수각에 소장되어 있었으나 지금은 숭실대박물관에 있다.

있는데 동복 사람이다. 그와 염영서(廉永瑞)가 혼천의와 자명종 등을 만드는 것을 보고 홍대용이 상세하게 물어보고 관아로 돌아와 주물로 똑같이 만들었다고 한다. 『이재난고』에는 혼천의를 만드는 데 제작비가 4~5만 문이 들었다 하는데, 이는 당시 집 한 채 값에 해당하는 거금이었다. 스승 김원행의 아들인 김이안(金履安)도 홍대용의 농수각을 찾아와 정교한 기계를 보고 크게 놀라 「농수각기(籠水閣記)」를 지은 바 있다.

홍대용은 처음에 혼천의를 수촌의 집 안에 설치하였으나 건물이 좁고 누추하여 손상될 우려가 있다고 보아, 집 남쪽에 새로 네모난 못을 파고 물을 끌어들인 다음 한가운데 둥근 섬을 만들고 그 위에 농수각을 지어 보관하였다. 농수(籠水)는 두보(杜甫)의 「형주에서 이대부를 광주로 보내면서(衡州送李大夫七丈勉赴廣州)」라는 시의 "조롱에 갇힌 새처럼 세월을 보내고, 드넓은 천하에서 물풀처럼 떠다니네(日月籠中鳥 乾坤水上萍)"에서 따온 것이다. 좁은 조선땅에 살지만 마음만은 온 천하를 두루 다닌다는 뜻을 표방한 것이다. 홍대용은 못에 연꽃을 심고 물고기를 길렀으며 주위에는 소나무와 국화, 풀을 심어 운치 있게 만들었다.

홍대용은 농수각에 자명종도 두었는데 육비(陸飛)는 이것을 서양인이 만든 것이라 하였다. 원래 자명종은 마테오리치가 명나라로 가져온 것인데 일본으로도 전파되었다. 조선에는 18세기 무렵 유입된 것으로 보이는데, 이를 모방한 것이 자체적으로 생산되었다. 『이재난고』에는 염영서가 자명종 제작에 능한 기술자로 기록되어 있다. 염영서라는 사람은 산삼을 캐는 일을 업으로 하였지만, 틈나는 대로 나경적과 함께 자명종을 만들고, 또 종형제간인 진사 박찬선(朴燦璿), 박찬영(朴燦瑛)과 더불어 흥양(興陽)의 호산(虎山)에서 수년간 연구하여 자명종 두 개를 만들었다. 호고(好古)의 취미가 있는 사람이 아니면 자명종을 가지지 못한다고 한 것으로 보아, 당시 호사 취미를 가진 부귀한 사람들이 제법 자명종을 소장하였고, 그러한 요구에 응하여 염영서 등이 서양의 것을 본떠 자체 생산하여 판매하기에 이른 것으로 보인다.

홍대용은 1766년 서장관이 된 숙부 홍억(洪檍)의 자제군관(子弟軍官)으로 북경에 갔다. 그곳에서 엄성(嚴誠), 반정균(潘庭筠), 육비 등을 만났다. 홍대용은 중국어에 능하지 않아 그들과 붓으로 대화를 나누

담헌설총 홍대용이 북경의 건정동에서 나눈 필담과 중국 여행의 견문을 적은 책으로
규장각에 소장되어 있다.

었지만, 금방 천애(天涯)의 지기(知己)가 되었다. 이들과의 친분이 어
느 정도였는지는 함께 북경으로 갔다가 이들과 교유를 맺었던 김재행
(金在行, 자는 平仲)의 일화에서 확인이 된다.

　홍대용의 「추루에게 보낸 편지(與秋庫書)」에 따르면, 1767년 7월 김
재행이 저동(苧洞) 홍대용의 집을 방문하자 홍대용은 홍로주(紅露酒)
한 병을 사고 돼지고기 한 접시와 참외 몇 개를 구해 대접하였다. 술
이 두어 순배 돌자, 김재행이 울적한 심회로 중국 건정동에서의 옛 일
을 이야기하니, 두 사람은 눈물을 글썽이기까지 하였다. 김재행은 꿈
이야기를 하였다. 중국의 벗 세 사람이 배를 세내어 조선으로 왔기에
함께 바다의 섬으로 도망가서 살기로 약조하고 집에 돌아와 전재산을

처분하려 하자 부인이 반대하였다. 그래서 욕을 퍼붓고 그래도 분이 풀리지 않아 칼을 뽑기까지 하다가 꿈에서 깨어났다. 홍대용은 부인이 계획을 알게 되었으니 성공하지 못하는 것이 당연하다 놀렸다. 김재행은 북경에서 돌아온 후 잠을 이루지 못하며 늘상 세 벗과의 기이한 인연을 이야기하였다. 그러자 부인이 성을 내면서 "인생의 낙이란 그저 의식이 넉넉하고 부부간에 화목하게 지내는 것뿐인데, 저 먼 곳에 사는 사람이 당신에게 무슨 소용이 있소? 그들이 언제 한번이나 당신에게 옷을 입혀주고 당신에게 음식을 먹여주며, 또 언제 당신에게 금은이나 비단을 주어 당신 집을 부자가 되게 해준 적이 있소?"라 하였다. 해외의 벗에 대한 그리움은 홍대용도 김재행에 비해 못하지 않았을 것이다. 그러니 1768년 엄성의 부고를 들은 두 사람이 대성통곡한 것은 당연한 일이었다.

이러한 우정에 기대어 홍대용은 엄성, 반정균, 육비에게 수촌의 집에 대해 자세히 설명하고 이를 꾸밀 글을 요청하였다. 이에 반정균은 「담헌기」를 지어주었고, 육비는 「농수각기」를 지어주었으며, 엄성은 팔영시(八詠詩)를 지어주었다. 홍대용은 엄성의 시를 받아들고 "초당이 이 때문에 빛나게 되었다" 하였고, 엄성은 "초당이 이 때문에 빛을 잃었다"고 농담을 하였다. 그리고 다시 편지를 보내어 보내준 시가 씹을수록 그 맛이 진진하여 유덕자(有德者)의 말이라 칭찬하고, 특히 영감(靈龕)의 시가 더욱 맑고 빼어나 세유(世儒)의 속된 냄새가 없어 읽는 사람으로 하여금 만경창파를 타고 우주를 뛰어넘는 뜻을 가지게 한다고 칭송하였다. 그리고 시를 적은 종이가 얇아 손상되기 쉽고, 첩

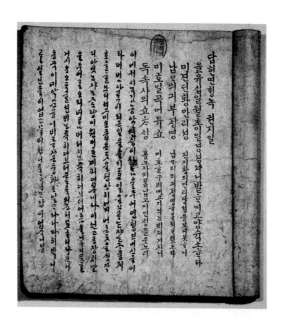

담헌연행록 홍대용은 중국을 여행하고 연행록(燕行錄)을 저술하였는데, 한글과 한문본이 여러 곳에 전한다. 사진은 숭실대 박물관에 소장된 것이다.

(帖)으로 만들기는 좋지만 벽에 붙이기에는 적합하지 못하다고 하면서, 조선의 종이를 보내니 다시 적어달라 하였다.

홍대용은 엄성에게 만함재(晩含齋)의 편액도 요구하였다. 엄성은 보내온 종이가 두 폭이기에 붙이면 흔적이 남을까 꺼려 긴 폭의 종이로 바꾸어 써보내면서 필적이 졸렬하여 뜻에 합당치 않을까 두렵다 하였다. 또 엄성은 「담헌기」와 팔경시를 각각 한 본씩 다시 써서 보내었다. 팔경시는 애초에 각기 다른 서체로 쓰려 하다가 마음을 바꾸어 모두 예서로 썼다.

봄을 머물게 하는 집 유춘오

1766년 여름, 북경에서 돌아온 홍대용은 고향으로 돌아와 건정동에서의 사귐을 기리기 위하여 『건정동회우록(乾淨衕會友錄)』을 엮었다. 이듬해 봄 둘째딸을 출가시키고 병든 아이를 치료하기 위해 온 가족을 이끌고 수촌에서 서울로 이사하였다. 홍대용은 저전동(苧廛洞, 저동, 모시전골)에 머물면서 중국의 벗들에게 조선의 시를 뽑아 보내기로 한 약속을 지키기 위해 민백순(閔百順)과 함께 작업을 서둘렀다. 이 책이 오늘날 규장각 등에 전하는 『대동시선(大東詩選)』이다.

당시 홍대용의 서울집은 모시전골에 있었다. 홍대용은 이 집에 봄을 머물게 하는 집이라는 뜻으로 유춘오(留春塢)라는 이름을 붙였다. 홍원섭(洪元燮)의 「담헌의 유춘오에 쓰다(題湛軒留春塢)」(『太湖集』)라는 시의 주석에 유춘오가 영희전(永禧殿) 북쪽 담장 너머에 있다고 하였으니, 오늘날 명동성당 북동쪽으로 추정된다. 홍원섭의 글에 홍대용의 거문고 이야기가 나온다. 「김생의 그림 뒤에 쓰다(書金生畵後)」라는 글에 따르면, 김생이라는 사람의 그림은 슬(瑟)을 든 홍대용과 금(琴)을 든 김생, 그리고 그들의 연주를 경청하는 자신의 모습을 그린 것이라 한다.

「소음에게 보낸 편지(與篠飮書)」에 따르면, 홍대용은 16~17세 무렵 조선의 거문고를 알게 된 뒤로, 오랫동안 배워 자못 그 묘리를 터득하였다고 한다. 속세에 대한 생각을 씻어내고 우울한 기분을 푸는 데는 시주보다 나아, 바깥으로 출행할 때에는 늘 상자에 넣어 가지고 다녔으며, 풍월이 아름다운 누대나 경치 좋은 산수를 만나면 곡조를 골라 타며 돌아갈 줄 몰랐고, 노래하는 계집이나 춤추는 여인들과 어울려 질탕하고 강개하게 즐겼다고 하였다.

　　홍담헌은 가야금을 앞에 놓고 홍경성(洪景性, 聖景)은 현금(玄琴)을 손에 잡고 이한진(李漢鎭, 京山)은 소매에서 퉁소를 꺼내들고 김억(金檍)은 서양금(西洋琴)을 들었다. 장악원(掌樂院)의 악공 보안(普安) 또한 국수(國手)인데 생황을 불었다. 담헌의 유춘오에 모였다. 이때 유학중(兪學中, 聖習)은 노래로 한몫 도왔다. 교교재(嘐嘐齋) 김용겸(金用謙) 공이 연장이라 상석에 앉았다. 좋은 술을 마셔 살짝 취기가 돌자 음악이 교대로 연주되었다. 정원은 깊고 고요한데, 떨어진 꽃에 섬돌에 가득하다. 궁조(宮調)와 우조(羽調)가 번갈아 연주되니 그윽하고 오묘하다. 김공이 갑자기 자리에서 내려와 절을 하였다. 사람들이 깜짝 놀라 일어나 피하였다. 공이 말하였다. "제군들은 과상하게 여기지 마시게. 우(禹)임금은 아름다운 말을 들으면 절을 하였다 하오. 이는 천상의 음악인 균천광악(鈞天廣樂)일세. 늙은 이가 어찌 절 한번 하는 것이 아깝겠소." 홍원섭(洪元燮, 太和) 또한 모임에 참여하였는데, 나를 위해 이러한 이야기를 해주었다. 홍담헌이 세상을 떠난 다음해에 적는다.

성대중, 「유춘오의 음악회를 기록하다(記留春塢樂會)」, 『청성집(靑城集)』

홍대용의 집 담헌에는 중국에서 가져온 양금(洋琴)이 있었는데 당시 이를 연주할 수 있는 사람이 아무도 없었다. 박지원(朴趾源)이 이를 즉석에서 연주하여 비로소 조선에 양금이 유행하게 되었다는 기록이 『과정록(過庭錄)』에 보인다. 이한진의 통소 실력은 당시 인구에 회자되었고, 김억 역시 거문고에 뛰어났다. 홍경성, 유학중, 보안 등도 기록에 잘 보이지 않지만 음악에 일가를 이룬 사람들로 추정된다. 이 모임의 좌장인 김용겸은 김창즙(金昌緝)의 아들로 장악원의 제조를 역임할 만큼 음악에 조예가 깊었다. 그러기에 이날 연주된 음악을 듣고 감동하여 절을 한 것이다.

『과정록』에는 김용겸, 박지원, 홍대용, 김억 등이 모인 또 다른 음악회가 소개되고 있다. 고요한 밤에 음악이 연주되자 김용겸이 우연히 들렀다가 생황과 양금이 연주되는 것을 듣고 즐거워 책상 위에 놓인 구리쟁반을 두드리면서 『시경』의 「벌목(伐木)」을 읊조리더니 갑자기 사라져 버렸다. 홍대용과 박지원이 달빛을 받으면서 수표교(手標橋)를 지나는데 눈이 막 그쳐 달이 더욱 밝은데 김용겸이 갓도 쓰지 않은 채 거문고를 들고 다리에서 달을 구경하고 있었다. 그곳으로 술상과 악기를 옮겨 다시 한바탕 즐겼다.

모시전골 홍대용의 집에는 건곤일초정(乾坤一草亭)이라 이름붙인 정자가 있었다. 건곤일초정은 두보(杜甫)가 「늦봄 양서의 새로 빌린 초가에 쓰다(暮春題瀼西新賃草屋)」에서 "이 신세 귀밑머리 쑥대처럼 덥수룩한데, 하늘 아래 초가정자 이 하나밖에 없다네(身世雙蓬鬢 乾坤一草亭)"라 한 데서 따온 것이니, 자신의 불우한 처지를 투영하였다 하겠다. 홍대용은 건곤일초정에 다음과 같이 시를 붙였다.

으슥한 뒷골목에 집을 구하여
서쪽 동산에 초가 하나 엮었지.
볼 만한 산과 물은 없지만
골짜기는 자못 청허하다네.
짙은 그늘은 무너진 언덕을 가렸고
이름 모를 풀은 섬돌을 덮었네.
문에는 귀한 사람 이르지 않는데
상에는 먼 데서 온 편지가 있다네.
스승의 가르침 늘 그리우니
세상사람과 날로 소원하다네.
다투지 않으니 비방이 쌓일 일 없고
재주 없으니 헛된 명예도 끊었다.
좋은 벗이 때마침 문을 두드리니
술동이에 좋은 나물반찬 있다네.
맑은 거문고 소리 난간에서 울리는데
곡조에 맞아 슬퍼 흐느끼네.
버려진 것 참으로 하늘의 뜻이리니
본심이 혹 태연해지려나.
근심과 즐거움이 끝날 날 없으니
물성을 내가 어찌하리오?
買宅深巷裏 西園一草盧
雖無山泉賞 林壑頗清虛

繁陰翳崩岸　幽草遍層除

門無長者轍　床有遠方書

永懷先師訓　日與世人疏

無競免積毀　不才絕虛譽

好友時叩門　壺酒有嘉蔬

淸琴嚮危欄　中曲且悲噓

棄置固天放　素心或虛徐

憂樂無了時　物性奈如予

이정호(李鼎祜), 이덕무(李德懋), 박제가(朴齊家), 유득공(柳得恭), 김재행(金在行), 이송(李淞), 손유의(孫有義) 등이 이 시에 차운하여 시를 지어 보냈다. 김재행의 시에서 "남산의 유춘오, 청주의 애오려(木覓留春塢 淸州愛吾盧)"라 하였으니 홍대용의 수촌 집과 함께 남산의 유춘오가 당시 사람들에게 널리 알려져 있었음을 알 수 있다. 이송의 시에서는 "친구가 성시에 사니, 성시 또한 처사의 집이라네(故人在城市 城市亦林盧)"라 하여 홍대용이 도성 안에서 처사로 살아감을 칭송하였다. 홍대용은 이정호의 시에서 "노송 대여섯 그루가 꽃나무 사이에 무성하네(老松五六株 花木間之疎)"라 묘사한 건곤일초정에서, 유득공의 시에 "철금을 한가하게 놀리고 쇠퉁소로 울적한 마음을 푼다네(鐵琴閒自弄 金管蔚仍噓)"라 한 대로 한적하게 살았다. 박제가의 시에서 "차 향기가 고요히 불어오고, 거문고 소리 천천히 울려퍼지네(茶香吹

去靜 琴韻泛來徐)"라고 하였듯이 건곤일초정은 맑은 운치가 흘러넘쳤다. 그러나 홍대용의 마음은 마냥 한적하지만은 않았다. 이덕무가 그 마음을 가장 잘 헤아렸다.

고결한 분 맑은 절조를 지녀
숲속 정자에서 뜻이 굳다네.
홀로 양금을 연주하노라니
맑은 소리가 공중에 가득 차네.
비단 아득한 생각을 붙이려 한 것 아니니
그윽한 시름이 사라지지 않아서라네.
그리운 벗 멀어 바로 보지 못하니
부질없이 강남에서 온 편지만 만진다네.
따스한 엄선생(엄성)은
본심이 우아하면서도 소탈하고
통 큰 육효렴(육비)은
연과 오에 이름을 떨쳤으며
글 잘하는 반향조(반정균)는
죽순처럼 맑은 기운이 훤하다네.
하늘 너머 지기를 맺었건만
생사가 갈려 있어 한숨이 많다네.
내가 옆에서 한탄을 듣고서
그대에게 마음 풀라 위로하노라

동방의 선비 고매하시니
그저 스스로를 벗으로 삼으셨네.
高人秉潔操　耿介中林盧
獨彈歐邏琴　淸商滿太虛
匪直寄遐想　幽憂自不除
所思遙難卽　漫把浙杭書
溫溫嚴夫子　素心雅而疎
磊砢陸孝廉　燕吳遍名譽
文藻潘香祖　燦燦氣筍蔬
天涯結知己　存沒多悲噓

홍대용의 초상 중국의 벗 엄성이 그린 홍대용의 초상으로
단정한 학자의 모습을 볼 수 있다.

賤子側聽歎　慰君聊虛徐

東方一士高　只可予友予

이덕무, 「홍담헌의 정자에서(洪湛軒大容園亭)」, 『청장관전서』

조선에 자신을 알아줄 벗이 없기에 해외의 벗을 구하였는데, 이제 해외의 벗도 없으니 스스로를 벗할 뿐이라 한 것이다.

내가 사랑한 집 애오려에서의 삶

1767년 겨울, 부친이 세상을 뜨자 홍대용은 고향 수촌으로 돌아가 시묘살이를 하였다. 탈상 후 서울로 올라왔지만 서울 생활에 애착이 별로 없었던 듯하다. 1770년 금강산을 유람하고, 1774년에는 거문고를 들고 동해를 유람하고 돌아오기도 하였다. 「매헌에게 준 편지(與梅軒書)」에 따르면 홍대용은 공명의 길이 분수에 맞지 않다고 하며 선대로부터 물려받은 논밭이나 갈아먹으면서 살겠다고 하였다.

홍대용은 수촌 집을 내 집을 사랑한다는 뜻에서 애오려(愛吾盧)라 하였다. 앞에서 본 이덕무의 시에서 이른 '내가 나를 벗한다[予友予]'는 말과 크게 다르지 않을 것이다. 애오려는 도연명의 「산해경을 읽고(讀山海經)」에서 "초여름 초목이 자라나니, 집을 둘러친 나무가 무성하다. 새들도 기쁘게 의탁할 곳 있으니, 나 또한 내 집을 사랑하노라. 밭 갈고 파종도 이미 마쳤으니 때때로 내 책이나 읽으련다(孟夏草木長 繞屋樹扶疎 衆鳥欣有託 吾亦愛吾盧 旣耕亦已種 時還讀我書)"라 한 뜻을 취한 것이다. 김종후(金鍾厚)가 지어준 「애오려기(愛吾盧記)」를 문미에 붙였을 것이다. 홍대용은 고향에 물러나 사는 뜻을 이렇게 피력하였다.

과거를 사절한 후로는
세상의 뜻이 날로 멀어지네.
선영 있는 고향에 돌아오니
선친의 낡은 집이 있네.
소반의 밥은 옥처럼 고운데
시렁의 책에 서첨을 붙이네.
태을연 배를 띄워 물고기를 구경하고
소강절의 수레 타고 꽃구경 다니네.
이웃 늙은이와 농사일 말하니
봄 술은 나물로 안주를 한다네.
(중략)
다행히 태평성세를 만났으니
나무꾼 어부로 생애를 보내리.
더 높은 뜻은 묶어두고
초가에 살 생각 하여야지.
살짝 취하면 기쁜 마음 생기고
낮잠을 자고 나면 휘파람 불리라.
백년 인생 넉넉한 즐거움
풍월이 아름다운 애오려로다.

自謝公車後　日覺世情疎

歸去松楸下　先人有弊盧

玉粒盤中粟　牙籤架上書

觀魚太乙舟　尋花堯夫車

農談共隣叟　春酒侑園蔬

(中略)

幸此逢聖世　生涯寄樵漁

收束雲霄志　料理蓬蓽居

觀喜微醺後　嘯歌午睡餘

百年有餘樂　風月愛吾盧

홍대용, 「잡영(雜詠)」, 『담헌서』

　애오려를 장만한 홍대용은 해외의 벗들에게 젊은 시절 지은 팔경시
를 보내며 자신을 집을 글로 꾸며달라 요청하였다. 「문헌 등사민에게
보내는 편지(與鄧汝軒師閔書」에 따르면 홍대용은 1771년 편지를 보내
어 자신이 지은 「애오려팔경(愛吾盧八景)」을 보이면서 자신이 조만간
에 일생을 마칠 곳에 걸겠다고 하면서 곽집환(郭執桓) 등에게 시를 지
어달라고 청하였다. 각기 해서(楷書)로 한 통씩 쓰되 각자(刻字)하여
현판으로 만들기 쉽게 해달라 하였다. 43세 때인 1773년 손유의(孫有
義)에게 보낸 편지(「與蓉洲書」)에서 팔경시와 편액을 받았다 한 것으로
보아, 부탁한 「애오려팔경시」가 이즈음 도착한 듯하다. 이정호(李鼎
祜), 손유의, 조욱종(趙煜宗), 등사민(鄧師閔) 등의 시가 『담헌서』에 실

려 있다.

애오려를 꾸미려는 노력은 이후에도 계속되었다. 홍대용은 1774년 음보(蔭補)로 선공감(繕工監) 감역(監役)이 되었고, 이후 돈녕부 참봉, 세손익위사의 시직(侍直) 등을 역임하였다. 1776년 정조가 즉위한 후 사헌부 감찰, 종친부 전부(典簿)를 지냈고 이듬해에는 태인현감(泰仁縣監)이 되었다. 태인현감으로 있을 때 엄성의 형 엄과(嚴果)에게 보낸 「엄구봉에게 보낸 편지(與嚴九峰書)」에서 엄과와 주문조(朱文藻, 호는 朗齋)에게 팔경시를 다시 청하면서 엄성의 시와 함께 애오려의 문미에 걸겠다고 하였다.

태인현감에서 물러난 홍대용은 1779년 영천군수(榮川郡守, 오늘의 영주)로 자리를 옮겼다. 1783년 모친의 병을 핑계로 벼슬에서 물러나 수촌으로 돌아와 살다가 그해 10월 중풍으로 세상을 떠났다. 그러나 『이재난고』에 따르면, 사연이 조금 다르다. 영주군수로 있을 때 경상도관찰사 이병모(李秉模)에게 진휼곡 천 석을 빌려 백성을 구휼하는 데 썼다가 계산이 맞지 않아 문제가 되자 벼슬을 그만두고 돌아왔는데, 그것이 스트레스가 되어 급사하였다고 한다. 당시 관아에서 흔히하는 대로 1섬을 2섬으로 만드는 요령을 부리지 않아 문제가 생긴 것이었는데 황윤석은 이를 두고 홍대용이 일처리를 미숙하게 하였다고하였다. 스스로의 수양을 중시했던 홍대용이기에 주위 사람들의 구설수에 오른 것이 명을 재촉한 듯싶다. 閏

박지원이 안의에 세운 실학의 집

아름다운 향기를 뿜는 연꽃을 보고 바람과 같이 교화를 베풀라

이슬에 젖은 대나무를 보고 이슬과 같은 은혜를 베풀라

육각초당 박지원은 면천 관아에 연못을 준설하고 그 가운데 작은 섬을 만들어 건곤일초정 (乾坤一草亭)을 세웠다. 최근에 면천면 성상리에 복원하였다.

젊은 날의 고민과 연암협

박지원(朴趾源, 1737~1805)은 서울 반송방(盤松坊) 야동(治洞, 서소문 바깥 풀무골)에서 태어났다. 1767년 삼청동 백련봉(白蓮峯) 아래 이장오(李章吾)의 별장에 세들어 살다가 1768년 백탑 인근으로 이사하였으며, 1772년에는 백탑의 서쪽 전의감동(典醫監洞)의 집에서 살았다. 이 무렵 탑골에는 이서구(李書九), 이덕무(李德懋), 서상수(徐常修), 유득공(柳得恭) 등 재주 있는 후배들이 있어 즐거운 한때를 보낼 수 있었다.

박지원은 어린 시절 처삼촌 이양천(李亮天)에게『사기(史記)』를 배우고, 이윤영(李胤永)에게『주역(周易)』을 배웠으며, 김원행(金元行)의 문하에도 출입하였다. 그러나 성균관시(成均館試)에는 여러 차례 낙방하였다. 이후 스물다섯 살 때 북한산의 암자에서 독서한 끝에 드디어 1770년 감시(監試)에서 장원을 차지하였다. 곧바로 회시(會試)에 응시하였으나 무슨 이유에서인지 시권(試券)을 제출하지 않았다. 박종채(朴宗采)의『과정록(過庭錄)』에 따르면 과거시험을 치를 때마다 주관하는 이가 합격시키려 하였으나 박지원은 매번 응시하지 않거나 답지를 제출하지 않았다 한다. 또 한번은 답지에 고송(古松)과 괴석(怪石)을 그려 과거에 뜻이 없음을 보였다고도 한다.

박지원이 뜻을 둔 것은 산수 유람이었다. 1756년 유언호(兪彦鎬) 등과 금강산을 유람하였거니와, 1771년에는 과거를 완전히 단념하고 이덕무, 이서구 등과 송도 유람을 나섰다. 이때 연암골을 발견하고 훗날 은거하기를 기약하며 '연암(燕巖)'이라 자호하였다.『과정록』에 따르면 연암골은 황해도 금천군(金川郡)에 딸린 마을로 개성에서 30리

떨어져 있는데, 이색(李穡)·이제현(李齊賢) 등이 살던 곳이지만 그후
에는 황폐해져서 사는 이가 없었다고 한다. 다음은 1771년 박지원이
백동수(白東修)와 함께 처음 연암골을 대면하였을 때의 기록이다.

영숙(永叔, 백동수의 자)이 일찍이 나를 위해 금천(金川)의 연암협
(燕巖峽)에 집터를 보아준 일이 있다. 산이 깊고 길이 험해 종일 가
도 사람 하나 만날 수 없었다. 함께 갈대밭에 말을 세우고 채찍으로
높은 언덕을 구획지으면서 말하였다. "저곳이라면 울타리를 치고
뽕나무를 심을 수 있겠군. 갈대에 불을 질러 밭을 일구면 한 해에
곡식 천 석은 거둘 수 있겠네." 쇠를 쳐서 불을 놓으니 바람에 불이
번졌다. 꿩이 소리내어 울면서 놀라 날아가고, 새끼노루가 앞에서
달아나 숨었다. 팔을 걷어붙이고 쫓아가다가 시내에 막혀 돌아왔다.
서로 보고 웃으며 말하였다. "백 년도 못 되는 인생에 어찌 답답하
게 나무와 바위 틈에 살면서 날알을 주워먹는 꿩이나 토끼처럼 살
수 있겠는가?"

박지원, 「기린협으로 가는 백영숙에게 주는 글(贈白永叔入麒麟峽序)」, 『연암집(燕巖集)』

이때만 해도 박지원은 연암협이 짐승이나 살 곳이지 사람이 살 곳
은 아니라고 생각하였다. 그러나 박지원은 1778년 가족을 이끌고 연
암협으로 들어가야 했다. 박지원보다 아홉 살 연상이지만 평생의 벗
이었던 유언호는 박지원을 찾아와 이렇게 말하였다. "자네는 어쩌자
고 그토록 홍국영(洪國榮)의 비위를 거슬렀나? 자네에게 심히 독을 품

고 있으니 무슨 화가 미칠지 모르겠네. 그자가 자네를 해치려 틈을 엿본 지 오래지만, 자네가 조정의 벼슬아치가 아니라서 늦추어온 것뿐이라네. 이제 복수의 대상이 거의 다 제거되었으니 다음 차례는 자네일 걸세. 자네 이야기만 나오면 그 눈초리가 심히 험악해지니 필시 화를 면하기는 어려울 걸세. 이 일을 어쩌면 좋겠는가? 될 수 있는 한빨리 서울을 떠나게나." 벗 백동수 역시 도피를 권하였다. 이에 가족을 거느리고 연암협으로 은거하게 된 것이다.

박지원이 연암협으로 들어오자 유언호도 개성유수를 자청하여 왔다. 유언호는 박지원을 찾아 연암협으로 와서 "산수는 퍽 아름답네만흰 돌을 삶아먹을 수야 없지 않은가?" 하고 개성으로 들어와 살라고권하였다. 유언호의 도움으로 박지원은 양호맹(梁浩孟)의 별서를 얻어 살게 되었다. 29살 때 유언호와 함께 금강산 유람을 마치고 돌아오다가 이 집에 머문 적이 있었으니, 인연이 깊다 하겠다. 금학동(琴鶴洞)에 있던 양호맹의 별서는 만휴당(晩休堂)이라 하였는데, 박지원이기문을 지어준 바 있다. 박지원은 유언호와 함께 만휴당에서 술을 마시고 서로 지은 시문을 평가하면서 즐거운 한때를 보냈다. 이 시기 생활에 필요한 물품은 모두 유언호가 몰래 장만해 주었다.

1778년 여름 유언호가 개성유수를 마치고 이조참판으로 복귀하자박지원은 다시 연암협으로 돌아가 살았다. 유언호는 박지원을 위해칙수전(勅需錢) 천 냥을 내주었다. 칙수전은 중국 사신 접대 비용을마련하기 위해 민간에 빚을 놓던 돈인데, 유언호가 중국에서 사신이오면 자기가 갚아주기로 하고 빌려준 것이다. 나중에 양호맹과 함께 박지원을 따르던 최진관(崔鎭觀) 등이 이 돈을 갚아주었으니, 박지원은 인복이 있다 하겠다. 물론 박지원은 안의현감으로 나갔을 때 그 돈을 갚았으니 도리를 다한 셈이다. 양호맹은 석벽에다 이 사실을 새겨놓고 계를 만들어 봄가을 명절마다 노닐곤 하였다. 박지원은 벗 홍대용에게 연암협에서의 생활을 다음과 같이 알렸다.

아우가 언덕 하나 골짜기 하나를 경영한 지 이제 9년이나 되었습니다. 풍찬노숙(風餐露宿)하면서 그저 양 주먹을 꽉 쥐었지만, 마음만 수고롭고 재주는 미치지 못하였으니 무슨 성취가 있었겠습니까? 그저 자갈밭 몇 때기에 초가삼간을 지어놓았을 뿐입니다.

매달린 듯 좁은 협곡에 풀과 나무가 무성하여 처음에는 길도 없었습니다. 골짜기 안으로 들어가니, 갑자기 숨겨져 있던 산기슭의 면세가 바뀌어 평평해지고 예쁘장하였으며, 흙이 희고 모래가 밝아 훤하게 트여 있었습니다. 남쪽으로 집을 지었는데, 매우 작지만 어정거리면서 쉴 수 있는 장소였습니다. 앞쪽 왼편으로 푸른 절벽이 깎은 듯 서 있어 그림병풍을 펼쳐놓은 듯한데, 바위틈이 입을 벌리고 절로 집 모양을 형성하고 있어 그 안에 제비가 둥지를 틀고 있었습니다. 이곳이 바로 연암입니다.

집 앞 백여 보 떨어진 곳에 평평한 대가 있는데 모두 층층바위가 포개어져 있습니다. 그 아래 개울이 굽이도는 곳이 조대(釣臺)입니다. 개울을 따라 흰 바위가 평평하게 펼쳐져 있어 마치 먹줄을 쳐서 잘라놓은 듯합니다. 어떤 곳은 평평한 호수가 되고 어떤 곳은 맑은 소(沼)

가 됩니다. 노니는 물고기들이 매우 많습니다. 서산의 석양이 비치면 그림자가 바위 위에까지 어립니다. 이곳이 엄화계(罨畫谿)입니다.

산이 돌아들고 물길이 겹치는데 사방으로 마을과는 떨어져 있습니다. 대로로 나가려면 7~8리를 가야 비로소 닭이나 개 소리를 듣게 됩니다. 이 때문에 작년 가을 호구를 이룬 것이 불과 서너 집이었고, 모두 누더기에 귀신 얼굴을 하고 소란스럽게 떠들면서 오로지 숯 굽는 일만 하고 농사는 짓지 않습니다. 개울가나 골짜기의 오랑캐와 다를 것이 없습니다. 범이나 승냥이를 이웃 삼고 다람쥐와 벗을 삼습니다.

그 험하고 외딴 것이 이와 같지만, 마음으로 이곳을 좋아하여 바꿀 만한 것은 없습니다. 형수를 집 뒤에 장사지낸 뒤로는 다시 옮길 수 없는 땅이라 여겨, 초가로 지붕을 이고 소나무로 처마를 대어 겨울이면 구들을 놓아 따스하게 하고 여름이면 마루를 깔아 시원하게 하였습니다. 좁쌀과 보리를 먹으며 평생을 살 수 있을 것입니다. 채소와 고사리가 매우 살쪄 있으니, 한줌에 한 광주리가 됩니다.

박지원, 「홍덕보에게 답하는 편지(答洪德保書)」, 『연암집』

엄화계는 박지원이 이름한 계곡이다. 박지원의 문집에 『엄화계수일(罨畫溪蒐逸)』이 있는데, '엄화(罨畫)'라는 말은 채색이 아름다운 그림을 이르는 말이다. 소동파의 「차운장영숙(次韻蔣穎叔)」이라는 시의 "그림 같은 개울과 산은 뒷날의 기약으로 가리킨다(罨畫谿山指後期)"에서 따온 듯한데 그 주석에 따르면 은자 유상은(劉商隱)이 의흥(義興)

의 엄화계를 좋아하여 그곳에 집을 짓고 살았다고 한다. 곧 엄화계는 은자가 숨어사는 그림처럼 아름다운 골짜기라는 뜻이다.

연암협의 집은 고반정(考槃亭)이라 하였다. 『시경(詩經)』의 "은둔할 집이 언덕에 있으니 뛰어난 분이 쉬는 곳이네. 홀로 자고 깨어 노래하나니 영원히 즐거움을 바꾸지 않으리(考槃在阿 碩人之薖 獨寐寤歌 永矢弗過)"에서 따온 말이다. 이익(李瀷)은 『성호사설(星湖僿說)』에서 '고반재아(考槃在阿)'의 뜻을 풀이하여, "반(槃)은 반(磐)과 통해 쓰는 글자이다. 앉아 놀 만한 반석이란 뜻인데, 세상을 피해 산으로 들어가 반석 위를 다니면서 마음대로 논다는 말이다. 고(考)는 무릎을 손으로 치고 노래하면서 마음을 스스로 너그럽게 한다는 뜻이다"라 하였다. 그런데 박지원은 이 말을 희학적으로 사용하였다. 어주빈(魚周濱)이 박지원에게 보낸 편지를 살펴보자.

나의 고반(考槃)은 『시경』에서 말한 고반과 다르다오. 왜 그런가 하면 이렇소. 꽁보리밥을 흰 사발에 담아 서양금(西洋琴) 위에 올려놓으면 서양금이 쟁반이 되지요. 내가 밥을 먹을 때 젓가락으로 서양금을 두드리니, 이것이 고반이라 할 만하다오. 이에 내 정자의 이름을 그렇게 붙인 것이라오. 당신은 이를 아시는가?

어주빈, 「박미중에게 보내는 편지(與朴美仲)」, 『농환당집(弄丸堂集)』

곧 고반을 고반(叩盤)으로 풀이하여, 서양금을 쟁반으로 삼아 그 위에 밥사발을 놓고 꽁보리밥을 먹으면서 젓가락으로 서양금을 두드린다고 하였다. 은자의 거처라는 뜻을 살리면서도 자신의 풍류를 더하였던 것이다. 박지원은 연암협 개울가 벼랑에 세운 고반정 외에도 못 북쪽에 하당(荷堂)과 죽각(竹閣)이라 이름붙인 건물을 세웠다. 손자 박규수(朴珪壽)의 「이호산장도가(梨湖山莊圖歌)」(『莊菴詩集』, 성균관대 대동문화원에서 간행한 『瓛齋叢書』에 수록되어 있다)에서 "우리집에도 산장도가 있으니, 조부 연암선생께서 지은 곳이라네. 고반정이 물가의 벼랑에 임해 있고, 하당과 죽각이 못 북쪽에 있었지. 단청을 하지 않아도 산골짜기가 훤하였으니, 정석치 공이 이를 그림으로 그렸다네"라 하였으니, 박지원이 벗 정철조(鄭喆祚)로 하여금 연암협을 그림으로 그리게 했음을 알 수 있다.

박지원은 연암협에서 상당한 저술을 남겼다. 『과정록』에 따르면 박지원은 매번 시냇가의 바위에 앉아 나직이 글을 읊조리고 천천히 산보하다가 갑자기 멍하니 모든 것을 잊은 듯이 행동하기도 하고, 때때로 묘한 생각이 떠오르면 붓을 들어 잔글씨로 써둔 것이 상자에 가득하였다고 한다. 훗날 박지원은 이를 정리하여 책으로 만들려 하였으나, 연암협을 떠난 후 10여 년 벼슬을 하다가 다시 연암협으로 들어갔을 때에는 눈이 어두워 작업을 할 수 없었다. 박지원은 "안타깝다. 벼슬살이 10여 년에 좋은 책 하나를 잃어버렸구나"라 탄식하고 시냇물에 세초(洗草)해 버렸다고 한다.

박지원에게 연암협은 은둔과 자조의 땅이면서, 통곡의 장이기도 하였다. 박지원이 연암협으로 들어올 무렵인 1778년 9월 어머니 같은 형수 이씨가 세상을 떠났다. 박지원은 형수와의 일화를 묘지명에서

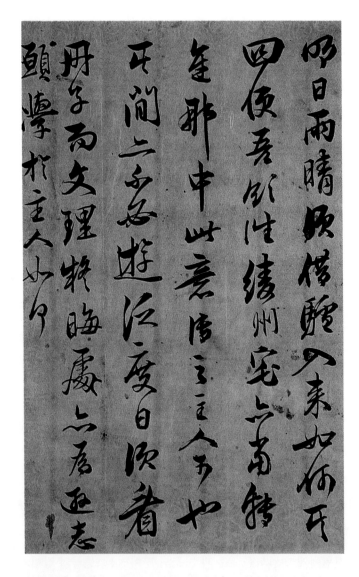

박지원의 간찰 아들에게 보낸 편지로 마지막 대목에서 "그간에 범범히 놀면서 날을 보내지 말고 반드시 책을 보아 문리가 의심나거나 어두운 곳은 역시 뜻을 겸손히 하여 주인에게 배우기를 원하는 것이 어떠한가?"라 하였다.

영화처럼 재현해 보이고 있다.

　내가 화장산(華藏山) 연암동(燕巖洞)에 새로 집을 정하였을 때 그 산수를 사랑하여 손수 가시덤불을 베어내고 나무에 의지하여 집을 지었다. 공인(恭人) 백수(伯嫂)를 대하여 말하였다. "우리 백씨께서 늙었습니다. 마땅히 아우와 함께 은거를 해야겠지요. 담장 둘레에 천 그루 뽕나무를 심고 집 뒤에 천 그루 밤나무를 심고 문 앞에 천 그루 배나무를 접붙이고, 개울에는 천 그루 복숭아나무와 살구나무를 심겠습니다. 그리 크지 않은 못을 파고 물고기 새끼를 한 말 풀겠습니다. 바위벼랑에는 백 통의 벌을 치고 울타리 사이에는 소 세 마리를 묶어두겠습니다. 처는 길쌈을 하고 백씨께서는 그저 여종을 감독하여 기름을 짜서 밤에 시숙이 고인의 책을 읽도록 도와주시지요."

　이때 공인께서는 병이 심하였지만 당신도 모르게 넘어질 듯 일어나 머리를 잡고서 한바탕 웃고 사례하였다. "이는 내가 예전부터 가졌던 뜻인지라, 밤낮으로 바랐던 것이지요. 함께 올 사람이 매우 많겠지요."

　벼가 익기도 전에 공인은 이미 자리에서 일어날 수 없었다. 마침내 널에 실려 돌아왔으니 그해 9월 10일이었다. 집 뒤쪽 동산 해좌(亥坐)의 혈(穴)에 장사를 지냈으니, 공인의 뜻을 이루게 한 것이다.

　　　　　　박지원, 「공인 백수 이씨의 묘지명(伯嫂恭人李氏墓誌銘)」, 『연암집』

박지원이 형님 내외를 모시고 농부로서 살겠다는 뜻을 말하니, 형수는 아픈 머리를 감싸며 기뻐하였다. 그러나 형수는 가을이 되기 전에 이승을 떠났다. 박지원은 형수가 꿈꾸던 연암협에서의 생활을 저승에서라도 누리라고 집 뒤쪽 동산에 묻었다.

안의에 세운 실학자의 집

1780년 홍국영이 실세하자 박지원은 서울로 돌아와 서대문 바깥 평동(平洞)에 있는 처남 이재성(李在誠)의 집에 거처하였다. 얼마 뒤 삼종형(三從兄)인 금성위(錦城尉) 박명원(朴明源)을 따라 중국에 다녀왔는데, 이때의 체험을 적은 글이 불후의 명작 『열하일기(熱河日記)』다. 중국에서 돌아온 박지원은 연암협을 오가면서도 박명원의 소유인 삼개(麻浦, 三浦로도 적는다)의 세심정(洗心亭)에 거처하였다. 박지원은 시를 즐겨 짓지 않았지만 다음 작품은 참으로 운치가 있다.

우리 집 문밖은 바로 서호인지라
여기저기 배에서 쌀 사려 소금 사려 소란하네.
가을 기러기 한번 울자 일제히 닻을 올리더니
강 가득 밝은 달빛 아래 김포로 내려가네.
我家門外則湖頭　米閱鹽喧幾處舟
霜雁一聲齊擧矴　滿江明月下金州

박지원, 「강마을에 살면서(江居慢吟)」, 『연암집』

서울로 돌아온 뒤로 중국을 다녀온 것을 제외하면 즐거운 일이 많

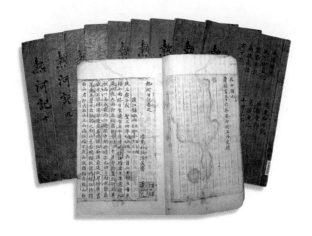

열하일기 박지원은 북경을 거쳐 열하까지 여행하면서 중국의 문물에 많은 관심을 가지고 돌아와 안의에서 이를 시험해 보고자 하였다. 펼쳐진 곳은 압록강을 건너 중국으로 들어가는 도강록 부분이다.

지 않았다. 우환은 거듭되었다. 1783년 절친했던 벗 홍대용(洪大容)의 죽음은 그의 평생에 가장 슬픈 일이었던 듯하다. 게다가 1787년 정월, 부인 이씨가 죽었다. 시집 와서 가난한 살림에 자주 이사 다니느라 고생이 심했기에 박지원은 부인이 죽은 뒤 평생을 홀몸으로 지냈다. 같은 해 7월 아버지처럼 의지하던 형 박희원(朴喜源)이 죽었다. 박지원은 형수를 묻은 연암협에 나란히 묘를 장만하였다. 이듬해인 1788년 3월에는 일가족이 전염병에 걸려 맏며느리가 죽고 장남도 거의 저승 문턱까지 갔다 왔다.

이 사이에 종제 박수원(朴綏源)이 지방 사또로 부임해 나가 비게 된 계산동(桂山洞)에 기거하면서 선공감 감역, 평시서 주부, 제릉령(齊陵令), 한성부 판관 등의 벼슬을 지냈다. 한가한 틈이 나면 마포 세심정에서 기거하기도 하고, 가끔은 연암협을 둘러보고 오기도 했다.

그러던 중 1791년 안의현감(安義縣監)에 제수되어 평소 꿈꾸어왔던 경세의 뜻을 펼칠 기회를 얻게 되었다. 박지원은 1780년의 연행(燕行) 체험으로 견문을 크게 넓힌 바 있다. 열하에 있을 때 중국의 문인들과 만나 고금의 학술과 정치, 예술, 과학 등에 대해 토론하는 한편 조선의 문명을 알리는 데도 진력하였다. 이러한 연행의 체험을 기록한 『열하일기』는 당대 중국에 대한 정확한 인식을 바탕으로 한 북학론(北學論)을 개진한 책이다. 이 책에서 그는 중국인의 이용후생(利用厚生)을 배울 것을 주장하였는데, 구체적으로 중국의 벽돌과 수레의 사용에 큰 관심을 기울였다. 박지원은 1781년 박제가(朴齊家)의 『북학의(北學議)』에 서문을 쓰면서, "학문의 방법은 다른 것이 없다. 모르는 것이 나타나면 길 가는 사람이라도 붙잡고 물어보는 것, 그것이 올바른 학문의 방법이다"라 선언하고, 순(舜)이나 공자(孔子)와 같은 성인도 남에게 묻기를 좋아하고 남이 말해 준 것을 잘 배웠기에 성인이 된 데 지나지 않는다고 하면서, 조선의 선비들이 편협하여 이용후생의 학문을 싫어한다고 비판하였다.

박지원은 책과 견문을 통해 조선이 나아가야 할 방향을 어느 정도 알고 있었지만, 현실정치에서는 이를 펼칠 계기를 찾지 못하였다. 안의는 함양과 거창에 걸쳐 있는 조그마한 고을이지만, 현감이 되어 한 구역을 직접 다스릴 수 있다는 점에서 작게나마 경세의 뜻을 펼칠 수 있었다. 이런 점에서 안의현감 시절은 그의 인생에서 가장 행복한 때였다고 할 수 있을 것이다. 실제 박지원은 안의에서 이용후생의 정신으로 목민관으로서의 직책을 충실하게 수행하였다. 옥사는 관대하게 처리하였고 불쌍한 백성을 구휼하기 위해 노력하였다. 제방을 쌓아 수해를 예방하였거니와, 특히 수차(水車), 베틀, 물레방아 등을 제작하여 이용후생에 힘을 쏟았다. 물론 중국에 갔을 때 눈여겨본 것을 여기서 실천한 것이다.

박지원은 안의에 하풍죽로당(荷風竹露堂), 연상각(烟湘閣), 공작관(孔雀館), 백척오동각(百尺梧桐閣) 등의 중국식 건물을 지었다. 왜 이러한 중국식 벽돌건물을 지었을까? 아들 박종채는 『과정록』에서 이렇게 적고 있다.

안의는 본래 산수가 빼어난 고을로 일컬어졌다. 심진동(尋眞洞), 원학동(猿鶴洞) 등의 이름난 땅이 있었다. 아버지는 만년에 가난 때문에 벼슬을 하여 고을원이 되었는데, 이곳의 아름다운 산수와 대나무에 무척 만족하셨다. 관아 한곳에는 2층으로 된 창고가 있었는데, 황폐하여 퇴락한 지 이미 오래였다. 마침내 연못을 파고 아래위로 개울을 끌어들여 물을 채워 고기를 기르고 연꽃을 심었다. 은연중 물아일체의 흥취를 즐길 수 있었다. 그리고 못가에 집을 짓고 벽돌을 구워 담을 쌓았다. 이는 중국의 집짓는 법을 본뜬 것이었다. 긴 대나무와 무성한 숲은 푸른빛을 띠어 참으로 사랑스러웠다. 집에는 각기 이름을 붙였는데 하풍죽로당, 연상각, 공작관, 백척오동각이 그것이다. 아버님은 이들에 대해 각각 기문을 지었는데, 그 글이 문집에 실려 있다.

박종채는 박지원이 풍류를 좋아하여 이 건물들을 지었다고 하였지만, 풍류를 위해서라면 전통적인 건축방식의 목조건물을 지으면 될 것이니, 굳이 벽돌건물이 필요한 것은 아니다. 박지원은 중국식 건물을 지어 북학의 상징으로 삼고자 하였던 것이다. 박지원은 『열하일기』에서 중국의 벽돌집에 지대한 관심을 보인 바 있거니와, 지금도 중국의 궁벽한 농촌에는 그가 북경에서 열하로 가면서 보았을 듯한 붉은 벽돌로 제작된 농가들이 반듯하게 서 있으니, 당시에 벽돌집을 보고 받았을 충격을 상상할 수 있다. 박지원은 벽돌집을 지어 중국의 선진문명을 사람들에게 직접 눈으로 확인시켜 주고자 한 것이다. 「허생전(許生傳)」에서 허생이 조그마한 시험을 한 것처럼, 박지원은 안의에서 실학의 정신을 소박하게나마 시험해 본 것이라 할 수 있다.

　물론 이러한 실용에 풍류를 가미하는 것이 선비가 사는 방식이다. 박지원은 실용에 바탕을 두고 지은 중국식 벽돌집을 풍류의 장으로 꾸미기 위하여 그 이름을 멋있게 붙였다. 하풍죽로당, 연상각, 공작관, 백척오동각 등의 이름은 중국 문인의 기이한 호나 시에서 딴 것이다. 「죽오기(竹塢記)」(『연암집』)에 따르면, 박지원이 연암협을 오갈 때 가끔 머물던 개성 양씨의 집 편액을 써주면서 연상각, 백척오동각, 하풍죽로당, 공작관, 행화춘우림정(杏花春雨林亭), 소엄화계(小罨畵溪), 주영렴수재(晝永簾垂齋), 우금운고루(雨今雲古樓) 등에서 선택을 하라고 한 바 있다. 박지원은 개성 양씨의 집을 주영렴수재라 이름하고 기문을 지어준 바 있다. '주영렴수'는 소강절(邵康節)이 「늦봄의 노래(暮春吟)」에서 이른 "깊은 봄 긴긴 낮에 주렴을 드리우니, 정원에는 바람이 없는데도 꽃이 절로 날린다(春深晝永簾垂地 庭院無風花自飛)"에서, '우금운고'는 장염(張炎)이 「산중백운사(山中白雲詞)」에서 이른 "비는 지금 내리고 구름은 오래되었는데 다시 촛불을 잡는다(雨今雲古更秉燭)"에서 나온 것으로 짐작된다. 아울러 두보(杜甫)의 시에서 "묵은 비는 오는데 새 비는 오지 않네(舊雨來今雨不來)"라 한 데서 옛 벗[舊友]을 구우(舊雨)라 적고 새 벗[今友]은 금우(今雨)라 하므로, 새로운 벗에 대한 기대를 표방한 뜻으로 풀이할 수도 있다.

박지원은 이처럼 운치 있는 이름 가운데 하풍죽로당, 연상각, 공작관, 백척오동관 등을 안의에 세운 중국식 건물에 붙였다. 하풍죽로는 맹호연의 「여름날 남정에서 신대를 그리며(夏日南亭懷辛大)」에 보이는 "연꽃에 바람 불어 향기를 보내오고, 대나무에 이슬 맺혀 맑은 소리 울린다(荷風送香氣 竹露滴淸響)"에서 나온 것으로 보이지만, 홍대용의 「건정동필담속(乾淨衕筆談續)」(『담헌서』)에 실린 육비의 편지에 의하면 〈하풍죽로초당도(荷風竹露草堂圖)〉가 육비의 집 하풍죽로초당을 그린 것이라 하였으므로, 박지원이 홍대용으로부터 이 말을 듣고 이 이름을 붙였을 가능성도 높다. 연암협에 있을 때 하당과 죽각을 지었다고 하였으니 연꽃과 대나무를 좋아한 것은 틀림없을 듯하다. 또 백척오동은 양거원(楊巨源)의 「최부마에게 주다(贈崔駙馬)」에서 "백척 오동이 고운 누각과 가지런한데, 피리소리 떨어지는 곳에 푸른 구름 나직하다(百尺梧桐畫閣齊 簫聲落處翠雲低)"라 한 데서 온 듯하지만, 왕무린(汪懋麟)의 문집 『백척오동각집(百尺梧桐閣集)』에서 따온 것일 수도 있다. 연상각, 공작관 등도 청대 문인의 기이한 호에서 나온 것

안 의 관 아 옆 의 개 울
개울가의고목은 건너편에 있던 박지원이 안의에 세운 집을 보았을 것이다.

같지만, 자세한 것은 확인되지 않는다.

박지원은 이러한 이름에다 자신의 뜻과 멋을 더하였다. 백척오동각은 정당 서북쪽 수십 보 떨어진 곳에 중수한 객관이다. 본디 12칸 건물이었지만 마루 난간이 사라지고 섬돌이 흩어져 있었으며 풀과 넝쿨로 뒤덮여 뱀들이 우글거리는 곳이었다. 박지원은 여러 가지 모양의 돌을 주워와서 계단을 쌓고, 앞쪽 기둥을 베어내고 긴 난간을 만들었다. 널따란 뜰을 만들고 못을 파서 연꽃을 심고 새끼 물고기를 넣었다. 그러자 바람을 쐬고 달빛을 구경할 만한 곳이 되었다. 담장 너머에 백 척이 넘는 오동나무 한 그루가 있어 그 짙은 그늘이 난간을 덮었다. 이에 그 이름을 백척오동각이라 한 것이다. 이곳에 앉아 있으면 붉은 오동꽃 향기가 짙게 퍼지고 이따금 백로가 훨훨 날아오기도 하였다. 그 남쪽의 공작관 역시 아름다운 건물이었다. 다음은 1793년 무렵 제작한 공작관 기문이다.

백척오동각 남쪽 마루가 공작관이다. 남쪽으로 수십 보 떨어진 곳에 정수리가 호리병처럼 솟아 마주하고 있는 것이 하풍죽로당이다. 가운데 마당을 사이에 두고 대나무로 시렁을 만들고 그 가운데 구기자와 해당화, 찔레꽃, 밭배나무, 박태기나무 등을 심었다. 긴 가지와 부드러운 넝쿨이 촘촘하게 이어져 어른어른 앞쪽을 가리게 되었다. 봄과 여름이면 병풍이 되고 가을과 겨울에는 울타리가 되었다. 병풍이라 여러 종류의 꽃이 어울렸고, 울타리라 쌓인 눈이 어울렸다. 길다랗게 파인 곳에 모서리가 있어 천연의 문이 되었는데, 사립을 따로 달지 않았다. 북쪽 담장을 뚫고 개울물을 끌어들여 북쪽 못으로 흘러들게 하였다. 북쪽 못에서 넘쳐나면 그 앞을 지나 굽이 흐르게 되는데 연잎을 따서 술잔을 올리면 둥실둥실 떠서 흘러간다. 이것이 바로 공작관이 집은 같지만 모습이 다르고 자리를 옮기면 볼거리가 달라지는 까닭이다.

박지원, 「공작관기(孔雀館記)」, 『연암집』

박지원은 나이 18~19세 때 어떤 집으로 들어가는 꿈을 꾼 적이 있다. 그윽하고 텅 빈 집이었는데, 관아나 불당처럼 생겼다. 좌우에 비단으로 덮은 상자와 옥첨(玉籤)으로 꾸민 서첩이 가지런하게 배열되어 있었다. 구불구불 이어진 길은 겨우 한 사람이 지나갈 수 있게 되어 있는데 가운데 몇 척의 푸른 병이 있고 두 개의 푸른 깃이 꽂혀 있었다. 높이는 지붕과 가지런하였다. 한참을 배회하다가 꿈에서 깨어났다. 20여 년이 지난 후 박지원은 중국에 갔다가 공작 세 마리를 보고 깜짝 놀랐다. 한 마리는 학보다 작되 백로보다는 컸다. 꼬리는 2척 몇 자쯤 되고 붉은 정강이는 뱀처럼 허물이 벗겨졌고 검은 부리는 매처럼 구부정하였다. 온 몸이 깃털로 덮여 있는데 불빛처럼 밝고 금빛처럼 고왔다. 그후 박지원의 벗 한 명이 중국에 갔다가 전당(錢塘)의 문인 조설범(趙雪帆)이 '공작관'이라 쓴 글씨를 가지고 왔다. 조설범은 박지원과 일면식도 없었지만 풍문으로 박지원에 대해 듣고 글씨를 보내준 것이었다. 박지원은 이 글씨를 공작관에 붙였다.

박지원의 공작관은 그의 개성적인 글과 관련이 있다. 박지원은 「공작관문고자서(孔雀舘文稿自序)」에서 글쓰기를 이명(耳鳴)과 코골기에 비유한 바 있다. 이명은 남이 들을 수 없는 소리요, 코고는 소리는 자신이 들을 수 없는 법이다. 이 글의 말미에서 박지원은 "자기가 혼자 아는 것은 언제나 남이 알아주지 않아 걱정이고, 자기가 미처 깨닫지 못하는 것은 남이 먼저 아는 것을 싫어한다. 어찌 코와 귀에만 이 같은 병통이 있겠는가? 문장 또한 이보다 심함이 있다"고 하였으니, 남이 알아주든 말든 개의치 않고 개성대로 문장을 짓겠다는 뜻을 표방한 것이라 하겠다.

하풍죽로당은 더욱 운치 있는 집이었다. 원래는 오물로 뒤덮인 더러운 곳이었지만, 박지원은 이곳을 연꽃향기가 바람에 날리고 대숲에 이슬이 맑은 집으로 바꾸었다.

정당(正堂)의 서쪽 행랑은 다 무너져 가는 곳간인데 마구간과 목욕간에 이어져 있었다. 몇 걸음 너머 썩은 흙 위에 하수와 재가 처마보다 높게 수북하게 쌓여 있었다. 관아 구석진 곳이라 온갖 더러운 것이 다 모였다. 봄철 눈이 녹고 바람이 따스해지자 더욱 참을 수가 없었다. 마침내 매일 종들을 시켜 삽과 들것으로 치웠다. 꼬박 열흘이 걸려 빈 땅으로 만들었다. 가로가 25발이고 세로가 그 3할쯤 되었다. 수북한 잡목을 베어내고 잡초를 쳐내고 울퉁불퉁한 곳을 깎아 패인 곳을 메웠으며 마구간을 옮겨 없애니 땅이 더욱 넓고 시원하였다. 아름다운 나무를 줄지어 심으니 벌레와 쥐들이 멀리 숨었다.

이에 땅을 나누어 남쪽에는 남지(南池)를 만들었다. 버려진 창고의 재목을 가지고 북쪽에 북당(北堂)을 지었다. 북당은 동향으로 짓되 기둥 넷을 세우고 세로기둥 셋을 달아 대마루가 상투처럼 모이게 하였으며 호리병 모양으로 지붕을 덮었다. 가운데는 연실(燕室, 거실)로 삼고 동방(洞房, 골방)을 이어 만들었다. 앞쪽에는 왼편에, 옆쪽에는 오른편에, 트인 곳은 마루를 놓고 높은 곳은 층루를 만들었으며, 빙 둘러 걸어다닐 수 있는 난간을 만들고, 밝고 성근 창을 내고 둥그스름하게 풍호(風戶)를 만들었다.

굽은 개울물을 끌어들여 푸른 병풍처럼 두르게 하였다. 이끼가 낀 뜰을 구획짓고 흰 돌을 깔아놓았다. 그 위로 개울물이 흘러 어리비치었다. 소리를 낼 때에는 산간계곡의 개울처럼 되고 부딪쳐 흐를 때는 물을 뿜는 폭포가 되어 남지로 흘러들었다. 벽돌을 올려 난간으로 만들어 못둑을 보호하였다. 앞에는 긴 담장을 둘러 바깥뜰과 구획을 지었다. 가운데 일각문(一角門)을 만들어 정당과 통하게 하였다. 남쪽을 덧대고 꺾어지게 하여 못의 끝자락에 붙이고 가운데 구름다리를 놓아 연상소각(烟湘小閣)과 통하게 하였다.

이 건물의 빼어남은 담장에 있다. 어깨높이 위에는 다시 두 개의 기와를 엇물려 쓰러질 듯 거꾸로 세웠다. 능화문(菱花文) 모양으로 하거나 쌍가락지 모양의 사슬을 이루도록 하였다. 한쪽을 뜯어 노전(魯錢)처럼 만들기도 하고, 서로 잇대어 설도전(薛濤牋)처럼 만들기도 하였다. 그 모양이 영롱하고 그윽하였다.

담장 아래 한 그루 붉은 복사꽃을 심고 못에는 두 그루 오래된 살구나무를 심었다. 누 앞에는 배꽃 한 그루를 심고 당 뒤에는 푸른 대나무 만 그루를 심었다. 못에는 천 그루 연꽃을 심고 뜰 가운데는 파초 열한 그루를 심었다. 밭에는 인삼 아홉 뿌리를 심고 화분에는 철중매 한 그루를 심었다. 마침내 집을 나서지 않아도 사시사철의 경관을 다 차지할 수 있게 되었다. 정원을 거니노라면 만 그루 대나무가 구슬을 엮어놓은 듯한 것은 맑은 이슬 내린 새벽의 일이요, 난간에 기대어 천 그루 연꽃이 향기를 보내는 것은 햇살이 비치는 아침의 일이요, 속이 답답하고 마음이 어지러우며 두건이 축 처지고 눈꺼풀이 묵직해질 때 파초 소리를 듣고 정신이 문득 맑아지는 것은 한낮 통쾌하게 비가 내릴 때의 일이요, 아름다운 손님과 누각에 올라 고운 나무가 깨끗함을 다투는 것은 밝은 달이 뜨는 저녁의 일이요, 주인이 휘장을 내리고 매화와 함께 수척한 것은 살짝 눈이 내린 새벽의 일이다. 이 또한 때에 따라 사물에 흥을 깃들이는 것이니, 하루 동안 그 빼어남을 모두 다 차지할 수 있다.

그러나 저 백성들이 이러한 즐거움을 함께하지 못한다면 어찌 사또가 이 당을 지은 뜻이겠는가? 아, 나중에 이 당에 거처하는 이는 아침에 연꽃이 벌어져 향기가 멀리 퍼지는 것을 보면 따사로운 바람과 같이 은혜를 베풀고, 새벽에 대나무가 이슬을 머금어 고르게 젖은 것을 보면 촉촉한 이슬같이 두루 선정을 베풀어야 할 것이다. 이것이 바로 내가 이 당을 하풍죽로당이라 이름지은 까닭이다. 이로써 뒤에 오는 이에게 기대하는 바이다.

박지원, 「하풍죽로당기(荷風竹露堂記)」, 『연암집』

하풍죽로당은 중국풍의 신식 건물이었다. 호리병 모양의 지붕을 씌운 것도 그러하거니와, 무엇보다 담장을 특이하게 만들었다. 마름모와 유사한 육각형 문양이나 사슴 형태의 고리 문양을 담장에 넣은 것도 그렇고, 각문(角門)이나 홍교(虹橋)를 만든 것 역시 중국풍이다. 담장을 이렇게 꾸민 것은 사치심 때문이 아니다. 박지원은 『열하일기』에서 중국의 장관으로 깨진 기와조각을 들었다. "깨진 기와조각은 천하 사람이 버리는 물건이지만 마을 집을 둘러싼 담장 어깨 위에 두 장씩 나란히 붙여 물결무늬가 되도록 하기도 하고, 네 쪽을 안으로 합쳐 동그라미 무늬가 되도록 하기도 하며, 네 쪽을 등을 대어 붙여 옛날 엽전의 구멍 모양이 나도록 하기도 한다. 기와조각을 서로 맞물려 만들어진 구멍이 안팎으로 마주 보이며 별별 무늬가 다 생기고 보니, 깨진 기와조각을 내버리지 않아 천하의 아름다운 문채를 이루었다"라 하였다.

박지원은 하풍죽로당에서 선비로서의 절제된 삶과 풍류를 동시에 누렸다. 예전에 안의에 살았던 임훈(林薰)과 노진(盧禛)은 주자(朱子)의 평상복을 본떠 만든 흰옷에 검은 비단으로 옷깃을 두른 심의(深衣)를 입고 살았다. 역시 안의의 선배 문인이라 할 수 있는 정온(鄭蘊)은 병자호란 후 낙향하여 아이들로 하여금 쌍쌍투를 틀게 하였는데, 박지원 역시 이를 따라 아이들로 하여금 쌍쌍투를 틀게 하였다. 옛 제도를 따른다고 표방하였지만, 사람들의 눈에는 그렇게 보이지 않았다. 함양군수로 있던 윤광석(尹光碩)이 박지원의 선정을 시기하여 박지원이 오랑캐옷을 입고 백성들을 다스린다고 서울에까지 소문을 내었다. 이 무렵 유한준(兪漢雋)은 박지원이 자신의 글을 인정해 주지 않아 감정이 좋지 않던 터에 이 소문을 듣자 『열하일기』를 두고 오랑캐 연호를 쓴 글이라며 비난하였다. 1792년에는 정조가 문체반정(文體反正)을 시도하면서 문체를 변화시킨 주범으로 『열하일기』를 지적하고 남공철(南公轍)을 통해 순정문(醇正文)으로 자송서(自訟書)를 짓도록 명하였다. 위의 글의 마지막 대목에서 청언소품(淸言小品)의 기운을 느낄 수 있으니 정조의 지적이 잘못된 것은 아닌 듯하다.

그러나 박지원은 주위의 비난에도 아랑곳하지 않았다. 1793년 박지원은 왕희지(王羲之)의 난정(蘭亭) 고사를 본떠 처남 이재성, 사위 이종목(李鍾穆), 이겸수(李謙秀) 등과 술을 마시며 글을 지었다. 박종채는 『과정록』에서 이때의 일을 이렇게 전하고 있다.

지계공 이재성과 김기무(金箕懋), 큰사위 이종목, 작은사위 이겸수를 초대하여 물가에서 술을 마시며 글을 짓는 자리를 열었다. 계축년(1793) 봄 왕희지의 난정의 고사를 본받아 술자리를 마련해 흐르는 물에 술잔을 띄워 시를 읊었다. 세상사람들은 당시 아버님이 지은 시를 외워 전했으며 그 모임을 멋진 일로 생각했다. 지계공이 어떤 사람에게 보낸 편지에서 이렇게 말하였다.

"나는 화림(花林, 안의의 별칭)에 도착해서 40일 동안 하풍죽로당에 거처했소. 당시 풍년이 든데다 관아에 일이 없어 한가했소. 사또께서 일찍 공무를 끝낸 후 해가 뉘엿뉘엿 질 무렵이면 객관으로 찾아왔다오. 그곳에는 예스러운 거문고와 운치 있는 술동이, 잘 정리

된 책, 아담한 칼이 놓여 있었소. 그 곁에는 종종 시에 능한 승려와 이름난 기생이 있었소. 술이 거나해지면 천고의 문장에 대해 마음껏 토론했지요. 당시의 즐거움은 백 년 인생과 맞바꿀 만했소. 내가 훗날 화림과 같은 아름다운 고을에서 벼슬살이를 할 수 있을지 모르겠지만, 연암과 같은 손님을 얻을 수 있겠소?'

그때 온 사람들 중 이희경(李喜經)과 윤인태(尹仁泰)는 아버님 문하에 출입하던 선비였고, 한석호, 양상희 등 여러 사람은 모두 연암 골에 계실 때의 문하생이었다. 아버님께서 때때로 별관에다 기악(妓樂)을 베풀었다. 아버님께서는 반드시 먼저 돌아오시고 남은 사람들로 하여금 마음껏 놀게 하였다. 지계공은 안의에 세 차례 오셨다.

박지원은 풍악을 좋아하여 서울에 살 때에도 김억(金檍) 등의 악공을 불러 연주를 하게 하였는데, 홍대용이 죽은 후 지음(知音)이 없다 하여 악기조차 남들에게 주어버렸다. 그러다가 안의로 와서 아름다운 산수를 보자 다시 풍악을 즐기게 되었다. 장악원(掌樂院)에서 은퇴한 악공을 불러 보수를 주고 음악에 재능이 있는 이를 가르치게 하였다. 이에 당시 안의의 음악이 경상도에서 으뜸이 되었다고 한다.

박지원은 목민관으로서의 여민동락(與民同樂)도 잊지 않았다. 박지원은 「하풍죽로당기」 마지막 대목에서, 아름다운 향기를 뿜는 연꽃[荷]을 보고 바람[風]과 같이 교화를 베풀고, 이슬에 젖은 대나무[竹]를 보고 이슬[露]과 같은 은혜를 베풀어야 한다고 강조하고 그것이 하풍죽로의 진정한 뜻이라 하였다.

박지원은 또 매우 청렴한 목민관이었다. 임기를 마치고 돌아갈 때 책 500~600권, 붓과 벼루, 향로, 다기 등 4~5바리의 짐뿐이었다 하니 그 청렴함을 짐작할 수 있다. 정조는 이러한 박지원을 두고 "박지원은 평생 조그만 집도 한 채 없이 궁벽한 시골과 강가를 떠돌며 가난하게 살았다. 이제 늘그막에 고을 수령으로 나갔으니 땅이나 집을 구하는 데 급급할 것이라 여겼는데, 들자 하니 정자를 짓고 연못을 파서 천 리 밖에 있는 술친구와 글친구를 불러모은다 하니, 문인의 행실이 이처럼 속되지 않기는 어렵다. 또 들으니 고을원으로서의 치적 또한 매우 훌륭하다 하는구나"라며 감탄하였다.

박규수가 그림으로 전한 연암의 자취

박지원은 1796년 안의현감을 그만두고 군직(軍職)을 받아 상경하여 제생동(濟生洞)으로 돌아왔다. 제생동의 집은 1788년 마련한 것으로 종제인 박수원의 소유였는데, 그가 선산부사로 나가자 집이 비어서 차지하게 된 것이다. 제생동은 창덕궁 서쪽, 오늘날의 계동(桂洞)인데 계산동(桂山洞), 계생동(桂生洞) 등으로도 불렸다. 현대그룹 본사와 중앙고등학교 인근이다. 당시 이곳은 과수원이었는데, 박지원은 1796년 집을 하나 더 지었다. 가마에서 굽지 않고 햇볕에 말린 흙벽돌을 사용하여 서쪽에 다락을 얹은 건물을 만들고 창문을 내었다. 그리고 그 이름을 총계서숙(叢桂書塾)이라 하였다. 박지원이 죽고 한참의 세월이 흐른 1824년, 어떤 거지가 총계서숙을 보고 안의의 관아에 있는 정자와 똑같다고 한 것으로 보아, 제생동의 집 역시 중국식 벽돌집이

박지원의 초상 손자 박규수가 그린
박지원의 초상으로 엄숙한 학자의 풍모가
보인다.

었음을 알 수 있다. 박지원의 본가는 이곳에서 그리 멀지 않은 재동
(齋洞)에 있었는데 곧 오늘날 헌법재판소 인근으로, 아름다운 백송(白
松)이 서 있다.

그러나 박지원은 계동과 재동의 집에서 오래 머물지 못하였다. 제
용감 주부, 의금부 도사, 의릉령(懿陵令)을 지내다가 1797년 면천군수
(沔川郡守)로 나가면서 이 집은 남들에게 맡겨졌다. 박지원은 면천에
서도 안의에서처럼 실학자적 면모를 유지하면서 선정을 베풀었다.
1798년 농서(農書)를 구하는 교서에 응해 「과농소초(課農小抄)」를 지
어올렸으며, 버려진 땅을 아름답게 가꾸는 일도 하였다. 향교 앞에 버

려진 언월지(偃月池)라는 연못이 있었는데, 박지원은 백성들을 모아 연못을 준설하고 개울물을 끌어들인 다음, 연못 가운데 작은 섬을 만들었다. 그리고 그 위에 육각초당을 만들어 건곤일초정(乾坤一草亭)이라 이름하였다. 두보의 「늦봄 양서의 새로 빌린 초가에 쓰다(暮春題瀼西新賃草屋)」에서 따온 말이지만, 벗 홍대용이 고향에서 건곤일초정 주인을 자처하였으니, 그와의 옛일을 떠올린 것이기도 하다.

박지원은 1800년 양양부사(襄陽府使)로 나갔다가 이듬해 사직하고 돌아왔다. 당시 양양의 천후산(天吼山) 신흥사(神興寺) 승려가 궁속(宮屬)들과 결탁하고 역대 임금의 필적을 봉안한다는 핑계로 백성들을 침탈하였는데, 박지원이 이를 막으려고 감사에게 보고하였으나 뜻이 이루어지지 않았다. 병을 핑계대고 물러난 박지원은 목민관으로서의 한계를 절감했다. 이에 벼슬에서 물러나 1802년 문생 이광현(李光顯)과 함께 다시 젊은 날의 추억이 서린 연암협으로 들어가 정자를 짓고 살았다. 그해 겨울 부친의 묘를 포천(抱川)으로 이장하려다 유한준(兪漢雋)과 산송(山訟)이 벌어지자 양주(楊州) 성곡(星谷)으로 이장하였다. 이로 인해 병이 위중해졌고, 만년에는 중풍으로 몸이 마비되어 글을 짓지 못하였다. 그리고 1805년 10월 20일 제생동의 집에서 생을 마쳤다. 12월 5일 장단(長湍)의 송서면(松西面) 대세현(大世峴)에 묻혔다.

박지원의 아들 박종채는 부친을 빛내기 위해 『연암집』과 『과정록』을 편찬하였으며, 손자 박규수는 조부를 빛내기 위해 조부가 살던 곳을 그림으로 그려두었다. 연암협의 모습은 정철조가 그림으로 남겨두었다고 앞서 말한 바 있다. 박규수는 정철조의 그림을 칭송하는 한

편 손수 연암협을 그리기도 하였다. 박규수의 벗 신석우(申錫愚)는 1844년 박규수가 직접 그린 〈연암산거도(燕巖山居圖)〉에 발문을 쓴 바 있다. 신석우는 박지원을 무척 좋아하여 「연암기(燕巖記)」를 지었는 데 『연암집』에 산견되는 연암협에 대한 박지원의 글을 엮은 글이다.

　나는 일찍이 연암을 사모하여 화장산 속에 집을 정하여 이곳에서 여생을 보내려 하였다. 처음 집터를 볼 때 산이 깊고 길이 막혀 종일 가도 사람 하나 만날 수 없었다. 갈대밭에 말을 세우고 채찍으로 높은 언덕을 구획지으면서 말하였다. "저기라면 울타리를 치고 뽕나무를 심을 수 있겠군. 갈대에 불을 질러 밭을 갈면, 한 해에 곡식 천 섬은 거둘 수 있겠네." 쇠를 쳐서 불을 놓으니 바람에 불이 번졌다. 꿩이 소리내어 울면서 놀라 날아오르고, 새끼노루가 앞으로 달아나 숨었다. 소매를 걷어붙이고 쫓아갔지만 시내에 막혀 돌아왔다.
　깎아지른 절벽과 나뭇단을 세워놓은 듯한 협곡에는 나무와 풀이 무성하여 처음에는 길이 없었다. 골짜기 안으로 들어가니 산자락이 모두 감추어지고 갑자기 면세가 바뀌었다. 언덕이 평평해지고 기슭이 예쁘장하며, 흙이 희고 모래가 밝아 훤하게 트여 있다. 남쪽으로 집을 얽어매었다. 앞쪽 왼편으로 푸른 절벽이 깎은 듯 서 있어 그림병풍을 펼쳐놓은 듯하다. 갈라진 바위틈이 입을 벌리고 있어 절로 집 모양처럼 되어 있는데 그 안에 제비가 둥지를 틀고 있다. 이곳이 바로 연암이다. 집 앞 백여 보 거리에 평평한 둔대와 굽은 개울이 있는데 그 아래가 조대다. 개울을 따라 흰 바위가 평평하게 펼쳐져 있어 마치 먹줄을 쳐서 잘라놓은 듯하다. 어떤 곳은 평평한 호수가 되고 어떤 곳은 맑은 못이 되는데, 매번 서산의 석양이 비치면 그 그림자가 바위 위에까지 어린다. 이곳이 엄화계다. 손수 가시덤불을 베고 나무에 붙여서 지붕을 이었다. 담장 둘레로 천 그루 복숭아나무와 살구나무를 심었다. 3무(畝)의 못에는 한 말의 새끼 물고기를 풀었다. 바위벼랑에는 백 통의 벌을 치고 울타리 사이에는 소 세 마리를 묶어두었다.

신석우,「연암산거도발(燕巖山居圖跋)」,『해장집(海藏集)』

박지원이 백동수, 홍대용, 형수를 위해 쓴 글을 엮어 하나의 기문을 만든 것이다. 그리고 신석우는 박규수의 「연암산거도」와 자신이 엮어 놓은 박지원의 글을 비교하여 이렇게 설명하였다.

산이 겹겹이고 물이 이어지는데 풀과 갈대가 울창한 것은 선생이 말을 세우고 노루를 쫓아갔다고 한 곳이겠지. 꽃이 곱고 버들이 무성한데 담과 지붕이 들쑥날쑥한 것은 선생이 나무를 심고 과일나무를 기르던 땅이리라. 파란 논과 푸른 밭의 어린 나락과 여린 뽕나무는 선생의 경륜을 시험해 본 것이다. 휘도는 못과 고인 호수에 비단같이 빛나는 개울, 울긋불긋 벼랑에 소나무 그림자가 바위를 쓸고 있는 것은 선생이 밤낮으로 지팡이를 짚고 신발을 끌면서 배회하던 곳임을 알 수 있다. 사각의 처마를 단 둥근 정자, 이중으로 된 천각과 긴 회랑, 뚫어서 창을 내고 아자(亞字)로 난간을 만들었으며, 수

연암사적비 안의초등학교가 안의현의 관아 터이므로 이곳에 하풍죽로당 등 박지원이
세운 집이 있었겠지만 최근 세운 사적비만 남아 있다. 이곳에 하풍죽로당 하나라도
복원하면 좋을 것이다.

차의 바퀴에 물이 튀기고 도르래로 우물물을 긷는 것은, 산속의 집
에 마땅히 있어야 하는 것이지만 채 만들지 못한 것인데, 환경(瓛卿,
박규수)이 마음속으로 만들어 보충한 것이다.

신석우, 「연암산거도발」, 『해장집』

박규수가 연암협의 실경을 배경으로 청나라 벽돌집에서 수차와 도
르래 등을 이용해 편리하게 생활하는 농가의 모습을 그린 이유는 박
지원의 실학자적 면모를 부각시키려 한 것이다.

박규수는 조부가 세운 안의의 중국식 건물에 대한 그림도 그렸다.

1856년 신석우는 박규수가 그린 하풍죽로당 그림을 보고 안의 관아를 찾아갔다. 그리고 박지원의 기문과 박규수의 그림을 바탕으로 하풍죽로당 등 박지원이 세운 건물에 대한 답사 기록을 남겼다.

고을로 들어가니 고을원 김재현(金在顯)이 광풍루(光風樓)에 내 숙소를 잡아주었다. 광풍루는 일두(一蠹) 정여창(鄭汝昌) 선생이 창건한 것으로 탁 트여 훤하였다. 앞에 큰 하천을 마주하고 하천 남쪽에 느티나무와 버드나무를 줄지어 심어놓았는데 들판이 광활하였다. 마침 단비가 내려 보리가 새파란 빛을 띠었다. 한밤이 되자 베갯가에 여울의 물소리가 비로소 커졌다. 아침에 고을의 재사(齋舍)로 들어가 연암의 옛 자취를 물었다.

연상각은 재사 남쪽의 작은 정자로 곁에는 못이 있었지만 못은 마르고 섬만 남았다. 하풍죽로당은 못 북쪽의 건물인데 그 제도가 환경이 그려 보여준 것과 똑같았다. 공작관은 하풍죽로당 북쪽의 관사인데, 아마 관아에 예전부터 있던 재사에 편액을 걸어둔 듯하다. 마루에는 공작관이라는 편액을 걸어두고 방에는 하풍죽로당이라는 편액을 또 걸어두었다. 내가 그 편액을 떼어 돌아가 정자를 하나 짓고 걸려 하였다. 문 옆에 작은 집이 있는데, 둥근 창이 반쯤 드러나게 벽돌로 쌓고, 바람이 들어오도록 기와로 노전(魯錢) 문양으로 쒜워놓았다. 이것이 통인청(通印廳)이다. 나는 이곳이 반드시 관자오륙동자육칠당(冠者五六童子六七堂)일 것이라 하였다. 오동각은 객사의 협실(夾室)에 걸어놓은 이름인데 고을원이 잘 알지 못하고

뜰의 오동나무를 가리키면서 이것을 가리키는 듯하다고 하였다. 뜰
에는 붉은 살구와 흰 매화, 대숲이 있었다. 공작관 북쪽에도 대숲과
가지가 천 개 달린 소나무가 있었다.

신석우, 「안의현치기(安義縣治記)」, 『해장집』

　박지원이 안의를 떠난 후 그가 안의 관아에 세운 건물은 곧 잊혀진
듯하다. 고을원조차 박지원이 이름붙인 건물을 정확하게 알지 못하
였던 것이다. 위의 글에서 박지원이 『논어』에서 공자도 함께하고자
한 증점(曾點)의 풍류를 과시하려 '관자오륙동자육칠당'이라는 긴 이
름의 건물을 지었음을 확인할 수 있지만, 박지원의 글에 이것이 보이
지 않으니 사람들은 그 존재조차 알지 못하게 되었다.

　『열하일기』를 비롯하여 박지원이 남긴 글은 고전 중의 고전으로 널
리 읽히지만, 그가 살던 자취는 어디에서도 찾을 수 없다. 중국풍으로
만들었던 안의현 관아의 여러 건물이나 제생동 집은 흔적 없이 사라
졌다. 한국 역대 최고의 문인으로 내세울 만한 박지원이건만, 그의 자
취를 더듬을 곳이 남아 있지 않으니 참으로 안타깝다. 이가원 선생의
『연암소설연구』에 실린 화보에 희미한 연암협의 그림이 있지만 그조
차 이제 다시 보기가 쉽지 않다. 박규수가 그린 연암협과 안의현의 그
림이 발견되기를 간절히 기대할 뿐이다. 📋

양수리 소내의 추억과 정약용

소나무 그늘진 곳에 내 정자 있고

배꽃 뜰 가득한 곳 바로 내 집이라네

여유당
겨울에 시내를 건너는 것처럼 신중하게 하고
사방에서 나를 엿보는 것을 두려워하듯
경계하라는 뜻이다.

수종사를 빛낸 사람들

수종사(水鐘寺)는 조선 초기부터 문인 재사들이 즐겨 찾은 곳이었다. 한강 수계를 따라 거슬러 올라가면 남한강과 북한강이 갈라지는 양수리가 나오고 여기서 다시 북한강 줄기를 거슬러 올라가면 왼편에 운길산(雲吉山)이 보인다. 그곳에 수종사가 있다. 양수리에서 새터로 가는 국도의 중간 왼편에 있는데 오늘날 남양주시 와부읍 송촌리다. 정약용(丁若鏞)의 고향인 조안면 능내리에서 그리 멀지 않은 곳이다.

수종사가 있는 운길산은 예전에 조곡산(早谷山, 혹은 草同山)이라 하였다. 이곳에 오르면 앞으로 한강이 내려다보인다. 북한강에는 병탄(幷灘)이라는 여울이 있었고 이 일대의 강을 용진강(龍津江)이라 하였다. 이덕형(李德馨)이 용진의 대아당(大雅堂)에서 죽음을 맞아 강 건너편 양평군 양서면 목왕리에 묻혔으며, 신흠(申欽)의 아들이자 부마였던 신익성(申翊聖)이 도성에서 물러나 살던 창연정(蒼然亭) 역시 용진 물가에 있었다. 또 남한강 줄기로 접어드는 곳에 옛 시인들이 즐겨 시를 지었던 월계(月溪)가 있다. 또 한강으로 합류하여 한양으로 가는 쪽과 미호(渼湖)에 석실서원(石室書院)이 있었다.

일찍부터 문인 재사들의 발걸음이 잦았던 곳인 만큼 조선 초기에 이미 서거정(徐居正)이 수종사에서 지은 시가 전한다.

가을날의 풍광은 쉬 서글퍼지는데
아침까지 내리는 비에 물이 제방을 치네.
속세에는 먼지를 피할 땅이 없건만

절간에는 누각이 하늘과 가지런하다.
자욱한 흰 구름을 누구에게 줄 수 있으랴?
날리는 누런 낙엽에 길이 어지럽구나.
내 동원에 가서 참선을 말하고 싶으니
밝은 달밤 괴이한 새를 울지 않게 하라.

秋來雲物易悽悽　宿雨連朝水拍堤

下界煙塵無地避　上方樓閣與天齊

白雲歷歷誰堪贈　黃葉飛飛路欲迷

我擬往參東院話　莫敎明月怪禽啼

서거정, 「수종사에서(水鍾寺)」, 『사가집(四佳集)』

수종사 절에 샘이 있어 바위틈 구멍에서 물이 나와 땅에 떨어질 때 종소리가 난다 하여
수종사라 이름하였다.

그 이후에도 이이(李珥)를 위시하여 여러 문인 학자들이 수종사를 찾았다. 임숙영(任叔英)은 17세기 초엽 이 절의 연혁을 기록으로 남겼다. 그에 따르면, 고려 태조가 군사를 이끌고 이 산을 지날 때 멀리서 보니 산에 신이한 구름이 있어 그곳을 파보니 우물에서 구리로 만든 종이 나왔다. 이에 그곳에 절을 짓고 절 이름을 수종사라 하였다고 한다. 또 다른 이야기도 전한다. 조선의 세조가 금강산을 유람하고 돌아오는 길에 양수리에 이르러 하룻밤을 유숙하는데 한밤중에 어디선가 종소리가 들려왔다. 이튿날 사람들에게 물었으나 절은 없고 운길산에 절터만 남아 있었다. 세조가 살펴보니 18나한상이 있어 그곳에 수종사를 세웠다고 한다. 이러한 연기설화를 적은 임숙영은 스님들이 모두 잠든 한밤에 홀로 앉아 여러 생각에 잠겼다. 그때 달빛이 창으로 교교히 흘러들었다. 이 대목에서 임숙영은 다음과 같이 적고 있다.

이날 밤 중들은 모두 잠들었으나 나 홀로 으슥한 방에 앉아 있었다. 창문이 홀연 훤하게 밝아졌다. 내다보니 밝은 달이 올랐다. 이윽고 바람이 먼 데서 불어와 산골짜기를 진동하였다. 강과 바다에서 파도가 치는 듯하더니 나뭇잎이 숲에서 소나기 내리는 것처럼 떨어졌다. 이에 산새들이 날던 놈, 가만히 있던 놈, 놀라서 둥지를 잃은 놈이 일시에 슬프게 울어 서로 응하였다. 나는 밤새 잠을 이루지 못하였다.

임숙영, 「유수종사기(遊水鍾寺記)」, 『소암집(疎菴集)』

수종사를 대상으로 한 한시는 여러 편이 전하는데, 그중 임숙영보다 조금 후배인 이명한(李明漢)의 것이 가장 널리 알려졌다.

저물녘 높은 누각 꼭대기에 기대니
돌둔대의 가을잎에 이슬꽃이 피었네.
여러 산들은 구물구물 세 현에 서렸는데
큰 물줄기 도도하게 두 왕릉을 배알하네.
안개 속에 나그네는 배를 불러 술 사는데
달빛에 스님은 석장을 날리며 강을 건너네.
술 취해 잠시 부들자리를 빌려 졸다 보니
낡은 벽의 연꽃 그림을 불등이 비춘다.
暮倚高樓第一層　石壇秋葉露華凝
群山衰衰蟠三縣　大水滔滔謁二陵
烟際喚船沽酒客　月邊飛錫渡江僧
酣來暫借蒲團睡　古壁蓮花照佛燈

이명한, 「수종사에서(水鐘寺)」, 『백주집(白洲集)』

인근 석실서원 앞쪽 물가 삼주(三洲)에는 김창협(金昌協)이 힘든 벼슬살이의 와중에 가끔 내려와 쉬면서 삼산각(三山閣)을 짓고 살았다. 그는 이곳에 올 때마다 수종사를 찾았고 또 상당 기간 수종사에 기거한 적도 있었다. 이러한 연유로 아우 김창흡(金昌翕) 등 그의 가족들과 문도들이 수종사를 소재로 많은 한시를 제작하였다.

젊은 날의 소내와 수종사

수종사는 조선 후기 정약용에 의하여 크게 빛나게 된다. 정약용은 수종사에서 가까운 광주군 초부면 마현리, 오늘날의 지명으로는 양주군 와부면 능내리에서 태어났다. 능내리는 소내(한자로는 苕川이라 적는다)라고도 부르는데 정약용은 그 유래를 「임청정기(臨淸亭記)」에서 자세히 설명한 바 있다. 몇백 년 전 소양강(昭陽江)은 고랑(皐狼) 아래에 이르러 동쪽으로 남주(藍洲)의 북쪽을 지나 남강(南江)으로 들어갔다. 남강은 빠르고 거세게 곧장 서쪽으로 달려 반고(盤皐) 아래에서 합쳐지는데, 반고는 홍수가 질 때마다 물에 잠겼기에 사람들이 살지 않았다. 그후 소양강이 부암(鳧巖)의 남쪽에 이르러 남강과 만나 남강의 거센 물살을 밀어내어 다시 귀음(龜陰)의 강기슭을 지나 석호(石湖)의 동쪽에 이르러 꺾어져 서쪽으로 향하게 되었다. 그러자 반고의 지세가 달라져 우뚝 높은 위치에 있게 되자 촌락이 이루어졌다. 그렇지만 새로 생겨난 땅이라 주인이 없었다.

이를 발견한 사람은 정약용의 선조 정시윤(丁時潤)이었다. 정시윤은 병조참의를 지냈는데 말년에 숙종의 노여움을 사서 시골로 방축되었다. 한강의 물가를 따라 올라가면서 노년에 살 곳을 구하다가, 소내 위쪽에 이르러 반고를 발견하였다. 동쪽에는 두 갈래 강물이 모여서 여울물이 잔잔하지 않고 서쪽에는 골짜기 입구가 갈라져서 바람이 모이지 않았는데, 반고를 셋으로 나누어 그중 서쪽 2/3쯤 되는 곳에 정자를 짓고 임청정이라 하였다. 도연명의 「귀거래사(歸去來辭)」 가운데 "동고(東皐)에 올라 휘파람을 불고, 맑은 물에 임하여 시를 짓는다(登

東皐以舒嘯 臨淸流而賦詩)"라는 구절의 뜻을 취한 것이다. 정자 앞에 괴송(怪松)을 많이 심었는데, 나무가 늙어서 마치 용이 도사리고 호랑이가 쭈그리고 앉은 것과 같으며, 거북이 움츠리고 학이 목을 길게 뺀 것같이 매우 기이하였다.

정시윤은 세 아들에게 이 땅을 나누어주었다. 동쪽에는 큰아들이 살았고, 서쪽에는 둘째아들이 살았다. 막내는 임청정을 받았다. 또 유산(酉山) 아래 조그마하게 지은 집은 측실(側室)에게서 얻은 자제가 차지하였다. 그러나 정시윤이 죽은 지 60여 년 후에 어사로 유명한 박문수(朴文秀)가 배를 타고 소내를 지나다가 이 정자를 보고는 탐을 내서 많은 돈을 주고 구입하였다. 그리고는 임청(臨淸)이라는 이름을 떼고 송정(松亭)이라는 이름을 붙였다. 정약용은 사람들이 이 정자를 송정으로만 알고 본래 임청정이었다는 사실을 모르는 것을 개탄하여 기문을 지어 이곳이 자기 집안의 땅임을 밝혔다.

정약용은 정시윤의 장남 정도태(丁道泰)의 후손이지만, 어떤 사연이 있었는지 막내에게 준 임청정 일대의 땅에서 태어나 그곳에서 자랐다. 어릴 때 자는 귀농(歸農)이었는데 그 부친이 사도세자(思悼世子)의 죽음을 보고 귀농을 결심한 때에 태어났기에 이 이름을 붙인 것이었다. 1800년 쓴 「중서사약서(中書社約序)」에 따르면 정약용 집안이 소내에 거주한 지 7대가 되었지만, 토지가 농사에 적합하지 않아 대대로 문필만을 일삼다 보니 사람은 늘어났지만 생산은 갈수록 줄어들어서 종이나 먹을 공급하기에도 힘이 부쳤다고 술회한 바 있으니, 그리 부유하지는 않았던 듯하다.

마현생가 팔당호 곁의 능내리 마재마을에 있는데 정약용의 5대조 때부터 살던 땅이다. 지금 건물은 1975년에 복원한 것이다.

정약용은 소내에서 살다가 6살 때 부친 정재원(丁載遠)의 임지인 연천으로 가서 살았다. 10살 때 부친이 벼슬에서 물러나자 다시 소내로 돌아왔다. 네 살 때 천자문을 배웠고 일곱 살에 오언시를 짓기 시작하였다. 열 살 이전의 글을 모아 『삼미자집(三眉子集)』이라 하였으니, 그 천재성을 짐작할 수 있다. 삼미자라는 이름은 정약용이 천연두를 앓아 오른쪽 눈썹이 셋으로 나누어졌기에 붙인 것이다.

정약용은 어린 시절 소내에서 가까운 수종사에서 노닐었다고 술회한 바 있는데, 15세 되던 1776년 부친을 따라 서울로 갔으므로 14세 이전에 수종사를 유람하고 처음으로 시를 지은 것으로 보인다.

넝쿨풀 드리워진 위태한 돌길

절간으로 가는 길을 찾지 못하겠네.

그늘진 산마루에 묵은 눈이 남았는데

훤한 물가에는 아침안개가 걷혔네.

샘물은 돌틈에서 용솟음치는데

종소리는 깊은 숲에서 울려퍼지네.

여기서 두루 돌아다녀 보았지만

그윽한 기약을 어찌 다시 속이랴?

垂蘿夾危磴　不辨曹溪路

陰岡滯古雪　晴洲散朝霧

地漿湧嵌穴　鍾響出深樹

遊歷自玆遍　幽期寧再誤

정약용, 「수종사에 노닐면서(游水鍾寺)」, 『여유당전서』

정약용은 15세에 부친이 다시 벼슬길로 나아가자 한양으로 가서 살았다. 그 이듬해 부친이 화순현감으로 부임하게 되어 함께 따라가 살다가 18세에 서울로 돌아왔다. 19세에 다시 부친의 예천 임소로 가 있으면서 반학정(伴鶴亭)에서 책을 읽다가, 겨울에 부친이 벼슬을 그만두자 광주로 돌아왔다. 정약용은 마현에서 책을 읽었고 이듬해부터 서울로 처소를 옮겨 과거공부를 하였다. 그 사이사이에 고향에 들렀다. 21세에는 배를 타고 고향을 찾아 수종사에서 노닐었다.

고운 햇살이 옷소매에 반짝이는데
엷은 구름 먼 밭에 떠다니고 있네.
배에서 내려 마음대로 노닐고
골짜기로 들어서 그윽함을 즐기노라.
바위 위의 풀은 묘한 치장을 하였는데
산중의 버섯은 화를 내듯 자라 있네.
어촌이 먼 물가에 아스라이 보이고
절간이 높은 산마루에 붙어 있네.
생각이 맑으면 만물도 가벼운 법
몸이 높은 데 있어 신선이 가깝다.
아쉬워라, 뜻 맞는 객이 없어
오묘한 이치를 논하지 못하니.

麗景明衣袖　輕陰汎遠田

舍舟欣散漫　入谷愛幽娟

巖卉施粧巧　山茸發怒專

漁村生逈渚　僧院寄危巓

慮澹須輕物　身高未遠仙

惜無同志客　談討溯微玄

정약용, 「봄날 수종사에 노닐면서(春日游水鍾寺)」, 『여유당전서』

젊은 시절 정약용의 서울집은 남산 아래의 창동(倉洞)에 있었다. 오늘날의 남창동이다. 숭례문 바로 안쪽 선혜창(宣惠倉)에 우물이 둘 있었는데, 이를 형제천(兄弟泉)이라 하였다. 정약용은 1782년 봄 이곳의 집을 사들여 살면서 형과 아우를 상징하는 체(棣)라는 글자를 써서 체천정사(棣泉精舍)라고 이름을 붙였다. 이곳에서 과거를 준비하던 정약용은 22세 되던 정조 7년(1783) 2월에 세자 책봉을 기념하는 증광감시(增廣監試)에 합격하였다. 이때 백씨(伯氏) 약현(若鉉)은 초장과 종장에 다 합격하였으며, 중씨 약전(若銓)은 시로, 정약용은 경의(經義)로 다 함께 합격하는 경사가 있었다.

정약용 집안은 정자급(丁子伋)이 조선에 들어 한양에 이주해 살면서 승문원 교리를 지낸 이래, 홍문관 부제학을 지낸 정수강(丁壽崗), 병조판서를 지낸 정옥형(丁玉亨), 의정부 좌찬성을 지낸 정응두(丁應斗), 대사헌을 지낸 정윤복(丁胤福), 강원도관찰사를 지낸 정호선(丁好善), 홍문관 교리를 지낸 정언벽(丁彦璧), 참의를 지낸 정시윤 등 대대로 명환이 나왔다. 그러나 정시윤 이후 가문의 운세가 쇠미하여 3대가 포의로 지내다가 증조대에 이르러 비로소 진사를 하였으며 부친대에 이르러서야 음사로 벼슬에 나아가게 되었으니 집안의 큰 경사가 생긴 것이었다. 체천정사에 앉아 있다가 이 기쁜 소식을 듣자, 정약용은 부친에게 서신으로 이 사실을 알렸다. 다음은 이때의 즐거움을 노래한 작품이다.

고운 물가에 상서로움이 넘치는 날
큰 도읍에서 재주를 시험하였네.
시골까지 우로가 미치게 되어

꽃망울이 봄볕에 곱게 터졌네.
마을에선 칭송이 요란하고
내방에선 희색이 만연하구나.
이름 조금 울린 것 대단하랴만
글을 보내 어버이를 즐겁게 하노라.

華渚流祥日　鴻都試藝辰

草茅覃雨露　花蕚媚陽春

村巷傳呼數　閨門動色新

小鳴那足恃　書發庶怡親

정약용, 「국자감시의 합격자 방이 붙은 날 기쁜 마음을 적는다
(國子監試放榜日志喜)」, 『여유당전서』

　　이어 4월에 치러진 회시(會試)에 합격한 정약용은 선정전에서 사은
하여 정조의 용안을 뵈었는데, 유례가 없던 일이다. 이에 영광스럽게
금의환향하게 되었다. 부친을 모시고 고향 소내로 향하는 길에 뚝섬
의 두모포(斗毛浦)에서 목만중(睦萬中) 일행을 만나 함께 내려갔다. 이
때 광주목사가 악대를 보내주었다. 압구정을 지나 봉은사에서 하루
를 묵고, 다시 배를 타고 광나루를 지나 고산정(孤山亭)의 유허를 둘
러보았다. 고산정은 바로 윤선도(尹善道)의 호 고산(孤山)이 유래한 땅
에 세운 정자다. 정약용의 외증조부는 윤선도의 증손 윤두서(尹斗緖)
였으니 이곳에서의 감회가 남달랐을 것이다. 정약용은 윤두서의 얼
굴과 수염을 많이 닮았기에, 훗날 외가에서 받은 바가 많다고 술회한

바 있다.

정약용은 고산정에서 하루를 유숙하고 삼탄(三灘)을 거쳐 용진에서 장령 윤필병(尹弼秉)의 정자 분호정(分湖亭)을 찾아가 또 한바탕 놀았다. 분호정은 한강가에 은거하고 있던 권이강(權以綱)이 윤필병을 불러 강 건너에 살게 하고 한강을 나누어 가졌다는 뜻에서 이름을 붙인 정자다. 윤필병과 권이강은 모두 정약용 외조부의 제자이자 사위이니 정약용과도 인척이 된다. 정약용이 도성에서 그다지 멀지 않은 소내까지 가는 데 사흘이 걸렸으니 그 여유를 짐작할 수 있다. 정약용은 사흘 후에 성대한 행차를 갖추어 수종사를 찾게 된다. 그리고 이때의 일을 다음과 같이 적었다.

유년 시절 노닐던 곳을 장년이 되어 와보면 이는 한가지 즐거움일지라. 곤궁한 시절에 지나던 곳을 뜻을 이루어 이르게 되면 이는 한가지 즐거움일지라. 외롭게 홀로 오가던 곳을 아름다운 손들과 좋은 벗들을 이끌고 이르게 되면 이는 한가지 즐거움일지라.

내가 예전 더벅머리 아이 적에 처음으로 수종사를 찾아 노닐었다. 두번째 노닌 것은 책을 읽기 위함이었다. 매번 몇몇 사람과 함께 갔지만 쓸쓸하고 적막하게 돌아오곤 하였다. 건륭 기묘년(정조 7, 1783) 봄에 내가 경학(經學)으로 진사가 되어 소내로 돌아가려 하니, 부친께서 말씀하셨다. "이번에 갈 때는 초라하게 가서는 아니 될 것이야. 벗들을 두루 불러 함께 가려무나." 이에 좌랑으로 있던 목만중, 승지로 있던 오대익, 장령으로 있던 윤필병, 교리로 있던 이정운 등이 모두 와서 배를 타고 갔다. 광주부사가 세악(細樂)을 연주하는 풍악패를 보내주어 흥취를 도왔다.

소내로 돌아온 사흘 후에 수종사로 가려 하였다. 따르는 젊은이들이 또한 십여 인이었다. 어른들은 말을 타거나 노새를 탔고 젊은이들은 모두 걸어갔다. 절에 이르니 해가 막 서산으로 넘어가려 하였다. 동남쪽의 여러 봉우리에는 저녁햇살이 막 붉게 비쳤다. 이에 강물빛과 햇빛이 창에 어리비치었다. 여러 공들과 서로 즐겁게 노닐었다. 한밤이 되니 달빛이 낮처럼 밝아, 서로 배회하며 조망하였다. 술을 내오게 하고 시를 지었다. 술이 한 순배 돌자, 내가 세 가지 즐거운 일에 대해 말하여 여러 공들에게 주었다.

수종사는 신라의 고찰이다. 절에 샘이 있어 바위틈 구멍에서 물이 나와 땅에 떨어질 때 종소리가 난다. 이 때문에 수종사라 이름불였다고 한다.

정약용, 「수종사에서 노닐며 적은 글(遊水鍾寺記)」, 『여유당전서』

정약용은 산천을 유람하는 세 가지 즐거움을 말하였다. 어린 시절 놀던 곳을 장년이 되어 찾아가는 것이 즐거움의 하나요, 초라하게 지낼 때 갔던 곳을 영달하여 다시 찾는 것이 즐거움의 하나이며, 외롭게 홀로 있었던 곳을 좋은 벗들과 함께 다시 찾는 것이 또한 즐거움이라 하였다. 세번째 찾은 수종사가 정약용에게 바로 그러한 곳이었다. 두 차례나 수종사를 찾아 노닐고 책을 읽었지만, 그 당시엔 함께 갈 만한 벗들이 없었다. 이제 22살의 나이에 과거에 합격하여 벗들과 다시 찾

소내

적은 돈으로 배 하나를 사서 배 안에 어망(漁網) 네댓 개와 낚싯대 한두 개를 갖추어놓고

살고 싶다고 한 강이다.

게 되었으니 이 세 가지 즐거움을 다 갖게 된 것이다. 부친도 정약용의 뜻을 알아서인지 초라하게 혼자 가지 말라 하였고, 당시 광주부윤으로 있던 사람도 풍악패까지 보내주었던 것이다.

마음이 즐거우면 산천도 아름답게 보인다. 청운의 꿈을 안은 정약용이기에 감상에 젖기 쉬운 황혼조차 그에게는 아름다운 광경이 되었다. 저녁해를 안은 봉우리가 붉게 타오르고, 햇살에 반사된 강물빛이 창에 어리비치는 가운데 시와 술을 한껏 즐겼다. 세상사의 모든 것을 다 차지한 청년의 희열에 찬 글이다. 이날 정약용은 운길산에 올라 시를 짓고 수종사에서 하루를 유숙하였다.

짧은 영광과 긴 좌절

정약용은 한바탕 신나는 유람을 즐긴 뒤 서울로 돌아왔다. 그리고 남산 아래 회현방의 재산루(在山樓)에서 살았는데 김육(金堉), 김좌명(金佐明)과 김우명(金佑明), 김석주(金錫胄)가 대를 이어 살던 집이다. 정약용은 그 집 이름을 누산정사(樓山精舍)라 하였다.

이후 정약용은 성균관에서 학업을 익히면서 1784년 이래 여러 차례 시험에서 합격하였고, 성균관에서 지어올린 글이 정조의 눈에 들어 정조로부터 여러 차례 칭찬을 받았다. 정조는 정약용의 글을 좋아하여 『국조보감(國朝寶鑑)』, 『팔자백선(八子百選)』, 『대전통편(大典通編)』 등 어명으로 인쇄한 거질의 책을 상으로 주었다. 어명으로 찍은 책은 더 이상 상으로 내릴 것이 없을 정도였다. 1789년 드디어 문과에 급제하여, 연소한 초급관리 중 뛰어난 인재에게 내리던 초계문신(抄啓文

臣)의 직함을 받았다. 1790년 잠시 해미(海美)에 유배되었으나 곧바로 돌아와 예문관 검열, 사간원 정언, 사헌부 지평을 거쳐 1792년에는 홍문관 수찬이라는 영예로운 자리에 올랐다.

그러나 이해 여름 진주에서 벼슬하던 부친이 세상을 떠났다. 정약용의 선산은 충주 가차산면(加次山面) 하담(荷潭)이라는 곳에 있었다. 하담은 소내에서 200여 리 떨어진 곳인데 정약용은 그곳에 망하루(望荷樓)라는 집을 지었다. 하담을 바라본다는 뜻인데, 이곳에서 시묘살이를 하였다.

정약용은 부친의 상중에도 정조의 총애에 힘입어 화성(華城)을 축조하는 데 큰 기여를 하였다. 1794년 홍문관 교리, 사간원 사간, 승정원 동부승지, 병조참의, 우부승지를 역임하는 등 정조의 측근으로 활약하였다. 1794년 서학(西學)에 연루되어 구설수에 오르자 금정찰방(金井察訪)으로 나갔지만 1796년 다시 조정으로 복귀하여 승정원에서 근무하였고 곡산부사(谷山府使)로 나가 선정을 베풀었다. 1799년 내직으로 돌아와 동부승지, 형조참의를 지냈지만 정치상황은 점점 정약용에게 불리하여 목숨이 위태한 상황이 초래되고 있었다. 정약용은 처자를 거느리고 소내로 내려갔다.

정약용은 「초천사시사(苕川四時詞)」에서 검단산의 꽃구경(黔丹山賞花), 수구정의 버들숲을 찾아가는 일(隨鷗亭問柳), 남자주에서의 답청(藍子洲踏靑), 흥복사에서 듣는 꾀꼬리 소리(興福寺聽鸎), 월계에서 물고기 잡기(粵溪打魚), 석호정의 납량(石湖亭納凉), 석림에서의 단풍구경(石林賞荷), 유곡에서 듣는 매미소리(酉谷聽蟬), 사라담에서 달빛 아래 배 띄우기(鈔鑼潭汎月), 천진암의 단풍구경(天眞菴賞楓), 수종사의 눈구경(水鍾山賞雪), 두미협의 물고기 구경(斗尾峽觀魚), 송정에서의 활쏘기(松亭射帿) 등을 인생에서 가장 즐거운 일로 들었다. 정약용이 노닐었던 석호정은 신정하(申靖夏) 집안에서 강건너 광주 쪽에 세운 정자이고 석림은 이담(李潭)의 소유로 그 곁에 있었는데 정약용은 그 자손들과 강고향사례(江皐鄕射禮)를 결성한 바 있다.

정약용이 쓴 「매심재기(每心齋記)」에 따르면 중형 정약전(丁若銓) 역시 이 무렵 소내로 돌아가 집 이름을 매심재라 하였는데, 매(每)와 심(心)을 합치면 회(悔)가 되니, 후회의 집이라는 뜻이다. 공연히 벼슬길에 나간 것을 후회한다는 뜻을 담은 것이다. 이 글의 말미에서 정약용은 뉘우쳐야 할 것이 형에 비하여 만 배가 더하므로 자기 집에 이 이름을 붙이고 싶다고 하였다. 정약용이 형과 함께 찾은 새로운 삶은 산수간에 어부로 살아가는 것이었다.

원굉도(袁宏道)는 많은 돈을 주고 배 한 척을 사서 그 안에 북과 피리 등 악기를 비롯하여 여러 가지 놀 도구를 갖추어놓고 마음내키는 대로 놀면서, 이것으로 말미암아 망한다 하여도 후회하지 않겠노라 했다. 이것은 미친 사람이나 방탕한 자가 할 일이지, 나의 뜻은 그렇지 않다. 나는 적은 돈으로 배 하나를 사서 배 안에 어망 너덧 개와 낚싯대 한두 개를 갖추어놓고, 솥과 잔, 소반 같은 먹거리에 필요한 갖가지 기구를 준비하며, 방 한 칸을 만들어 온돌을 놓고 싶다. 두 아이에게 집을 지키게 하고, 늙은 아내와 어린아이 및 어린

종 한 명을 이끌고, 물에 떠다니면서 살림을 하고 사는 배라는 뜻의 부가범택(浮家汎宅)에서 수종산과 소내 사이를 왕래하면서 오늘은 오계(奧溪)의 연못에서 고기를 잡고, 내일은 석호에서 낚시질하며, 또 그 다음날은 문암(門巖)의 여울에서 고기를 잡는다. 바람을 맞으며 물 위에서 잠을 자고 마치 물결에 떠다니는 오리들처럼 둥실둥실 떠다니다가, 때때로 짤막짤막한 시가를 지어 스스로 기구한 정회를 읊고자 한다. 이것이 나의 소원이다.

옛사람 중에 이런 일을 실행에 옮긴 자가 있으니, 은자 장지화(張志和)가 그 사람이다. 장지화는 본래 관각(館閣)의 학사로서 만년에 물러나와 이렇게 살았는데, 그는 연파조수(煙波釣叟)라고 자호하였다. 나는 그의 풍모를 듣고 흠모하여 '초상연파조수지가(苕上煙波釣叟之家)'라고 쓰고, 장인을 시켜 이것을 나무에 새겨서 방(榜)을 만들어 간직한 지 몇 년이 되었다. 후일 내 배에 달려고 한 것인데, '초상연파조수지가'라고 한 것은 물 위에 떠 있는 부가(浮家)를 말하는 것이다.

경신년(정조 24, 1800) 초여름에 처자를 이끌고 소내의 농막에 와서 막 부가를 지으려고 하였는데, 상께서 내가 떠났다는 말을 들으시고 내각(內閣)에 명을 내려 나를 소환하도록 하였다. 아, 내가 어찌하겠는가? 다시 서울로 돌아오면서 그 방을 꺼내어 유산의 정자에 달아놓고 떠났다. 이것으로써 내가 이 일에 매우 연연하면서도 차마 나의 뜻을 고수하지 못하는 까닭을 기록한다.

정약용, 「초상연파조수지가기(苕上煙波釣叟之家記)」, 『여유당전서』

다산초당 18년간 유배살이를 할 때 살던 초당으로 지금 건물은 50년 전에 복원한 것이다.
동암(東庵)에서 저술을 하고 서암(西庵)에서 강학을 하였으며, 천일각(天一閣)에서 형이 유배된
흑산도를 바라보았다.

정약용은 장지화를 좇아 집 이름을 '초상연파조수지가'라 하였다. 둥실둥실 물결 따라 떠다니는 배에 방을 꾸미고 이 현판을 걸고자 하였다. 이 시기 적약용은 소내에 여러 정자를 지어 물러나 살 때를 대비하였다. 품석정(品石亭)이라 이름붙인 정자를 짓고 자신이 살 집은 여유당(與猶堂)이라 하였다. 여유당이라는 집 이름은 노자(老子)가 이른 "겨울에 시내를 건너는 것처럼 신중하게 하고[與], 사방에서 나를 엿보는 것을 두려워하듯 경계하라[猶]"는 말에서 따온 것으로, 그 뜻을 되새기는 의미로 기문을 지어 여유당 문미에 붙였다.

그러나 정조의 총애를 받은 정약용이기에 이 꿈을 접어야 했다. 정조가 바로 불러들여 규장각의 일을 맡긴 것이다. 얼마 지나지 않아 정조가 승하하자 신변의 위협을 느낀 정약용은 신중하고 경계하는 집 여유당에서 신중하고 경계하였다. 그러나 이듬해(1801) 2월 9일 새벽 별다른 죄도 없이 체포되어 옥으로 끌려갔다.

정약용은 그로부터 19일 동안 구금되어 있다가 경상도 장기(長鬐)로 유배되었다. 중형 정약전은 서남해의 신지도(薪智島)로 유배되었다. 그해 가을 다시 중형과 함께 죄가 더해졌다. 서학(西學)에 관여하였다는 죄목이었다. 정약전은 흑산도로 유배되고, 정약용은 다시 강진으로 유배되어 그로부터 무려 19년의 세월을 그곳에서 보내야 했다. 강진으로 유배된 그해 정약용은 소내를 그리워하며 그 풍광을 손수 그려 방에 걸어두었다. 그 그림에 붙인 시의 마지막 부분은 이렇게 되어 있다.

하늘가 높다란 곳에 절간이 보이는데

수종산 산세와 더욱 잘 어울리네.

소나무 그늘진 곳에 내 정자 있고

배꽃 뜰 가득한 곳 바로 내 집이라네.

우리집이 저기 있어도 머물 수가 없어

나로 하여금 저를 보고 부질없이 서성대게 하네.

天畔岧嶤見僧院　水鍾地勢尤相符

松檜蔭門吾亭也　梨花滿庭吾廬手

吾廬在彼不得往　使我對此空踟躕

정약용, 「장난삼아 초계도에 쓰다(戱作苕溪圖)」, 『여유당전서』

정약용의 묘 유배에서 풀려나 여유당에서 살다가 그곳에서 세상을 떠나 그 뒤편에 묻혔다.

유배지 강진에서 정약용은 「스스로 웃다(自笑)」라는 시에서 "살구나무 동산에서 늘 술을 마시고, 이끼 낀 집에서 책을 안고 보았지. 배를 삼킬 큰 고기가 큰 바다를 못 만나서, 미끼 물고 낚싯대에 매달리기 일쑤라네. 대궐이나 옥당에는 세상 인연 다 끊었지만, 소내와 수종산의 홍은 아득하다네. 아내 불러 뽕밭을 두고 떠벌리고, 아이 시켜 채소밭을 가꾸게 하였지(紅杏園林留酒飮 綠苔門巷抱書看 呑舟不遇瀛溟水 容易含鉤上竹竿 金華玉署解塵緣 苕水鍾山興杳然 喚婦夸張桑柘圃 敎兒經略菜苽田)"라 하였다. 「밤에 누워서 무료하기에 장난삼아 절구 10수를 지어 답답한 마음을 토로하다(夜臥無聊戱爲十絶以抒幽鬱)」라는 제목의 작품에서는 "예전에 수종산을 내 정원으로 삼았기에, 홍이 일면 홀쩍 가서 절문에 이르렀지(水鍾山昔作吾園 意到翩然卽寺門)"라 회상하였다.

정약용은 57세 되던 1818년, 마침내 유배에서 풀려나 고향 소내로 돌아와 저술과 학문에 힘을 쏟으며 침울하게 살았다. 그러나 늙은 나이라 수종사를 찾는 일도 쉽지 않았다. 그렇게 다시 18년을 살다가 75세 되던 1836년 2월 22일 소내의 집에서 생을 마쳤다. 그날은 회혼일(回婚日)이었다. 그리고 여유당 뒷산에 영면하였다. 🏮

자연의 경을 담은
서유구의 자연경실

집 옆에는 채마밭이 있어 채소와 오이를 심고

채마밭 옆에는 밭이 있어 수수와 벼를 심고

밭 옆에는 개울이 있어 물고기를 잡고 물을 댄다

오두산 전망대에서 바라본 임진강 강 위쪽 아스라한 곳이 장단
백학산이다.

18세기 명문가 달성서씨

18세기는 새로운 지식이 넘쳐나던 시기다. 경제력을 갖춘 서울의 명문가에서는 중국에서 수입한 수많은 책으로 서재를 채우고, 새로운 정보를 담은 책을 바탕으로, 새로운 시대의 새로운 학문을 개척하였다. 서유구(徐有榘, 1764~1845)도 그러한 사람 중의 하나다.

서유구는 달성서씨 명문가의 후손이다. 서한(徐閈)을 시조로 하는 달성서씨(대구서씨라고도 한다)는 조선 초기 서미성(徐彌性)부터 행적이 분명하다. 권근(權近)의 사위인 서미성은 서거광(徐居廣)·서거정(徐居正) 형제를 낳았는데, 서거정이 정실로부터 아들을 얻지 못하여 후손이 쇠미하였지만, 서거광의 후손들은 조선 후기를 크게 빛내었다. 율곡(栗谷)의 문인으로 병조판서에 오른 서성(徐渻)이 이 집안의 중시조라 할 수 있는데, 서성의 장남 서경우(徐景雨)의 손자 서문중(徐文重)이 영의정에까지 올랐다. 개화파로 이름이 높은 서광범(徐光範)과 서재필(徐載弼)은 서경우의 아우 서경수(徐景需)의 후손이다.

특히 서경우의 막내로 선조의 부마였던 서경주(徐景霌)의 후손 중에 18세기 명환이 많이 배출되었다. 서경주의 아들이 남원부사를 지낸 서정리(徐貞履)다. 서정리의 아들 서문상(徐文尙)의 자손들은 더욱 화려하였다. 서문상의 아들이 서종태(徐宗泰)요, 서종태의 아들이 서명균(徐命均)이며, 다시 그 아들이 서지수(徐志修)다. 서종태가 영의정, 서명균이 좌의정, 서지수가 영의정에 올라 3대가 내리 재상을 지낸 것으로 유명하거니와, 다시 서지수의 3대 서유신(徐有臣)·서영보(徐榮輔)·서기순(徐箕淳)이 연이어 대제학을 지냈으니, 이 집안의 명

정조가 내린 제문 1791년 정조대왕이 서명선의 죽음을 애도하여 직접 제문을 지어 내렸다. 글씨는 이만수(李晩秀)의 것이다.

성을 짐작할 수 있다. 서문상의 아우인 서문유(徐文裕)의 후손 역시 녹록하지 않다. 서문유는 예조판서를 지냈고 아들 서종옥(徐宗玉)은 이조판서를 지냈다. 서종옥의 아들 서명응(徐命膺)과 서명선(徐命善)의 명성은 더욱 높았다. 서명응은 대제학과 재상을 지냈으며 정조로부터 보만재(保晩齋)라는 호를 하사받았다. 그의 『보만재총서(保晩齋叢書)』는 정조로부터 조선 400년 역사에 없던 거편(鉅篇)이라는 평을 받았으니, 학자적인 명성은 췌언을 요하지 않는다. 정조가 규장각을 처음 만들었을 때 가장 먼저 그를 제학으로 임명한 바 있다.

서명응의 아우 서명선은 호가 귀천(歸泉), 동원(桐源)인데 영의정에까지 올랐다. 서명응의 모친은 이안눌(李安訥)의 증손자로 우의정을 지낸 이집(李㙫)의 딸이다. 이집은 홍양호(洪良浩)의 증조부 홍만회(洪萬恢)의 사위이고, 서명응의 매부는 남구만(南九萬)의 손자 남극관(南克寬)이니, 서명응 집안은 소론가의 중심에 있었다 하겠다.

서명응과 서명선의 아랫대는 조금 복잡하다. 서명응은 세 아들을

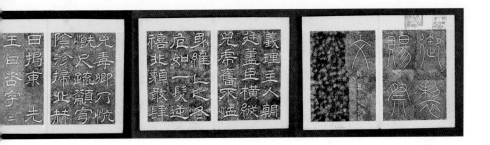

두었는데, 서호수(徐浩修), 서형수(徐瀅修), 서철수(徐澈修)가 그들이다. 이중 서호수는 장형인 서명익(徐命翼)의 후사로 들어가고 서형수는 막내 서명성(徐命誠)의 후사로 들어갔다. 서명선은 아들을 두지 못하여 중부인 서종벽(徐宗璧)의 손자 서로수(徐潞修)를 데려다 대를 이었다. 또 서호수는 첫째아들 서유본(徐有本)으로 대를 잇고, 둘째아들 서유구를 서형수의 후사로 보내 대를 잇게 하였다. 복잡하게 바꾸어 대를 이은 이들 역시 18세기를 대표하는 학자들이다.

서호수는 벼슬이 판서에 이르렀거니와『동국문헌비고(東國文獻備考)』에 따르면 정조의 명을 받아『십삼경주소(十三經註疏)』,『성경통지(盛京通志)』등 방대한 서적을 중국으로부터 구매해 온 바 있다. 서형수는 경기관찰사를 역임한 명환이며, 서로수와 서철수는 높은 벼슬을 하지는 못하였지만 학문은 상당한 수준에 이른 것으로 평가되고 있다. 특히 서유구는 형인 좌소산인(左蘇山人) 서유본과 함께 가학을 전수받아 18세기 학문의 가장 높은 봉우리를 형성하였다.

달성서씨의 죽서 본가

이 집안의 경저는 저동(苧洞)과 죽동(竹洞) 일대에 있었다. 영희전 (永喜殿) 바로 북쪽으로 오늘날 남학동 일대다.『임하필기(林下筆記)』에 따르면 남산 아래는 집터가 좋아 옛날부터 '저동죽서(苧東竹西)'라는 말이 있는데 저동(苧東), 곧 저동의 동쪽에서 가장 큰 집이 서명선의 고택이라 하였다. 정조가 서명선에게 글을 내렸기에 서명선은 그곳에 어제시를 봉안하는 어서각(御書閣)을 짓고 살았다. 서명선의 집이 있던 저동은 19세기 초반 박종경(朴宗慶)의 소유로 바뀌기는 했지만, 죽동과 더불어 18세기 달성서씨의 터전이었다. 서로수가 서명선의 양자로 들어왔기에 그의 집 홀원(笏園)이 저동에 있었던 것으로 추정된다. 서로수의 집에는 파초가 아름다웠다.

홀원 남쪽의 네모난 못에 물이 넘실거리는데 반쯤 드러나고 반쯤 숨어 있다. 연잎이 돈처럼 생겼는데 연꽃은 이미 피었지만 아직 피지 않은 것도 예닐곱이다. 조금 북쪽에 괴석이 둘인데 움푹 파인 곳과 우뚝 솟은 곳이 짝하여 험준하다. 동쪽으로 붉은 난간을 바라보면 구불구불 어른어른한다. 괴석 왼쪽 큰 석상(石牀) 하나에 술동이 하나, 향로 하나, 찻사발 하나, 책상자 하나가 여기저기 널려 있다. 찻사발은 가마우지 무늬이고 향로는 밤껍데기 색깔이며 술동이에는 물총새의 깃을 둘 꽂았다. 글씨는 응당 당인(唐人)의 시이거나 혹 원명(元明)의 명가의 것이겠지만 알 수 없다. 괴석 오른쪽에는 파초가 한 그루 있는데 큰 잎이 셋이고 작은 잎이 둘이며 줄기를 감싸면서 막 핀 것과 바람에 반쯤 꺾인 것이 각각 하나씩이다.

저녁그늘이 어리면 이끼가 땅을 덮는다. 질푸르고 서늘하여 하늘에서 푸른 물이 뚝뚝 흘러내릴 것 같다. 가운데 복건(幅巾)과 큰 띠 차림으로 부들자리 위에 단정히 앉아 있는 아름다운 장부가 흘원의 주인 세심자(洗心子)다. 무릎 앞에 풍자(風字) 모양의 단계연(端溪硯)과 백자필통(白磁筆筒)을 두었다. 한 손에 두루마리를 펼치고 한 손으로 붓은 잡고 있지만 아직 글씨를 쓰지는 않는다. 입으로는 웅얼 웅얼 읊으면서 막 시를 쓰려는 모습이다. 읊는 시가 고체인지 근체인지는 알 수 없다.

서유구, 「지북제시도기(池北題詩圖記)」, 『풍석고협집(楓石鼓篋集)』

1787년 서유구가 서로수의 사는 모습을 그린 그림을 보고 쓴 글이다. 못에는 연꽃을 심어두고 정원에는 파초를 심고 괴석을 배치하였다. 술동이, 찻사발, 향로, 벼루, 백자필통 등 명품을 책상에 올려놓고 즐긴다. 서화고동을 즐기는 조선 후기 벌열가의 멋이 잘 드러난다.

죽서(竹西), 곧 죽동의 서쪽에는 홍석주(洪奭周), 남구만(南九萬), 정민시(鄭民始), 박기수(朴岐壽) 등이 살았다. 이 집안은 정민시 집안과 대문을 마주하고 살았고 또 혼인을 맺기도 했다. 죽서에는 서명응과 그 후손이 살았다. 이 집안이 언제부터 이 일대에 세거했는지 알 수 없지만 서명응의 부친 서종옥의 각건정(角巾亭)이 이곳에 있었던 것으로 추정된다. 조현명(趙顯命)의 「각건정기(角巾亭記)」(『歸鹿集』)에 따르면 각건정은 하얀 짚을 이어 덮은 네 칸의 조그만 정자로, 서종옥은 이곳에서 벗들과 시주를 즐기고 손님들이 돌아가고 나면 등불을 밝혀 책을 보았으며, 읽은 책은 작고 단정한 해서로 베껴 보관하였다고 한다.

죽서에 터전을 마련한 기록은 서명응 때부터 보인다. 서유구가 기록한 「서조고문정공유사(書祖考文靖公遺事)」에 의하면 서명응은 죽서에 살았는데 집이 매우 좁았다. 1762년 평안도관찰사로 있을 때 팔려고 내놓은 옆집을 집안 식구가 3천 냥에 사려고 하였지만 서명응이 반대하였다고 한다. 죽서에 있던 서명응의 집은 조그마했지만 불속재(不俗齋)라 이름붙인 운치 있는 방이 있었다. '불속'은 대나무를 상징하는 말이다. 소식(蘇軾)은 「녹균헌(綠筠軒)」이라는 시에서 "밥에 고기가 없을 수 있지만, 집에 대나무가 없을 수는 없다네. 고기가 없으면 사람이 파리해지고 대나무가 없으면 사람이 속되게 되는데, 파리해진 것은 살찌울 수 있으나, 선비가 속된 것은 치유할 수 없다(可使食無肉 不可居無竹 無肉令人瘦 無竹令人俗 人瘦尙可肥 士俗不可醫)"라 한 바 있다.

서명응은 속됨을 씻기 위하여 불속재 앞에 작은 화단을 마련하고 대나무를 가득 심었다. 바람이 지나가면 소리가 맑게 울리고 달이 뜨면 그림자가 은은하게 비치는 모습을 즐겼다. 비가 오면 깔끔한 멋이 있어 좋고 눈이 오면 꼿꼿한 생각이 들어 좋았다. 손자 서유구 역시 「불속재기」를 지었는데, 이에 따르면 서유구의 형 서유본이 1777년 뜰에 대나무를 심고 그 집을 불속재라 불렀다 하니, 할아버지 서명응과 손자 서유본이 모두 불속재의 주인인 셈이다.

마루의 이름은 부끄러움을 안다는 뜻에서 지치헌(知恥軒)이라 하였다. 지치헌 동쪽에 채마밭이 있는데 넓이가 1장을 넘지 않고 길이도 1심(尋)에 미치지 못하는 작은 땅이었지만 서명응은 이곳에 생강과 후추, 파, 당귀 등을 심었다. 하인으로 하여금 물을 주게 하고는 매일 지치헌에 기대어 이를 바라보았다. 지치헌은 부끄러움을 아는 집이란 뜻이다. 공자의 제자 자공(子貢)이 항아리에 물을 길어 채소밭에 물을 주는 사람을 보고 어째서 관개에 편리한 기계를 쓰지 않는가 물었다. 이에 그 사람은 부끄러움을 알기에 기계를 사용하는 간교한 마음을 쓰지 않는다고 대답하였다. 조선 후기 실학을 선도한 서명응이지만, 한가한 삶을 지향하여 이러한 이름을 붙인 것이다.

노년에 서명응은 이 집의 이름을 보만재(保晚齋)로 바꾸었다. 서명응이 자신의 무덤에 새길 목적으로 지은 「자표(自表)」에 따르면, 그가 1780년 벼슬에서 물러날 때 정조가 노년에도 절개를 잘 지켰다고 하여 그 호를 '보만(保晚)'이라 바꾸도록 하였다 하니, 그 이름이 얼마나 영예로운 것인지 짐작할 수 있다. 서명응의 영예는 여기서 그치지 않았다. 정조는 1782년 5월 4일 서명응의 문집을 열람하고, 어제(御製) 칠언율시를 내렸다.

주렴에 비 지나자 한낮 바람 산들산들
한가로이 염계의 글 열 축을 열람했네.
깨달음은 대개 심오한 주역에서 나온 것이요
제도는 오히려 사가(四佳)의 유풍임을 알겠네.
음양을 착종한 것 마음에서 자못 깨달은 것이요

떠가는 구름 흐르는 물은 바탕이 본디 빈 것.

보만당에서 일찍 초고를 구해 보니

문원과 견줄 때 어떠하다 하겠나?

雨過簾幕午風徐 開閱恬溪十軸書

悟解多從三易邃 典刑猶見四佳餘

陰陽綜錯心頗契 雲水流行質本虛

保晚堂中求草早 文園當日較何如

정조, 「보만재고를 구해 보고 율시 한 수를 부치다(求見保晚齋稿吟寄一律)」,

『홍재전서(弘齋全書)』

염계(恬溪)는 서명응이 젊은 시절에 쓰던 호다. 서명응의 문집을 읽은 정조는 그 학문이 『주역』에서 나왔고 또 방조인 서거정에게서 비롯된 것이라 하였다. 마지막 구절에서 문원(文園)은 효문원령(孝文園令)을 지낸 사마상여(司馬相如)를 가리킨다. 한나라 무제(武帝)가 그의 글을 보고자 하여 사람을 보내었으나 이미 그는 세상을 떠나고, 생전에 무제에게 바치려던 글만 남아 있었다고 한다. 곧 정조는 서명응을 사마상여에 비한 것이다. 정조는 이렇게 시를 짓고 신하들로 하여금 어제시에 화답하여 시를 지어올리도록 하였다. 정조의 은혜에 감격한 서명응은 제광정(濟光亭)이라 이름한 건물을 하나 더 지었다.

집에는 원(園)이 있고 원에는 대(臺)가 있는데 평지에 우뚝 솟아 도성의 길 위로 높게 드러나 있다. 의자처럼 네모반듯하여 마치 하늘이 만들어준 것 같다. 사람들이 여기에 오면 모두 정자를 지을 만하다고 하였다. 그러나 정자를 지을 수가 없어 대를 그대로 두었다.

이윽고 우리 성상께서 보만재라는 호를 미천한 신에게 내렸고 다시 또 보만재라 이름한 원고를 취해 보시고는 칠언율시 어제를 지어 은총을 내렸다. 천상의 글인 듯 훤하고 은혜로운 말이 밝게 빛났다. 적막한 나의 글이 갑자기 불후의 업적이 된 것이다. 앞으로의 모든 것은 다 임금께서 내리신 것이다. 이에 어제를 함부로 완상하게 할 수는 없어, 집의 원에 있는 대를 측량하여 5칸의 정자를 짓고 가운데 방을 두어 어제를 봉안하였다. 그런 다음에 방에 마루를 두고 정자 이름을 제광정이라 하였다.

『주역』에서 "하늘의 도가 아래로 내려와 화합하여 빛난다(天道下濟而光明)"고 하였으니, 곧 우리 성상께서 그러하시다. 정자에 담을 두르고 문의 이름을 오지문(五知門)이라 하였다. 추밀(樞密)에 임명된 송아무개가 "은혜를 알고 도리를 알고 천명을 알고 만족을 알고 다행함을 안다(知恩知道知命知足知幸)"는 뜻으로 제 집을 이름한 바 있는데, 하물며 미천한 내가 임금께 글을 하사받았으니 벼슬을 받은 것에 비할 바가 아니다.

정자는 성상께서 은혜를 내린 뜻을 밝히고 문은 미천한 내가 아름다움에 절한다는 뜻을 표한 것이다. 이곳에 오는 사람들은 모두 하늘이 만든 대라서 정자를 만들기를 오래 기다렸다고 하고 운수가 있지 아니하면 되지 않을 일이라 하였다.

서명응, 「제광정기(濟光亭記)」, 『보만재집(保晚齋集)』

서명응은 임금의 덕화가 광명(光明)하다 하여 제광정이라 이름하고, 은혜와 도리, 천명, 만족, 다행함을 알고 살겠다는 의지에서 그 문을 오지문이라 하였다. 송(宋)나라의 임포(林逋)가 귀거래하여 오지당(五知堂)을 짓고 살았는데 서명응은 그 뜻을 따른 것이다.

서명응의 아들과 손자도 대를 이어 죽서에 살았다. 서형수는 책을 무척 좋아하여 병풍이나 기물, 수레, 복식 등을 팔아 책을 구입하였다. 경부(經部) 19종, 사부(史部) 30종, 자부(子部) 25종, 집부(集部) 34종 등 모두 108종의 서적을 모았다. 그리고 필유당(必有堂)을 건립하여 이를 보관하였다. "반드시 학문을 좋아하는 자라야 내 자손이 된다(必有好學者爲吾子孫)"는 정의(丁顗)의 말에서 따온 것이다. 서형수는 정조에게 자신의 서재를 이렇게 이름붙인 까닭을 아뢰기까지 하였으니 그 자부심을 알 수 있다. 이러한 사연을 「필유당기(必有堂記)」로 제작하여 남겼다. 조카 서유본도 「필유당기」를 지은 바 있다. 이에 따르면 서형수의 아들과 조카들이 이곳에 모여 함께 학업을 익혔다고 하는데 서유본, 서로수, 서유구 등은 5일마다 고문 한 편씩을 짓는 문장 수업을 했다고 전한다. 서명응의 손자 서유구 역시 죽서에 살았다.

지난 경자년(1780) 5월 나는 죽서의 태극실(太極室)에 있었다. 태극실 남쪽 작은 화단에 파초 너덧 그루를 새로 심었더니 갑자기 십여 자 정도 자라서 저물녘이면 그늘이 창을 덮었다. 안석과 서가가 이 때문에 맑고 푸르러 기릴 만했다.

이때 날이 매우 무더웠다. 나는 폐병을 앓아 누워 있었는데, 땀이 줄줄 흐르고 기운이 빠져 계속 꾸벅꾸벅 졸았다. 갑자기 섬돌 사이에 또록또록 소리가 들려오며 청량한 기운이 얼굴을 때리기에 일어나 보았다. 구름이 뭉게뭉게 일어나더니 빗방울이 종처럼 파초잎을 치는 것이었다. 후드득후드득 구슬처럼 흩어져 떨어졌다. 나는 귀를 기울여 한참을 들었다. 정신이 상쾌해지고 기분이 명랑해져 병이 벌써 나았음을 깨달았다.

서유구, 「우초당기(雨蕉堂記)」, 『풍석고협집』

서로수가 파초를 사랑하였듯이 서유구도 파초를 사랑하였다. 태극실 앞에 심어둔 파초에 바람이 부는 소리를 듣노라면 절로 정신이 맑아진다. 서유구는 죽서의 태극실에서 이렇게 맑게 살았다.

장단의 세거지 동원

달성서씨 집안의 세거지와 선영은 장단(長湍)의 동원(桐原)에 있었다. 오늘날 파주시 진동면 동파리 일월봉(日月峯) 아래다. 서거정 때부터 장단에 땅이 있었으니 이 집안과 장단의 유래는 무척 오래된 것이라 할 수 있겠지만, 장단의 동원 일대에 선영을 정한 것은 18세기 무렵부터다. 이에 대해서 서유구는 다음과 같이 적고 있다.

동원은 장단의 동쪽 경계인 검월봉(劍月峯)에 있는데 왼편으로 임진강을 끼고 있다. 우리 종조부 충문공(忠文公, 서명선)의 묘소가 있는 곳으로, 대개 묘도(墓道)와 묘막(墓幕)은 모두 공이 경영하신 것이다. 나에게 그 집에 대한 기문을 청한 것은 곧 종조숙부이신 홀원자(笏園子, 서로수)가 그 후사이기 때문이다. 장단은 원래 우리 서씨의 선영이 있는 고을이다. 동원의 서쪽 20리를 학산(鶴山)이라 하는데 우리 고조부 정간공(貞簡公, 서문유) 이하 3대의 장지다. 남으로 20리를 명고(明皐)라 하는데 계종조부이신 경재공(絅齋公, 서명성)의 장지다.

해마다 봄가을로 시제를 지내는데 우리 형제와 숙질이 말고삐를 나란히 하고 함께 와서 동원에 이르러 하루를 자고 나서 서쪽과 남쪽으로 나누어서 갔다. 돌아갈 때에는 다시 동원에 모여서 술을 거르고 밤을 쪄서 이웃 노인들을 되는 대로 불러다가 술도 권하고 노래하기도 하면서 밤을 새는 것을 즐거움으로 삼았다. 우리집의 젊은이들은 평소 순박하여 법도를 지키느라 평상시에는 문밖에서 노닐지 않으므로, 한 해의 날짜를 계산하여 한때 기분을 푸는 즐거움을 찾는 곳은 항상 동원이었다.

처음 충문공이 첫부인을 잃고 학산의 서쪽 언덕에 장사를 지냈는데 얼마 후 현달하자 은퇴할 뜻을 가지고 동원에 터를 잡았다. 첫부인의 무덤을 이장하고 그 아래 은거지를 마련하였다. 송원헌(宋元獻, 宋祁)의 "밭 갈고 우물 파서 요임금의 어짊에 답하네(耕鑿報堯仁)"라는 시구에서 취하여 그 마루를 보요헌(報堯軒)이라 하였다. 선생의 부친 문정공이 그 기문을 지었는데 "훗날 복건에 작은 노새를 타고 동서로 왕래하노라면 농부들과 아낙들의 노래가 울려퍼져 보요편의 노래에 화답하리라"는 구절이 있다. (중략)

나는 학산으로 오갈 때마다 충문공의 묘소를 참배하고 동원정사에서 쉬면서 건물에 적어놓은 글을 두루 살펴보고 문득 눈물이 줄줄 흐르는 것을 금할 수 없었다. 건물은 수십 무(畝)의 땅을 차지하고 있는데 회랑(回廊)과 복실(複室)에서는 머물거나 쉴 수가 있고 우뚝 높은 누와 난간에서는 조망하거나 기댈 수 있다. 담장을 둘러 가래나무와 떡갈나무가 가리고 있는 곳은 그늘을 이용하기도 하고 재목으로 사용하기도 한다. 들판을 따라 도랑과 두둑이 빼곡하여 수수와 벼를 수확할 수 있다. 외양간과 오두막이 좌우에 어른거리고 뽕밭과 국화울타리가 시원하게 농가의 빼어난 경치를 이루고 있다.

서유구, 「동원정사기(桐原精舍記)」, 『풍석전집(楓石全集)』

검월봉, 곧 일월봉 아래 동원에 서명선의 묘소가 있고, 그 서쪽 20리 학산(백학산이라고도 하는데 오늘날 파주시 군내면과 진서면 사이에 있다)에는 서문유·서종옥·서명응의 묘소가 있으며, 훗날 서호수와 서유구 역시 그곳에 묻혔다. 또 동원 남쪽 20리에 있는 명고(오늘날 파주시 군내면 광명동)에는 서명성이 묻혔다.

서명선의 호 동원자(桐原子), 서형수의 호 명고(明皐), 서호수의 호 학산(鶴山), 이 모두가 장단의 고향땅 이름에서 딴 것이니 당연히 장단은 이들 집안의 유택뿐만 아니라 도성에서의 삶이 피곤할 때 내려와 쉬는 고향이기도 하였음을 알 수 있다. 서유본의 호 금릉(金陵) 역시 백학산 서쪽 오늘날 진서면 금릉리에서 온 것이다.

서명응은 명고에 집을 짓고 살았고 서명선 역시 형을 따라 내려와

10리쯤 떨어진 곳에 보요헌을 짓고 살았다. 서명응의 「보요헌기(報堯軒記)」(『보만재집』)에 따르면 명대의 송상(宋庠)이 아우 송기(宋祁)에게 보낸 시에서 "형제에게는 오직 돌아가 은거할 뜻만 있어, 함께 밭 갈고 우물 파서 요임금의 어짊에 답하네(惟有弟兄歸隱志 共將耕鑿報堯仁)"라 한 데서 가져온 말로, 이 시의 내용대로 형제가 우애 있게 장단에서 살려 하였던 듯하다. 서명선이 이때 영의정으로 있었고, 서명응이 봉조하(奉朝賀)로 있었으니 대략 1780년경의 일이다.

그런데 이어지는 서유구의 기문에 따르면 서명선은 융숭한 성은을 입어 나라의 초석이 되었으므로 감히 물러나지 못하였다고 한다. 그러나 서유구가 성묘를 하고 돌아오면 서명선이 늘 나무는 얼마나 컸는지, 정원은 관리가 잘되고 있는지, 서까래에 좀이 슬지는 않았는지, 벽돌은 깨어지지 않았는지 자상하게 물었다 하니, 동원으로 돌아가 살고 싶은 마음이 참으로 간절했던 듯하다. 이 무렵 서명응의 아들이자 서명성의 후사로 들어간 서형수도 부친과 중부를 따라 명고(광명동)에 터를 잡았다.

장단부 서쪽 10리에 광명동(廣明洞)이 있는데, 골짜기 안이 둥그스름하게 트여 있어 붙은 이름이라고도 하고, 골짜기 왼편에 예전에 광명사(廣明寺)가 있어 붙은 이름이라고도 하는데 지금은 자세히 알 수 없다. 애초 우리 부친(서명성)의 무덤이 광명동 남쪽 5리 금릉 임좌의 언덕, 우리 증조부 정간공(서문유)의 묘 오른쪽에 있었다. 그러나 지관들이 그곳이 길지가 아니라고 이야기하여, 내가 겨우 약관이 되자 이장하려고 마음을 먹고 지관 이형윤(李衡胤)과 함께 해마다 한두 번씩 장단의 사방을 두루 다녔다. 5~6년이 지났지만 끝내 적당한 땅을 찾지 못하였다.

일찍이 노새를 끌고 천천히 걸어다니다가 산허리를 따라 불쑥 솟은 한 언덕에 이르렀는데 이형윤이 좋아하여 떠나지 못하였다. 내가 그곳이 어째서 길지인지 물었다. 이형윤이 말하였다. "앞을 두르고 있는 산이 기이함을 드러내고 모래와 물이 법에 합당하니 그 길함은 이루 말할 수 없습니다." 이윽고 은은하게 수풀 사이로 무덤 몇 개가 왼쪽 언덕에 포개져 있는 것이 보였다. 언덕 너머에는 작은 비각이 하나 서 있는데 붉은 처마에 벽이 희게 칠해져 있어 한가운데 공적을 기록한 큰 비석이 서 있을 것 같았다. 그 아래 마을에 인가가 50~60호 있는데 집이 가지런하고 울타리가 이어져 있고 연기가 빽빽이 올라왔다. 내가 이형윤을 보고 웃으면서 말하였다. "우리들이 남들에게 크게 몽둥이찜질을 당할 뻔하였소." 마침내 그곳을 떠났다.

그후 다시 5~6년이 지나 우리 중부 의정공(서명선)께서 물러나 살 곳을 찾다가 장단에서 두 곳을 찾았는데 하나는 동자원(桐子原)이요 다른 하나는 광명동이었다. 이에 친히 지관 유동형(柳東亨), 정도홍(鄭道弘)과 함께 가서 보시는데 나도 따라갔다. 공께서 동자원을 택하자 광명동은 나에게 돌아왔다. 이를 얻어 차례로 살펴보니, 지난날 이형윤과 함께 이르렀던 곳이었다. 내가 그 일을 기억하고 마음으로 기뻐하였다. 유동형과 정도홍의 말이 또한 이형윤에 비해

장단으로 흐르는 임진강

서유구 집안 사람들이 임진강을 통하여 선영을 찾아갔을 것이다.

부족함이 없었다. 이에 그 몇 개의 무덤을 찾아보니, 원 무덤은 청룡(靑龍)의 바깥 언덕에 있고 비각은 이곳 주민의 효자 정려비였는데 실제로는 뒤쪽의 골짜기에 있었다. 내가 마침내 그곳을 택하기로 결정하였다.

이에 기해년(1779) 4월 선친을 간좌의 언덕에 이장하였다. 그 값을 따져 두 배로 마을사람에게 보상하고 그 집을 옮기게 한 다음 터를 닦았다. 사방의 언덕을 빙 둘러 소나무와 녹나무, 떡갈나무, 개암나무, 밤나무 등을 심고 묘역을 구분하여 금잔디를 입혔다. 묘역 바깥으로는 밭을 두어 무와 오이 등을 심고 밭두둑에 땅을 쳐내고 단을 만들었다. 단 아래 못이 있어 가로가 5~6무(畝)쯤 되고 세로가 그 7할쯤 되었다. 바위를 깎아 벼랑을 만들고 연꽃을 가득 심었다. 못 왼편으로 40~50보 떨어진 곳에 언덕을 등지고 묘막을 지었다. 앞에는 서까래를 두고 뒤쪽에 침실을 만들었는데 높다랗고 훤하며 그윽하였다. 집을 낙락와(樂樂窩)라 하고 팔분체(八分體)로 썼다. 마루는 오여헌(五如軒)이라 하고 과두체(科頭體)로 썼다. 누는 동여루(同余樓)라 하고 초서로 썼다. 다 합쳐서 이름을 명고정거(明皐靜居)라 하였다. 반초반해(半草半楷)로 썼다. 광명의 이름은 몇백 년이 되었는데 나로부터 이름을 바꾸어 명고라 하게 되었다.

서형수, 「명고기(明皐記)」, 『명고전서』

서형수는 1779년 양부 서명성의 무덤을 광명동으로 이장했다고 하였고, 서명응이 보요헌을 지은 것이 1780년이므로, 위의 글에 나오는 낙락와·오여헌·동여루 역시 이때 세워진 건물인 듯하다. 서형수는 명고에서 생부 서명선과 함께 살았다. 서명응은 명고의 남쪽 못가에 동여루를 세우고 못에는 연꽃을 가득 심어 화려한 볼거리를 만들었으며, 누의 이름을 '동여'로 한 사연을 「동여루기(同余樓記)」에 적고 다시 사언시로 적어 처마에 붙였다. 위의 글에서 서형수가 동여루에 초서로 편액을 달았다고 하였으니, 부자가 함께 거처한 공간으로 보는 것이 옳을 듯하다.

마루 오여헌에는 성대중(成大中)이 쓴 기문을 걸었다. 성대중의 「오여헌기(五如軒記)」(『청성집』)에 따르면 "혜강(嵇康)처럼 게으르고, 도연명(陶淵明)처럼 담박하며, 소식(蘇軾)처럼 호방하고, 백거이(白居易)처럼 감개함이 많으며, 완적(阮籍)처럼 인물의 장단을 입에 올리지 않는다(疏懶如嵇中散 恬澹如陶栗里 雄放如蘇子瞻 多感慨如白樂天 口不臧否人物如阮嗣宗)"는 옛 글귀를 걸어두었다고 한다.

악락와는 악락료(樂樂寮)라고도 하였다. 서유구가 쓴 「악락료기」에는 백학산이 뻗어내려와 평지를 이룬 명고에 서형수가 세운 집이 악락료라 하였다. 『예기(禮記)』에서 이른 "예는 근본을 잊지 않는 것이요, 악은 자기를 낳아준 분을 즐겁게 해드린다(禮不忘本 樂樂其所自生)"에서 가져온 말이니, 서형수의 효심이 담긴 집이라 하겠다.

서명응의 아들이지만 백부의 후사로 들어간 서호수도 1783년 평안도관찰사를 그만두고 장단으로 내려가 학산 아래 견일정(見一亭)을 짓고 살았다. 당의 승려 영철(靈徹)의 「위단에게 답하다(答韋丹)」에 나오는 "임하에 한 사람이라도 본 적이 있는가(林下何曾見一人)"라는 구

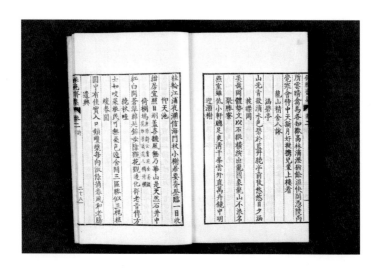

보만재집의 용산정사팔영 서명응은 정조로부터 만년의 절조를 잘 지켰다는 뜻에서
호를 받았고 이에 문집을 『보만재집』이라 하였다. 펼쳐진 부분은 용산의 여덟 가지
아름다운 풍광을 시로 쓴 것이다.

절의 뜻을 역으로 쓴 것이다. 홍양호(洪良浩)의 기문을 받아 건 서호
수는 견일정을 더욱 빛내고 싶은 마음에서 1790년 중국으로 사신 갔
을 때 유득공(柳得恭)을 통하여 중국의 학자 공헌배(孔憲培)에게 청심
원(淸心元) 10알, 부채 10자루, 색종이 40장을 선물로 보내고 시를 지
어주면서 '학산견일정(鶴山見一亭)'이라는 편액을 청하였다. 며칠 후
공헌배는 서호수의 시에 답하는 편액과 함께 시를 지어 보냈고, 예부
시랑(禮部侍郎)으로 있던 철보(鐵保)도 편액과 대련(對聯) 세 축을 보내
왔다. 서명선의 아들 서로수 역시 이곳에 살았는데 그 집을 세심헌(洗
心軒)이라 하고 서형수와 서유구의 기문을 받아 걸었다.

서호수의 아들 서유구 역시 이 무렵 학산 아래에서 살면서 아내와 함께 조부 서명응을 모시고 살았다. 넓은 정원에 섬돌을 만들고 섬돌 위에는 단풍나무 10여 그루를 심어 비단병풍처럼 두르게 하였다. 섬돌 아래에는 차밭을 일구었다. 섬돌에서 5~6보 떨어진 곳에 마루를 등지고 서재를 만들어 풍석암(楓石庵)이라 하였으며 풍석(楓石)이라는 호를 사용하였다. 그리고 그곳에 자신이 아끼던 책을 보관하였다. 이러한 사연을 중부 서형수에게 부탁하여 기문「풍석암장서기(楓石庵藏書記)」를 받아 걸었다. 이와 함께 유금(柳琴)의 권고를 받아들여 학산 서쪽에 활터를 만들고 한가한 때 그곳으로 나가 활을 쏘기도 하였다. 그리고 그 경과를 「학서학사기(鶴西學射記)」로 남겼다.

이처럼 동원과 광명동 일대는 서명응, 서형수, 서호수, 서유구 등 달성서씨 집안의 학문과 문학의 산실이었다. 서명응이 『보만재총서』를 완성하여 서형수로 하여금 정조에게 올리게 한 곳도 이곳이었다. 서유구의 풍석암 역시 후대 수많은 전적이 필사된 곳이기도 하다. '풍석암서실(楓石庵書室)'이라 새긴 종이에 『좌소산인집(左蘇山人集)』 등을 필사하여, 자칫 인멸될 뻔하였던 수많은 책이 전해지게 되었다.

서유구의 번계 자연경실

서명선은 높은 벼슬에 올라 집안을 일으켰고, 그 형 서명응은 학문으로 집안을 떨쳤다. 서명응의 실학적인 학문을 가장 잘 계승한 사람이 손자 서유구다. 젊은 시절 서유구는 벼슬에서 물러난 조부 서명응과 함께 1779년부터 약 3년간 용주(蓉洲, 溶洲로도 적는다)에서 살았다. 서명응은 1757년 서호(西湖)의 농암(籠巖)에 산 적이 있다. 농암은 밤

섬과 양화도 사이에 있었으므로, 용주가 바로 이곳일 가능성이 높다.

이 무렵 서유구는 자신의 호를 용주자(蓉洲子)라 하고 집 이름은 용주정사(蓉洲精舍)라 하였는데, 용주 앞으로 흐르는 한강을 부용강(芙蓉江)이라 하였기 때문이다. 천주봉(天柱峯)과 검단산(黔丹山), 오탄(烏灘), 노량(露梁)이 멀리 바라다보이고 밤섬, 만천(蔓川), 곡원(槲園), 율평(栗坪)이 바로 앞에 있었다. 서유구는 형제들과 함께 살려고 마음을 먹었는데 그의 형 서유본이 이 무렵 마포의 행정(杏亭)에 우거하였다. 「강거잡영(江居雜詠)」 15수를 지어 도화동(桃花洞)과 용호(龍湖) 등지의 아름다운 만물 정태를 시에 담아내었다. 부인 이씨(李氏)가 『규합총서(閨閤叢書)』를 편찬한 곳도 이곳이라 한다.

그후 서명응은 몇 년간 다시 국사에 관여하다가 1785년 완전히 벼슬에서 물러나 용주에 머물면서 저술에 몰두하였다. 그리고 1787년 죽음이 멀지 않았음을 직감하고 죽서의 집으로 돌아와 요양하다가 그 해 겨울 세상을 떠났다. 서유구도 서명응을 따라 죽서로 돌아와 있다가 조부의 상을 치렀다. 상을 마친 뒤에도 계속해서 형제들과 학문과 문학을 익히고 이를 바탕으로 1790년 문과에 급제하였다.

서유구는 승문원, 규장각, 홍문관 등의 관각(館閣)에서 문재를 과시하다가 순창군수, 의주부윤, 여주목사 등의 외직을 지냈다. 그러다가 1806년 홍문관 부제학으로 서울로 돌아왔는데 이때 생부인 서형수가 옥사에 걸려 추자도로 유배되었다. 이에 서유구는 벼슬에 뜻을 접었다. 그후 1824년 조정에 복귀할 때까지 이곳저곳을 옮겨다니면서 살았다. 1806년 벼슬에서 물러난 서유구는 직접 밭을 갈고 나무를 하면

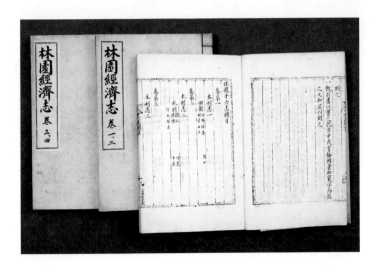

임원경제지 선비가 원림을 경영하는 방법에 대해 쓴 책으로, 서유구는 스스로 소개한
방법대로 살 수 있는 집을 찾고자 하였다.

서 먹고살아야 했다. 1809년 무렵에는 형제들과 금화산장(金華山莊)
에서 살았다. 이 시기 제작한 「사견기(四堅記)」에서 금화산장에서 연
천으로 길을 나섰다가 다시 연천을 거쳐 돌아간 것으로 보아 금화 산
장은 금화군의 어느 산속에 있었던 듯하다.

　서유구는 얼마 후 대호(帶湖)로 다시 집을 옮겼다. 대호 주변에는
난호(蘭湖)라는 곳도 있었는데 아마 마포 서쪽의 어느 한강을 이르는
말인 듯하다. 그러나 금화나 대호 모두 서유구의 마음에 드는 땅은 아
니었다. 큰길이 가까워 아늑함이 부족했기 때문이다. 이에 서유구는
다시 거처를 번계(樊溪)로 옮겼다. 번계는 서유구에 앞서 채제공(蔡濟
恭)이 별서를 짓고 살았던 오늘날의 번동 일대다. 번동에서 미아삼거

리로 넘어가는 고개에 있는 오패산 동쪽 골짜기의 명덕동(明德洞)으로 흐르는 개울을 번계라 하였다. 동방생명주택단지로 개발할 때 계곡을 매립하였기에 지금은 그 흔적을 찾을 수 없다.

번계의 산수는 아름다웠으나 서유구의 마음에는 차지 않았다. 후손들에게 물려줄 만한 넓은 땅이 없었기 때문이다. 「칠보에게 보이다(示七輔)」라는 편지에 따르면, 번계 역시 터가 좁고 밭이 척박하여 경제의 수단이 없었다고 한다. 결국 서유구는 두릉(斗陵)으로 다시 집을 옮겼다. 두릉은 두미협(斗尾峽)으로 한강 상류 팔당과 양수리 사이에 있던 협곡이다. 이곳은 문전옥답은 아니요 집에서 북쪽으로 제법 떨어진 곳이었지만 약간의 논밭이 있어 먹고살 만하였다. 서유구가 이렇듯 여러 곳을 전전한 이유는 마음에 그리던 땅을 찾기 위해서였다.

집터를 고르는 복거(卜居)에는 방법이 있다. 산은 높더라도 가파르지는 않아야 하고 낮더라도 언덕이어서는 아니 된다. 집은 화려하더라도 지나쳐서는 아니 되고 검소하더라도 누추해서는 아니 된다. 원림은 비스듬하고 둥그스름해야 하고, 들은 넓고 볕이 들어야 한다. 나무는 오래된 것이라야 하고 샘은 깨끗해야 한다. 집 옆에는 채마밭이 있어 채소와 오이를 심을 수 있어야 하고, 채마밭 옆에는 밭이 있어 수수와 벼를 심을 수 있어야 하며, 밭 옆에는 개울이 있어 물고기를 잡고 물을 댈 수 있어야 한다. 개울 너머에는 산기슭이 있고 산기슭 너머에는 봉우리가 있어야 한다. 붓대처럼 생긴 산도 있고 쪽찐 머리처럼 생긴 산도 있으며 퍼져나가는 구름 같은 산도

있어야 바라보며 완상할 수 있다. 또 반드시 땅 내외에 수십 수백의
마을이 있어야 도적을 방비하고 물과 불을 댈 수가 있다.

서유구, 「벗에게 보내는 편지(與朋來書)」, 『금화지비집(金華知非集)』

서유구는 40년간 이러한 땅을 찾아다녔다고 술회하였다. 마음에
드는 땅을 찾아 40년을 보내고 두릉에 정착하였지만, 두릉 역시 완전
히 마음에 드는 곳은 아니었다. 게다가 이 무렵 서유구는 다시 출사를
하게 되었다. 1824년 회양부사로 복귀하여 육조의 판서와 규장각 제
학, 수원유수 등 청요직을 역임하였다. 그러다가 1838년 봉조하에 올
랐고 이듬해 영예롭게 은퇴하였다.

은퇴한 서유구가 집을 정한 곳은 번계였다. 자손에게 물려줄 논밭
도 중요하지만 임원(林園)에서의 경제(經濟)를 시험하기에 번계가 나
았기 때문이다. 서유구는 이곳에서 평생 공을 들여 편찬한 『임원경제
지(林園經濟志)』를 수정하면서 이 책에서 제시한 임원에서의 삶을 실
천하고자 하였다.

번계의 왼편에 집이 있어 담장에 가려져 있는데 교창(交窓)과 복
벽(複壁)이 감실처럼 숨겨져 있다. 이곳이 풍석자가 살면서 독서하
는 곳이다. 집은 기둥이 몇 되지 않지만 좁아서 그 반을 차지하고
있다. 한가운데 작은 탑상이 놓여 있고 그 뒤쪽에 문목병풍(文木屛
風)을 놓았는데 병풍의 높이는 3척 남짓이다. 주름이 진 듯한 봉우
리가 불쑥 솟아나 있고 얕은 못이 아래로 감싸 돈다. 그 가운데 비

오리 두 마리가 있는데 하나는 물 위에 떠 있고 하나는 물결을 치고 있다. 부리와 깃, 발톱을 분별하여 가리킬 수 있다.

탑상 건너에 밀랍으로 만든 꽃 두 송이를 두었다. 다른 벼루와 궤안, 솥 등을 대략 갖추었는데 서권기(書卷氣)를 도울 정도일 뿐 두루 구비하지는 못하였다. 이에 지리지에서 이른 "소실산(小室山)에 자연(自然)의 경서(經書)가 있다"라 한 말을 취하여 문미에다 자연경실(自然經室)이라는 편액을 달았다.

서유구,「자연경실기(自然經室記)」,『금화지비집』

『숭고산기(崇古山記)』에, 소실산의 큰 바위에 석실이 하나 있는데 자연경서(自然經書)와 자연음식실(自然飮食室)이 있다고 하였다. 서유구는 여기서 뜻을 취하여 자신의 서재를 자연경실이라 하였다. 어떤 사람이 서유구에게 자연경실의 뜻이 빈말이라 하며 그 뜻을 밝혀 기문을 지으라 하자, 서유구는 병풍과 탑상, 화병의 꽃, 벼루, 솥 등을 가리키면서 그것이 바로 기문이라 하였다.

풍석자가 말하였다. "당신이 내 방에 들어올 때 나의 문목병풍을 보았으리니 어떻습디까?" "교묘합디다. 처음에는 인공(人工)의 교묘함인 줄 알았습니다." 풍석자가 말하였다. "나의 화병의 꽃을 보았으리니 어떻습디까?" "그 또한 교묘합디다. 처음에 천연(天然)의 교묘함인 줄 알았습니다."

풍석자가 말하였다. "문목병풍이 인공의 교묘한 솜씨라 한 것은 천연의 교묘함이 이와 같을 줄 생각하지 못했던 것이요, 화병의 꽃이 천연의 교묘함이라 한 것은 인공의 교묘함이 이와 같을 것이라 생각하지 못했기 때문이지요. 천연의 교묘함이 더 낫습니까? 인공의 교묘함이 더 낫습니까? 천연과 인공이 서로 낫다고 한다면 죽간(竹簡)과 칠서(漆書)가 사람에 의해 제작된 것인데 하늘도 그처럼 교묘하지 못하겠지요? 북방의 사람은 닭에 익숙하지만 꿩은 보지 못하지요. 하루는 남쪽으로 가다가 꿩을 보고서 밤중의 시간을 알고자 하였답니다. 익숙한 것 때문에 눈에 백태가 낀 것이지요. 이 때문에 무목이 인공의 교묘함이라 한 것은 인공의 그림 때문에 백태가 낀 것이요, 화병의 꽃이 천연의 교묘함이라 한 것은 천연의 꽃 때문에 백태가 낀 것입니다. 자연의 경을 빈말이라 여긴다면 당신이 성현이 저술한 경 때문에 백태가 낀 때문이라 하겠습니다."

서유구, 「자연경실기」, 『금화지비집』

육경(六經)은 성현이 만물의 정태를 잘 그려낸 것일 뿐이다. 그런데 경이라는 것은 말을 통해 이루어낸 것이요 말은 뜻에서 나온 것이며, 뜻은 마음에서 나오고 마음은 도에서 나오는 것이다. 따라서 도가 있는 곳에 경이 있다고 하였다. 세상 모든 만물에 도가 깃들어 있으므로 그것이야말로 진정한 경이다. 이러한 뜻으로 기문을 지어 붙였다.

자연경실이 서재라면 자이열재(自怡悅齋)는 생활의 공간이었다. 산중재상(山中宰相)으로 알려져 있는 도홍경(陶弘景)의 시에 "고갯마루에 흰 구름이 많으니, 다만 절로 즐길 만하다(嶺上多白雲 只可自怡

悅"라 한 구절에서 딴 것이다. 청나라의 큰 학자 옹방강(翁方綱)이 쓴 '자이열(自怡悅)'이라는 글씨를 구해다가 처마에 붙였다. 1839년의 일이다.

자이열재에서 새벽에 일어나면 흰 연기 한 가닥이 바위에 부딪쳐 뭉게뭉게 피어오르는 모습이 보였다. 줄지어 출렁거리면서 솟아오르는 모습은 마치 말이 치달리고 바람을 받은 배가 떠가는 것 같았다. 연기가 산허리에 머뭇거리다가 정상과 기슭을 모두 가리면 온 원림과 만물이 허공에 뜬 듯하였다. 그러다가 아침햇살이 비치면 일순간에 이 모든 광경이 다 사라져 버렸다. 서유구는 자이열재에서 이러한 풍광을 즐겼다.

자연경실 좌우에는 광여루(曠如樓)와 오여루(奧如樓)를 두었다. 『임원경제지』의 「이운지(怡雲志)」에 "남쪽 산기슭의 양지나 동쪽 산기슭 너머에 고운 언덕이 둘러쳐 있으며 땅이 비옥하고 샘이 단 곳을 택하여 3칸의 집을 짓고 동서에 누(樓)를 두고 가운데 실(室)을 두며 실의 북쪽 벽에 따뜻한 온돌방을 만든다. 농사짓는 법이나 곡식 종자에 대한 책, 파종하고 김매는 방법에 대한 책, 기후를 살피는 책 등을 두고, 동쪽 기둥에는 왕정(王楨)의 〈수시도(授時圖)〉를 걸고 서쪽 기둥에는 〈전가월령표(田家月令表)〉를 붙여둔다. 한가운데 탑상을 하나 두고 그 위에 벼루 하나, 필통 하나, 먹 하나, 농사일기 한 권을 놓아둔다"고 하였는데, 서유구는 자연경실을 이렇게 꾸몄다. 「이운지」에서 말한 좌우의 누는 광여루와 오여루로, 현실의 공간에 만들었다. 가운데 실이 바로 자연경실이다. 실 북쪽의 온돌방은 자이열재를 말한다. 그리

고 자연경실에 왕정의 〈수시도〉와 자신이 만든 〈전가월령표〉를 걸어
두었다.

　여기에 더하여 서유구는 집에서 조금 떨어진 곳에 거연정(居然亭)을
세웠다. 주자(朱子)의 「무이정사잡영(武夷精舍雜詠)」에서 "분명 나의
샘과 산이여(居然我泉石)"라 한 구절에서 이름을 따서 거연정이라 한
것이다. 거연정은 자이열재에서 수백 보 떨어진 곳에 있었다. 자이열
재 서쪽 계단을 올라 사선문(思仙門)을 나서면 숲이 울창한데 개울을
따라 거슬러가도 개울이 보이지 않고 그저 샘물 소리만 발밑에 졸졸
들리는데, 그곳에서 수백 보를 가면 숲이 끝나고 큰 바위 둘이 우뚝 마
주 서 있는 가운데로 오솔길이 나 있었다. 그 너머 서쪽에 병풍처럼 깎
아지른 바위가 있고 그 아래 개울가에 바로 거연정이 있었다.

　서유구는 양주의 각심촌(角心村)이라는 곳에 잠시 산 적이 있었는
데 번계의 자연경실과는 소 울음소리가 들릴 정도로 가까운 곳이었
다. 노원구의 월계동에 각심사(覺心寺)라는 절과 각심촌(覺心村)이라
는 자연부락이 있었는데 같은 곳인 듯하다. 채제공의 「명덕동기(明德
洞記)」에도 번계의 명덕동에서 각심암(覺心菴)이 보인다고 한 바 있
다. 각심촌에 살 때 서유구는 이곳을 좋아하여 구입하려 하였으나 뜻
을 이루지 못하다가 13년 후인 이 무렵에야 비싼 돈을 치르고 이 땅을
살 수 있었다. 그리고 소나무, 대나무, 매화나무, 살구나무, 복숭아나
무, 오동나무 등을 심고 그 뒤쪽 기슭에 거연정을 지은 것이다. 서유
구는 만년을 이곳에서 보냈다.

　그 아들 서우보(徐宇輔)는 벼슬에 오르지도 오래 살지도 못하였지

임원경제지에 실린 정원배치도 선비의 정원도 성리학적 세계관을
반영하였다. 팔괘에 따라 화단을 만들고 꽃과 나무를 심었다.

만, 아버지를 도와『임원경제지』를 교정하였다. 손자 서태순(徐太淳)은 군수를 지냈고 증손자는 진사가 되었지만, 가문의 영예는 전날 같지 못하였다. 그렇기는 해도 후손들은 할아버지의 뜻을 충실하게 이었다. '자연경실장(自然經室藏)' 혹은 '풍석암서실(楓石巖書室)'이라 찍은 종이에다 귀중한 문헌을 필사하였다. 영영 사라질 뻔한 책들이 이렇게 하여 오늘날까지 전하게 된 것이다. 그러나 오늘날 이 책 중 상당수는 해외에 나가 있다. 이 책을 보려면 일본의 오사카부립도서관이나 미국의 버클리대학으로 가야 한다.

화서학파와 가평의 조종암

억지 경세의 뜻은 베갯가에 사그라들고

이제는 부귀영화가 신속의 일이라네

조종암 화양동과 함께 명 황제의 제사를 올리던 이념의 땅이다.

이항로와 벽계

남한강과 북한강이 합류하는 양수리에서 북한강을 거슬러 올라가다가 서종면 노문리로 들어가면 벽계(檗溪)라는 맑은 개울이 나오고 그 물가에 세워진 현대식 기념관 곁에 오래된 집이 한 채 있다. 여기가 바로 근세 위정척사의 상징인 이항로(李恒老, 1792~1868)가 살던 집이다.

이항로는 본관이 벽진(碧珍), 자가 이술(而述), 호가 화서(華西)다. '화서'는 벽계가 청화산(靑華山) 서쪽 10리에 있기 때문에 호로 삼은 것이다. 자 '이술'은 『논어』에서 말한 '술이부작(述而不作)'의 뜻이다. 선현들의 뜻을 조술(祖述)하되 멋대로 지어내지 않는다는 말이다. 이항로는 술이부작의 뜻을 지키며 살았다. 서구세력을 물리치는 데 힘을 기울여 이른바 위정척사론(衛正斥邪論)의 선구가 되었지만, 그 사상의 기저는 정통적인 성리학에 있었다. 그래서 평생 주자(朱子)의 학문을 연구하는 데 진력하였고, 대명의리(大明義理)를 강조한 송시열(宋時烈)을 학문의 모범으로 삼았으니, 그야말로 술이부작의 삶이라 하겠다.

이항로의 학문과 사상이 배태된 곳이 바로 벽계다. 벽계는 사슴을 벗삼으며 처사로 살아간 그의 부친 이회장(李晦章)이 경영하기 시작하였다. 이회장은 벽계의 집에 청화정사(靑華精舍)라는 편액을 붙이고, 그 동쪽 마루 위에는 우록헌(友鹿軒)이라 써붙였다. 사람이 좋아 항상 벗이 찾아왔고, 벗이 오면 늘 술을 마련하였다. 훗날 이항로의 스승이 되는 신기녕(辛耆寧), 남기제(南紀濟), 이정유(李正儒), 이정인

제월대 청화정사 동쪽에 있는 바위에 새긴 글씨로, 황정견(黃庭堅)이 주돈이(周敦頤)의
높은 덕을 광풍제월(光風霽月)이라 비유한 데서 유래한다.

(李正仁) 등은 모두 그 이웃에 살고 있었다. 청화정사를 물려받은 이
항로는 이곳에 여숙(閭塾)을 경영하였다. 가끔 금강산과 설악산, 속리
산, 백운산, 두타산 등 명산대천을 유람할 때를 제외하면 늘 이곳에서
강학에 몰두하였다.

1831년 정사 동쪽 몇 리 떨어진 개울가에 경단(敬壇)이라는 축대를
쌓아 봄가을 향음주례(鄕飮酒禮)를 행하고, 1847년 정사 동쪽 기슭에
있던 작은 대를 정비하여 제월대(霽月臺)라 이름붙인 것도 성리학자
로서의 삶의 자세를 표방한 것이다. 학자의 공간은 아름다운 산수를
배경으로 한다. 주자에서 우암으로 이어지는 성리학의 학통을 잇는
강학(講學)도 자연에서 한가하게 살아가는 은자적인 삶에서 출발한

다. 그래서 이항로는 아름다운 벽계를 떠나지 않은 것이다.

벽계는 아름다운 땅이다. 제월대는 삼면이 가파르게 깎여 시내에 고인 물을 마주하고 있는데, 단풍숲이 주위를 두르고 그 위에 홰나무가 그늘을 드리우고 있었다. 그 동쪽에 명옥정(鳴玉亭)이 있어, 아침저녁 산책하거나 제자들과 강학을 하기에 좋았다. 개울 아래위로 쇄취암(鎖翠巖), 휘수대(揮手臺), 낙지암(樂志巖), 애내암(欸乃巖), 분설암(噴雪潭), 석문오(石門塢), 태극정(太極亭), 오자정(五自亭) 등이 있고, 동으로 6~7리를 가면 일주암(一柱巖)이 수십 길 높이로 솟아 있었다. 분설담 곁에 분설와(噴雪窩)를 두어 산과 물의 이치를 살폈다. 이러한 삶에 산수자연과 어울려 사는 여유를 더하였다.

길게 읊조리고 술잔을 당기는 뜻이 끝이 없으니
봄물결이 낮에 올라 벌겋게 되어도 그만이라.
억지 경세의 뜻은 베갯가에 사그라들고
이제는 부귀영화가 산속의 일이라네.
반석 위에 해오라기 목욕하다 이따금 날아오르고
맞은편 언덕의 꽃이 불타 한가지 색깔뿐이라네.
아름다운 난정의 모임 푸른 물가에서 즐기니
풍광을 차지하라 분부할 이조차 없다네.

長吟引酌意無窮　一任春潮上面紅
强半經綸消枕上　如今富貴在山中
盤渦鷺泳移時起　對岸花燃一色通

蘭社猗猗臨澗碧　無人分付領光風

이항로, 「개울가의 집으로 돌아가서 앞서 쓴 시에 차운하다(歸溪舍用前韻)」, 『화서집』

　1827년 강화도를 유람하고 청화정사로 돌아와 지은 작품이다. 세
상을 경영하는 일이나 부귀영화를 얻는 것은 그의 관심사가 아니었
다. 날아오르는 물새와 불붙는 듯한 꽃을 보며, 도우(道友)들과 어울
려 강학을 하는 것이 그의 삶이었다. 남계래(南啓來), 유영오(柳榮五),
이정리(李正履), 권희(權曦) 등이 이곳에서 함께 산수를 즐기고 학문을
닦은 사람들이며, 김평묵(金平默), 유중교(柳重敎), 양헌수(梁憲洙), 최
익현(崔益鉉), 유인석(柳麟錫) 등 한말의 쟁쟁한 학자들이 이곳에서 배
출한 제자들이었다.

　한 갑자 동안 벽계에 살았던 이항로는 잠시 거처를 홍천의 삼포(三
浦) 별업으로 옮겼다. 1830년 금강산을 유람하고 돌아오는 길에 홍천
을 지나면서 지세가 트이고 강물이 돌아 흐르는 삼포를 보고 강학의
여가에 농사를 지으면서 살고자 마음먹었다. 그래서 한 해에 한두 번
씩 이곳을 왕래하다가 아들로 하여금 이곳에 전장을 마련하게 하고
1852년 거처를 이곳으로 옮겼다. 문인 서너 명이 그를 따랐다.

　1853년 이항로는 이곳에 일감재(一鑑齋)를 만들었다. 아무리 높아
도 덮지 못하는 것이 없고 아무리 가늘어도 안지 못하는 것이 없는 것
이 하늘이며, 아무리 무거워도 싣지 못하는 것이 없고 아무리 낮아도
받들지 않는 것이 없는 것이 땅인데, 사람이 그러한 덕을 따르지 못하
는 것은 사사로움 때문이라는 뜻의 글을 지어 동쪽 벽에 걸었다. 그리

고 아무리 심한 추위와 더위에도 더욱 강성해지고, 거센 비바람에도 더욱 무성해지는 것이 생물인데, 사람이 그러한 강성함과 무성함을 얻지 못하는 것은 타고난 생기(生氣)를 충실하게 하지 못하기 때문이라는 뜻의 글을 지어 서쪽 벽에 걸었다.

그러나 삼포는 그의 안식처가 아니었다. 이항로는 1860년 다시 벽계로 돌아왔다. 이 무렵 조정에서 그의 명성을 듣고 여러 차례 불렀으나 이항로는 출사를 달갑게 여기지 않아 나아가지 않았다. 그러던 그가 벼슬길에 나간 것은 국난에 힘을 보태고자 하는 충정에서였다. 1866년 병인양요가 일어나 강화도가 함락되자 75세의 노구를 이끌고 승정원 부승지로 나아갔다. 그러나 조정에서 그가 할 수 있는 일은 별로 없었다. 이항로는 제자 양헌수(梁憲洙)가 프랑스군을 물리쳤다는 말을 듣고 고향으로 돌아갔다. 그리고 병환으로 고생하다가 1868년 77세를 일기로 세상을 떠났다.

화서학파의 거목 김평묵과 유중교

이항로는 쟁쟁한 제자들을 두었는데, 화서학파의 정통은 김평묵과 유중교로 이어졌다. 김평묵은 24세 때인 1842년 벽계로 이항로를 찾아와 그의 제자가 되었고, 유중교는 다섯 살 때인 1837년 이항로의 문하에 들어갔다. 김평묵은 유중교보다 늦게 이항로에게 나아갔으나 이항로의 적통을 이었고 그 의발을 다시 유중교에게 전하였다. 유중교는 14세 때 사형이기도 한 김평묵에게 나아가 배웠다.

김평묵(金平默, 1819~91)은 자가 치장(穉章), 본관이 청풍이다. 기묘명현인 김식(金湜)의 9세손이지만 벼슬길이 끊겨 매우 곤궁하게 살았다. 김평묵의 고향은 포천 서남쪽 시우촌(時雨村)인데 스승에게 좀 더 자주 배우기 위하여 1845년 스승의 처소와 가까운 양근의 잠호(潛湖)로 이주하게 되었다. 잠호는 청평 앞쪽의 북한강을 가리키는데, 김평묵이 살았던 곳은 벽계에서 멀지 않은 오늘날 가평군 설악면 신천리 북한강가로 추정된다. 김평묵이 잠호로 옮겨올 수 있었던 것은 벗 유영오의 도움이 있었기 때문이다. 유영오는 대관(臺官)으로 있다가 이 무렵 잠호로 물러나 이항로와 종유하였는데, 비교적 부유하여 김평묵을 이웃에 살게 한 것이다.

가난 때문인지 젊은 시절의 김평묵은 다소 가벼웠던 듯하다. 그의 가벼움은 젊은 시절 수많은 별호를 스스로 지어 붙인 데서도 확인된다. 희고자(希古子), 추계(楸溪), 난곡자(蘭谷子), 우자(迂子), 광부(狂夫), 자은자(自隱子), 소자(笑子), 무명자(無名子) 등 무려 8개의 별호가 있었다. 스승은 그 가벼움을 경계하라는 명을 내렸고, 이에 김평묵은 1846년 자신이 살던 집 이름을 무거움을 뜻하는 중암(重庵)이라 하였다. 스승은 그를 위하여 기문을 지어주었고, 벗 박선경(朴善卿)은 인장을 새겨주었으며, 스승의 아들이자 벗인 이준(李埈)은 명(銘)을 지어주었다. 김평묵의 집에는 겸산재(兼山齋)라는 서재가 있었다. '겸산'은 『주역』의 간괘(艮卦)를 가리키는 말로, 본분을 지키며 조용히 살라는 뜻이다. 당호와 서재 이름에서 무겁게 본분을 지키며 조용히 살겠다는 뜻을 표방한 것이다.

김평묵은 부친의 상례를 치를 돈조차 없을 만큼 무척 가난하였다.

이에 주변 사람이 과거를 대신 치러주면 5천~6천 냥을 주겠다고 유혹할 정도였다. 물론 김평묵은 응하지 않았다. 이처럼 가난한 살림이었기에 유영오에게 더부살이를 하였던 것이다. 그러나 더부살이는 오래 할 수 있는 것이 아니기에 1848년 고향인 포천으로 돌아와 살았다. 그러나 여전히 형편이 나아지지 않아, 1853년 춘천의 신천(新川)에 있는 인척 김병선(金秉善)의 전장으로 갔다. 그곳에서 이항로의 여숙강규(閭塾講規)에 의거하여 후학들을 가르치면서 생계를 꾸렸다. 그러나 김병선이 횡포를 부려 문을 부수고 모친에게 욕설을 퍼붓기까지 하였다. 할 수 없이 짐을 꾸려 표제(表弟) 성근인(成近仁)의 집으로 갔으나, 집이 워낙 좁아 함께 살 수가 없었다. 다른 사람들은 김병선의 위협에 아무도 집을 빌려주지 않으려 하였다. 때문에 40일 가까이 느티나무 아래 거적을 걸치고 노숙을 해야 했다. 다행히 20리 떨어진 곳에 살던 홍창섭(洪昌燮)이라는 사람이 이러한 이야기를 듣고 찾아와 삼천(三川)의 강가에 살 집을 마련해 주고 아들 홍재구(洪在龜)로 하여금 그 문하에 들게 하였다. 이 인연으로 훗날 홍재구가 김평묵의 행장을 쓰게 된다.

김평묵과 달리 제자 유중교는 비교적 집안이 넉넉하였다. 유중교(柳重教, 1832~93)는 본관이 고흥(高興)이며, 자가 치정(穉程), 호가 성재(省齋)다. 이 집안은 원래 8대조 때부터 춘천의 관호(冠湖)에 세거하다가 유중교의 조부대에 서울로 와서 살게 되었다. 유중교는 서울 낙산 아래 태평동(太平洞)에서 태어나 그곳에서 자랐다. 그러다가 조부 유영오와 유영구(柳榮九, 유중교의 부친 유조는 유영오의 아들인데 유영구의 아들로 입계되었다)가 벼슬에서 물러나 잠호로 내려가 살게 되면서, 유중교도 잠호에서 살았다. 그곳에서 벽계가 멀지 않았기에 이항로의 벗이었던 유영오와 유영구는 다섯 살 난 손자 유중교를 벽계로 보낸 것이다.

유중교는 열 살 때 조부를 따라 서울로 가서 동호의 임한정(臨漢亭)에 살았는데 어린 나이에도 불구하고 매달 한 번씩 벽계로 내려가 강학을 하였다. 14세가 된 1845년에는 김평묵의 문하로 들어갔다. 이때 김평묵은 유영오의 배려로 잠호에 살고 있었으므로 많은 것을 배울 수 있었다. 그후 장성하여 혼인을 하고 자식들도 생기자, 1858년 잠호의 옛집에서 남쪽으로 5리 떨어진 한포(漢浦)에 새로 집을 지었다. 오늘날 가평군 설악면 선촌리 어느 곳으로 추정된다. 이항로가 사는 벽계까지는 20리 정도로 그다지 멀지 않았다.

이듬해인 1859년 춘천에 있던 김평묵이 돌아왔다. 1858년 의지하던 홍창섭이 죽자 부득이 이듬해 가족을 이끌고 가평으로 돌아오게 된 것이다. 가평으로 온 김평묵은 처음 갈회산(葛懷山) 산속에 살다가 1860년 율리(栗里)의 서당을 빌려 기거하였다. 1863년에는 박기우(朴夔祐)의 숙사에 우거하였다가, 그해 가을 유영하(柳榮河)의 손자 유중식(柳重植)의 숙사에 거처하였다. 1864년에는 다시 화양으로 돌아갔으나 1866년 독자인 기명(基明)이 일사병으로 자식도 두지 못하고 먼저 저세상으로 갔다. 일흔 노모에 청상과부가 된 젊은 며느리와 사는 모습이 참으로 볼썽사나웠다. 가을에 다시 거처를 한포에서 남쪽으로 몇 리 떨어진 대곡(大谷)으로 옮겼다. 거처의 이름을 관물재(觀物

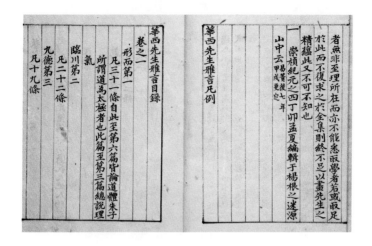

화서선생아언 1867년 김평묵이 양근의 미원서원 근처에서 살 때 스승 이항로의 말을 모아 편집한 책이다. 규장각에 소장되어 있다.

齋)라 하고 유중교에게 기문을 받아 걸었다.

1866년 병인양요가 일어나고 스승 이항로가 조정으로 출사하자, 김평묵과 유중교 두 수제자도 스승을 따라 서울로 갔다. 그후 프랑스 함대가 퇴각하자 이들은 다시 스승과 함께 양근으로 돌아왔다. 1868년 스승 이항로가 세상을 떠났다. 사문(斯文)의 불행은 이로 그치지 않아 1868년 화서학파 강학의 중심적인 구실을 하던 미원서원이 흥선대원군에 의하여 훼철되었다.

이듬해 따로 단을 만들어 제향을 올렸지만, 강학의 공간이 필요해지자 유중교는 1869년 가을 한포의 집 동쪽 10보쯤 떨어진 곳에 한포서사(漢浦書社)를 지었다. 정당은 주일당(主一堂)이라 하고 협실은 박약재(博約齋), 극복재(克復齋)라 하여 성리학의 핵심적인 개념으로 이

만절필동 선조의 글씨로 명나라에 대한 의리를 강조한 말이다.

름을 삼았다. 그리고 주자의 학문을 대변하는 말을 뽑아 주련을 만들어 내걸었다. 이로써 한포서사는 화서학파의 새로운 구심점이 되었다. 설악면 신천리, 어느 한우목장 안에 있는 바위에서 '관물대(觀物臺)'와 '겸산(兼山)'이라는 글씨를 지금도 찾아볼 수 있다.

화서학파와 조종암

이항로는 생전에 가평의 옥계(玉溪)에 살고자 하였으나 끝내 그 뜻을 이루지 못하고 세상을 떠났다. 이항로는 33세 때인 1824년 가평의 서남쪽에 있는 조종암(朝宗巖)을 유람한 바 있다. 조종암은 1684년 허격(許格)이 가평군수 이제사(李濟社), 고을의 선비 백해명(白海明)과 함께 조성한 것이다. 김상헌(金尙憲)이 심양에서 얻어온 명 의종(毅宗)의 '사무사(思無邪)' 어필을 바위에 새기고 또 선조가 쓴 '만절필동(萬折必東)'과 '재조번방(再造藩邦)'도 함께 새겼다. 그리고 효종의 복수설치(復讐雪恥)의 뜻을 표방하여, 해는 저물고 길은 먼데 지극한 고통이 마음에 있다는 "일모도원지통재심(日暮途遠至痛在心)"이라는 송시열의 필적 여덟 글자를 그 왼편에 새겼다. '조종암'이라는 글씨는 낭선군(朗善君) 이우(李俁)의 전서(篆書)를 새긴 것이다. 원래 이들은 신종(神宗)만을 제향하려 하였으나 송시열이 의종도 함께 제향해야 한다고 주장하였는데 묘당을 세우려는 뜻은 당시에 이루어지지 못하였다. 사람들은 허격 등이 만든 단을 이충단(二忠壇)이라 하고 그 아래의 물을 이충담(二忠潭)이라 하여 이들의 행적을 높게 평가하였다.

그후 1784년 군수로 온 황승원(黃昇源)이 조종암 아래 정사를 짓고 조종암(朝宗庵)이라 하였으며, 1796년 조종암이라 새긴 글씨에 붉은 칠을 더하였다. 또 1804년에는 김달순(金達淳)의 글씨에 서매수(徐邁修)의 전서로 조종암 아래 기념비를 세웠다. 조종암은 오늘날 가평군 하면 대보리로 들어가는 국도변에 있는데, 바위에 이러저러한 글씨가 아직 선명하다.

이렇게 하여 조성된 조종암을 1824년 이항로가 유람함으로써, 조종암은 세상에 널리 알려지게 되었다. 이항로는 이념의 공간으로 자리매김한 조종암 가까이에 살고자 하여 그곳에서 멀지 않은 영등촌(瀛登村)에 작은 집과 정자를 지어 이주하려 하였지만 뜻을 이루지 못하였다. 이 무렵 효종을 따라 중국에서 들어온 명의 유민(遺民) 왕이문(王以文)의 후손 왕덕일(王德一)·왕덕구(王德九) 형제가 1831년 조종대통단(朝宗大統壇)을 세우고 제향을 시작하였다. 이들 형제는 대통단 아래에 열천재(洌泉齋)를 짓고 그 아래 살면서 황단(皇壇)을 지켰으며, 1863년 조종재(朝宗齋)라 이름한 건물을 하나 더 지었다. 그러나 1865년 송시열의 이념이 담긴 화양동(華陽洞) 만동묘(萬東廟)가 훼철되면서 대통단의 제향 역시 금지되었다.

그럼에도 유중교는 1871년 벗이자 김평묵의 제자인 홍재구(洪在龜)와 함께 조종암을 배알하고, 스승 이항로가 머물고자 했던 곳을 살핀 뒤 정자를 지을 계획을 세우고 먼저 이름부터 지어 견심정(見心亭)이라 하였다. 이듬해에는 김평묵도 제자를 데리고 방문하였다. 이렇게 하여 조종암이 화서학파들의 성지의 하나로 자리하게 된 것이다. 1874년 만동묘에 대한 제향이 다시 허용됨에 따라 조종암의 황단에도 다시 제향을 올리게 되었다.

　김평묵은 스승의 뜻을 이어, 명에 절의를 다한 신하들의 전기를 적은 「구의사전(九義士傳)」과 조종암을 있게 한 허격·이제사·백해명의 전기를 기록한 「조종암삼현전(朝宗巖三賢傳)」, 그리고 두 왕씨 형제의 전기를 지어 조종암의 역사를 서술하였다. 유중교는 그 제자 김영록(金永祿)으로 하여금 『조종암지(朝宗巖志)』를 편찬하게 하였다. 또 김평묵은 1875년 임헌회(任憲晦)에게 청을 넣어 『조종암지』의 서문을 받았다. 『조종암지』는 조종암의 역사, 관련 시문, 제향의 절차 등 다채로운 내용으로 구성되어 있다.

유중교와 옥계

　유중교는 1876년 조종암에서 봉우리 둘 너머에 있는 옥계에 아예 정착하였다. 갈 곳 없던 김평묵도 옥계로 왔다. 오늘날 가평읍 승안리의 용추계곡으로 유원지가 되었지만, 당시의 옥계는 화서학파의 이념의 공간이었다. 유중교가 북한강을 건너 가평의 옥계로 들어가 살게 된 것은 1876년이다. 가평으로 처음 내려왔을 때 유중교는 관아의 경화관(景華館) 아래에서 임시로 살다가 자니대(紫泥臺)에 집을 정하였다. 자니대는 오늘날은 자리대(紫理岱)로 일컬어진다.

　이 무렵 김평묵도 옥계에서 멀지 않은 자니대 동남쪽의 구곡리 구곡(龜谷)에 살게 되었다. 이곳은 유중교의 족조인 유영하가 벼슬에서 물러나 살던 땅이다. 유영하는 가난하지만 명성이 높던 김평묵을 초빙하여 손자 유중식 등을 가르치게 하였다. 유중교의 재종질이자 이

조종천

조종암 앞의 개울은 다른 물과 달리 동으로 흘러 이 이름이 붙었다.

항로의 제자인 유인석도 그 곁에 살았다. 김평묵은 1874년 한포서사에 잠시 머물다가 이듬해 가평의 경반산(敬盤山)과 구산(龜山)으로 떠돌다가 이때 비로소 제자의 도움으로 잠시 머물 수 있게 되었다.

유중교와 김평묵이 1876년 옥계로 들어와 살자 옥계는 화서학파의 성지가 되었다. 유중교는 조종암을 둘러보고, 이항로가 옮겨 살고자 했던 집터의 바위에 미리 지어둔 이름 '견심정'을 새겼다. 그리고 김평묵과 함께 옥계동을 화서학파의 강학처로 만들었다. 우리나라의 강물은 대부분 서쪽으로 흐르는데 가평의 물은 동으로 흐르기 때문에 예부터 조종천(朝宗川)이라 일컬었다. 조종천이 있으니 고종이 이곳에 대통단을 세운 것이기도 하다.

옥계동은 가평군의 명산 화악산(華嶽山)에서 발원한 물이 동남으로 10리 흘러내린 곳에 있다. 유중교의 집은 아름다운 옥계의 하류 자니대에 있었다. 옥계동을 나서면 좌측으로 촌락 수십 채가 개울가에 있었는데 당시에는 옥계리라 하였다. 옥계리를 벗어나 동남쪽으로 2리를 가면 넓은 땅이 나오고 개울이 오른편으로 돌아 활처럼 굽어 흐르는데, 인가가 바둑판처럼 펼쳐져 있다. 그 가운데가 자니대다. 원래는 한씨(韓氏)들이 살던 곳이다. 자니대에서 물길이 왼편으로 꺾여 남으로 흘러 강으로 들어간다. 유중교는 자니대에서 동서로 수천 보, 남쪽으로 오륙백 보의 널찍한 땅 한가운데 정사를 지었다. 그 뒤쪽은 화봉(花峯)이 서 있고 앞쪽으로는 개울물이 흘렀다. 자니대 동쪽에 대를 쌓아 선월대(先月臺)라 하였다.

유중교는 그곳의 집을 옥계정사(玉溪精舍)라 이름하였다. 그리고 열

대여섯 살 때 김평묵으로부터 교훈으로 내려받은 '강극(剛克)'이라는 말로 마루의 이름을 삼았다. 마루에 딸린 방의 이름은 성재(省齋)라 하였는데, 곧 이항로가 지어준 호다. 왼편의 방은 『맹자』에서 이른 '존양(存養)'의 뜻을 취하여 존재(存齋)라 하고 성재와 함께 자신의 호로 사용하였다. 내당은 충효당(忠孝堂)이라 하였는데 선조 때 중국에서 사신으로 온 주지번(朱之蕃)의 필체를 본떴다. 왼쪽의 두 방은 부인의 거처인데, 빈경실(賓敬室)과 부갈실(賦葛室)이라 하여 휴식과 길쌈의 장소로 삼았다. 또 오른쪽에 방이 둘 있었는데 하나는 여재합(如在閤)이라 하여 선조의 영정을 봉안하였고 다른 하나는 무상유실(無相猶室)이라 하여 부녀자들이 함께 거처하게 하였다. 또 뜰에 취운원(翠雲園)이라는 운치 있는 이름을 붙이고 주인으로 자처하였다. 이러한 사연을 「옥계정사명당실기(玉溪精舍名堂室記)」에 자세하게 기록하였다.

유중교는 1876년 봄 옥계에 집을 정한 후 7월 김평묵과 함께 옥계를 두루 살폈다. 이때 이중문(李仲文)도 함께 갔다. 옥계는 용란동(龍卵洞)이라고도 하였는데, 그곳의 개울과 소, 폭포에 이름을 붙였다. 탁영계(濯纓溪)는 유중계가, 와룡연(臥龍淵)은 이중문이, 옥류폭(玉旒瀑)은 김평묵이 이름을 붙였다.

이와 함께 유중교는 무이구곡(武夷九曲)에 의빙하여 와룡추(臥龍湫), 무송암(撫松巖), 탁영뢰(濯纓瀨), 고슬탄(鼓瑟灘), 일사대(一絲臺), 추월담(秋月潭), 청풍협(靑楓峽), 구유연(龜遊淵), 농원계(弄湲溪) 등 옥계구곡(玉溪九曲)을 정하였다. 와룡추는 옥녀봉(玉女峯)과 도인봉(道人峯) 사이에 있는 옥계의 동문(洞門)에 해당한다. 북쪽으로 조금 가면 큰 바위가 4~5장 높이로 서 있는데 바위 위에서 흘러내리는 물이 폭포를 이루었다. 와룡추의 동남쪽에 작은 언덕이 있어 유중교는 이곳에 작은 정자를 지었다. 무송암은 와룡추의 서북쪽 1리쯤 떨어진 곳에 있는데 길이가 50보쯤 되는 고인 물 북쪽의 높은 석대다. 남쪽에 큰 소나무가 있어 이 이름을 붙였는데, 그전에는 장인석(丈人石)이라 불렸다. 탁영뢰는 흰 바위 위로 물이 잔잔하게 흐르는 곳으로 무송암에서 2리쯤 떨어져 있다. 고슬탄은 탁영뢰 북쪽에 있다. 탁영뢰에서 돌길을 지나 수백 보를 지나면 폭포 하나와 소 하나가 있는데 그 사이의 물소리가 아름다워 이렇게 이름한 것이다. 일사대는 고슬탄에서 제법 떨어져 있어 한번 쉬어야 할 정도의 거리에 있는 높은 바위다. 엄자릉(嚴子陵)이 "낚싯대 하나로 한나라 사직을 부지하였다(一絲扶漢鼎)"라 한 말에서 따온 것이다. 추월담은 일사대를 경유하여 1리 조금 못 미친 곳에 있다. 구곡 중에 가장 아름다운 곳으로 가을달이 그 위에 비치는 모습이 아름다워 이렇게 이름한 것이다. 추월담에서 조금 가면 거대한 너럭바위 위로 와폭(臥瀑)이 흐르는데 너럭바위 속으로 나 있는 작은 구멍으로 물이 통하게 되어 있어 멱암(覓巖)이라 한다. 이곳에서 다리를 건너 수백 보를 지나면 청풍협이 나온다. 천 길 벼랑에 단풍나무가 무성하여 청풍협이라 하였다. 멱암 서쪽 80~90보 떨어진 곳에 높은 벼랑이 양쪽에 있고 그 사이에 구유연이 있다. 물 아래 거북이 엎드려 있는 듯한 푸른 바위가 있어 이 이름이 붙었다. 구유연 서쪽으로 흐르는 개울이 농원계다.

그러나 옥계의 아름다운 곳을 아홉 곳으로만 한정할 수는 없었다.

풍호대(風乎臺), 광영담(光影潭), 장인암(丈人巖), 취금병(翠錦屛), 삼수오(三秀塢), 백운벽(白雲壁), 우록천(友鹿川), 필동천(必東川) 등 아름다운 땅에도 이름을 붙였다. 풍호대는 와룡추 서쪽 벼랑으로 선인장(仙人掌) 모양으로 생겼는데 벗 유희원(柳羲元)이 명명하였다. 와룡추의 폭포 북쪽의 큰 소인 광영담(光影澤이라고도 한다)은 벗 홍여장(洪汝章)이 붙인 이름이다. 취금병, 삼수오, 백운벽, 우록천은 무송암에서 탁영뢰로 가는 도중에 있다. 취금병은 일사대 뒤쪽의 절벽이다. 필동천은 일사대에서 맞은편 개울 상류로 흐르는 아름다운 개울이다. 농원계에서 십수 보를 가면 북쪽에서 급한 개울물이 흘러내리는데 그 위로 난 오솔길을 따라 들어가면 귀래곡(歸來谷)이라는 마을이 나와 마치 신선이 사는 곳인 듯하였다. 유중교는 그곳에 사는 김공석(金貢釋)이라는 사람을 만나 벗으로 삼고 그 집을 빌려 묵기도 하였는데 그 이름을 지숙암(止宿庵)이라 하였다. 또 구곡의 상류로 고개 하나를 넘으면 수백 길 푸른 절벽에서 폭포가 떨어지는데 이는 비봉폭(飛鳳瀑)이라 하였다.

유중교는 이와 같이 아름다운 곳에 일일이 이름을 붙이고 바위에 새겼으며 그러한 사연을 「가릉군옥계산수기(嘉陵郡玉溪山水記)」에 자세하게 담았다. 김평묵도 옥계를 빛내는 데 일조하였다. 1878년 김평묵은 명나라 유민의 후손인 정능원(鄭能元)으로 하여금 이 일대를 그림으로 그리게 하였는데 이를 〈옥계도(玉溪圖)〉라 하고 발문을 지었다.

유중교는 1879년 옥계에 자양서사(紫陽書社)를 지어 화서학파의 정종임을 자처하였다. 유중교는 한포에 살 때부터 주자·우암·화서 세

용추폭포 피서철 인파가 넘쳐나지만 김평묵과 유중교 등 위정척사를 주장한 성리학자들의 강학처로 옥계라 불렀다.

스승의 유상(遺像)을 정사에 봉안하고, 삭망(朔望)마다 제향을 한 바 있다. 옥계의 뒷산 옥녀봉과 자니대는 주자가 살던 무이산의 옥녀봉과 자양(紫陽)에 부합하였고, 또 인근의 조종암에 우암의 글씨가 있고 와룡추에는 화서의 시가 있으므로, 유중교는 주자와 우암, 화서의 적통을 자신이 계승한 듯한 느낌이 들었다. 이에 정사 동쪽에 서사를 만들어 강학의 장소로 삼고, 북쪽 벽 아래 감실을 만들어 세 선생의 영정을 봉안하려 한 것이었다. 또 정사의 동쪽에 선월대(先月臺)를 축조하여 산책의 장소로 삼았다. 그리고 「옥계조(玉溪操)」라 하는 노래를 만들어 거문고 반주에 맞추어 노래하였다.

자양금(紫陽琴) 빗겨 안고 옥계동문(玉溪洞門) 돌아드니
고추(古湫)에 누운 용(龍)이 발자국 소리 반기는 듯.
무송암에 수건 걸고 탁영뢰에 갓끈 씻어
고슬탄이 어디메오 일사대를 지나가다.
추월담 일륜월(一輪月)은 천재심(千載心)이 뚜렷하고
청풍협 만인벽(萬仞壁)은 북극성(北極星)을 받쳐 있네.
물노라 암하구(巖下龜)아 신주(神州) 휴운(休運) 어느 때오.
동천(洞天)이 활연개(豁然開)하니 농원계가 여기로다.
동자야 술 부어라 거문고의 줄 고르고져.
무이계(武夷溪) 구곡가(九曲歌)를 차례로 화답하니
옥녀봉상(玉女峯上) 천년학(千年鶴)이 고금조(古今調)에 동부동
(同不同)을 아느다 모르느다.

옥계구곡의 아름다움을 거문고 곡조에 실어 이렇게 노래하였다. 물론 주자의 무이구곡을 염두에 둔 것이다.

화서학파가 떠난 옥계

가평 옥계에서 펼쳐진 화서학파의 강학과 풍류는 1881년 멈추었다. 김평묵은 스승의 뜻을 이어 위정척사를 주장하다가 신안군의 지도(智島)에 유배되었다. 유배지에서 김평묵은 섬사람 정천종(鄭千宗)의 도움을 받아 집을 구하고 그 이름을 향중실(向中室)이라 하여 정도를 지키겠다는 뜻을 분명히 하였다. 그 사이 유중교도 옥계를 떠나 춘천의 가정동(柯亭洞, 오늘날 강촌의 가정리)으로 내려가 살았다. 세상을 피하기 위해서였다. 그러나 한포서사에 붙였던 주일당 현액을 떼어와서 이곳에 붙여 학문의 정신을 잃지 않았다. 이와 함께 유중교는 가정동 동문의 석벽에 '기봉강역(箕封疆域) 홍무의관(洪武衣冠)' 여덟 글자를 새겼다. 기자(箕子)의 후손으로서 명의 중화를 계승한다는 뜻으로 새긴 이 글은, 일찍이 이항로가 우리나라 산천 중에 적합한 곳에 새기도록 유중교에게 명한 바 있다. 또 앞쪽 강물 한가운데 서 있는 큰 바위를 소강절(邵康節)의 정신을 형용한 말에서 따와 천근암(天根巖)이라 이름하고 글씨를 새겼다.

1885년 김평묵이 유배에서 풀려나 연천으로 들어갔다. 유중교는 연천으로 가서 김평묵을 만나 함께 조종암으로 가서 의리를 되새겼다. 1888년 김평묵은 영평의 운담리(雲潭里)로 이주하여 세사를 끊었고, 춘천에 살던 유중교는 춘천조차 서울에서 가깝다고 여겨 1889년에 제천의 구학산(九鶴山) 아래 장담(長潭)으로 처소를 옮겨 살았다. 생의 마지막 순간까지 제자들과 강학에 힘쓰다가 1892년 김평묵이 먼저 세상을 떠났다. 그리고 이태 후인 1894년 유중교가 스승을 따라 저세상으로 갔다. 조선 성리학의 큰 산은 조선이 망하기 전에 이렇게 먼저 넘어졌다. 김평묵은 영평의 어사동(御師洞)에 묻히고, 유중교는 가평의 달리산(達理山)에 묻혔다.

살아서 가난하던 김평묵은 죽어서도 가난하였다. 스승의 뜻을 이어 편찬한 책에 이름이 적혀 있을 뿐 알아주는 사람이 없다. 그래도 노년에 유배간 전남 신안군 지도의 두류산 중턱에 벗들과 함께 그 이름이 나란히 비석에 새겨져 있는 것은 다행한 일이다. 유중교의 후손들은 제천 봉양동에 자양영당(紫陽影堂)을 세워 유중교의 영정을 정성껏 모시고 있으니 살아서나 죽어서나 김평묵보다 편안하다. 🗐

4. 끈궁해도
영혼이 아름다운

사람

임자도의 용굴

절해고도 신지도와
이광사

궁벽한 거처 속세의 일이 없는지라

내 생애 철로 여유 있음을 알겠노라

이광사가 살던 신지도의 집 이광사는 처음에 당곡에 살다가
나중에 금실촌으로 옮겼다.

유배객의 섬 신지도

신지도(薪智島)는 이제 섬이 아니다. 얼마 전 완도에서 다리를 놓아 심한 비바람이 몰아쳐도 쉽게 갈 수 있게 되었다. 신지도는 동서가 14 킬로미터, 남북이 4킬로미터이다. 조선 전기에는 목장으로 이용되었는데 성종 때에는 말 300여 마리를 방목하였다는 기록이 있다. 나중에 진을 설치하고 만호(萬戶)를 두어 서해 국방의 요충지로 삼았다. 조선시대에는 지도(智島), 신도(薪島)로도 표기되었다.

신지도가 우리 문학작품에 등장하는 것은 지금으로부터 300여 년밖에 되지 않는다. 다음 임방(任埅)의 작품이 신지도를 담은 최초의 시인 듯하다.

> 가을날 천릿길 돌아가는 나그네
> 고금도 아래에서 배를 띄웠네.
> 서풍이 강진땅을 향해 부는데
> 동백숲 속에 절집이 보이네.
> 千里歸人值早秋　古今島下放行舟
> 西風吹向金陵渚　冬柏林中有寺樓

임방, 「신지도에서 배를 띄우고(智島放舟)」, 『수촌집(水村集)』

방목된 말들이 한가하게 풀을 뜯던 이곳에 유배객이 살게 된 것은 조선 후기에 당쟁이 가열되면서부터다. 현전하는 문헌에 따르면 처음 신지도에 유배된 사람은 목내선(睦來善)이었다. 남인이었던 목내선은 1694년 노론이 집권하자 신지도에 위리안치(圍籬安置)되었는데, 이때 임방이 금부도사(禁府都事)로 목내선을 압송하였다. 임방은 노론의 핵심 인물인 송시열의 제자였으니, 죄인을 호송하느라 신지도로 향하는 발걸음이 무겁지만은 않았으리라. 목내선을 신지도에 위리안치시키고 배를 돌려 돌아가는 길이기에 바다와 섬이 아름답게 보였다. 신지도에서 배를 띄워 고금도(古今島)를 지나 강진으로 향하노라니 멀리 강진(강진의 옛이름은 金陵이다)에 동백숲이 보이고 그 아래 만덕사(萬德寺)가 아련히 바라보였다.

조선 후기에는 정국이 자주 바뀌었다. 1694년 노론이 집권하였지만 1721년 경종이 즉위하면서 영조를 추대하고자 했던 노론사대신(老論四大臣)이 사약을 받는 신축옥사가 일어난다. 이에 노론의 핵심세력이었던 정철(鄭澈)의 현손이자 송시열의 제자였던 정호(鄭澔)가 이듬해 신지도로 유배되었다. 그러나 정호는 근심하지 않았다. 「지도의 위리 안에서(智島棘中)」라는 시를 지어 "남북으로 3천 리, 타향에도 꽃이 피었네. 꽃을 대하고 술을 대하니, 하필 우리집에 있을 것 있나 (南北三千路 他鄕亦有花 對花仍對酒 何必在吾家)"라 하였으니 잠시 놀러 온 기분이었던 듯하다. 과연 몇 달 후 영조가 즉위하자 그는 영예롭게 신지도를 떠났다. 그러나 신지도는 이 무렵부터 서울에서 가장 먼 귀양지가 되어 유배객의 발걸음이 끊이지 않았다.

젊은 날의 이광사

신지도에서의 삶이 가장 참혹했던 사람은 이광사(李匡師, 1705~77)

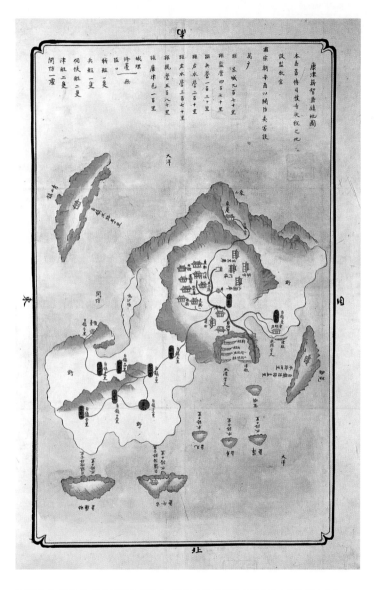

고지도의 신지도 왼편 잘록한 해변에 명사장이라 한 부분이 명사십리 해수욕장이다.
규장각의 조선 후기 지방도에 실려 있다.

였다. 이광사 집안은 조선을 대표하는 최고의 문벌가였다. 정종(定宗)의 별자(別子)인 덕천군(德泉君)을 비조로 삼는 이 집안은 17세기 이경직(李景稷)과 이경석(李景奭) 형제를 배출하였다. 이들의 증손대에 이진순(李眞淳), 이진수(李眞洙), 이진유(李眞儒), 이진검(李眞儉), 이진급(李眞伋), 이진망(李眞望), 그리고 현손대에 이광사 외에 이광세(李匡世), 이광보(李匡輔), 이광려(李匡呂), 이광찬(李匡贊), 이광덕(李匡德), 이광의(李匡誼), 이광도(李匡度)가 나왔다. 이들을 육진팔광(六眞八匡)이라 하는데, 이광도를 제외한 13인이 대과에 급제하였으니 그 문세의 성대함을 확인할 수 있다.

이광사는 동국진체(東國眞體)로 한 시대의 추앙을 받았던 서예가이며, 이경직과 그 아들 이정영(李正英)의 글씨 역시 대단히 뛰어난 것으로 평가되고 있다. 『연려실기술』의 저자 이긍익(李肯翊)과 이광사의 글씨를 그대로 전해 받은 이영익(李令翊)이 이광사의 아들이다. 이광사의 종제(從弟) 이광명(李匡明) 역시 '팔광'에는 꼽히지 못하였지만 이름 높은 학자였고, 이충익(李忠翊), 이면백(李免伯), 그리고 이시원(李時遠)과 그 손자 이건창(李建昌), 이건방(李建芳)으로 이어지는 후손들 또한 학술사에 길이 남을 뛰어난 인물들이다.

당대 최고의 명문가로 손꼽히던 이 집안에 암운이 드리워진 것은 노론과의 정치투쟁에서 패배하면서부터다. 이 집안은 소론으로, 경종이 병약하다 하여 연잉군(延礽君, 훗날의 영조)을 세제(世弟)로 책봉하려는 노론에 맞섰다. 1721년 연잉군을 지지하던 노론을 몰아내기 위하여 김일경(金一鏡) 등의 소론이 옥사를 일으켜 이른바 노론사대신을 죽음에 이르게 하였으나, 1724년 연잉군이 왕위에 오르자 소론이 몰락하고 노론이 집권하였다. 이러한 당쟁의 와중에 이진검은 강진으로 유배되었고 이듬해 유배지에서 세상을 떠났다. 백부 이진유역시 노론을 잡는 데 앞장섰던 김일경과 한패라 하여 1727년 추자도에 유배되었다가 1730년 서울로 압송되어 신문을 받던 도중 사망하였다. 「속미인곡(續美人曲)」을 지어 임금에 대한 일편단심을 노래하였으나 아무런 소용이 없었다.

그후 1728년 이인좌(李麟佐)의 난이 일어나자 소론은 정권에서 완전히 밀려났다. 때문에 이광사는 벼슬길에 오르지 못하고 야인으로살아갔다. 이광사는 1731년 강화도에서 정제두(鄭齊斗)를 만나 가르침을 받고 양명학(陽明學)에 입문하여 이를 사상적 좌표로 삼았다. 이무렵 이광사의 삶에서 가장 중요한 계기는 윤순(尹淳)을 만난 일이다.이광사는 윤순을 우리나라 필첩의 개척자로 추숭하며, 윤순이 죽기얼마 전 임진강 근처에서 만나 가르침을 받고 나서야 필의(筆意)를 알게 되었다고 술회하였으니, 이광사의 동국진체가 형성되는 중요한계기가 여기에 있었다고 하겠다.

1743년 무렵에는 김광수(金光遂)와 활발하게 교유하였는데 이 역시그의 인생에서 중요한 계기가 되었다. 김광수는 호를 상고당(尙古堂)이라 한 데서 알 수 있듯이 고서와 골동에 벽이 있는 사람이었다. 이광사는 김광수가 소장한 희귀한 문헌과 중국의 오래된 비석의 탁본을열람할 수 있었고, 이것이 동국진체를 완성하는 데 큰 도움이 되었다고 한다. 이광사가 지은 「내도재기(來道齋記)」에 따르면 김광수의 서재 이름인 내도재의 도(道)는 이광사의 자인 도보(道甫)를 가리킨다고 한다. 이광사를 불러들이는 집이라는 뜻이니, 이광사가 김광수의 집에 얼마나 자주 출입하였는지 짐작할 수 있다.

중년의 이광사는 강화도와 고양의 삼휴리(三休里)에 우거하였으며 도성으로 올라와 있을 때에는 돈의문(敦義門) 밖에 살았다. 그러다가 1737년 원교(員嶠) 아래 집을 정하면서 호를 원교로 삼았다. 원교는 정약용의 중형인 정약전(丁若銓)의 집이 있던 곳이기도 한데 서대문 바깥의 야트막한 산이다. 원교라는 말의 본뜻은 신화에 나오는 신선이 산다는 섬이지만 이광사는 생계가 막막하였으니 신선 같은 생활은 꿈꾸지 못하였을 것이다.

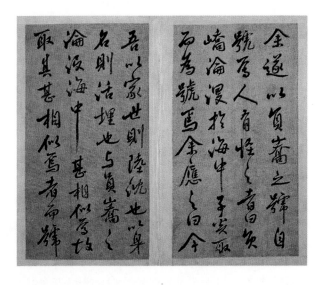

이광사의 호설(號說) 이광사가 호를 원교(員嶠)라 하게 된 경위를 적은 글이다. 규장각에 있는 『원교진본』에 수록되어 있다.

부령에서의 유배살이

1755년에 터진 을해옥사(乙亥獄事)는 그나마 원교에서 단란하게 살던 이광사의 삶을 완전히 무너뜨렸다. 을해옥사는 영조 즉위 후 세력을 잃은 소론의 일부가 정국에 불만을 품고 국정을 비방하는 방을 붙였다가 발각된 사건이다. 이 사건은 역모로까지 비화되었고, 사건을 조사하는 과정에서 주동자인 윤지(尹志)의 문서더미에서 이광사의 백부 이진유와 부친 이진검, 그리고 이광사의 서찰이 발견되었다. 이광사 집안이 윤지의 역모에 가담하였는지는 알 수 없지만, 윤지와 상통하였다는 이유로 이광사는 곧바로 연행되어 국문을 받았다.

이광사가 체포되었다는 소식에 부인 유씨(柳氏)는 목을 매 자진하였다. 부인에 대한 한많은 사연에 대해 훗날 이광사는 「망처유인문화유씨기실(亡妻孺人文化柳氏記實)」이라는 글을 지은 바 있다. 이에 따르면 유씨는 8일을 굶으면 절로 죽음에 이를 것이라 생각하여 식음을 전폐하였는데 남편이 극형에 처해진다는 잘못된 소문을 듣고 기둥에 목을 매어 스스로 명을 끊었다. 유씨는 이광사에게 행여 살아난다면 여러 자녀를 돌보며 여생을 잘 보내라고 당부하였고, 두 아들에게는 서울집을 팔고 강화도로 들어가 고모가 살고 있는 박산(樸山)에 집을 사서 누이 셋과 의지해 살라고 당부하였다. 사대부 냄새를 풍기지 말고 몸소 밭을 갈아먹고 남과 교유하지도 말고 남에게 거슬리는 짓도 하지 말라고 하여 피비린내 나는 정쟁을 멀리하라고 하였다.

부인이 먼저 죽음으로써 이광사의 명줄이 이어진 것인지 모르겠지만, 이광사는 기적적으로 목숨을 건졌다. 1755년 3월 그믐, 그를 도성에서 2,000리 떨어진 함경도 부령(富寧)으로 유배 보내는 것으로 사건이 마무리되자, 이광사는 이날을 새로운 생일로 삼았다. 그리고 감축시(感祝詩)를 지어 목숨을 붙여준 성은에 거듭 감사의 뜻을 아뢰고 머나먼 부령으로 떠났다.

이광사는 부령에서 자신의 호를 두남(斗南)이라 하였다. 이때의 글을 『두남집(斗南集)』으로 엮었는데 그 앞에 붙인 서문에 따르면 두남은 두만강(斗滿江, 豆滿江. 이광사는 斗와 豆의 음이 가깝다고 하여 이렇게 표기하였다)의 남쪽이라는 뜻이며, 아울러 북쪽 끝 고을인 부령이 북두성의 남쪽에 있다는 뜻에서 두남이라 하였다고 설명하였다. 또 두보(杜甫)의 시에 "매번 북두성에 의지하여 도성을 바라본다(每依北斗望京華)"라 한 뜻을 따라 대궐을 그리워한다는 의미도 부여하였다.

부령에서 이광사는 임금에 대한 일편단심을 외쳤지만, 가장 절실했던 것은 가족을 향한 그리움이었다. 부인이 자진한 지 넉 달이 지난 7월 이광사는 비로소 꿈에 부인을 보았다. 생전의 모습 그대로였다.

> 솔평상 부들자리 탁 트인 마루 시원한데
> 쪽찐 검은 머리에 푸른 치마 생시 같아라.
> 서럽다, 새벽녘 외로운 잠자리에는
> 스러지는 달빛이 창가에 허망하게 비추네.
> 松床蒲簟敞軒凉　玄髻靑裙宛似常
> 怊悵五更孤枕上　半窓殘月有虗光
>
> 이광사, 「꿈에 대한 느낌(感夢)」, 『두남집』

이광사는 부인에 대한 사랑이 유별났다. 부인에 대한 그리움에 수많은 시를 지었고 제삿날이 돌아오면 통곡하면서 시와 제문을 지었다. 부인이 죽은 해 10월 2일에 지은 「아내를 애도하며(悼亡)」라는 시에서는 "죽어 뼈가 재가 된들 이 한은 정녕 줄지 않으리. 백번 다시 태어난다 한들 이 한은 길어지리라. 수미산(須彌山)이 개미굴처럼 작아진들, 황하(黃河)가 물방울처럼 가늘어진들, 천번이나 고불(古佛)이 땅에 묻힌들, 만번이나 상선(上仙)이 땅에 묻힌들, 천지가 요동쳐서 나무통이 되고 해와 달이 연기처럼 어둑해진들, 이 한은 맺히고 맺혀서 오랠수록 더욱 굳어지리라" 하였다.

죽은 부인이야 어쩔 수 없지만 살아 있는 자식들을 만날 수 없다는 것도 고통스러웠다. 그나마 자식들이 보내오는 편지가 위안이 되었다. 이광사는 여덟 살 된 막내딸이 무척 그리웠던 듯하다. 막내딸은 단정한 한글로 편지를 써 보내기도 하고 평소 그가 좋아하던 수박의 씨를 보내기도 하였다. 이광사는 막내딸에게 편지와 시를 지어 보냈는데 1756년 보낸 편지인 「딸에게 부치는 말(寄女兒言)」에서는 이렇게 적었다.

날마다 일찍 일어나 요와 이불을 께 손으로 개어 정한 자리에 두고 빗자루를 내려 자리를 깨끗이 쓸고 머리는 얼레빗으로 빗고 빗은 빗통에 넣어두어라. 가끔 거울을 보고 눈썹과 살쩍을 족집게로 뽑고 빗에 묻은 때를 벗겨 정결하게 해라. 낮 씻고 양치질하고 다시 이마와 살쩍을 빗질로 매만지고 빗통을 정리하고 세수수건은 늘 께 자리에 두거라. 무릎을 꿇고 앉아 한글 한 번 읽고 한자 약간 글자를 단계를 두어 읽고. 새언니에게 배울 때는 쉬운 바느질부터 하되 솜을 엮고 두드리는 일도 해라. 음식은 쉬운 것부터 배우되, 간 맞추고 찌고 굽는 일, 어육(魚肉)이나 채소를 자르는 일, 젓갈이나 김치, 장 담그는 일도 유의하여 알아야 할 것이다.

밥상을 받으면 무릎을 모으고 공손하게 먹어라. 먹은 다음에는 단정하게 무릎을 꿇고 앉아 있다가 조금 지나면 한글 두 줄, 한문 한 줄을 베끼며 공부하고, 곧바로 벼루를 거두어 늘 두던 곳에 두거라. 두 오라비에게 청해서 약간의 문자를 단계에 따라 배워라. 바느질 등의 일도 다시 익히고. 일이 없거든 반드시 단정하게 꿇어앉아 있거라. 두 새언니가 틈이 없어 정리하지 못한 것이 있으면 자세히 보면서 자주 일어나 대신 처리하고 새언니가 시키는 일이 있으면 공손하게 답하고 바로 일어나 시킨 대로 하여 게으름을 피우지 말거라. 꾸짖는 일이 있거든 새언니에게 부끄러워하고 배우도록 마음 먹고 감히 노려보거나 성내며 대답하지 말거라.

이광사, 「딸에게 부치는 말(寄女兒言)」, 『두남집』

이광사는 어머니를 저승으로, 아버지를 외딴 곳으로 보내고 올케에 의지해서 자라는 막내딸이 안쓰러웠던 모양이다. 옆에서 이야기하듯 일상의 범절을 하나하나 편지에 적어 보냈다. 이어지는 글에서도 저녁에 할 일, 밤에 할 일, 잠자리에서 할 일, 제사나 명절 때 할 일 등을 자세히 적어, 편지로나마 어머니를 대신하여 딸아이를 가르치려 하였다.

막내딸은 글씨를 무척 잘 썼다. 1756년 2월 그믐날 감기를 앓아 이부자리에 누워 있노라니 막내딸이 더욱 생각났다. 그리운 마음을 가눌길이 없어 무릎을 잡고 앉아 있자니 예쁜 딸아이의 모습이 눈에 밟혔다. 아픈 몸을 무릅쓰고 누워서 시를 지어 보냈다. 이광사가 막내딸을더욱 예뻐했던 것은 글씨에 뛰어났기 때문이기도 하였다. 이광사는 그딸을 왕희지(王羲之)의 아들 왕헌지(王獻之)에 비하기도 하였다.

16년의 신지도 생활

이광사는 자식들을 그리면서 7년을 유배지 부령에서 살았다. 그러나 좌절하지 않고 글씨에 더욱 전념하였다. 그러다 보니 차츰 주변에사람이 모여들었다. 그런데 이것이 또 다른 사단이 되었다. 『영조실록』을 보면, 이광사가 죄인의 몸으로 사인(士人)을 모아 문필(文筆)을가르친답시고 백성들을 선동하므로 절도로 이배해야 한다는 사헌부의 상소가 올라왔다는 기록이 있다. 1762년 이광사는 서남해의 절해고도 신지도로 유배지를 옮기게 되었다. 처음에는 진도로 옮겼으나진도가 오히려 육지에서 가깝다 하여 다시 신지도로 옮겨가게 된 것이다.

이광사는 신지도에서 16년을 살았다. 이광사가 처음 유배되어 살던 곳은 당곡(簹谷)이다. 신지도의 남쪽 해안에 있다고 하였으니 오늘날 명사십리 해수욕장 서쪽 산기슭의 당골로 추정된다. 부친의 유배생활을 돕기 위해 신지도에 와서 함께 생활한 이영익은 1765년 7월

신지도의 석굴 명사십리 해수욕장 옆에 있는데 지금은 훼손이 심하여 굴의 모습을 잃었다.

이상관(李尙寬), 황성원(黃聖元), 방상철(方祥喆) 등과 함께 신지도 남쪽에 있는 석굴을 찾았다.

신지도 동서의 가운데 있는 곳이 당곡이다. 당곡 남쪽은 물가에 임해 있고 동쪽 해안에 기이한 바위가 우묵하게 패여 들어가 굴이 되어 있는데 수십 인이 앉을 수 있다. 지붕처럼 덮개가 되어 있고 불룩하게 드리워져 그 서쪽과 남쪽을 막고 있다. 휑하게 패여 바깥으로 비스듬하게 되어 있는데 코 모양 같기도 하고 부뚜막 모양 같기도 하다. 섬사람들은 먹을 것만 좋아하여 기이한 볼거리라 하더라도 먹는 것에 도움이 되지 않으면 돌아보지 않으니 끝내 이곳은 백정들이 소를 잡거나 개펄에서 일하는 여자들이 비를 피하려 올 뿐이다. 신재(信齋)의 주인은 더위에 지쳐 여러 손님들과 바다를 따라 거닐다가 이 굴을 보게 되었다.

이영익, 「신지도의 석굴을 유람한 기문(遊薪智島石窟記)」, 『신재집』

이영익이 찾은 석굴은 명사십리 해수욕장 서쪽 끝 선착장 곁에 있다. 신지도에 오래 산 주민의 말에 따르면 예전에는 굴이 깊었으나 석굴 위쪽의 석재를 캐가면서 옛 모습을 볼 수 없다고 한다. 그래도 몇 사람이 들어가 잠시 비를 피할 정도는 된다. 이영익과 함께 석굴로 간 방상철은 이광사가 부령에 있을 때 가르침을 받았던 사람이다. 그가 3,000리가 넘는 신지도까지 찾아왔던 것이다. 이상관은 신지도 사람으로 바다를 건너 최재(崔載)라는 사람에게 수학하였지만 스승이 죽은 뒤 섬으로 돌아와 외롭게 공부하고 있었다. 그래서 이광사에게 나아가 학문을 배웠고 또 이영익과 어울릴 수 있었던 것이다. 신지도 사람들에게 이곳은 소를 잡거나 비를 피하는 장소였지만, 이영익은 그 아름다움을 알아보고 이렇게 글을 써서 후세에 석굴이 영원히 기억될 수 있게 하였다.

이광사는 명사십리 해수욕장 인근의 산기슭에 살다가 얼마 후 금실촌(金實村)으로 거처를 옮겼다. 금실촌은 오늘날 금곡리다. 황씨 성을 가진 제법 부유한 사람의 집에 거처했던 것으로 추정된다. 황씨가 대대로 살던 집이 지금 금곡리에 남아 있는데, 세월의 자취를 느낄 수 있을 만큼 예스럽다. 그 곁의 돌담길도 운치가 있다. 전하는 말에 따르면 마을 앞쪽의 큰 소나무는 이광사가 심은 것인데, 바다가 마주 보이는 것이 싫어서 심은 것이라 한다. 실제로 이광사가 심었는지는 알 수 없지만 오랜 풍상을 겪은 자취가 역력하다. 다음은 금실촌의 작은 서재에서 지은 작품이다.

> 대숲이 어둑한 곳에 감잎이 돋았는데
> 온종일 따뜻한 바람 뜰로 불어오네.
> 등불은 새벽에 관음굴에 걸렸는데
> 상선은 아침에 재일등에 몰려드네.
> 베개 베고 누워 울타리 곁에 국화를 키우고
> 지팡이 짚고 낚시 걸린 물고기 자주 보노라.
> 궁벽한 거처 속세의 일이 없는지라
> 내 생애 절로 여유 있음을 알겠노라.
> 叢竹陰陰柿葉舒　和風盡日在庭際
> 齋燈曉揭觀音窟　商舶朝趨在日墟
> 欹枕教栽籬際菊　倚笻看數釣來魚
> 窮居脫略人間事　儘覺生涯自有餘

이광사, 「작은 서재에서(小齋長句)」, 『원교집』

황씨가 대대로 살던 금곡리의 오래된 집에는 지금도 대숲과 감나무가 빼곡하다. 이곳에서는 멀리 완도의 산중턱에 있는 관음굴의 불빛이 보였다. 재일등은 지금 사람들이 채일등이라 부르는 언덕이다. 이광사는 이러한 풍경이 보이는 서재에 주로 머물면서 도연명처럼 울타리 곁에 국화를 심었다. 낚싯대를 들고 나가 세월을 기다리는 강태공이 되기도 하였다.

이광사가 신지도에서 남긴 글은 그다지 많지 않다. 신지도에 있을 때 호를 수북(壽北)이라 하였으니 이 시기에 제작한 글을 모아『수북집』이라 이름붙였을 것으로 추정되지만 아직까지 발견되지 않고 있다. 이광사는 늘 자신의 자취가 후세에 인멸될까 우려했다. 심노숭(沈魯崇)은 전해 들은 이야기라 하면서「산해필희(山海筆戲)」(『孝田散稿』)에서 이광사에 대해 다음과 같은 기록을 남기고 있다. 섬에 있을 때 박을 심어 익으면 속을 파내고 그 안에 직접 쓴 글을 넣고 밀랍으로 입구를 봉한 다음 파도에 띄워 보내면서 "글자를 같이 쓰는 땅에서 이것을 얻어 보는 자가 해동에 이광사가 있다는 사실을 알면 좋겠다"라 하였다 한다. 자신의 존재를 확인받고자 했던 그 처절한 마음을 짐작할 수 있다. 후세에 자신의 자취를 남기려 해서였을까. 이광사는 신지도에서 매우 많은 글씨를 썼다.

신지도에서 귀양살이할 때는 섬의 진장(鎭將)이 글씨를 얻어서 서울에 올라가 후한 값을 받았다. 어떤 사람이 귀양살이를 하는 이광사의 벽장 속에 좋은 벼루와 기이한 술잔 등이 가득한 것을 보고 괴이하게 여겨 그 까닭을 물으니, 그가 대답하기를 "진장이 항상 이런 것으로 내 글씨를 사간다" 하였다. 또 어떤 사람이 전하는 말로는 "도보가 글씨를 쓸 때에 노래하는 사람을 세워두고 노랫가락이

금곡리의 소나무

이광사보다 나이가 많은 듯하다. 현지 주민의 말로는 이광사가 심은 것으로 한 그루는 죽었다고 한다

우조일 경우에는 글씨도 우조의 분위기로 썼으며 노랫가락이 평조
일 경우에는 글씨에도 평조의 분위기가 서려 있었다"고 한다.

이규상(李奎象), 「병세제언록(幷世諸彦錄)」, 『일몽고(一夢稿)』

이광사의 글씨는 이미 당대에 최고로 평가되었다. 병풍, 족자, 비지
및 서첩 등을 써달라는 요구가 폭주하였다. 서울에 살 때 그의 집에서
는 날을 택해 서장이 섰다. 서장이란 글씨를 사고파는 저자를 말한다.
명주와 종이를 소매에 넣고 찾아오는 자가 담장을 쌓고 마루에 찰 정
도였다. 이광사는 하루 종일 붓을 휘둘렀는데 붓놀림이 마치 몰아치
는 찬바람에 소나기가 내리듯 일대 장관이었다고 한다. 응수하다가
피곤해지면 간혹 제자 가운데 자신과 필체가 흡사한 자에게 대신 쓰
게 하고 자신의 인장을 찍기도 하였다. 이 때문에 가짜작품도 세상에
많이 돌아다니게 되었다 한다. 『일몽고』에 나오는 이야기이다.

신지도에서 쓴 이광사의 글씨 중 가장 이름난 것이 「서결(書訣)」이
다. 「서결」은 서법 이론서로 1768년 무렵 완성된 것이다. 부령에 있을
때 이광사는 단군(檀君)에서 고려 말 두문동(杜門洞)의 고사에 이르기
까지 우리 역사를 30수의 『동국악부(東國樂府)』로 담아내었는데, 1770
년 5월 신지도에서 『동국악부』의 한 편인 「만파식적(萬波息笛)」을 써
서 일곱 살 된 딸아이에게 주었다. "경인년(1770) 5월 그믐 원교가 수
북(壽北)에서 써서 일곱 살 여아에게 주다"라는 글이 마지막에 붙어
있다. 이광사의 글씨는 다소 부족한 것이라 하더라도 다른 사람의 글
씨와 섞어놓으면 단번에 휜칠하면서도 꺾인 맛을 느낄 수 있다고 하

수북첩 부령에서 이광사가 신라의 역사를 시로 읊은 것을 신지도에 있던 1770년에
일곱 살 난 딸에게 써준 것이다.

는데, 이 글씨가 그러하다. 나이가 약간 다르기는 하지만 「병세제언
록」에서 이른 주애(珠愛)가 이 아이인 듯하다

　　도보가 처음 북쪽 변방으로 유배갔을 때 서녀를 낳았는데 이름을
　　주애라 하였다. 아이가 세 살 적에 그 어머니가 죽었는데, 도보가 섬
　　으로 유배지를 옮기게 되자 그 아이도 따라왔고, 자라서 섬사람에
　　게 시집갔다. 주애는 어려서부터 총명해 홀로 이광사 글씨의 묘법
　　을 전수받아서 전서의 획이 빼어난 경지에 이르렀다. 이광사는 일
　　찍이 "내 재주를 전해 받은 것은 주애다. 영익은 그애만 같지 못하
　　다"라 말했다고 한다. 이영익은 이광사의 아들로 또한 글씨를 잘 쓰

기로 이름났다. 주애는 또 여공(女工)을 익혀 바느질과 자수 솜씨의 묘함이 서울사람보다도 뛰어났다. 오직 말씨에만 섬 사투리가 약간 섞여 있었다 한다. 아버지가 죽자 주애는 더욱 곤궁해져 갯가의 여자가 되고 말았다. 그 여자의 편지 글씨가 세상에 돌아다녀서, 섬에 유배간 사람들이 간혹 그것을 보았다고 한다. 청성(靑城) 성대중(成大中)이 말하기를, "일찍이 이명희(李命羲)에게서 이영익과 이주애가 함께 쓴 서첩을 보았는데 과연 이주애가 나았다"라 하였다. 이명희 역시 이광사에게서 글씨를 배운 사람이다.

1774년 겨울, 이광사는 자신의 목숨이 얼마 남지 않았다는 사실을 깨달았는지 신한평(申漢枰)이라는 사람에게 초상화를 그리게 하였다. 그리고 그로부터 3년 후인 1777년 8월 26일 금실촌(金實村)에서 눈을 감았다. 8월 26일은 생일이기도 하니, 72년을 꽉 채우고 세상을 뜬 것이다. 이긍익과 이영익 두 아들이 상을 치르고서 1778년 2월 장단에 있는 선영에 모셨다. 오래 전에 먼저 간 금슬 좋던 부인을 모신 곳이었다.

이광사와 정약용

이광사는 신지도를 떠났지만 그가 이 일대에 미친 영향은 참으로 컸다. 이광사가 신지도를 떠난 뒤 1801년 정약용(丁若鏞)이 강진으로 귀양오게 되었다. 이보다 앞서 장기(長鬐)에 유배되어 있을 때 형 정약전(丁若銓)이 신지도에 유배된 바 있으니, 정약용에게 신지도는 인

이광사의 초상 눈빛이 슬퍼 보인다. 양명학에 능하였고 윤순에게
배워 글씨가 뛰어났다는 것도 함께 적었다. 1774년 신한평이 그렸다.

연이 있는 땅이라 하겠다. 당시 이광사의 글씨는 이미 값이 매우 비싸
서 쉽게 구할 수 없었지만, 강진 인근에서는 이광사의 글씨를 찾기가
그리 어렵지 않았다. 정약용은 「탐진촌요(耽津村謠)」에서 "그 옛날 글
씨방이 신지도에 있었기에, 아전들 글씨는 다 이광사를 배운 것이라
네(筆苑舊開薪智島 掾房皆祖李匡師)"라 하였으니, 서남해안의 아전들
에게까지 이광사의 글씨가 전파되었음을 알 수 있다. 오늘날 해남의
대흥사(大興寺) 대웅보전(大雄寶殿)과 침계루(枕溪樓) 현판이 이광사의
글씨를 새긴 것이다.

정약용이 이광사의「동국악부」필첩을 본 것도 이 무렵의 일이다. 그런데 정약용이 본「동국악부」의 제목은「해동악부(海東樂府)」로 되어 있었던 모양이다. 정약용이 그 발문을 썼는데,「해동악부」를 가리켜 득의의 작품이라 평하였다. 또 이광사의 필첩 중에『야취첩(夜醉帖)』이라는 것이 있었는데 정약용은 그 발문에서 근세의 서예가로서 오직 이광사만이 독보적이며, 조윤형(曺允亨)과 강세황(姜世晃)이 이광사를 비방하였지만 오히려 자신들의 역량을 헤아리지 못한 때문이라 하였다. 이광사의 글씨를 매우 높게 평가한 것이다. 다만 이광사가 세자(細字)로 쓴 해서와 행서, 초서는 매우 좋지만 반행서로 된 대자(大字)는 법도가 없고 글자 모양도 보기가 싫으며 무디고 막혀서 신묘함이 없다고 하였다. 또한 정약용은 백련사(白蓮寺)에 쓴 이광사의 편액을 보고 꿈틀대는 용처럼 헌걸차고 기세가 있어 전설적인 서예가인 김생(金生)도 그에 비하면 허명만 날려 백성들의 문서에나 나올 법한 글씨라 하였다. 그리고 시를 지어 "큰 그릇으로 뜻을 얻지 못하고 궁벽한 바닷가에서 죽었으니, 처량한 유적은 족히 눈물을 흘리게 할 만하다(大器轞軻死窮海 遺跡凄涼足破涕)"고 탄식하였다.

이세보와 신도일록

이광사가 영구에 실려 떠난 후에도 신지도는 여전히 유배객의 섬이었다. 1801년 정순왕후(貞純王后)가 시파(時派)를 몰아내기 위하여 일으킨 신유옥사(辛酉獄事)에 연루되어 윤행임(尹行恁)이 이곳으로 유배왔다. 도승지, 이조판사, 대제학 등의 벼슬을 거치며 잘나가던 윤행임이 천주교를 믿었다는 죄목으로 사형을 당하였으니, 신지도는 참으로 비운의 섬이다. 1836년에는 이세보(李世輔, 1832~95)가 신지도로 유배되어 왔다. 이세보는 철종의 총애를 받은 풍계군(豊溪君, 사도세자의 셋째아들인 恩信君)의 후사가 되어, 경평군(景平君)에 봉해진 인물이다. 20세에 오위도총부 부총관이 되었고, 26세의 젊은 나이로 동지사은사(冬至謝恩使)의 정사로 청나라에 다녀왔다. 그러나 철종의 총애를 못마땅하게 여긴 안동김씨의 견제를 받아 1853년 신지도로 유배되어 위리안치되었다. 철종의 종제(從弟)였지만 3년 동안의 유배생활을 하면서 왕실 귀공자로서의 대우를 받지 못하였다.

이세보는 유배지의 고통을 시조에 담아 풀어내고 또 그 체험을 『신도일록(薪島日錄)』이라는 한글일기로 남겼다. 이에 따르면 처마 앞에 빽빽이 가시덤불을 쌓고 울타리 틈으로 낸 작은 문으로 겨우 음식 사발을 넣어주었을 뿐이라 한다. 이세보는 앞서 유배온 윤치영(尹致永)이라는 사람이 살던 곳에 살게 되었다. 그러나 처지는 달랐다. 윤치영이 귀양올 때에는 거마와 하인들이 구름같이 뒤를 따르고 쌀과 돈이 풍부할 뿐 아니라 사방의 봉물들이 줄지어 이르러 방과 마루에 가득하고 심지어 이웃집에까지 쌓였다. 섬사람들은 승지를 지낸 윤치영보다 더욱 대단한 사람이 귀양을 온다 하여 구경을 왔지만, 이세보를 따라온 사람은 겨우 하인 한 명뿐이었다. 하인 역시 무엇을 기대하고 왔다가 뜻대로 되지 않자 이세보를 돌볼 생각은 않고 술을 퍼마시고 행패만 부렸다. 또 대전별감(大殿別監)을 죽인 죄로 유배온 서울 판서 집안의 겸인(傔人)이 있었는데, 그가 이세보를 팔아 다른 사람에게 사기를 쳐서 곤경에 빠뜨리기도 하였다. 이세보는 이곳에서 겪은 고난을 다음과 같이 일기에 적었다.

슬프다. 내 일이여. 여기 와 이 고생이 거연(遽然)이 두 해가 되었구나. 남방의 찌는 더위 자고로 유명(有名)이라. 모진 볕 사나운 불꽃 가운데 숨쉬기를 헐떡이며 홍로상(紅爐上)에 앉은 것 같고 땅이 또한 비습하니 누기는 올라와서 방돌에도 물이 난다. 배암과 지네 등속은 백주(白晝)로 벽에 둘러 금하여도 할 수 없고 모기와 갈따귀 소리는 흑야(黑夜)에도 쩌자 같으며 날려도 하릴없네. 안개와 장기(瘴氣)는 사면으로 에워싸니 지척도 불변(不辨)하거니와 독한 기운과 악한 냄새가 사람으로 하여금 호흡을 통치 못하니 사람이 철석(鐵石)이 아니거든 어찌 살기를 도모하리오. 또 장마를 당하여 달이 지나도록 개지 아니하니 큰 바다 첩첩한 섬에 도로를 통할 수 없는지라. 서울 시골 일자(一字) 서신도 스쳐 들을 수 없으니 마음이 답답하여 하루날 지탱하기가 더욱 어렵도다.

이세보는 아무리 날씨가 궂어도 밤마다 바닷가로 나가 지팡이가 손가락만큼 닳도록 모래사장 위에 망향(望鄉)의 시를 적고, 북녘 하늘을 보며 대성통곡하였다. 이세보는 얼마 후 유배에서 풀려나 다시 벼슬길에 나아가 영화를 누렸지만, 신지도에는 이세보가 아예 유배에서 풀려나지 못하고 그곳에서 죽어 지금도 바닷가 모래사장에서 울부짖는다는 전설이 전한다. 명사십리 해수욕장의 모래 우는 소리는 대장

이세보 시비 근래 완도읍 장좌리에 세웠다. 별 연고는 없지만 이세보의 혼을 신지도
유배에서 풀어주고자 한 뜻이리라.

부의 한이 서린 소리와 같은데, 날이 궂으려 하면 바다 깊숙한 곳에서
부터 솟구치는 울부짖음을 토하면서 북녘을 향하여 멀리 메아리친
다. 그래서 신지도 울모래[鳴沙]라는 이름이 생긴 것이라 한다. 그러
나 울모래라는 지명이 19세기 중반의 지도에 보이니 울모래의 역사가
이세보보다 더 오래된 것만은 확실하다.

　명사십리 모래밭이 우는 소리와 같은 통곡성을 이세보는 시조로 토
해 냈다. 1980년 진동혁 교수에 의해 시조집 『풍아(風雅)』가 발굴되면
서, 이세보는 우리나라에서 시조를 가장 많이 남긴 작가로 등장하게
되었다. 이세보는 다시 벼슬길에 나아가 영화를 누렸지만, 신지도에
서 그가 남긴 시조가 없었던들 누가 그의 이름을 기억하겠는가? 📙

이덕무와 백탑에 살던
가난한 시인

별 뜨도록 노닐자는 약속에 소매 잡고 나서고

술 마시며 더위 잊자고 술병 하나 꿰찼다네

원각사지십층석탑 세조 때 원각사를 지을 때 만든 탑으로 탑골의 상징이
되었다. 우리나라에서 드문 대리석으로 되어 있어 아름답지만 손상되기 쉬워
지금은 유리로 덮어씌웠다.

탑골의 상징 원각사

서울의 중심 종로2가에 탑골공원이 있다. 3·1운동 때 이곳의 팔각정에서 독립선언서가 낭독되었으니, 민족혼의 상징으로 삼을 만한 곳이다. 그러나 이곳은 고려시대에 흥복사(興福寺)가 있었고, 조선시대에는 원각사(圓覺寺)가 있었으니 줄곧 절터였음을 알 수 있다.

흥복사의 유래는 알 수 없지만 조선이 개국하자 조계종(曹溪宗) 본사(本社)가 되었다 하니, 절의 규모가 상당히 컸으리라 짐작된다. 그러나 『조선왕조실록』에 따르면 세종 때에는 이 절에서 도성의 기우제를 지냈고, 흉년에는 구료소(救療所)를 설치하여 굶주린 백성들을 구휼했다 하니, 흥복사는 이미 사찰로서의 기능을 잃고 공청(公廳)으로 사용되었던 것으로 보인다. 그래도 세종 때 흥복사 지붕 위에 벌레가 몰려들자 이를 서기(瑞氣)로 여긴 도성의 여자들이 몰려들어 절을 하는 소동이 일어났다 하고, 세조 때 그 터에 관습도감청(慣習都監廳)을 만들었는데 승려 500여 명이 모여서 며칠 동안 범패(梵唄)를 하자, 시정 사람들이 음식을 가지고 와서 접대를 한 일도 있었다 한다. 절터만 남았는데도 도성 사람들은 여전히 영험이 있는 곳이라 믿었던 것이다.

1464년 세조가 이곳에 원각사를 만든 것도 도성 사람들의 여론을 반영한 것으로 추정된다. 세조 10년 5월 2일의 실록 기사에 따르면 효령대군이 양주의 회암사(檜巖寺)에서 원각법회(圓覺法會)를 베풀었는데 여래(如來)가 현상(現相)하고 감로(甘露)가 내리는 등 상서로운 일이 일어나자 세조가 흥복사 터에 절을 세우도록 했다고 한다. 이 절이 바로 원각사이다. 이 역사를 김수온(金守溫)과 양성지(梁誠之)가 맡아 썼다.

김수온은 원각사의 비명을 짓고 성임(成任)의 글씨로 이를 새겼다. 김수온의 「대명조선국대원각사비명(大明朝鮮國大圓覺寺碑銘)」(『拭疣集』)에 따르면, 절터가 2천여 보에 이르렀고 건물은 300여 칸이 되었으며, 가운데 불당에는 세조가 대광명전(大光明殿)이라는 액호(額號)를 내렸다. 왼쪽 건물을 선당(禪堂), 오른쪽 건물을 운집당(雲集堂)이라 이름하고, 문은 적광문(寂光門), 바깥문은 반야문(般若門)이라 하였으며 그 다음 바깥문은 해탈문(解脫門)이라 하였다. 종각은 법뢰각(法雷閣)이라 하고, 음식을 장만하는 곳은 향적료(香寂寮)라 하였다. 동편에는 못을 파서 연꽃을 심고, 서편에는 동산을 만들어 화초를 심었으며 정전 뒤에다 장경(藏經)을 장치하여 해장전(海藏殿)이라 하였다. 또 13층의 탑을 세워 분신사리(分身舍利) 및 새로 번역한 『원각경(圓覺經)』을 안치하였다. 이듬해 4월 8일에 낙성을 기념하여 법회(法會)를 열고 『원각경』을 외웠는데 오색구름이 떠돌고 하늘에서 꽃비가 내리며 흰 용이 공중에서 꿈틀거리고 학 두 마리가 구름 사이에서 오락가락하는 상서로운 일이 있었다 한다.

원각사는 불경을 많이 찍어낸 곳이기도 하다. 『오주연문장전산고(五洲衍文長箋散稿)』에는 원각사를 창건하고 해인사의 팔만대장경(八萬大藏經)을 발행하였다고 되어 있다. 한편 이곳은 문인들이 시회를 즐기거나 독서를 하는 장소이기도 했다. 김수온, 서거정(徐居正) 등이 조정의 공무를 마치고 이곳으로 와서 시회를 열었고, 김시습(金時習), 홍유손(洪裕孫) 등도 이 시회에 참석하여 성사를 이루었다고 한다.

그러나 원각사의 영화는 연산군 시대에 끝이 났다. 『패관잡기(稗官

雜記)』에 따르면 어떤 일본 사신이 이곳에 봉안된 입불(立佛)을 보고 "모든 부처는 앉아 있는데 이 부처만은 서 있으니, 이것은 걸어다니는 형상이므로 절이 오래가지 못할 것이다"라고 말했는데, 과연 연산군 때에 이르러 원각사는 허물어지고 부처는 밖으로 내쫓기어 여러 절간으로 돌아다니는 신세가 되었다고 한다. 원각사에는 효령대군이 만든 종이 있었는데, 동대문으로 옮겨져 보관되었다. 중종 때 김안로(金安老)가 정승이 되어 원각사의 종을 숭례문에 옮겨놓고 새벽과 밤을 알려주려 하였지만, 김안로가 실각하자 풀숲에 팽개쳐졌다. 한때 이를 녹여서 총통으로 만들자는 논의도 있었는데, 결국 임진왜란을 만나면서 화재로 녹아 영영 사라졌다.

원각사를 폐찰로 만든 연산군은 성균관을 이곳으로 옮기려 시도하였다가 성균관을 절터에 옮길 수 없다는 여론에 밀려 뜻을 이루지 못하였다. 그러나 유흥에 맛을 들인 연산군은 원각사 절터에 장악원(掌樂院)을 옮기고 연방원(聯芳院)을 두었다. 그리고 가흥청(假興淸) 200명, 운평(運平) 1천 명, 광희(廣熙) 1천 명을 상주시키고 총률(摠律) 40인으로 하여금 날마다 가르치게 하라는 전교를 내렸다. 『수문쇄록(諛聞鎖錄)』에 따르면 유흥을 좋아하던 연산군이 악공(樂工)을 광희라 일컫고, 기녀(妓女)를 운평이라 하였는데, 기녀들이 승급하면 가흥청이라 하고 또 승급하면 흥청이라 불렀다고 한다. 흥청망청이라는 말이 여기에서 나왔다.

이후 원각사는 퇴락한 채 방치되었다. 중종반정 후인 1507년 한성부 건물로 잠시 사용되었으며, 한때 대궐을 대신하여 의득청(議得廳)

이라 하여 이곳에서 조정의 일을 논의하기도 하였다. 그러나 원각사는 더욱더 쇠락의 길로 들어서 도성 안의 흉물스러운 존재가 되었다. 인근의 공터에는 잡인들이 불법으로 세운 초가들이 들어섰고, 원각사의 기와 따위를 가져다 쓰기도 하였다. 나라에서도 무너진 원각사의 목재를 가져다가 관아를 보수하는 데 사용하였다. 그러나 사람들은 원각사가 언젠가는 중창될 것이라 기대하였다. 원각사를 중창하면 삼천천녀(三千天女)가 내려와서 국가가 태평하고 세상에 병이 없어진다는 유언비어가 돌아, 유학자들이 여러 번 들고일어나기도 하였다.

이덕무의 집에 붙인 글

절은 사라졌지만 석탑은 그 터에 남아 있었기에 사람들은 그 탑을 백탑(白塔)이라 부르고 그 인근을 탑골이라 하였다. 이덕무(李德懋, 1741~93)는 〈성시전도(城市全圖)〉에서 "원각사에 우뚝한 백탑은, 14층이 공중에 포개어 있다네(亭亭白塔大圓覺 層給遙空十四累)"라 하여 서울의 번영을 노래할 때 백탑을 빠뜨리지 않았으니, 백탑에 대한 그의 애착을 알 수 있다.

이덕무는 관인방(寬仁坊) 대사동(大寺洞) 본가에서 태어났다. 그후 향교동(鄕校洞)의 누천(樓泉), 용호(龍湖)의 계부(季父) 집, 마호(麻湖)의 수명정(水明亭), 장흥동(長興洞) 남복수(南復秀)의 집, 확교동(確橋洞) 등으로 자주 떠돌았다. 떠돌이생활을 하면서도 이덕무는 맑은 풍치를 잃지 않았다. 이덕무는 양반 축에 끼지 못하는 서얼이었다. 그러나 그 풍치는 양반들도 넘볼 수 없었다. 우재(寓齋)에서 기식하며 살 때의 생활을 적은 글을 아래에 보인다.

뜰에 아홉 그루의 복숭아나무가 있는데 높이가 처마와 가지런하다. 시원한 산들바람이 솔솔 불어오면 때로 서늘한 그늘을 이룬다. 어린아이의 손을 잡고 그 나무 아래로 가서 붓을 들고 나뭇잎을 따서 마음내키는 대로 글을 쓴다. 해가 저물면 마루에 올라 돌아보고 한번 웃는다. 비로소 마음을 즐겁게 한다는 것이 역시 쉽지 않음을 알겠다. 인생을 통틀어 논해 보면 즐거울 때가 매우 적다. 말 네 필이 끄는 좋은 수레를 타고 진수성찬을 먹는 부귀한 사람도 때때로 우환이 있다. 한 해나 한 달에 즐거울 때가 얼마나 될까? 더구나 하루의 즐거움을 얻기는 이렇게 어려운 것이다. 저 도교(道敎)의 깊은 뜻을 깨달은 지인(至人)은 재앙도 근심도 없이 하늘 밖에 구름처럼 노닐며 즐겁게 생애를 마치니 부러운 일이다.

6월 21일에 우재의 첫째 복숭아나무 아래에서 쓴다. 해는 임오년 (영조 38, 1762)이다.

이덕무, 「뜰의 복숭아나무에 쓰다(慢題庭桃)」, 『청장관전서(靑莊館全書)』

마포에 살던 이덕무는 10대의 청춘시절 스스로를 삼호거사(三湖居士)라 하면서 「무인편(戊寅篇)」이라는 글을 지어 삶의 지침으로 삼았거니와, 1763년 가을 확교동에 살 때에도 자신의 집을 사이재(四以齋)라 하고 이렇게 글을 지어 벽에 붙이고 경계로 삼았다.

얼굴을 곱게 꾸미고 아양을 떨면 비록 장부라도 부인보다 못하며, 기색을 평온하게 하고 마음을 바르게 하면 비록 미천한 하인배라도 군자가 될 수 있다. 글을 읽으면서 속된 말을 하는 것은 닭과 개를 대하여도 부끄러운 일이요, 손님을 보내놓고 시비를 논하는 것은 아마 귀신도 가증스럽게 여길 것이며, 말이 경솔하면 비록 재상의 지위에 있어도 노예나 다름이 없고, 걸음걸이가 방정맞으면 비록 나이 많은 늙은이라도 아이들보다 못하다.

이덕무, 「세정석담(歲精惜譚)」, 『청장관전서』

이덕무는 이 글을 동쪽 벽에 붙이고 마지막에 "명숙(明叔)이 명숙의 서실(書室)에 이 글을 썼는데 명숙이 어찌 명숙을 속이겠는가?"라고 덧붙였다. 명숙은 이덕무의 자다. 이덕무는 서얼이었기에 양반대접을 받지 못했지만, 행실이 바르면 군자가 될 수 있다고 믿었다. 조선의 역대 청언(淸言) 중 가장 아름다운 글의 하나로 평가되는 명편『이목구심서(耳目口心書)』역시 이즈음의 저술이다.

지난 경진년(1760)과 신사년(1761) 겨울 내 작은 초가집이 너무 추워서 입김이 서려 성에가 되어 이불깃에서 와삭와삭 소리가 났다. 나의 게으른 성격으로도 밤중에 일어나서 창졸간에『한서(漢書)』1질을 이불 위에 죽 덮어서 추위를 조금 막았다. 이러지 아니하였다면 거의 진사도(陳師道)의 귀신이 될 뻔하였다. 어젯밤에 집 서북 구석에서 독한 바람이 불어와 등불이 몹시 흔들렸다. 한참을 생각하다가 『논어』 1권을 뽑아서 바람을 막아놓고 스스로 변통하는 수단을 자랑하였다. 옛사람이 갈대꽃으로 이불을 만들었는데 이것은 특별한 경우이고, 또 금은(金銀)으로 상서로운 금수(禽獸)를 조각하여 병풍을 만든 자도 있는데 이는 너무 사치스러워 본받을 것이 없다. 어찌 나의 경사(經史)로 만든 『한서』 이불과 『논어』 병풍만 하겠는가. 또한 왕장(王章)이 덕석을 덮은 것과 두보(杜甫)가 마천(馬韉)을 덮은 것보다 낫다. 을유년 겨울 11월 28일에 기록한다.

1765년 대사동으로 이주하기 전의 일화다. 이 글에서 진사도의 귀신이 된다는 말은 얼어죽는다는 뜻이다. 송(宋)의 가난한 시인 진사도는 어느 날 매서운 추위를 무릅쓰고 교사(郊祀)에 참여하였는데 옷에 솜이 없어 한질(寒疾)에 걸려 죽었다고 한다. 왕장은 한나라 사람으로 젊은 시절 병이 들었는데 이불이 없어 덕석 속에 누워서 아내와 마주보고 울었다고 한다. 두보는 "벗이 오면 마천에 앉았다(朋來坐馬韉)"라는 시를 지었는데 역시 평생을 가난하게 살았다. 이덕무는 지독한 가난을 이처럼 해학으로 풀었다. 친구들이 이를 두고 "누가 형암(炯菴)을 가난하다 하랴? 『논어』 병풍과 『한서』 이불이 비단장막과 비취이불을 당할 수 있는 것을"이라 하였다.

이덕무는 가난하지만 풍류를 아는 예술가였다. 산수와 소나무, 국화 그리기를 좋아하였고, 거미와 참새는 더욱 잘 그렸다. 그러나 그림을 일삼지 않았으므로 아는 이가 드물었다. 이덕무는 이인상(李麟祥)의 분지법(粉紙法)을 배워 익혔다. 분지법은 쌀가루를 탄 물에 종이를 축인 뒤 다듬질하여 종이빛이 깨끗해지게 만든 다음, 다른 종이를 난초와 댓잎사귀 모양으로 오려 그것을 분지(粉紙) 위에 놓고 먹이나 여러 가지 채색을 지면에 뿌려서 아롱아롱 빛나는 무늬를 내는 것이다. 이덕무는 이를 탄우지(彈于紙)라 하였다. 또 밀랍을 녹여 매화를 만들기 좋아하여 종이로 꽃받침을 만들고 털로 꽃술을 만들었는데, 이를 두고 윤회매십전(輪回梅十箋)을 지었다. 벗들이 돌려가며 시를 지어 일대의 성사를 이루었다.

이덕무는 1766년에 대사동으로 이사하였고, 1769년 청장서옥(青莊書屋)을 완성하였다. 청장은 청한(青翰)이라고도 쓰는데, 바로 신천옹(信天翁)이라는 새를 가리킨다. 제 스스로 고기를 잡을 줄 모르고 남이 잡은 고기가 떨어지기만을 기다리는 새다. 이덕무는 스스로를 이렇게 낮추었다. 대사동의 집은 원래 바깥채가 없었는데, 절친한 벗 서

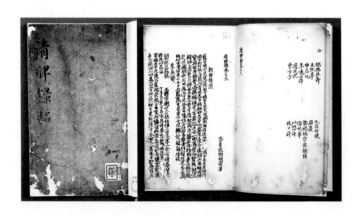

청비록 이덕무는 중국 승려 관휴(貫休)의 "천지의 맑은 기운이 모두 시인의 창자로 들어오니, 천 사람 만 사람 중에 한두 사람만이 이를 안다네(乾坤有淸氣 散入詩人脾 千人萬人中 一人兩人知)"라 한 말을 따서 청비록이라 하였다.

상수(徐常修)가 집에 있는 책을 팔아 돈을 대고 이응정(李應鼎)이 재목을 모아서 초가를 엮어주었다. 이덕무는 이를 빛내기 위하여 반정균(潘庭筠)에게 편지를 보내어 「청장관기(靑莊館記)」와 자신의 문집 『청장관집(靑莊館集)』에 서문을 써달라 청하고, 이를 받아 집에 걸고 또 문집 앞에 얹었다. 그리고 떠돌이생활을 하면서 지어 부르거나 얻은 많은 호를 일일이 써서 걸었다.

삼호거사는 약관에 호걸스러운 기개가 있었다. '장경일강(莊敬日強)' 곧 엄숙하고 공경하여 날로 학문이 강건해진다는 『예기(禮記)』의 말에 뜻을 두어 일찍이 호를 경재(敬齋)라 하였다. 뜻이 있으면 바로 목표가 있으니 여기에 이르고자 하여 이에 또 호를 팔분당(八分堂)이라 하였는데, 팔분은 사마광(司馬光)이 성인을 십분(十分)이라고 할 때 자신이 구분(九分)이면 대현(大賢)이라 한 말과 비슷한 것이다. 빈한하여 집은 말쉬처럼 작았지만 또한 즐거워하며, 매미의 허물이나 귤의 껍질처럼 조그마하다 하여 또 호를 선귤헌(蟬橘軒, 선귤당과 같다)이라 하였다. 처지에 따라 행실을 닦으려 하여 또 호를 정암(亭巖)이라 하였다. 은둔을 편안히 여겨 또 을엄(乙广)이라 하여 구부러지고 조그마한 석실(石室)의 뜻을 두어 은둔하려 하였으며, 마음을 물처럼 잔잔하고 거울처럼 맑게 하고자 하여 다시 호를 형암(炯庵)이라고 하였다.

대저 일마다 공경하여 닦으면 고인에 가까우며, 마음을 물과 같이 맑게 하고 은둔하여 작은 집에 누워 부엌 연기가 쓸쓸하여도 붓을 잡아 문장을 지으면 아침에 피는 꽃과 같이 빛난다. 이 사람은 이것으로도 오히려 편안하지 아니하여 빙긋이 웃으면서 말하였다. "이는 어린아이가 재롱을 좋아하는 것과 같다. 장차 처녀와 같이 지키려 한다" 하고, 그 원고를 영처(嬰處)라 하였다. 여러 사람들과 함께 있을 때면 자기의 훌륭함을 감추고는 어리석고 미련한 척하였다. 단정한 사람이나 장중한 선비에게도 기뻐하고 장꾼에게도 기뻐하였으니 대개 빈 배를 외로이 띄워 어디를 가나 유유자적하지 않음이 없다. 이에 사람들이 또 이 때문에 호를 감감자(憨憨子)라 부르기도 하고, 범재거사(汎齋居士)라 부르기도 하였다. 일찍이 삼호(三湖, 삼개, 곧 마포 앞의 한강을 가리킨다)에 거주하였으므로 스스로 삼호거사라 하였으니, 이것이 호의 시초이다.

이덕무, 「기호(記號)」, 『청장관전서』

여기서 설명하지 않은 호 중에 단좌헌(端坐軒)은 『송사(宋史)』「은일전(隱逸傳)」에 보이는 두생(杜生)의 삶에서 따온 것이다. 두생은 아들과 함께 2칸 집에서 살면서 30년 동안 문밖에 나가지 않았으며 아무리 추운 겨울에도 베옷과 짚신 차림으로 있었는데, 기운이 편안하고 목소리가 맑았으며 날마다 단정히 앉아 있었다 한다. 이덕무는 반정균에게 청장관 현액과 함께 단좌헌의 현액도 요구하였으니, 이 역시 청장서옥에 붙인 것으로 보인다. 1776년 청의 문인 이조원(李調元)에게도 선귤당에 걸 기문과 함께 단좌헌에 붙일 기문을 청한 바 있다. 주충어재(注蟲魚齋)와 학초목실(學草木室)은 한유(韓愈)의 시 "『이아

爾雅』에서 벌레와 물고기에 대한 주를 냈으니, 정말 통이 큰 사람이 아니었나 보다(爾雅注蟲魚 定非磊落人)"와 원결(元結)의 "오래 사는 늙은이에게 묻노라, 어떠한 방법으로 수양을 하느냐고. 그저 말하기를 오로지 자연을 따르면서, 감정을 모두 잊고 초목을 배우노라 답하네(借問多壽翁 何方自修育 惟云順所然 忘情學草木)"라는 시의 뜻을 취한 것으로 보인다. 가장 널리 알려진 호 아정(雅亭)은 정조가 하사한 것이다. 이덕무가 1792년 〈성시전도(城市全圖)〉에 대한 백운시(百韻詩)를 지어올리자, 정조는 이덕무의 글에 산림(山林)의 기상이 있다고 칭찬하며 그 시권(詩卷)에 '아(雅)'라는 평을 써주었다. 이에 이덕무가 "구중궁궐에서 내린 한 글자의 포상이 천신(賤臣)의 평생을 결단할 수 있다" 하고 아정이라 자호하였으니, 만년의 호임을 알 수 있다.

이덕무의 집에 걸었던 여러 편액 중 선귤당의 것은 더욱 운치가 있다. 1776년 청의 이조원에게 선귤당의 현액과 글씨를 부탁한 바 있으니, 이즈음 대사동 집에 선귤당 현액을 내건 것으로 추정된다. 이덕무는 매미의 허물처럼 귤의 껍질처럼 작은 선귤당에 기거하면서도 청한함을 즐겼다. 그러한 뜻을 적고「선귤당농소(蟬橘堂濃笑)」라 하였다.

일 잘하는 농부가 새벽에 봄비 내린 밭을 간다. 왼손에 쟁기를 잡고 오른손으로 고삐를 당겨 검은 소등을 치면서 크게 '이랴' 소리를 지르니, 푸른 산이 찢어질 듯하다. 소발굽 아래 물이 콸콸 엎어지는데, 축축하고 따스한 시커먼 흙이 뭉게구름처럼 물고기 비늘처럼 쌓인다. 너무나 함께 하기 쉬운 일이요, 우주에서 하나의 통쾌한 일이라 하겠다.

이덕무, 「선귤당농소」, 『청장관전서』

봄비가 내리자 농부가 새벽에 소를 몰고 나가 밭을 간다. '이랴' 하고 소를 모는 소리에 산이 찢어질 듯하다. 무논에서 검은 소를 몰아 쟁기를 갈아나가자, 발굽 아래 뿌연 논물이 콸콸 소리를 내고 기름진 흙이 뭉게구름처럼 물고기 비늘처럼 차곡차곡 쌓인다. 농부에게 이런 일이 쉽다고 말하면 꾸짖겠지만, 먼지 자욱한 도회지에서 문서더미에 묻혀 사는 사람이 농부의 틈에 끼어 이렇게 해본다면 어찌 통쾌하지 않겠는가?

백탑의 아회

이덕무와 그의 벗들은 젊은 시절부터 백탑 주변에서 시회를 즐겼다. 특히 이덕무가 대사동에 청장서옥을 경영하기 시작한 1766년부터 백탑의 시회는 더욱 흥성하였다. 이 무렵 박지원(朴趾源), 이희경(李喜經), 이서구(李書九) 등의 집이 백탑 인근에 있었고, 서상수(徐常修), 유득공(柳得恭) 등 서얼 출신의 벗 역시 지척의 거리에 살고 있었다.

빙 두른 도성 가운데가 백탑이다. 멀리서 바라보면 삐죽 솟아 설죽(雪竹)에 새순이 돋은 것 같다. 이곳이 바로 원각사 터다. 지난 무자년(1768)과 기축년(1769) 내 나이 열여덟 열아홉이었는데 박중미(朴仲美, 박지원) 선생의 문장이 뛰어나 당대에 명성이 높다는 말을 듣고 백탑 북쪽으로 찾아뵈었다. 선생은 내가 온다는 말을 듣고 옷을 걸치고 나와 맞아 벗처럼 손을 잡았다. 마침내 지은 글을 다 꺼내어 읽어주셨다. 직접 쌀을 씻고 불을 때어 차항아리에 밥을 해서는 흰 도자기에 담아내어 흰 밥상에 얹어왔다. 술잔을 들어 나에게 축수를 하였다. 내가 놀라고 기뻐 지나치다 하면서 천고의 성사로 여기고 글을 지어 답을 하였다. 그 급작스러운 모습과 나를 알아준 감회가 모두 이와 같았다.

그때에 형암(炯庵, 이덕무)의 집이 그 북쪽에 마주하고 낙서(洛瑞, 이서구)의 행랑이 그 창쪽에 있으며, 수십 보 떨어진 곳에 서씨(서상수)의 서루가 있었다. 또 북동으로 꺾으면 두 유씨(유금과 유득공)의 거처다. 나는 이에 한번 가서 돌아올 줄 몰랐다. 수십 일을 머물면서 시문과 척독을 지어 문득 한 질을 이루었다. 술과 음식을 징발하여 밤에서 낮을 이었다.

일찍이 장가드는 날 저녁, 처가의 총마(驄馬)를 빌려 안장을 풀어 타고서 종 하나만 데리고 갔다. 이때 달빛이 길에 가득하였다. 이현궁(梨峴宮) 앞에서 서쪽으로 말을 달려 철교(鐵橋)의 주점에 이르러 술을 마셨다. 북소리가 세 번 울렸다. 마침내 여러 벗들의 집을 두루 찾아 탑을 돌아 나갔다. 당시 호사자들이 양명선생(陽明先生)이 철주관도인(鐵柱館道人)을 찾아간 일에 비하였다.

지금 6~7년 사이에 멀리 떨어져 살게 되었고 가난과 병이 날로 침범하여, 때때로 서로 만나면 서로 무양한 것을 다행으로 여기지만 풍류는 예전보다 모자라고 모습도 예전과 같지 못하다. 비로소 벗과의 유람에도 성쇠가 있고 피차에 때가 있음을 알게 되었다.

박제가, 「백탑청연집서(白塔淸緣集序)」, 『초정전서(楚亭全書)』

『백탑청연집(白塔淸緣集)』은 이희경이 백탑에서 박지원·이덕무·박
제가 등이 지은 시문과 척독을 모아 편집한 것으로, 그 이름은 박제가
가 붙인 것이다. 이 책은 불행히 전하지 않지만, 백탑의 풍류를 짐작
하기는 어렵지 않다. 이들이 한때의 풍류를 즐길 수 있었던 것은 무엇
보다 벗들의 집이 서로 가까이 있었기 때문이다. 위의 글에서 박제가
가 찾아간 박지원의 집 역시 백탑 부근에 있었다. 박지원은 서울 반송
방(盤松坊) 야동(冶洞, 서소문 바깥 풀무골)에서 태어나 그곳에서 자랐
다. 박지원은 풀무골의 집을 방경각(放瓊閣)이라 하고, 그 동루(東樓)
를 영대정(映帶亭)이라 불렀다. 영대는 왕희지(王羲之)의 「난정서(蘭亭
序)」에 "맑은 개울과 요란한 여울이 좌우에 어리비친다(淸流激湍 映帶
左右)"는 데서 따온 것이요, '방경'은 누구의 글에서 가져온 것인지 알
수 없지만 매화가 흰 꽃송이를 터뜨린다는 뜻이다. 방경각과 영대정
은 흰 매화가 곱게 피고 맑은 개울물에 꽃나무가 어리비치는 아름다
운 집이었던 듯하다. 그후 1767년 무렵 삼청동 백련봉(白蓮峯) 아래 이
장오(李章吾)의 별장에 세들어 살다가, 이듬해 1768년 백탑 인근으로
집을 옮겨 이덕무 등과 더욱 두터운 교분을 맺을 수 있게 되었다. 그후
박지원은 1772년 집안 식구를 장인 이보천(李輔天)이 사는 석마(石馬)
로 보내고 전의감동(典醫監洞)의 집에서 혼자 살았는데, 전의감은 오
늘날 종로구 건지동에 있었으니 탑골의 바로 서쪽이라 벗들과는 지척

고지도의 탑골 탑동 북쪽에 박지원이 살던 재동과 계동, 전의감동이 보이고 남쪽에
이덕무가 살던 사동이 보인다. 탑골의 시모임을 백탑시사라 하였다.

의 거리였다.

　이덕무의 집도 백탑의 북쪽에 마주하였고 이서구의 행랑은 그 창
쪽에 있었으며, 수십 보 떨어진 곳에 서상수의 서루가 있었고, 또 북
동으로 꺾으면 유금(柳琴)과 유득공(柳得恭)의 거처가 있었다. 이덕무
의 창 쪽에 있었다는 이서구의 집에는 서실 소완정(素玩亭)이 있었는
데, 김용겸, 이덕무 등과 자주 시회를 열었던 곳이다. 박지원이 「소
완정기(素玩亭記)」(『연암집』)에서 물고기 눈에 물이 보이지 않는 것은
보이는 것이 모두 물이기 때문에 물이 없는 것과 같은 것처럼, 책이
너무 많아 없는 것과 마찬가지라 농담을 하면서 마음으로 책을 보아
야 한다고 말한 바로 그 집이다. 이덕무가 1769년 16세 때까지의 시

를 모은 『녹천관집(綠天館集)』을 들고 박지원을 찾아간 것으로 보아 그중 한 칸은 녹천관(綠天館)이라 이름붙인 듯하다. 그 서쪽에 서상수의 서루인 관재(觀齋)가 있었는데 관물헌(觀物軒)이라는 현판도 걸어둔 듯하다. 유금과 유득공이 살던 집은 오늘날 경운동인 경행방(慶幸坊)이었다.

이덕무, 유득공과 가장 절친했던 벗이 박제가다. 유득공의 『고운당필기(古芸堂筆記)』에 따르면, 유득공은 이덕무와 박제가가 총각시절부터 백탑 서쪽에서 시를 읽었다고 하였다. 박제가의 집은 백탑에서 조금 떨어진 낙산 아래 어의동(於義洞)에 있었다. 이곳은 본디 남이(南怡) 장군의 집이었는데 그가 죽은 후 사람이 감히 살지 못했기 때문에 집은 없어지고 채소밭이 되어 있었다. 후대의 기록에 따르면 그 뜰에 애송(愛松)이라 부르는 반송(盤松)이 있었는데 1767년 조진세(趙鎭世)라는 사람이 심은 것이라고 한다.

이덕무, 박제가, 유득공, 이서구 등 세칭 후사가(後四家) 그룹은 박지원을 모시고 운치를 즐겼다. 특히 백탑의 여러 집 가운데 서상수의 관재가 이들에게 인기가 높았다. 서상수 역시 서얼 출신이었기에 이덕무 등과 격의 없이 어울릴 수 있었다. 이덕무가 1768년 서해로 여행을 떠날 때 쓴 글인 「서해여언(西海旅言)」에서 이렇게 적고 있다.

지난해(1767) 오늘은 내가 8~9명의 벗들과 함께 하원(下元, 음력 10월 15일), 관헌(觀軒, 관재와 같다)에서 모임을 가졌다. 당시 서리같이 흰 달은 빛을 더하고 느지막이 핀 국화는 향기를 흘려보내고 있었다. 촛불을 켜고 회포를 이야기하였다. 붓을 들어 책을 만들기도 했다. 뺨은 술기운이 올라 노을처럼 붉어지고 코에는 국화향기 그윽하여 해마다 길이길이 그러하리라 생각하였다.

이덕무, 「서해여언」, 『청장관전서』

서상수의 증조는 한성부 서윤을 지냈고 조부는 평택현감을 지내는 데 그쳤으니, 대단한 집안은 아니었다. 그러나 서얼 신분임에도 서화 고동을 즐길 만큼 경제적인 여유가 있었다. 도봉산 아래 별서가 있어 그곳에서 자주 시회를 열기도 했다. 이덕무가 큰 빚을 진 일로 옥에 갇히게 되었을 때, 서상수로부터 명나라 때의 골동품인 선덕감리로(宣德坎離爐)를 빌려 이를 저당잡히고 1천 냥을 꾸려 하다가, 뜻을 이루지 못한 적도 있다. 이를 두고 "구라파의 서양 풍속은, 수염 한 가닥에 백 냥도 빌려준다 하던데(仄想歐邏西國俗 百金許典一根鬚)"라 시를 지었다. 다음은 관헌에서의 시회 장면을 잘 보여주는 작품이다.

몰려드는 신발소리에 황혼은 깊어가는데
백탑에 춤추는 연기 외로운 산과 나란하네.
화창한 시절은 인일(人日)이 되었는데
넓고 훤한 한길에는 달빛 닮은 맑은 마음.
큰 촛불 눈이 부시어 단잠이 달아나
데운 술에 볼이 불쾌하니 좋은 시가 나오네.
살구꽃 필 때 새 겹옷을 지어 입고

약속한 좋은 정자 차례차례 찾아보세.

步屧翩聯夕氣深　長煙塔湧等孤岑

暄和歲律人爲日　坦白天衢月似心

膩燭暈眸辭穩睡　煖醪騰頰證豪吟

杏花時節裁新裕　留約名亭取次尋

이덕무,「늦은 봄 밤에 관헌에서 모임(抄春夜集觀軒)」,『청장관전서』

봄밤에 벗들이 모였다. 백탑 위로 밥짓는 연기가 피어올라 산마루와 나란하다. 따스한 봄날 한길에는 달빛이 훤하다. 밤을 지새우려 피워놓은 촛불에 잠이 달아나고, 술이 얼큰하니 절로 좋은 시가 나올 듯하다. 이런 좋은 모임을 거듭하고 싶다고 하였다. 여름에도 관헌에서의 아회(雅會)는 지속되었다.

봄 지난 뒤 나란히 우아한 모임 가졌으니
손은 북쪽과 서쪽 마을에서 왔네.
세게 쬐는 처마의 햇살에 서늘한 대숲이 번쩍이고
선뜻 시원해진 뜰의 그늘에 한낮의 닭소리 맑다.
별 뜨도록 노닐자는 약속에 소매 잡고 나서고
술 마시며 더위 잊자고 술병 하나 꿰찼다네.
가끔 보는 벗이기에 정이 무르녹아서
이야기하다 보니 주렴에 저녁달이 나직하네.

春後相逢雅集齊　客從坊北又城西

太烘簷旭輝涼竹　乍爽園陰澹午鷄

遊約犯星聯袂出　飲誇銷暑一壺提

朋仍間闊情方洽　且話筠簾夕月低

이덕무, 「관헌의 여름 모임(觀軒夏集)」, 『청장관전서』

유금의 집에서도 운치 있는 모임이 있었다. 박제가는 「밤에 유연옥을 찾아가다(夜訪柳連玉)」(『초정전서』)라는 시의 서문에서 "희미한 달이 아슴푸레하다. 이러한 때 벗을 찾지 않으면 벗이 있은들 무엇 하랴? 이에 10전을 움켜쥐고 『이소(離騷)』를 품에 안고 백탑의 북쪽에 사는 착암(窄菴, 유금)의 문을 두드렸다. 탁주를 사서 마셨다. 착암은 궤안에 기대어 등불 아래 재롱을 떠는 두 딸아이를 보다가, 나를 보더니 일어나 해금을 탔다. 어느새 함박눈이 뜰에 가득 쌓였다. 각자 시를 한 수씩 지어 마구잡이로 작은 종이에 쓰고 '혜금지아(嵇琴之雅)'라 하였다"라 하였다. 운치있는 광경이 눈에 밟힌다. 백탑시파(白塔詩派)의 중심에 있던 이덕무의 집 형암 역시 벗들이 자주 찾던 곳이다.

서울의 하늘 끝에 햇살이 아직 남았는데
만 채의 집 밥짓는 연기 먼 대궐에 엉기네.
돌아가는 사람 곳곳마다 갈 길이 급한데
언 짚신 푸석푸석 찬 소리를 울려대네.
도심의 거리에는 등잔불이 막 켜지고
종루 동편에는 개 소리 가끔 들리네.

서쪽 골짜기 울창한 노송은 눈을 덮어썼는데
샛별 하나 응당 먼저 나와 있겠지.
어둠 속에 가지런한 기와는 나직해 보이는데
눈길 속에 무지개다리 아른거려 더욱 시름겹네.
외롭게 추위 속에 어디를 가는가?
백탑 아래 매화 핀 것 보러 간다네.

日下天邊光未已　萬戶炊煙凝遠紫
歸人處處行欲急　冬屨雜雜寒聲起
脂燈初點屠市中　犬聲時在鐘樓東
西峽蒼蒼檜頂雪　太白一星當先出
暝色能含瓦鱗平　望眼更愁橋虹滅
踽踽衝寒何所去　白塔之下梅花發

박제가, 「황혼에 형암을 방문하다(黃昏訪炯菴)」, 『초정전서』

한겨울 추위가 아직 가시지 않았는데, 박제가는 매화를 보러 이덕
무의 집을 찾았다. 얼어붙은 짚신은 푸석푸석 소리가 나는데, 도성 안
의 인가에는 등잔불이 켜지고 개 짖는 소리 들린다. 박제가가 청장관
의 벽에 쓴 시에서도 "어두운 구름이 백탑 끝에 걸렸고, 아침에 내린
눈이 자네 집을 덮었네(陰雲塔之末 朝雪覆君家)"라 하여, 백탑이 이덕
무의 집을 상징하는 것처럼 묘사하였다.

이들의 시회는 천우각(泉雨閣), 읍청정(挹淸亭), 세심정(洗心亭), 사
의정(四宜亭), 하목정(霞鶩亭), 세검정(洗劍亭), 몽답정(夢踏亭) 등 도성

의 이름난 누각과 정자로 이어졌다. 특히 이들은 몽답정을 좋아하였다. 1768년 6월 29일 몽답정에 올라 시회를 열고 그때 지은 시를 모아 시축(詩軸)을 엮었는데, 그 소서(小序)는 다음과 같다.

박재선(朴在先, 박제가)의 소매를 뒤쳐 흰 종이를 얻고, 부엌에서 그을음을, 냇가에서 기왓장을 얻었다. 시를 다 짓자 붓이 없기에 나는 솜대줄기를 뽑아오고, 윤경지(尹景止, 윤병현)는『운부(韻府)』의 낡은 종이로 노를 꼬고, 유연옥(柳連玉, 유금)은 돌배나무 가지를 깎고, 재선은 부들순을 씹어 붓을 만들어서 연꽃향기와 매미소리와 폭포소리가 어우러지는 돌 위에 앉아서 쓴다.

이덕무, 「몽답정에서 함께 짓다(夢踏亭共賦)」,『청장관전서』

가난할지언정 그 풍류는 가난하지 않다. 먹이 없으면 그을음을 긁어오고 기왓장을 부수면 된다. 솜대줄기나 노끈, 돌배나무 가지, 부들순, 그 무엇이든 붓이 될 수 있다. 이들의 풍류는 먼 곳으로까지 이어졌다. 1771년 과거를 단념하고 박지원, 이덕무, 이서구는 송도의 천마산(天磨山)을 유람하였고, 1773년에는 박지원과 유득공, 이덕무가 평양으로 갔다. 이때의 글이 「계사춘유기(癸巳春遊記)」다.

흩어진 백탑의 동지들

백탑에서의 아름다운 모임은 영조 말년부터는 더 이상 열리지 못하였다. 이덕무, 박제가, 유득공이 규장각의 검서관(檢書官)으로 선발되

몰려드는 신발 소리에 황혼은 깊어가는데

긴 연기 백탑에 춤을 추니 외로운 산과 나란한데

탑 골 공 원

어 공무로 바빠졌고, 이들 그룹의 리더였던 박지원은 1771년 천마산을 유람하던 중 연암골을 발견하여 은거할 마음을 먹고 있던 차에, 1778년 홍국영(洪國榮)의 박해를 피하고자 아예 솔가하여 그곳으로 가버렸다.

이덕무와 박제가, 유득공 역시 탑골에서 청춘을 즐기고 있을 수만은 없었다. 이덕무와 유득공은 각기 1773년과 1774년 과거에 급제한 이래 벼슬을 구하는 데 힘을 쓰지 않을 수 없었다. 그러다가 1778년 박제가는 정사(正使) 채제공(蔡濟恭)을 따라, 이덕무는 서장관 심염조(沈念祖)를 따라 중국을 다녀왔다. 유득공 역시 같은 해 6월 서장관 남학문(南鶴聞)을 따라 중국에 갔다. 귀국한 이듬해 1779년 6월 이덕무는 박제가, 유득공, 서이수(徐理修) 등과 함께 교서관(校書館)의 검서관에 임명되어 벼슬길에 나아가야 했다. 비록 처지는 다르지만 함께 후사가로 일컬어졌고 또 시회의 중요 멤버였던 이서구 역시 1776년 자신의 대과 합격에 문제가 있다는 탄핵을 받아 고향인 포천의 북쪽 영평(永平)으로 들어갔다.

유득공은 1782년 탑골 인근의 경행방에서 남산 아래로 이사를 가버렸다. 유득공이 이사한 곳은 운곡(芸谷)이다. 운곡은 운관(芸館), 곧 교서관이 있는 골짜기를 가리킨다. 교서관은 진고개에서 남산 기슭 쪽에 자리잡았다가 1782년 돈화문 밖으로 옮겨가고 그곳은 무밭으로 남았다. 1788년의 도성 지도에 교서관동으로 표기되어 있다. 유득공의 집은 옛 교서관 서쪽 담장 바깥이었다. 교서관은 외각(外閣), 규장각은 내각(內閣)이라 불렸는데, 유득공이 외각의 검서관으로 있었기

사서루 편액 1822년 쓴 글씨로 중앙일보사에서 간행한 『한국의 미』에 실려 있다. 원본의
소장처는 알려져 있지 않고 모각한 것을 인터넷에서 볼 수 있다.

에 외각이 옮겨가자 그 곁에 집을 하나 얻을 수 있었던 듯하다.

유득공은 1800년 정조로부터 받은 308권의 책을 정리하여 이곳에
보관하였다. 훗날 아들 유본학(柳本學)이 사서루(賜書樓)라 이름을 붙
였다. 유본학의 「사서루기(賜書樓記)」에는 유득공이 이 집 주위에 꽃
나무를 심고 퇴근하면 옷을 갈아입고 꽃나무 주위에서 배회하면서 시
를 읊조리느라 손님이 오는 것도 알지 못하였다 한다. 이 무렵 그는
영재(泠齋)라는 호 대신 고운거사(古芸居士)라는 호를 썼는데, 그의 집
고운당(古芸堂)과 고운서실(古芸書室)에서 딴 것이다.

이로써 젊은 시절 백탑 인근에서의 아름다운 모임은 끝났다. 유득
공은 「추실음서(秋室吟序)」에서, 이덕무 등 동지 몇 명과 백탑에서 시
를 연마하면서 의기양양하게 시주를 즐겼지만, 하나둘 규장각에 근
무하거나 외직으로 나가는 바람에 이미 20여 년 전 옛일이 되었다고
술회하였다. 🚩

위항인들의 시회처
인왕산 옥류동

온종일 책을 보노라니 꽃이 책상에 지는데

저물녘까지 손을 붙드느라 옷에 술이 절었네

송석원 바위글씨 옥인동 주택의 담벼락 아래 있어 찾기가 어렵다. 1817년
4월 김정희가 쓴 것이다.

옥류동의 청휘각

인왕산 옥류동(玉流洞)은 조선 초기부터 빼어난 풍광으로 문인들이
즐겨 노닐던 곳이다. 김상용(金尙容)의 후손들은 인왕산의 또 다른 개
울 청풍계(靑楓溪)를 소유하였고, 그 아우 김상헌(金尙憲)의 후손들은
옥류동을 차지하였다. 김상헌의 손자 김수항(金壽恒)은 숙종 12년
(1686) 옥류동에 청휘각(淸暉閣)을 세우고, 육청헌(六靑軒) 현액도 함
께 걸었다. 훗날 김수항의 7세손 김병기(金炳冀)가 이 건물을 중수하
면서 지은 「중건청휘각상량문(重建淸暉閣上梁文)」에 따르면 청휘각은
층층벼랑을 파서 세웠는데 그 앞에 개울을 끌어들여 네모난 못을 만
들었으며, 청휘각을 따라 흐르는 물은 서쪽의 청풍계로 흘러들고 동
쪽으로는 단풍이 붉게 물드는데 남쪽으로는 비가 그치면 이내가 파랗
게 비치었다고 한다.

청휘각을 세운 김수항은 이를 기념하여 시를 받아 꾸미고 싶었다.
때마침 벗 남용익(南龍翼)이 먼저 율시를 지어 보내고 이익상(李翊相)
도 그 시에 차운하는 시를 지었다. 이에 김수항도 시를 지어 감사의
뜻을 표하였다. 아래에 남용익과 김수항의 시를 나란히 보인다.

옥류동의 연하에 비경이 펼쳐지니
높다란 청휘각이 속진(俗塵)을 떠나 있네.
가을은 도성의 집집마다 내리는 빗줄기에서 생겨나고
폭포는 푸른 산골짜기마다 울리는 우레를 마주하였네.
연꽃잎 움직일 때 물고기떼 흩어지고

정선의 청휘각 옥류동 입구. 오늘날 옥인동에 청휘각이 있었는데 지금은 흔적조차 없다. 간송미술관에 소장되어 있다.

나무그늘 깊은 곳에 해오라기 돌아간다.

노니는 이는 절로 돌아갈 것 잊고서

처마 아래 밝은 달 뜨기를 머물러 기다리네.

玉洞煙霞秘境開　淸暉高閣絶浮埃

秋生紫陌千家雨　瀑前靑山萬壑雷

荷葉動時魚隊散 樹陰深處鷺絲回

游人自爾忘歸去 留待簾前霽月來

남용익, 「청휘각에서 모시고 함께 놀던 일을 추억하여 시를 지어 문곡 상공에게 바친다
(追記淸暉閣陪遊之興奉呈文谷相公案下)」, 『호곡집(壺谷集)』

층층벼랑 중간 터진 곳에 작은 정자 섰으니

서울의 두터운 먼지에서 훌쩍 벗어나 있네.

반평생 고질병이 있었으니 산수를 찾는 것이요

노년에 요양하느라 근신의 뜻 이괘(頤卦)를 취하였네.

처마에 낀 안개는 옷에 들어 젖게 하는데

베개 밑에 폭포는 꿈을 흔들어 깨우네.

이로써 골짜기에 물색이 더하리니

고인이 진중하게 시를 보내주었네.

層厓中拆小亭開 逈出東華百丈埃

半世膏肓存水石 暮年頤養取山雷

簾間宿霧侵衣濕 枕底飛泉攪夢回

從此洞門增物色 古人珍重寄詩來

김수항, 「옥류동의 우리집에 새로 청휘각을 지었다. 대략 수석의 빼어남이 있지만 감
히 시를 구하여 치장할 생각을 하지 못하였다. 이에 호곡 사백이 먼저 율시 한 편을
매간 형에게 보내어 그가 다시 화답하였다. 이에 문득 산문의 얼굴이 훤해지게 되었다.
이에 그 시에 차운하여 사의를 표하고 겸하여 매옹에게 보내어 가르침을 청한다(玉洞弊
居新構淸暉閣粗有水石之勝而不敢爲求詩侈大計 乃蒙壺谷詞伯先以一律寄題梅澗台兄又
屬而和之便覺山門自此生顏色矣茲步其韻以申謝意兼奉梅翁求敎)」, 『문곡집(文谷集)』

남용익은 청휘각이 도성에서 가까운 곳임에도 세속의 먼지에 물들지 않았다고 하고, 도성에 추적추적 비가 뿌리면 청휘각 앞의 폭포가 거세게 쏟아진다고 하였다. 청휘각 앞에는 못이 있고 그곳에는 연잎 사이로 물고기가 헤엄치고 물가의 나무그늘에는 물새가 노닐었다. 그곳에서 달이 뜨는 광경을 바라보는 사람은 광풍제월(光風霽月), 곧 고도로 수양된 인격의 담지자임을 말하였다. 이에 답하여 김수항은 벼랑에 붙여 자그마하게 지은 청휘각에서 산수의 취향을 즐기면서 뇌(雷)와 산(山)이 합쳐진 『주역』 이괘(頤卦)의 뜻을 따라 수양에 힘쓴다고 하였다.

그러나 그후 정국의 변화로 김수항은 청휘각에서 여유를 누릴 수 없었고 결국 청휘각은 주인을 잃게 되었다. 주인 없는 청휘각의 버들숲과 솔숲에 길이 뚫려 저자거리의 소음이 들려왔고 개울물 소리조차 말 모는 소리에 파묻혀버렸다. 깨끗한 개울은 빨래터가 되어 빨래하는 여인들로 인해 물이 더러워졌고, 울창한 산은 나무꾼이 벌채하여 민둥산이 되어버렸다. 무성한 나무숲 대신 높은 관리들의 차일이 그늘을 드리우고 수레가 옥류동 길을 메웠다. 놀러 오는 이들이야 웃고 노래하였지만 청휘각에 살던 후손들은 어쩔 줄 모르고 통곡할 뿐이었다. 그러던 어느 가을 큰비가 내리고 우레가 치던 날 청휘각은 아예 무너져 버렸고 푸른 기와 붉은 난간은 자취조차 사라졌다. 김창흡이 「옥동창회(玉洞愴懷)」에서 이렇게 증언하고 있다.

집을 다시 세우는 일이 쉽지 않아 고민하던 김수항의 아들들은 18세기 초반 마침내 청휘각을 다시 지었다. 낙성식을 하던 날 형제들은 부친의 일을 회상하고 시를 지어 이를 기념하였다. 김창협, 김창흡, 김창업 형제 외에 김상용의 후손으로 청풍계에 살던 김시보, 김시걸 등이 새로 지은 청휘각으로 자주 찾아와 함께 시를 지었고, 또 청풍계로 옮겨 시회를 즐겼다. 김창협은 청휘각 옆으로 흐르는 개울의 이름을 비오리와 접동새가 목욕을 하는 곳이라는 뜻의 계겹란(鸂鶒瀾)이라 하였다. 그리고 계겹란이 흘러나오는 석벽 위에는 '옥류동(玉流洞)' 세 글자를 새겼다. 이 글씨는 근대까지 전해져 왔지만 지금은 볼 수 없다.

옥류동의 옥계시사

장동김씨의 세거지였던 옥류동은, 삼청동(三淸洞)과 함께 위항인들의 시회처로 크게 각광을 받았다. 위항시인의 주류를 이루는 경아전(京衙前)들이 집중적으로 인왕산 자락 우대에 살았기 때문이다. 최윤창(崔潤昌)이 같은 위항시인 김시모(金時模)의 만사에서 "동촌과 서촌에 시단이 있어, 30년 달빛 아래서 술에 취해 재주를 다투었다(東村西村有詩壇 卅載烟月醋白戰)"라 하였으니, 18세기를 전후하여 동촌 외에 서촌, 곧 인왕산 자락에서도 위항인들의 시회가 왕성하였음을 알 수 있다. 18세기 후반에는 박영(朴玲)의 유괴정사(柳槐精舍)가 필운대(弼雲臺) 아래 적취대(積翠臺) 동쪽에 있었고, 김순간(金順侃)의 시한재(是閑齋)와 마성린(馬聖麟)의 집 역시 그곳에서 멀지 않은 곳에 있었기에 인왕산 자락이 위항인들이 즐겨 시회를 열던 곳으로 각광을 받았음을 알 수 있다.

수많은 위항인의 시회 중 1786년 결성된 옥계시사(玉溪詩社)가 가장 성황을 이루었다. 역시 인왕산 자락에 이이엄(而己广)이라 이름붙인 집을 짓고 살았던 장혼(張混)의 「옥계사의 수계첩 뒤에 쓰다(書玉溪社修禊帖後)」에 따르면 옥계사(玉溪社)는 1786년 여름 처음 열렸다고 한다. 장기나 바둑을 두는 사귐은 하루를 가지 못하고 이익을 좇는 사귐은 한 해를 가지 못하는 데 비해 문학의 사귐은 영원할 수 있다고 하여 시사를 만들게 된 것이다. 옥계사 결성 후 첫 모임에 참석한 사람들은 웃고 떠들며 노래하고 술만 마셔서는 의미가 없다고 여겨, 산문에 능한 이는 서문을 짓고 그림에 능한 이는 그림을 그려 『옥계사 수계첩(玉溪社修禊帖)』을 만들었다. 이때 임득명(林得明)이 그린 그림이 지금까지 남아 있어 당시의 풍류를 짐작하게 한다.

장혼의 글씨
임득명의 〈옥계사십이승첩〉을 찬양한
글로, 시를 음미하면 그림이 생기고
그림을 음미하면 시가 생긴다고 하였다.

옥계사는 인왕산 자락 우대에 거주하던 13명의 경아전이 결성한 시사로 알려져 있다. 이들은 정기적인 모임 외에 춘추의 사일(社日), 삼짇날, 초파일, 유두, 칠석, 중양절, 오일(午日), 동지, 섣달그믐에도 모여 시회를 열었다. 모임이 성황을 이루면 시첩으로 만들어 전하였다. 1791년의 모임은 『옥계아집첩(玉溪雅集帖)』으로 만들어졌는데, 장혼은 그 서문에서 이렇게 적고 있다.

금교(錦橋) 입구에서 서북으로 3리 남짓 가면 옥류계가 나온다. 김아무개라는 사람의 집이 그 왼편에 있다. 신해년(1791)이 끝나가던 달 보름, 취향을 같이하는 벗 8~9인과 함께 찾아갔는데, 도착하고 나니 슬퍼 흥이 일었다. 넝쿨을 잡고 삐죽삐죽한 바위를 올라 그 끝까지 갔다. 모두 즐거워하며 수고롭게 여기지 않았다.

이때 하늘빛이 여러 차례 변하더니 큰비가 내리다가 갑자기 그치자 사방의 먹구름이 사라지고 산들바람이 시원하게 부채질을 하였다. 밝은 달과 별이 하늘에 걸렸다. 심어둔 복숭아나무, 살구나무, 소나무, 밤나무를 둘러보고, 모아놓은 샘과 바위와 풀과 꽃을 둘러보았다. 그 그늘이 펼쳐지고 그 기운이 일렁거린다. 언덕이 우뚝 솟고 골짜기가 으슥한데, 산은 푸르디푸르고 물은 시원하기 그지없어 눈에 가득하고 귀에 시원하다. 만나는 사물마다 들쑥날쑥 드러났다 사라지고 모였다가 흩어지며 세워졌다. 기울어지는데 기이한 형상들이 튀어나와 사방에 가득하다. 천지가 개벽할 때처럼 신령스러워 기괴한 형상을 이루 헤아릴 수 없다. 그 때문에 마음이 기쁘고 그 때문에 정신이 시원하다. 즐거워서 기쁜 마음이 절로 든다. 개울가 바위에 걸터앉아 목청껏 노래를 부르고 너울너울 춤을 춘다. 호탕하고 시원하여 아래를 내려다보고 위를 올려다보며 흡족한 마음에 그만둘 수가 없다. 그 신이한 맛이 어찌 다만 물과 골짜기와 나무와 바위 등을 보고만 말겠으며, 술을 마시고 시를 짓기 때문이겠는가?

이에 술잔을 들고 권하면서 말하였다. "저 아름다움은 절로 아름다운 것이 아니오. 예부터 그러하였듯이 사람으로 인하여 드러나는 법이지요. 시를 짓지 않으면 빼어난 자취가 인멸될 것이니 어찌 그려내어 볼거리로 남기지 않겠소?" 다들 좋다고 하였다.

장혼, 「옥계아집첩의 서문(玉溪雅集帖序)」, 『이이엄집』

오늘날 『옥계사(玉溪社)』라는 명칭으로 전하는 책이 바로 이 『옥계아집첩』과 유사한 것으로 추정된다. 강명관 교수의 『조선후기 위항문학 연구』에 따르면 『옥계사』에는 10편의 서문과 시사의 규약, 구성원의 성명, 절기마다 열린 시회의 모습이 적혀 있으며, 시사에서 제작한 한시 156편과 임득명의 그림 4장이 수록되어 있다고 한다. 그중 「옥계사십이승(玉溪社十二勝)」이라 이름붙인 자료에는 칠석날 청풍계 기슭에서의 계모임인 풍록수계(楓麓修禊), 8월 국화 핀 정원에서의 단란한 모임인 국원단회(菊園團會), 2월 높은 언덕에 올라 꽃구경을 즐기는 등고상화(登高賞花), 6월 유두에 시냇가에서 갓끈을 씻는 임류탁영(臨流濯纓), 정월 다리밟기를 하면서 달구경을 하는 가교보월(佳橋步月), 4월 초파일 성루에서 등불을 구경하는 성대관등(城臺觀燈), 3월

설리대자 눈 오는 날 고기를 구워먹는 모습을 그린 임득명의 그림.
삼성출판박물관에 소장된 『옥계사십이승첩』의 하나다.

한강으로 나가 정자에서 노니는 강사청유(江榭淸遊), 9월 산사에서의
그윽한 모임인 산사유약(山寺幽約), 10월 눈 속에서 고기를 구워먹는
설리대자(雪裏對炙), 11월 매화가 막 필 무렵 술동이를 개봉하는 모임
인 매화개작(梅花開酌), 5월 밤비 소리를 들으면서 더위를 식히는 야
우납량(夜雨納凉), 섣달그믐날 밤을 지새는 납한수세(臘寒守歲) 등의
풍류를 과시하고 있다.

천수경의 집 송석원

인왕산 옥계에는 많은 위항인들의 집이 있었지만, 특히 천수경(千壽慶)의 집 송석원(松石園)이 가장 이름이 높았다. 천수경은 자가 군선(君善)이며 송석원은 그의 호이기도 하다. 『호산외기(壺山外記)』에 따르면 천수경은 송석원을 사랑하여 다섯 아들 중 첫째와 둘째의 이름을 송(松)과 석(石)이라 하고, 나머지 아들은 각기 족(足)·과(過)·하(何)라 하였는데, 족은 세 아들로 족하다는 뜻이요, 과는 넷째아들이라 너무 많다는 뜻이며, 다섯째아들은 어찌된 일인가 하는 뜻에서 붙인 것이라 한다.

천수경이 옥계시사의 중심에 있었고 또 송석원에서 자주 모임이 있었기에 옥계시사를 송석원시사라 부르기도 한다. 송석원에 대해서는 박윤묵(朴允默)이 기록을 남겼다.

송석원은 옥류동의 북쪽에 있다. 푸르게 우거지고 서리서리 얽힌 소나무가 벼랑을 따라 둥글게 줄지어 있어서 그 깊이를 헤아리기 어렵다. 또 높이 몇 길쯤 되는 바위가 우뚝하게 벽처럼 서 있어서 바라보는 사람들로 하여금 더욱 사랑스럽게 한다. 천군선 노인이 그 사이에 오두막을 짓고 스스로 호를 송석(松石)이라 하였다. 두건을 벗어 이마를 내놓고 소나무를 어루만지며 옷을 풀어헤치고 바위를 베개삼아 누웠다. 날마다 문인 재자들과 더불어 시를 읊으며 느긋하게 노닐다가 장차 늙어 죽을 듯이 하였다. 이것은 좋아하는 바를 돈독하게 한다고 말할 만하다.

무릇 송석원 가운데 기꺼워할 만한 것으로는 복숭아나무의 싱그러움, 살구꽃의 고움, 난초의 향긋함, 국화의 그윽하고 담담함과 같은 것들이 있는데, 아름답고 화려하지 않은 것은 아니지만 이것은 한때에 그칠 뿐이다. 반면 소나무와 바위는 사시에 걸쳐 늘 푸르고 천년이 지나도 갈라지지 않으며, 축축 늘어져 구름을 헤쳐나가고 겹겹이 쌓여 무리에서 빼어나다. 귀를 기울이면 그 울림을 들을 수 있고 눈을 들면 그 모습을 움켜잡을 수 있다. 그것으로 뜻을 드러낼 때마다 그 절조를 더하게 하니, 어디를 보든 도움되는 것이 있다. 그러니 이것들을 어찌 한때의 초목들과 함께 말할 수 있겠는가?

노인은 이제 늙어 백발이 되었지만 그 모습은 소나무와 같고 그 기골은 바위와 같다. 그 곧은 마음과 굳은 절개가 소나무와 바위 사이에 있으니 늙어도 더욱 씩씩하고 가난하지만 더욱 굳세다. 도시락 하나와 한 바가지 물조차 없을 때가 많지만 태연하게 지낸다. 산의 북쪽에서 어진 이나 불초한 이를 불문하고 송석원을 일컬으니 노인의 사람됨을 알 수 있다. 노인이 또한 대단하지 않은가?

송석원이 오래되어 모래가 쌓이고 풀이 무성해져 벌레와 뱀이 숨고 족제비와 살쾡이가 출몰하게 되었지만, 노인이 살기 시작한 뒤로 소나무는 더욱 높아지고 바위는 더욱 기이해지니 마치 오늘을 기다린 듯하다. 그리고 시사의 벗들이 서로 더불어 문에 발길이 끊어지지 않아 하루도 겨를이 없는 듯하다. 이 어찌 노인 때문이 아니겠는가? 노인이 늘그막에 기댈 기약은 비단 사물에 가탁하여 흥을 부침으로써 스스로 그 성정을 기뻐할 뿐만 아니라, 또한 벗들과 함께하기를 좋

송석원시사야연도 옥류동에 있던 송석원에서의 시회를 그린 그림이다. 달밤에 초가로 된 송석원에 둘러 시회를 하는 모습이 보인다. 왼편 글씨는 1797년 마성린(馬聖麟)이 쓴 것이다.

아하는 것이기도 하다. 내가 이에 즐거이 노인을 위해 서문을 쓴다.

박윤묵, 「송석원기(松石園記)」, 『존재집(存齋集)』

박윤묵의 「우혜천기(又惠泉記)」에 따르면 송석원에는 바위 아래에서 우혜천이라는 샘물이 흘러나와 깊이 한 자 정도의 작은 못을 이루었다. 원래 위에 있는 물을 함천(檻泉), 아래로 떨어진 것을 하천(下泉)이라 이름하고 샘솟는 곳을 분천(憤泉)이라 불렀는데, 그 물맛이 제호(醍醐)처럼 달아 중국 유백추(劉伯蒭)의 혜천(惠泉)에 버금간다 하여 우혜천이라 이름하고 석벽에다 새겼다. 박윤묵은 인왕산의 정기가 발원하는 곳이 이 샘이라 칭송하였다. 다음은 이렇게 아름다운 송석원에서 한바탕 시회를 즐기며 지은 임득명의 작품이다.

골짜기 들어서자 구름이 사립에 가득한데
보슬비 새파랗게 작은 집을 에워싸고 있네.
실개천이 돌에 부딪쳐 도리어 소리가 큰데
숨은 새는 창에서 울며 날아오르지 않네.
온종일 책을 보노라니 꽃이 책상에 지는데
저물녘까지 손을 붙드느라 옷에 술이 젖었네.
자주 와서 산속에 사는 자네 즐거움을 내 아니
나도 식솔을 데리고서 조만간 귀거래하리라.

入洞有雲雲滿扉 霏霏新綠小軒圍

細泉觸石還多響 幽鳥鳴窓不欲飛

盡日看書花落案 斜陽留客酒霑衣

頻來知爾山居樂 挈眷吾當早晚歸

임득명, 「초여름 초순 송석원에서 김문초가 달놀이를 위한 자리를 베풀었다
(首夏初旬設金文初月遊於松石園中云云)」, 『송월만록(松月漫錄)』

장혼, 김낙서, 천수경 등 시사의 핵심을 이룬 사람들이 모두 모여 천수경의 집 송석원에서 시회를 열었다. 번잡한 도성 거리가 지척에 있지만 송석원은 구름과 안개에 덮인 첩첩산중이다. 세사에 욕심이 없기에 새들도 이들을 보고 놀라 날아오르는 법이 없다. 한가하게 책

을 읽노라니 꽃이 책에 떨어진다. 책 읽는 것이 지겨우면 술을 마시고 시를 짓는다. 먼저 가겠다는 사람의 옷은 만류하는 사람이 건네는 술잔에 젖어 축축하다.

송석원 시회는 그 뒤로도 계속되었다. 오현숙의 「송월헌 임득명의 회화연구」에 따르면, 이들은 1791년 10월에도 시회를 열고 그 경과를 『옥계십경(玉溪十景)』이라는 시화첩으로 묶었다고 한다. 런던 대영박물관에 소장되어 있는 이 첩에는 옥류동의 골짜기(玉流全壑), 작은 마을의 닭과 개(小塢鷄犬), 반동의 채소밭(半洞田圃), 밤낮으로 흐르는 냇물(泉流晝夜), 흐렸다 개는 산빛(山氣陰晴), 절벽의 엷은 안개(絶崖輕嵐), 푸른 산에 비치는 낙조(翠峯半照), 고운 꽃의 농염한 향기(美華濃香), 아름다운 숲의 짙은 그늘(嘉木繁陰), 시내의 밝은 달빛(一溪明月), 빼곡한 이웃집에 쌓인 깊은 눈(數隣深雪) 등의 그림이 그려져 있다.

1793년 계축년을 맞아 다시 성대한 시회가 열렸다. 계축년은 왕희지(王羲之)가 난정(蘭亭)에서 계회를 열었던 역사적인 해다. 소동파(蘇東坡)가 적벽(赤壁)에서 노닐었던 임술년과 더불어, 계축년은 조선의 문인들에게도 의미 깊은 해였다. 옥계사의 구성원들도 1793년 성대한 모임을 열고 이를 『옥계계축상춘시축(玉溪癸丑賞春詩軸)』으로 묶었다. 천수경이 사족 신택권(申宅權)에게 부탁하여 서문을 받았는데, 그 서문에 따르면 엄계흥(嚴啓興)이 사언고시(四言古詩)를 쓰고 임득명이 사(辭)를 짓는 등 76인의 시가 수록되어 있었다고 하니 그 성황을 짐작할 수 있다. 천수경은 송석원 시회에서 제작된 시를 모아 『옥계사』라는 책을 편찬하여 옥계의 역사로 남기고자 하였다.

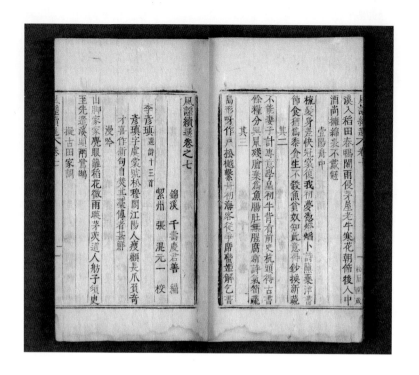

풍요속선 1797년 위항인의 시를 선발한 책인데, 천수경이 편집하고 장혼이 교정을 보았다.
풍요(風謠)는 민요라는 뜻으로 위항인의 시를 낮추어 이른 말이다. 1737년 간행한 『소대풍요』를
이은 것이다.

그러나 지금 송석원은 주택단지 속에 묻혀버렸다. 천수경이 살던
송석원의 뒤쪽 석벽에는 근대까지 '송석원'이라 새긴 글씨가 남아 있
었는데, 『이향견문록』에 따르면 이 글씨는 김정희(金正喜)가 예서로
쓴 것이라 한다. 송석원이라 새겨진 바위를 보려면 남의 집 안방을 두
어 번 거쳐야 한다. 박윤묵은 소나무와 바위가 변하지 않는다 하였지
만, 변하였을 뿐만 아니라 아예 없어진 것이나 다름이 없다.

일섭원과 칠송정

천수경 외에 장혼의 이이엄, 왕태(王太)의 옥경산방(玉磬山房), 김낙서(金洛瑞)의 일섭원(日涉園), 이경연(李景淵)의 적취원(積翠園)과 삼우당(三友堂) 등도 인왕산 자락 우대에 있었다. 이들은 대를 이어 시회의 중심적인 자리를 차지하였다. 이경연의 적취원과 삼우당은 그의 부친 이정린(李廷麟)이 만든 것이다. 일섭원에서는 김낙서의 아들 김희령(金羲齡)이 대를 이어 시회를 열었다. 장혼의 부친 장우벽(張友璧)이 서벽정(棲碧亭)을 경영하여 그가 아이 적에 심은 단풍나무가 19세기 중반 서울의 구경거리로 일컬어졌거니와, 장혼의 아들 장창(張昶) 역시 금서사(錦西社)를 이끌었다. 금서사는 1818년 결성되었는데, 금교(錦橋)의 서쪽이라는 뜻이니 금교 서북쪽 3리에 있다고 한 옥류동이 시사의 중심적인 위치였을 것으로 보인다. 비슷한 시기 김낙서의 아들 김희령이 일섭원시사(日涉園詩社)를 이끌었다. 박윤묵이 일섭원에 대한 기록을 남긴 바 있다.

일섭원은 인왕산의 이름난 곳이다. 육각현(六角峴)과 필운대(弼雲臺)가 빼어난 땅이 아닌 것은 아니지만, 육각현은 높아서 너무 도드라지고, 필운대는 천근하고 기울어져 있다. 일섭원의 경우에는 그윽하고도 고요하며 높게 탁 트여 있어서, 육각현이나 필운대보다 빼어나 이름을 날리고 아름다움을 독차지한 지가 이미 오래다.

계묘년(1843) 초여름, 일섭원의 주인이 동지 5~6인을 불러 시회를 열었다. 붓과 벼루가 깨끗하고 아름다우며, 술잔과 그릇이 수북하였다. 묵향과 술기운이 연푸른 빛 고운 풀 사이에 뒤섞여 있었다. 이 때 시를 짓는 자는 읊조리고, 술을 마시는 자는 취하고, 바둑을 두는 자는 한가롭고, 노래하는 자는 기쁘게 불렀다. 각기 저마다의 취향을 다 발휘하여 뜻에 맞지 않음이 없었다. 그 뜻이 넓고 그 마음이 은근하며 그 맛이 담담하고 그 즐거움이 넉넉하였다. 신봉우리를 바라보며 구름과 안개를 희롱하고, 얻고 잃는 것을 같게 여기고 사물과 나를 잊었다. 함께 먼지나는 세상 바깥에서 멋대로 노닐고, 맑고 깨끗한 땅에서 소요하였다. 이른바 왕희지가 난정에서 계회(契會)를 열었던 것이나 조조(曹操)가 서원(西園)에서 우아한 모임을 가진 것도 아마 천추의 역사에서 보면 우리에게 양보할 것이 많을 것이다.

아아, 정원이라는 것이 만들어진 것이 몇백 년이 되었는지 모르지만, 사람들이 정원의 경치를 노래하거나 정원의 오묘한 곳까지 다 살폈다는 말은 들어보지 못하였다. 헛되이 왔다가 헛되이 가는 데 그친 무리 또한 그 얼마나 되겠는가? 오늘과 같은 모임의 경우에는 온 정원의 빼어난 일과 서사(西社, 西村의 詩社라는 뜻이다)의 아름다운 노래로 정원의 바람과 달을 글로 짓고 정원 안의 풀과 나무를 아로새길 것이다. 온갖 경치를 다 거두어들이고 모든 아름다움을 다 적어 오늘의 일을 드날려 후세에 전할 것이지만 혹 미진한 것이 있을지도 모르겠다. 만약 인왕산 신령에게 의식이 있다면 또한 우리들을 위하여 정청(政廳)에서 새벽부터 밤까지 바라보면서 부러워하며, 마치 순(舜)임금의 대궐에서 비파소리를 듣는 듯, 주(周)나라 조정에 밝게 피워놓은 햇불을 보는 듯하리니, 궁벽한 바다 엉성한 땅이 황훌하게 봉래산 오색구름으로 뒤덮인 듯하지 않겠는가?

김공이 구구한 내 마음을 먼저 알아차렸고, 내가 뒷사람에게 바라는 것도 김공과 같다. 그러니 이 일섭원의 집이 헐리지 않고 보수되기를 바란다. 마침내 기문을 짓는다.

박윤묵, 「유일섭원기(遊日涉園記)」, 『존재집』

송석원시사의 일원이었던 박윤묵은 후배 위항인들의 시회에 위항문단의 원로로 참석하여 화려한 변려문(騈儷文)으로 시회를 빛냈다. 일섭원 시회의 구성원이기도 한 지석관(池錫觀)의 집 역시 자주 시회가 열린 곳이다. 지석관의 집에는 만리원(萬里園)이라는 정원이 있었고 칠송정(七松亭)이라는 정자가 있었으며, 풍단(楓壇)이라는 시단(詩壇)이 있었다.

필운대 아래 옥류천 남쪽 만리원에 있는 풍단과 석천(石泉)은 조망과 완상의 빼어남이 있다. 수레와 말을 타고 관복을 입은 이들이 술과 음식으로 서로 맞이하여 사시사철 노닌다. 만리원의 주인은 지석관인데, 마을의 부로들과 아이들을 모아 문묵회(文墨會)를 만들었다. 처음에는 크고 작은 초서와 해서를 쓰다가 나중에는 칠언근체를 지었는데, 명공대인들에게 나아가 평가를 받은 이가 140여 인이다.

조두순, 「풍천예유도서(楓泉藝遊圖序)」, 『심암유고(心庵遺稿)』

원래 칠송정은 종실(宗室) 벽은군(碧恩君)의 소유였는데 지석관이 개축한 뒤로 인왕산에서 가장 아름다운 풍광을 자랑하였다고 한다. 지금의 필운동 배화여고 부근에 있었던 것으로 추정되는 이 집은, 박윤묵의 여러 글을 종합해 보면 소나무 일곱 그루가 있고 단풍숲 사이로 맑은 샘물이 흘러나왔음을 알 수 있다. 당시 재상이었던 조두순(趙斗淳)이 그 모습을 그림으로 그려주고 홍재철(洪在喆)이 시를 보내어 이를 기념하였으니 그 성황을 짐작할 수 있다.

인왕산 옥류동에서 한껏 풍류를 뽐내던 위항인들의 시회는 19세기 후반 무렵 서서히 자취를 감추었다. 대원군과 가까이 지내던 일군의 아전과 서리 신분의 시인들은, 대원군이 수리해 준 칠송정에 모여 시회를 열었다. 오횡묵(吳宖默)은 인왕동 상류의 백운동, 오늘날 청운초등학교 뒤쪽에 살면서 시회를 열었으며, 박효관(朴孝寬)도 필운대에서 승평계(昇平契)를 만들어 한시 대신 노래솜씨를 과시하였지만, 그 위세는 예전과 같지 못하였다. 칠송정 또한 대원군의 권력과 함께 쇠락하여 1894년 서양인에게 팔렸다가 윤덕영(尹德榮)의 장원(莊園)으로 꾸며졌다. 이제는 예전의 멋을 알지 못하는 딱딱한 사람들이 살고 있다. 冒

서원소정(西園小亭) 서원은 서울의 서쪽 인왕산 자락의 임원을 가리킨다. 그림에서 왼편으로 산속에 폭포를 드리운 곳이 옥류동이고 오른편 솔숲 뒤의 높다란 곳이 세심대다. 개인이 소장한 그림이다.

임자도에서 펼친
조희룡의 예술혼

억지로 동쪽 울타리 가을 한 폭 담아서

바닷가에서 이를 보고 중양절을 즐기노라

조희룡의 적거지 야트막한 언덕 위의 소나무가 조희룡이
귀양와서 살던 마을을 굽어보고 있다.

불우한 사람이 살다간 임자도

임자도(荏子島)는 섬이 가장 많은 신안군에 딸려 있다. 오랜 세월 동안 군사적인 요충지로 목장을 두어 말을 키웠을 뿐 사람들은 좀처럼 살지 않던 곳이다. 이 섬이 조선시대 문인들의 귀에 익숙해진 것은 18세기 무렵부터 중죄를 범한 사람들의 유배지가 되었기 때문이다. 정조 20년 8월 1일자 실록 기사에 따르면, 목장을 없애고 말을 다른 섬으로 옮긴 뒤 백성들로 하여금 농사를 짓도록 허락하였다고 하는데, 당시 화성(華城)의 성궐을 짓는 데 드는 비용을 충당하려는 의도가 있었던 듯하다.

순조 1년(1801)에 일어난 신유옥사(辛酉獄事)에 정약용(丁若鏞)과 친분이 깊었던 오석충(吳錫忠)이 유배되면서, 임자도는 우리 문화사의 전면에 등장하게 된다. 오석충은 숙종 때 재상을 지낸 오시수(吳始壽)의 증손인데 이가환(李家煥)의 당여(黨與)로 몰려 임자도에 유배되었다. 정약용은 엽전 두 꿰미를 마련하여 임자도로 보내려 하였으나 이미 오석충이 유배지에서 죽은 후였다. 정약용은 오석충이 죽은 날짜도 모르고 묻힌 곳도 알 수 없었지만 묘지명을 지어두었다. 나중에라도 그의 무덤이 어디 있는지 알리고자 했기 때문이다.

불우한 문인 오석충은 아마 임자도 어딘가 묻혀 있을 것이다. 오석충은 매자항(梅子巷)이라는 곳에 살아 호를 매장(梅丈)이라 하였으니, 매화를 사랑한 사람임을 알 수 있다. 오석충이 죽은 후 50년이 지나 그보다 더욱 매화를 사랑한 조희룡(趙熙龍, 1789~1866)이 임자도로 들어왔다.

1851년 권돈인(權敦仁)이 권세를 놓지 않고 영의정으로 있다가 정적에 의하여 벼슬에서 물러나 유배길에 오르자, 권돈인과 절친하였던 김정희(金正喜)와 김정희의 심복이었던 조희룡, 그리고 조희룡의 벗이자 권돈인의 심복이었던 오규일(吳圭一)도 나란히 유배를 떠나게 된 것이다. 권돈인은 순흥으로, 김정희는 북청으로 유배된 데 비하여 조희룡과 오규일은 절해고도로 유배되었으니, 이들의 지체가 낮았기 때문이기도 하겠지만, 정적들에게 권돈인과 김정희의 수족 노릇을 한 이들의 존재가 더욱 신경에 거슬렸기 때문인 듯도 하다.

조희룡과 오규일이 과연 권모술수에 능한 사람들이었는지는 알 수 없다. 조희룡의 예에서 충분히 증명되듯이 오히려 이들은 신분은 낮았지만 고매한 예술가였다. 오규일은 잘 알려져 있지 않지만 전각(篆刻)에 매우 뛰어났다. 유배지에 있던 김정희는 그에게 보낸 편지 「오각감에게 보내다(與吳閣監)」에서 '완당(阮堂)'이라는 인장을 새겨 보내달라고 부탁한 바도 있다. 김정희 역시 난초그림을 그려달라는 오규일의 부탁을 거절하지 않았던 것을 보면 두 사람의 친분이 상당히 깊었음을 알 수 있다.

매화를 사랑한 삶

조희룡의 자세한 생애는 밝혀져 있지 않다. 「석우망년록(石友忘年錄)」에 따르면 "나는 어릴 때 키만 훌쩍 크고 야위었으며 허약하여 옷이 힘에 겨웠다. 스스로 장수할 상이 아닌 줄 알았으니 다른 사람은 어떠했으랴. 열세 살에 어떤 집안과 혼담이 있었는데 내가 반드시 일찍 죽을 것이라 하여 퇴짜를 놓고 다른 집안과 혼인하였다. 몇 년이 되지 않아 그 여인은 과부가 되었다"라고 한 것으로 보아 번듯한 집안은 아니었던 모양이다.

그렇지만 조희룡은 서화에 관심이 높았던 헌종과 당대 최고의 지식인이요 예술가였던 김정희로부터 상당한 인정을 받았다. 시와 글씨, 그림에 모두 뛰어났기 때문에 이러한 영예를 입을 수 있었던 것이다. 훗날 서울의 지식인들은 임자도에 유배된 조희룡과 주고받은 서신을 소중하게 간직하였다.

조희룡이 대궐로 들어갈 수 있었던 것도 바로 이러한 그의 능력 때문이었다. 그도 한때는 재주 있는 서얼들과 함께 스스로의 능력을 발휘하여 규장각에서 하급관원으로 근무한 바 있다. 헌종은 서화에 취미가 깊었던 군주인데, 조희룡의 명성을 듣고 불러 시문과 서화에 대해 이야기를 나눈 적도 있었다 한다. 헌종은 조희룡에게 "짐이 금강산을 직접 유람하고 싶은 지가 오래되었지만, 병약하여 그렇게 하지 못하였다. 경은 실경을 묘사하여 짐이 볼 수 있게 하라"고 명하였다. 또 헌종은 중희당(重熙堂) 동쪽에 문향실(聞香室)을 세우고 조희룡에게 편액을 쓰게 하였다. 조희룡이 회갑을 맞았을 때에는 헌종이 벼루를 하사하였고, 이에 감읍한 조희룡은 「홍매시(紅梅詩)」를 지어 바치기도 하였다. 이로 보건대 헌종이 조희룡의 재주를 사랑하였던 것은 틀림없는 사실이라 하겠다.

조희룡은 지체가 낮았으나 시서화(詩書畵)에 뛰어났기에 서울에서 번듯하게 살 수가 있었다. 임자도로 유배갈 때 쓴 글에 따르면 "약간의 서적을 소장하고 있었고 고동서화에 벽이 있어 한가하게 살 때에는 좌우에 늘어놓고 잠시도 떠나지 못할 듯이 하였다"고 회상한 바 있다. 또 이 무렵 벽오사(碧梧社)의 일원으로 아전들과 교유하면서 시회에 참여하기도 했다. 조희룡은 이처럼 아취(雅趣)를 즐길 줄 아는 사람이었다. 조희룡의 아취는 매화에 대한 사랑에서 극을 이룬다.

나는 매화에 벽이 있어 큰 병풍에 이를 그려 잠자리 곁에 두었소. 벼루는 매화시경연(梅花詩境硏)을 사용하고 먹은 매화서옥방연(梅花書屋藏烟)을 사용하고 있소. 매화백영(梅花百詠)을 지으려고 하는데 시가 완성되면 내 집의 편액을 매화백영루(梅花百詠樓)라 할 것이오, 그리하여 내가 매화를 좋아하는 뜻에 통쾌하게 답하고자 하오. 그러나 금방 이루지 못하여 괴롭게 읊조리다가 소갈증이 나면 매화편다(梅花片茶)를 마셔서 풀고 있소.

조희룡, 「석우망년록」, 『조희룡전집』

조희룡은 벼루와 먹 모두 매화와 관련된 것을 사용하여 매화시 100수를 짓고 집 이름을 매화백영루라 붙이려 하였다. 게다가 매화시가 잘 되지 않아 목이 탈 때에는 매화차를 마신다고 하였으니 조희룡의 매화 사랑을 짐작할 수 있다. 조희룡의 그림 가운데 가장 수작으로 평가되는 작품 역시 〈매화서옥도(梅花書屋圖)〉와 〈홍매대련(紅梅對聯)〉이다.

묵매도 조희룡은 매화를 좋아하여 자주 그림에 담았다. 글씨는 김정희를 배워 유사하였지만 그림은 김정희의 것에 비하여 화려하다는 평이다. 『근역화휘』에 실려 있다.

비바람 몰아치는 강가의 누각에서 큰 매화그림 한 폭을 그렸다. 그림을 다 그린 날 저녁 꿈에 한 도사를 만났다. 나뭇잎으로 된 옷을 입었는데 풍채가 아름다워 신선 종리권(鍾離權) 같았다. 그가 나에게 읍을 하면서 말하였다. "나부산(羅浮山)에 집이 있는데 500년 동안 매화 만 그루를 심었소. 돌난간 곁에 있는 세번째 것이 가장 기굴(奇崛)하여 여러 매화 중에 으뜸이오. 그런데 하룻저녁 사이 비바람에 날려가 버렸소. 어디로 갔는지 모르겠더니, 어찌 당신이 붓 끝으로 당겨온 줄 알았겠소? 그 매화나무를 빌려주면 사흘 동안 묵고 가겠소." 이에 벽에다 시를 한 수 적었다. "구름으로 푸른 바다 보이지 않더니, 봄빛이 푸른 산마루에 올라왔구나. 인간세상 한번 떨어져 천년의 세월, 그래도 매화를 좋아하여 돌아가지 못하네(雲意 不知蒼海 春光欲上翠微 人間一墮千劫 猶愛梅花未歸)." 자획이 기이하고 예스러웠다. 시를 다 쓰고 나서 길게 휘파람을 부니, 숲에 그 소리가 울려퍼졌다. 놀라서 잠에서 깨어나니, 등불이 훤하고 대그림자가 마루에 드리웠다.

조희룡, 「석우망년록」, 『조희룡전집』

나부산은 매화로 유명한 곳이다. 나부산의 신선이 아끼던 매화가 조희룡의 붓끝에서 피어날 수 있었던 것은 조희룡의 전생이 나부산 신선이었기 때문이리라.

유배지의 풍류

젊은 시절의 조희룡은 화려한 것을 좋아하였던 듯하다. 〈매화서옥도〉와 〈홍매대련〉에 그려진 매화는 매우 풍성하면서도 화려하다. 그는 붉고 화려한 매화를 좋아하였는데, 심지어 청초함을 자랑하는 난초조차 붉은 것을 좋아하였다. 또 젊은 시절 꿈에 붉은 난초가 뜰에 가득한 것을 보고 사내아이를 낳았기에 서재를 홍란음방(紅蘭吟房)이라 하고 난초를 그릴 때에는 반드시 돌도장 두 개에 이를 새겨 찍곤하였다.

그러나 이처럼 화려한 생활은 1851년 8월 22일 임자도로 유배를 가면서 사라졌다. 조희룡은 유배지에서 100여 편의 시를 지어 근심과 울적함을 풀었다. 조희룡은 평소 북경(北京)에 가고 싶어하여 겨울이 오면 동지사(冬至使)를 따라가려고 행장을 꾸려두었었다. 그러나 세사는 뜻과 같지 못하여 스산한 가을바람을 맞으며 유배지로 향하게 되었으니 한치 앞을 알 수 없는 것이 사람의 운명이다. 자신의 처지를 돌아보면 참담하지만, 임자도로 향하는 도중에 본 시골 풍광은 아름다웠다. 그림뿐만 아니라 시에도 능하였던 조희룡이기에 그 순간에도 아름다운 풍광을 놓치지 않았다.

거친 산 흰 해에 그림자 침침한데
언덕에는 옥수수 무성하게 드리웠네.
두 뿔 오뚝한 한가로운 누런 소는
잔등 위에 가을 참새만 모아두었네.
荒山白日影沈沈 夾岸垂垂蜀黍深
雙角崢嶸閒觳觫 空敎背上集秋禽

조희룡, 「신해년 8월 22일 임자도로 유배길을 떠났다.
눈으로 본 것과 마음으로 기억한 것을 모두 시로 적어 근심과 담담함을 풀었다
(辛亥八月二十日作荏島之役凡目之所覩心之所記俱以成詩聊遣愁鬱)」, 『조희룡전집』

황량한 산에 해가 기울고 산기슭의 밭에는 옥수수가 빼곡하게 자라고 있다. 그 앞 오솔길에는 소 한 마리가 우두커니 서 있는데 잔등에 참새가 모여 있다. 이처럼 고운 풍경을 마음에 담았기에 황량한 섬 임

자도에서도 조희룡의 마음은 삭막하지 않았다. 배가 드나드는 포구 뒤쪽 산기슭 너머 그의 거처가 있었다. 집 뒤에는 황량한 산만 있고, 문 앞에는 큰 파도만 넘실거렸다.

부서진 창으로 이따금 푸른 바다와 산이 보이는데
바위 포개 만든 문은 밤에도 닫아걸지 않노라.
커다란 잎 거친 가지가 낡은 지붕을 감싸는데
수많은 반딧불이 새파랗게 가을 별빛처럼 모였네.
破窓時見海山靑　疊石爲門夜不扃
大葉麤枝圍古屋　繁螢深碧集秋星

　　　　　　　　조희룡, 「신해년 8월 22일 임자도로 유배길을 떠났다.
　　　눈으로 본 것과 마음으로 기억한 것을 모두 시로 적어 근심과 답답함을 풀었다
（辛亥八月二十日作荏島之役凡目之所覩心之所記俱以成詩聊遣愁鬱)」, 『조희룡전집』

　조희룡의 집은 보잘것없었겠지만 시에 그려진 모습은 참으로 아름답다. 낮에는 푸른 바다와 산이 바라다보이고, 남방의 커다란 나뭇잎으로 뒤덮인 지붕에는 반딧불이가 별빛처럼 파랗게 빛난다. 집을 셋으로 나누어 하나는 침소로, 하나는 부엌으로 만들고 하나는 화실로 삼았다. 매화와 난초, 대나무, 돌을 권속(眷屬)으로 삼고 벼루를 씻고 차를 끓이는 일은 남에게 맡기지 않고 손수 하였다. 그리고 이때의 글을 『화구암란묵(畵鷗盦讕墨)』으로 엮었다. 조희룡은 평소 갈매기를 본 적이 없었는데, 임자도에서 낯선 새를 보고 그림으로 그려 사람들에

게 보였다가 그 새가 갈매기라는 것을 알았다. 그래서 자신의 거처를 갈매기를 그린 집이라는 뜻에서 화구암(畵鷗盦)이라 하였다. 난묵(讕墨)은 쓸데없는 필묵이라는 뜻으로 자신의 글을 낮추어 말한 것이다.

나는 도성의 홍진 속에 있을 때 황량한 산과 고목을 그리는 것을 좋아하였는데, 엉성한 울타리와 초가 사이에 사람을 그려넣지 않아 마치 무엇인가를 기다리는 듯하였다. 지난날 내가 그린 그림 속의 사람 없는 집이 지금 내가 사는 집이 되었으니, 어찌 동향광(董香光, 명나라 화가 동기창)이 말한 화참(畵讖)이 아니겠는가? 참(讖)이란 미래의 조짐인데 이제 내가 바다 너머에 살게 되었으니 어찌 이를 피할 수 있겠는가? 안개와 구름, 대나무와 바위, 갈매기와 물새, 이들이 지금 나에게 화의(畵意)를 제공하고 있으니, 나만 그림 속의 사람이 되지 못할 리가 있겠는가? 언어와 문자 역시 그림 속에서 나온 것이지만 실재한 것은 아니다. 실재하지도 않는데 실재하는 것처럼 채운 것은 그림이 진짜가 아닌데도 진짜처럼 보이는 것과 같다. 그러나 진짜 산수는 사람들이 모두 알 수 있지만 그려놓은 산과 물은 그림을 알지 못하는 사람이라면 알 수가 없다. 그림은 진짜가 아니므로 필묵의 기(氣)와 운치가 어디에 있는지 알 수 있는 사람이 적은 것이다.

조희룡, 「화구암란묵」, 『조희룡전집』

임자도에서 조희룡은 자신의 집을 만구음관(萬鷗吟館), 곧 만 마리

조희룡이 살던 집터 조희룡이 유배와서 살던 집터인데 지금은 밭으로 변하였다. 곁에 작은 비를 세워 그가 살다 갔음을 기념하고 있다.

갈매기가 우는 집이라 하였다. 서울에 살 적에는 종종 황량한 산과 나무 사이에 사람 없는 초가집을 그렸는데, 임자도로 와서 바로 그러한 집에 살게 된 것은 운명이라 하였다. 스스로 그림의 일부가 된 것을 위안으로 삼고, 임자도에서 불태운 자신의 예술혼을 남들이 쉽게 알지 못할 것이라 자부하였다. "장기가 서린 적막한 바닷가, 황량한 산고목 사이에 달팽이 같은 작은 움막에서 벌벌 떨면서도 붓을 들어 어지러운 나무와 떨기를 이룬 난초를 때때로 그려내었다. 영락한 신세로 붓을 놀려 비가 퍼붓듯 먹물을 뿌렸다. 바위는 어지러운 구름과 같고 난초는 넘어진 풀과 같아 제법 기이한 기운이 있었다. 알아주는 사람이 아무도 없으니 그저 스스로 즐길 뿐이다" 하였다.

알아주는 사람은 없었지만 조희룡은 황량하고 적막한 임자도에서 운치 있는 삶을 살았다. 당나라 사람 원결(元結)이 바위를 갈고 남방의 빼어난 곳이라는 글씨를 새겨 산과 물의 신령을 부하로 거느렸던 고사를 따라, 바닷가 바위가 움푹 파인 곳에 먹을 갈아서 시골 늙은이가 쓰는 서푼짜리 큰 개털 붓을 가지고, 바다와 산이 푸르고 바람이 차갑게 부는 곳에서 한 발 여섯 자 크기의 홍매와 백매를 그렸다. 이렇게 하여 자신의 풍류가 훗날 임자도의 고사가 되기를 바랐다. 그리고 원나라의 화가 황공망(黃公望)을 본떠 철적(鐵笛)을 만들어, 고래처럼 용솟음치는 파도와 갈매기 우는 물결을 향해 불었다. 그러면 구름을 뚫고 돌을 찢는 듯한 맑은 소리가 났다. 신선이 있다면 나뭇잎으로 지은 옷을 입고 훨훨 날아와 이 피리의 주인이 자신의 전신(前身)이었다고 사례할지 모르겠다고 하였다. 그리고 철적도인(鐵笛道人)이라는 호를 지어 간직하였다.

조희룡은 임자도에서 시를 그다지 많이 짓지 않았다. 날마다 바닷가에서 고래가 입을 벌리고 자라가 헤엄치는 모습을 보면서 시상을 얻어 시를 수백 수 지어보았지만 모두 슬프고 괴로워 꽉 막힌 듯한 소리뿐이라 다시는 시를 짓지 않게 되었다. 어쩌다 열 손가락 사이에서 흘러나온 시가 매화가 되고 난초가 되고 돌이 되고 바위가 되어 들썩들썩 멈출 수가 없어 어느덧 집을 가득 채우면 다 불살라버렸다. 그리고도 남은 것이 있어 곁에서 얻는 이가 있다면 따지지 않겠다고 하였다. 그러나 정말 시를 짓지 않은 것은 아닌 듯하다. 자신의 집을 남명시려(南溟詩廬)라 편액하였기 때문이다. 조희룡은 종종 자신의 시를 그림이라 하였다. 그리하여 남명시려를 천지화려(天池畵廬)라고 고쳤는데, 『장자(莊子)』에서 남명(南溟)이 천지(天池)라 한 말에서 따온 것이니, 곧 시의 집을 그림의 집이라 고친 것일 뿐이다.

조희룡은 유배지 임자도의 풍광을 그림 감상하듯 바라보며 살았다. 그는 또 임자도에 가지고 온 몇 점의 그림을 합하여 화첩을 만들고 이를 완상하였다. 그런 뒤 바닷가 언덕에 올라가 먼 곳을 바라보았다. 산은 가파르게 솟아 있고 물결은 아득하게 일렁거리며 구름과 노을은 점점이 이어지고 갈매기는 오르락내리락 날고, 바람에 돛은 숨었다 나타났다 하였다. 한쪽 눈을 감고 다시 바라다보면 아스라하고 흐릿한 모습으로 보였기에 오히려 그림을 보는 듯하였다. 조희룡은 어린 시절 높은 곳에 올라 가랑이 사이로 머리를 넣어 세상을 거꾸로 본 적이 있다. 그렇게 하면 산천초목이 더욱 맑고 영롱하여 새로운 세상처럼 보였다. 늘그막에 그렇게 해보자니 우스워서, 몇 치 되지 않는 작은 거울을 들고 풍경을 비추어보았다. 조희룡은 이를 간산축법(看山縮法)이라 하였다.

조희룡은 바닷가 산기슭에 살면서 고요한 마음으로 나무와 돌, 구름과 노을을 바라보았다. 그러다가 늙은 나무와 여윈 바위는 초묵(焦墨)이 아니면 그 고색창연하면서도 굳센 모습을 표현할 수 없고, 변화하는 구름과 환상적인 노을은 담묵(淡墨)이 아니면 펼쳐졌다 걷히는 모습을 그려낼 수 없다는 것을 깨달았다. 초묵은 그림을 그릴 때 기상과 운치를 살리고, 담묵은 글씨를 쓸 때 예스러운 맛을 낸다는 사실을 절감하게 되었다. 임자도에서의 생활은 감각의 눈을 더욱 밝게 만들었던 것이다.

마음의 눈도 밝아졌다. 가지고 있는 그림이 별로 없었기에 눈을 감고 예전에 보았던 그림을 떠올리면서 즐기는 법도 터득하였다. "바다의 산속은 바람이 자고 햇살이 맑을 때가 적다. 바람이 불고 비가 내리며 날이 어둑할 때가 많다. 문을 닫고 외롭게 앉아 눈으로 도달할 수 없는 그림 속에서 유람을 한다. 마음속에 옛 그림을 모아놓으니 정신이 맑아지고 기분이 좋아진다. 보노라면 다른 생각을 할 겨를이 없다"고 하였다.

> 이곳에서 즐길 것은 그저 술과 대
> 늦은 철 향기 뿜는 국화는 더욱 없네.
> 억지로 동쪽 울타리 가을 한 폭 담아서
> 바닷가에서 이를 보고 중양절을 즐기노라.
> **此中可喜只松篁 無復黃花晚送香**
> **強畵東籬秋一幅 海天擬對作重陽**

조희룡, 「신해년 8월 22일 임자도로 유배길을 떠났다.
눈으로 본 것과 마음으로 기억한 것을 모두 시로 적어 근심과 답답함을 풀었다
(辛亥八月二十日作荏島之役凡目之所覩心之所記俱以成詩聊遣愁鬱)」, 『조희룡·전집』

임자도에는 국화도 피지 않았다. 중양절이 되었지만 국화가 없기에 도연명이 국화 핀 동쪽 울타리에 서 있는 모습을 그려, 그것으로 중양절을 즐겼다. 화가가 조물주라더니, 바로 조희룡을 두고 한 말이다.

대와 돌에 대한 사랑

조희룡은 본디 매화와 난초를 좋아하였지만, 임자도에 살게 되면서 대나무에 정을 붙이기 시작했다. 그의 집 곁에는 크고 작은 대나무가 울창하여 푸른빛이 어렸다. "훤칠한 키에 백옥같이 하얀 모습으로 서 있으면서 천연스럽게 웃음짓노라니, 누가 날더러 벗을 떠나 삭막하게 살아간다 하겠는가? 이곳에서 오히려 군자 육천 명을 얻었노라"라 하였으니, 그의 집 주변에 서 있는 육천 그루의 대나무를 벗으로 삼았던 것이다. 원래 조희룡은 대나무를 많이 그리지 않았다. 임자도에 오기 전에는 열에 하나 정도가 대나무 그림이었는데, 임자도에 오고 나서는 오히려 매화나 난초가 열에 하나가 될 정도로 대나무를 즐겨 그렸다. 임자도에서 볼 수 있는 것이 대나무밖에 없었기 때문이다.

조희룡은 임자도의 거처에 향설관(香雪館)이라는 편액을 붙였다. 서울에 살 때 홍매화를 사랑하여 서재를 강설재(絳雪齋)라 하였거니와, 향설은 향긋한 꽃잎이 눈처럼 떨어진다는 뜻이니, 이곳에도 꽃을 심어두었음을 알 수 있다. 그가 쓴 글에 따르면 오죽(烏竹) 수십 그루를 심어두었는데 검은 몸에 푸른 잎이 사랑스럽다고 하였으니, 매화에 대한 사랑이 대나무로 옮겨갔음을 알 수 있다.

조희룡은 2년 동안 하루도 빠지지 않고, 문을 닫고 그림을 그렸다. 이 때문에 간혹 그가 그린 그림이 바깥에 흘러나가 고기 잡는 늙은이나 소 치는 아이들도 매화그림과 난초그림을 이야기할 수 있게 되었다. 한번은 바닷가 산속에서 풀벌레 소리가 비오듯 요란하여, 외로운 마음에 먹을 쏟아붓듯 하여 큼직한 대나무를 그렸다. 큰 잎과 작은 잎

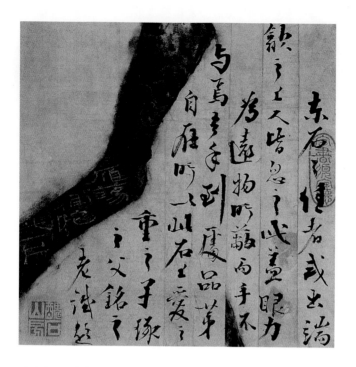

동석연명(東石硯銘) 조희룡이 우리나라 돌로 만든 벼루에 쓴 글인데 글씨가
마치 그림처럼 느껴진다. 『근역서휘』에 실려 있다.

이 어지럽게 나부껴 마음에 흡족하였다. 집 뒤의 대나무와 비교해 보
았더니 실물의 둘레가 그림에 비해 한 마디가 작았을 뿐이었다. 이것
을 임자도의 시골노인에게 주고는 그 집에 붙이라고 '대죽초려(大竹
草廬)' 네 글자를 써주었다. 이로부터 조희룡의 묵죽이 퍼져나가 100
여 가구 되는 임자도에 거의 다 보급될 정도였다고 한다. 조희룡은 무
료하고 적막할 때면 소년에게 대나무 그리는 법을 가르치기도 하였
다. 그 결과 황량했던 임자도는 운치 있는 섬이 될 수 있었다.

커다란 박이 나무에 열려 늙은 가지 기우뚱

영험한 까치는 짹짹 저녁 모래밭에 내려앉네.

원래 대궐에서 붓을 적시던 사람이

이제 게딱지 집에서 이름 모를 꽃을 그리네.

碩匏登樹老枝椏　靈鵲査査下晚沙

自是染毫天上客　今從蟹舍寫幽花

조희룡, 「신해년 8월 22일 임자도로 유배길을 떠났다.
눈으로 본 것과 마음으로 기억한 것을 모두 시로 적어 근심과 답답함을 풀었다
(辛亥八月二十日作荏島之役凡目之所覩心之所記俱以成詩聊遣愁鬱)」, 『조희룡전집』

　커다란 박이 지붕 곁의 나뭇가지에 열려 가지가 기우뚱한데 어디서 반가운 손님이 오려는지 까치가 울더니 백사장으로 내려간다. 한가한 바닷가 마을의 풍광이 그림처럼 다가온다. 그러나 한때 대궐에서 인정받던 그림 솜씨로 이제는 조그만 집에서 시름을 달래기 위해 이름 모르는 꽃을 그린다 한 말에 절로 비감이 서려 있다.

　조희룡이 임자도에서 활발히 그림을 그리기 시작한 것은 우석(友石)이라는 호를 쓰는 한 유배객과 사귀면서부터다. 우석이라는 전직 관원은 돌을 무척 좋아하여 돌을 벗한다는 뜻에서 '우석'으로 호를 삼았는데, 자주 푸른 바다에 들어가 기이한 돌을 주워 모았다. 조희룡도 그를 따라 돌을 주웠다. 그러다가 돌을 그려 우석에게 주었고, 이로 인하여 그림을 그릴 흥이 생겨나 점차 매화, 난초, 대나무, 소나무, 국화로 그림의 범위를 넓혀나간 것이다. 그리고는 집에 수매수석려(壽

묵죽도 조희룡은 임자도에서 매화보다 대나무를 사랑하였다. 그의 거처인
소향설관(小香雪館)에서 그린 대나무 그림이다.

梅壽石廬)라 편액을 붙였다. 바다에서 주워온 돌이나 자신이 그린 매화가 영원하기를 바란 뜻이다. 심지어 조희룡은 돌을 사랑한 나머지 돌을 먹으면 배가 부르다고 하였다.

돌은 점심으로 할 수 있는가? 글자는 삶아먹을 수 있는가? 그림으로 배가 부를 수 있는가? 종이를 대하면 그림의 기운이 위장을 지탱해 주니 밥 먹는 것을 잊을 수 있다. 그러니 그림이 사람의 배를 부르게 하는 것이 분명하다. 오직 돌을 점심으로 하고 글자를 삶아먹지 말라는 법이 있겠는가?

조희룡, 「한와헌제화잡존(漢瓦軒題畵雜存)」, 『조희룡전집』

곤궁한 임자도에서의 삶에 위안이 되는 것은 아름다운 돌을 보고 온갖 시름을 잊을 수 있다는 점이다. 조희룡은 아름다운 돌을 그림으로 그렸다. 외부에 있는 것은 가짜고 내부에 있는 것이 진짜라고 생각하여 남들은 진짜 돌을 좋아하지만 자신은 그림의 돌을 좋아한다고 하였다. 그래서 같은 책에서 "천하의 일이 다 허물어졌는데 구태여 할 만한 일을 찾는다면 그것은 오직 돌을 그리는 일이라 하겠다"고 하였으니, 돌을 보고 한번 배를 채우고 다시 돌을 그려 또 한번 배를 채운 것이라 하겠다.

이윽고 조희룡은 임자도와 같은 좁은 섬에서도 유람할 만한 곳이 있음을 발견하게 된다. 섬 남쪽에는 용굴(龍窟)이라는 곳이 있었다. 천 길 암벽이 해안에 서 있는데 그 아래쪽으로 길이가 50~60척이고 너비 10여 척 되는 굴 하나가 뚫려 있었다. 섬 서남쪽의 수문동(壽門洞)이라는 곳도 찾은 적이 있다. 1852년 조희룡은 통제사를 지낸 우석과 함께 이곳에서 노닐었다.

섬의 서남쪽에 수문동(隱洞을 풀어서 쓴 명칭이다.)이 있다. 산자락에 둘러싸여 있는데 서남쪽 한 면만 트여 큰 바다가 그 앞에 펼쳐져 있다. 거기에 백성들이 사는데 집이 열 채도 되지 않는다. 복숭아나무와 살구나무를 많이 심어두었기에 사람들은 소도원(小桃源)이라 하였다. 비릿한 바닷가에 이처럼 빼어난 땅이 있을 것이라 생각하지 못했다. 임자년 정월 보름, 김통제사와 수문동에서 노닐었다. 이날 하늘이 개어 햇살이 밝고 바다의 파도는 파랗게 맑았다. 이에 산 정상에서 달구경을 하였다. 달은 대지만큼이나 컸다. 은빛 파도 가운데 둥그스름한 달이 천 리를 온통 비추었다. 바다는 마치 수은을 풀어놓은 듯하였다. 평생 달을 보았지만 정녕 오늘 저녁이 가장 큰 볼거리였다.

조희룡, 「우해악암고(又海岳庵稿)」, 『조희룡전집』

임자도는 좁은 섬이었지만, 평소 산천의 유람을 즐기던 조희룡이기에 이곳저곳을 찾아본 것이다. 조희룡은 이듬해 정월 8일 우석과 함께 섬의 북쪽 끝자락에 있는 기이한 바위를 찾았다. 너비가 오륙백 칸이나 되고 그 위에 작은 돌이 쌓여 산을 이루고 있는데 마치 화가들이 말하는 준법(皴法)으로 그림을 그린 듯하였다. 조희룡은 그 바위에 화석암(畵石巖)이라는 이름을 붙였다.

조희룡기념비 조희룡을 사랑하는 사람들이 모여 조희룡이 살던 집 앞쪽에 기념비를
세웠다.

유배지에서 깨달은 삶의 자세

조희룡은 임자도에 유배오기 전의 옛일을 떠올렸다. 금강산과 단
양 등지를 유람하던 즐거운 일을 추억하고 비탄에 빠지기도 하였지
만, 옛 추억은 조희룡으로 하여금 인생을 성찰하게 하였다. 한번은 삼
각산 승가사(僧伽寺)에서 비봉(碑峯)으로 오르는 험난한 길을 떠올렸
다. 하산할 때에도 엉덩이를 발로 삼고 팔을 지팡이로 삼으며 위만 바
라보고 누운 채로 비지땀을 흘리면서 내려왔다. 그렇게 험한 길을 오
르내리면서도 발을 헛디뎌 떨어진 사람이 없었는데 평평한 대로에서
는 넘어지고 엎어지는 사람이 허다하였다. 조희룡은 평탄한 길은 구
르기 쉽고, 위험한 길에 오히려 평탄함이 있다는 진리를 깨우쳤다. 그

러면서 산을 오르는 것은 진경(眞境)이요, 인생길은 허경(虛境)이라 하였다. 진경은 쉽게 보이지만 허경은 보기 어렵기 때문에 인생길이 어려운 법이다. 임자도에 유배되기 이전의 삶이 바로 그러하였다.

조희룡은 임자도에서 2년 반 정도 유배생활을 하였다. 1853년 3월 14일 바닷가에서 물고기 잡는 것을 구경하고 있는데 집에서 편지가 왔다. 유배에서 풀리게 되었다는 편지였다. 정든 마당의 대나무와 헤어지면서 "창 앞에 몇 그루 대나무가 있어, 정정하게 이미 3년을 지켜주었네(更有窓前數竿竹 亭亭扶護已三年)"(「留別庭竹」)라 작별을 고하였다. 그리고 나흘 후인 18일 드디어 섬을 빠져나갔다. 이때 나이가 65세였다.

서울로 돌아온 조희룡은 강가에 집을 정하고 살았다. 그리고 임자도에서 깨달은 삶의 지혜를 잊지 않고 산을 오르는 것처럼 조심스럽게 살았다. 그래서인지 유배에서 풀려난 이후 13년 동안 평안한 삶을 누릴 수 있었다. 일흔의 나이로 손자와 증손자를 여럿 두게 되자, 장수하는 도사라는 뜻에서 수도인(壽道人)이라는 호를 지었다. 인생길이라는 허경에서 벗어났기에 이때의 글과 그림은 절로 맑다. 거센 바람에 휘날리는 임자도의 대나무보다는 풍성하고 화려한 매화가 그의 뜻에 맞았으리라. 📖

수문동

수영의 관문이라는 뜻이지만 사실 숨은골 을 표기한 것이다. 지금은 은동(隱洞)이라 한다.

- 金尙憲, 『淸陰集』, 민족문화추진회 한국문집총간
- 金錫冑, 『息庵遺稿』, 민족문화추진회 한국문집총간
- 金守溫, 『拭疣集』, 민족문화추진회 한국문집총간
- 金壽增, 『谷雲集』, 민족문화추진회 한국문집총간
- 金壽恒, 『文谷集』, 민족문화추진회 한국문집총간
- 金時習, 『梅月堂集』, 민족문화추진회 한국문집총간
- 金昌緝, 『圃陰集』, 민족문화추진회 한국문집총간
- 金昌翕, 『三淵集』, 민족문화추진회 한국문집총간
- 金昌協, 『農巖集』, 민족문화추진회 한국문집총간
- 金平默, 『重庵集』, 민족문화추진회 한국문집총간
- 南公轍, 『金陵集』, 민족문화추진회 한국문집총간
- 南九萬, 『藥泉集』, 민족문화추진회 한국문집총간
- 南克寬, 『夢囈集』, 민족문화추진회 한국문집총간
- 南龍翼, 『壺谷集』, 민족문화추진회 한국문집총간
- 南有容, 『雷淵集』, 민족문화추진회 한국문집총간
- 朴允默, 『存齋集』, 민족문화추진회 한국문집총간
- 朴趾源, 『燕巖集』, 민족문화추진회 한국문집총간
- 朴齊家, 『楚亭全書』, 민족문화추진회 한국문집총간
- 徐命膺, 『保晩齋集』, 민족문화추진회 한국문집총간
- 徐榮輔, 『竹石館遺集』, 민족문화추진회 한국문집총간
- 徐有榘, 『楓石全集』, 민족문화추진회 한국문집총간
- 徐瀅修, 『明皐全書』, 민족문화추진회 한국문집총간
- 成大中, 『靑城集』, 민족문화추진회 한국문집총간

- 申緯, 『警修堂全藁』, 민족문화추진회 한국문집총간
- 申靖夏, 『恕菴集』, 민족문화추진회 한국문집총간
- 安錫儆, 『霅橋集』, 민족문화추진회 한국문집총간
- 吳載純, 『醇庵集』, 민족문화추진회 한국문집총간
- 柳重敎, 『省齋集』, 민족문화추진회 한국문집총간
- 李穀, 『稼亭集』, 민족문화추진회 한국문집총간
- 李匡師, 『貝嶋集』, 민족문화추진회 한국문집총간
- 李端相, 『靜觀齋集』, 민족문화추진회 한국문집총간
- 李德壽, 『西堂私載』, 민족문화추진회 한국문집총간
- 李德懋, 『靑莊館全書』, 민족문화추진회 한국문집총간
- 李植, 『澤堂集』, 민족문화추진회 한국문집총간
- 李令翊, 『信齋集』, 민족문화추진회 한국문집총간
- 李瀷, 『星湖全書』, 민족문화추진회 한국문집총간
- 李廷龜, 『月沙集』, 민족문화추진회 한국문집총간
- 李恒老, 『華西集』, 민족문화추진회 한국문집총간
- 李海朝, 『鳴巖集』, 민족문화추진회 한국문집총간
- 李喜潮, 『芝村集』, 민족문화추진회 한국문집총간
- 任埅, 『水村集』, 민족문화추진회 한국문집총간
- 李明漢, 『白洲集』, 민족문화추진회 한국문집총간
- 張混, 『而已广集』, 민족문화추진회 한국문집총간
- 正祖, 『弘齋全書』, 민족문화추진회 한국문집총간
- 鄭澔, 『丈巖集』, 민족문화추진회 한국문집총간
- 丁若鏞, 『與猶堂全書』, 민족문화추진회 한국문집총간
- 趙斗淳, 『心庵遺稿』, 민족문화추진회 한국문집총간
- 趙文命, 『鶴巖集』, 민족문화추진회 한국문집총간
- 趙顯命, 『歸鹿集』, 민족문화추진회 한국문집총간
- 蔡濟恭, 『樊巖集』, 민족문화추진회 한국문집총간

- 崔錫鼎, 『明谷集』, 민족문화추진회 한국문집총간
- 許穆, 『記言』, 민족문화추진회 한국문집총간
- 洪大容, 『湛軒書』, 민족문화추진회 한국문집총간
- 洪良浩, 『耳溪集』, 민족문화추진회 한국문집총간
- 黃景源, 『江漢集』, 민족문화추진회 한국문집총간
- 金養根, 『東埜集』, 규장각본
- 南鶴鳴, 『晦隱集』, 규장각본
- 閔百順, 『大東詩選』, 규장각 영인본
- 朴珪壽, 『瓛齋叢書』, 성균관대 대동문화연구원 영인본
- 徐居正, 『四佳集』, 민족문화추진회 한국문집총간
- 徐慶淳, 『夢經堂日史』, 민족문화추진회 국역본
- 徐有榘, 『金華知非集』, 서벽외사해외수일본
- 徐有榘, 『林園經濟志』, 영인본
- 申晸, 『屯菴集』, 규장각본
- 申錫愚, 『海藏集』, 규장각본
- 申琓, 『絅菴集』, 규장각본
- 安重觀, 『悔窩集』, 국립중앙도서관본
- 魚周濱, 『弄丸堂』, 규장각본
- 吳淵常, 『約庵集』, 국립중앙도서관본
- 吳熙常, 『老洲集』, 국립중앙도서관본
- 吳泰周, 『醉夢軒散藁』, 국립중앙도서관본
- 李匡師, 『斗南集』, 서벽외사해외수일본
- 李圭景, 『五洲衍文長箋散稿』, 민족문화추진회 교감본
- 李奎象, 『一夢稿』, 규장각본
- 李肯翊, 『燃藜室記述』, 민족문화추진회 국역본
- 李秉淵, 『槎川詩抄』, 규장각본
- 李夏朝, 『三秀軒遺稿』, 규장각본

- 林得明,『松月漫錄』, 여강출판사 영인본
- 趙熙龍,『조희룡전집』, 소명출판사
- 洪敬謨,『冠巖全書』, 규장각본
- 洪元燮,『太湖集』, 국립중앙도서관본
- 黃胤錫,『頤齋亂藁』, 한국정신문화연구원 정서본
- 『국역조선왕조실록』, CD-Rom
- 『大東詩選』, 아세아문화사 영인본
- 『東國輿志備考』, 규장각 영인본
- 『東文選』, 경희문화사 영인본
- 『忘憂洞志』, 서울역사박물관소장본
- 『新增東國輿地勝覽』, 민족문화추진회 국역본
- 『輿地圖書』, 영인본
- 『列聖御製』, 규장각 영인본
- 『臥遊錄』, 장서각본
- 『臥遊錄』, 규장각본
- 『江原道邑誌』, 규장각 영인본
- 『京畿道邑誌』, 규장각 영인본
- 『慶尙道邑誌』, 규장각 영인본
- 『全羅道邑誌』, 규장각 영인본
- 『朝宗巖志』, 국립중앙도서관본
- 『忠淸道邑誌』, 규장각 영인본
- 『平山申氏文集』, 평산신씨종회 영인본
- 강명관,『조선후기 위항문학 연구』, 창작과비평사 1997
- 강혜선,「장혼이 인왕산에 그린 집」,『문헌과해석』30호, 2005
- 강혜선,「연암을 찾아 개성 가는 길」,『문헌과해석』32호, 2005
- 강혜선,「시계와 거문고가 있는 집, 홍대용의 애오려」,『문헌과해석』33호, 2005
- 김경미,「탐닉과 몰두에의 자부—상고당 김광수」,『문헌과해석』18호, 2002

- 김명호,『박지원 문학 연구』, 성균관대 대동문화연구원 2001
- 김학수,『끝내 세상에 고개를 숙이지 않는다—17세기 명가의 내력과 가풍』, 삼우반 2005
- 박무영,「거세된 언어와 사적 전언—이광사의 유배체험과 글쓰기 방식」,『한국문화연구』9집, 이화여대 한국문화연구원 2005
- 박철상,「자하 신위의 장서인」,『문헌과해석』29호, 2004
- 박철상,「개성의 진사 최진관과 연암」,『문헌과해석』32호, 2005
- 박희병 역,『나의 아버지 박지원』, 돌베개 1998
- 배미정,「동양위 신익성의 광주 별서」,『문헌과해석』33호, 2005
- 백승호,「번암 채제공 문학 연구」, 서울대석사학위논문 2006
- 서울시사편찬위원회,『동명연혁고』, 서울시사편찬위원회 1983
- 서울특별시,『서울육백년』, 인터넷
- 서울특별시 편,『漢江史』, 서울특별시 1985
- 심경호,「조선후기 시사와 동호인 집단의 문화활동」,『민족문화연구』31호, 1998
- 심경호·길진숙·유동환,「신편 원교 이광사 문집」, 시간의 물레 2005
- 오현숙,「송월헌 임득명의 회화연구」,『미술사학 연구』221, 1999
- 이완우,「이광사 서예 연구」, 한국정신문화연구원 한국학대학원 석사학위논문 1989
- 정민,『韓國歷代山水遊記聚編』, 민창문화사 1996
- 정민,『韓國歷代詩話類編』, 아세아문화사 1999
- 정양완,『강화학파의 문학과 사상』2, 한국정신문화연구원 1995
- 조창록,「풍석 서유구에 대한 한 연구」, 성균관대 박사학위논문 2003
- 진동혁,『이세보시조집』, 단국대 동양학연구소 1985
- 진재교,『이계 홍양호 문학 연구』, 성균관대 출판부 1999
- 최완수,『겸재 정선 진경산수도』, 범우사 1993

사람이름

집이름

ㄱ

조선의 문화공간 4책

지은이 | 이종묵

1판 1쇄 발행일 2006년 8월 7일
1판 2쇄 발행일 2006년 8월 21일
1판 2쇄 발행부수 3,000부 총 6,000부 발행

발행인 | 김학원
편집인 | 한필훈 이재민 선완규 한상준
크리에이티브 디렉터 | 김영철
기획 | 황서현 유은경 박태근 유소연
마케팅 | 이상용 하석진
저자 · 독자 서비스 | 조다영(humanist@hmcv.com)
스캔 · 표지 출력 | 이희수 com.
조판 | 새일기획
용지 | 화인페이퍼
인쇄 | 청아문화사
제본 | 정민제본

발행처 | 휴머니스트
출판등록 제10-2135호(2001년 4월 18일)
주소 | 서울시 마포구 연남동 564-40 121-869
전화 | 02-335-4422 팩스 | 02-334-3427
홈페이지 | www.hmcv.com

만든 사람들

편집 주간 | 이재민(ljm2001@hmcv.com)
책임 편집 | 이명애
사진 | 권태균
표지 디자인 | AGI 황일선
본문 디자인 | AGI 황일선 최지섭
그외 도움을 주신 분들 | 장유승 최은정 이원혜